家业长青

企业家财富安全与传承

于永超 著

中信出版集团|北京

图书在版编目（CIP）数据

家业长青 / 于永超著 . -- 北京：中信出版社，
2025.3. -- ISBN 978-7-5217-7169-5
Ⅰ.F276.5
中国国家版本馆 CIP 数据核字第 2024B4X466 号

家业长青

著者：于永超
出版发行：中信出版集团股份有限公司
　　　　　（北京市朝阳区东三环北路 27 号嘉铭中心　邮编　100020）
承印者：北京通州皇家印刷厂

开本：787mm×1092mm　1/16　　印张：26.5　　　　字数：348 千字
版次：2025 年 3 月第 1 版　　　　印次：2025 年 3 月第 1 次印刷
书号：ISBN 978-7-5217-7169-5
定价：108.00 元

版权所有·侵权必究
如有印刷、装订问题，本公司负责调换。
服务热线：400-600-8099
投稿邮箱：author@citicpub.com

前言

企业当家人是孤独的。① 我从业近 30 年，一路陪伴和见证了身边企业家的创业历程和悲欢苦乐。② 显然，企业主集社会责任、企业责任与家庭责任于一身，国际环境风险、政策法律风险、债务风险、情感风险与传承风险，无不考验着他们的智慧与能力。《桃花扇》里有词："眼看他起朱楼，眼看他宴宾客，眼看他楼塌了！"打江山易，守江山难，这是基本常识。然而，知易行难，财富历史仍然不断见证着企业主的财来财去与荣辱沉浮。

企业主的财富困局

创业不易，守业更难。中国民营企业前赴后继，不断创造辉煌，也不断兴衰更迭，真正做到基业长青的凤毛麟角。而即便持续存在的企业，也面临着如何活下去和如何传下去的灵魂考验。

---

① 鉴于我国民营企业和家族企业以有限责任公司为主要形式，"人、家、业"的法律风险突出，具有普遍性和典型性，因此，本书讨论的法律问题主要以有限责任公司为基础，但全书的价值观、财富理念、底层逻辑以及方案策略是覆盖和适用于所有民营企业和家族企业的。

② 考虑到企业当家人集实际控制人、控股股东、董事长、总经理、法定代表人以及董事、监事、高级管理人员等一重或多重法律身份于一体，亦存在股权被代持作为隐名股东、影子股东的情形，以及每个人的人生履历、发展阶段、企业规模、资产量级等不同，情况甚为复杂，故本书对于企业当家人统一称为"企业主"。特别之处表达为"老板"或者"企业家"的，亦与"企业主"为同一概念。

家有企业，企业主的财富逻辑就是要解决"一个中心、两个基本点"的问题。所谓"一个中心"，就是安全，既包括企业财产的安全，也包括企业主的人身和财产安全。所谓"两个基本点"，其一是财富持续成长，避免风险，减少损失；其二是财富安全传承。显然，没有安全，就没有成长和传承；没有持续成长，也就没有基业长青、富过三代的基础。

民营企业主的财富困境，其一源于法律风险，其二源于财富认知。

在财富风险方面，企业主要么是对法律法规不了解，要么是道听途说、一知半解，要么是不系统、不会用，甚至以自己的理解乱用，给自己挖了很多"坑"，埋了很多"雷"，造成很大的伤害。举其要者，其一，认缴出资长期不到位，空壳公司普遍存在，交易风险频发，不仅影响民营企业的生存和发展，而且会引发企业主个人的财富风险；其二，企业主作为公司实控人[①]，控制公司，私自动用公司资产，抽逃出资，掏空公司，造成债务穿透到个人，涉嫌刑事犯罪；其三，滥用股权代持，股权被质押、被执行、难以回归的情况普遍存在，造成大量无解的股权纷争；其四，企业主控制关联公司腾挪资产规避债务，直接造成公司之间的风险穿透；其五，无规划或错误规划导致企业传承失败、失控；其六，因法律意识淡漠、存在法律专业盲区等原因而承担民事责任、行政责任和刑事责任的，也大有人在。凡此种种，都直接影响企业主的财富安全、财富成长和财富传承。

在财富认知方面，大多数企业主只关注企业的发展壮大和赚更多的钱，关心创业不易和经营的风险，但很少关注私人财富和家庭（家族）财富的风险以及保护与传承，于是，就会留下安全隐患和造成财产损失。现实的悖论就在于，越是关注和焦虑于如何赚更多的钱，就

---

① "实控人"是实际控制人的简称。《中华人民共和国公司法》（2023年修订）第二百六十五条：实际控制人，是指通过投资关系、协议或者其他安排，能够实际支配公司行为的人。为易于理解，本书中的"实控人"不局限于法律的定义，也包括控股股东以及以其他方式控制公司的人。

越是难以实实在在地赚到钱。其背后残酷的逻辑就在于，家企风险反噬和消耗了太多已经创造的财富。

企业主有风险，却长期被忽视，很少被警醒。企业主的财富困局，有待探究、厘清、纾解，从而使其走出困境，实现自由。

新《公司法》给企业主带来的财富新挑战

法律并不是风险，不知道法律规定了什么才是风险。"盲人骑瞎马，夜半临深渊"，这里其实只有一个风险，那就是深渊。不知道边界在哪里是一种风险，而不知道自己不知道则是最大的风险。

成功的企业主都是首先知道"不能做什么"，界定风险边界，然后才是"做什么"。红线之外是深渊，知止后转身，才有前程万里。法律风险纷繁复杂，如影相随。民营企业3～5年的生命周期，大都终结于创造与运营的风险上。创业不易，企业主知道不做什么，守住底线，就已经跑赢了80%的同行。

2023年《中华人民共和国公司法》（以下简写为新《公司法》）的修订颁布，揭开了企业主财富风险的新篇章。其中有如下新风险值得企业主关注：第一，存量公司认缴出资提前到期，企业主财务告急；第二，出资不慎引发意外负债，股权人变成债务人；第三，创始股东瑕疵出资，也能被"扫地出门"；第四，企业主控制关联公司，互相承担连带责任；第五，股权退出变现，经营风险不退出；第六，小股东起底公司，蚂蚁也会绊倒大象；第七，实控人责任增加，赔偿责任、刑事责任如影相随；第八，新增高管[①]责任，公司高管将成为高风险

[①] 《中华人民共和国公司法》（2023年修订）第二百六十五条：高级管理人员，是指公司的经理、副经理、财务负责人，上市公司董事会秘书和公司章程规定的其他人员。
其中不包括公司的董事和监事，但鉴于现实中人们通常把董事、监事和高级管理人员统称为"高管"，为方便表达和理解，本书所称"高管"包括董事、监事和高级管理人员。

职业群体。无疑，这些风险问题处理不好，将直接影响企业主个人及家庭财富的安全和传承。

站在家业长青的角度，新法之下的新风险，对于企业主而言既是挑战也是机遇。谓之挑战，是因为新法规定了严格的出资责任，股东之间、关联公司之间的风险穿透和责任互担，尤其是关于董监高[①]以及实控人的责任规定，给企业主带来了更为严峻的挑战。法律是一件专业且严肃的事情，最怕旧人不在意，新人自以为是，难免踏坑踩雷。新法之下，如何避免埋雷踩雷，预防风险，让财富落袋为安如愿传承，成为企业主必须面对的新挑战。谓之机遇，是因为新法新规定，为企业主提供了更为科学的家企财富治理空间，比如审计委员会的设立、同股不同权的规定等，这无疑为企业主家庭与家族财富的安全、增长和传承，提供了更为友好的路径。

本书能给企业主带来什么？

本书以新《公司法》对企业主带来的新风险、新挑战为基础，但不局限于新《公司法》的新规定，而是全方位聚焦于企业主在创造、运营和传承过程中常发多发且常被忽视甚至无视，给财富带来深远影响的家企风险，定向拆解内核并淬炼出精髓，精准提出风险警示和择要给出重点建议，并针对大类风险集中给出系统解决方案，多维度分析企业主财富的底层逻辑，构建别具一格且一再被验证的企业主财富管理模型。

中国民营企业和家族企业绝大多数都以有限责任公司的形式存在，而股份公司和上市公司的母子公司也大多以有限责任公司的形式存在，

[①] "董监高"是公司中董事、监事、高级管理人员的简称，也是在《公司法》语境下的一种约定俗成的说法。

有限责任公司是企业主的企业架构和财富架构的基石。有鉴于此，本书内容将围绕有限责任公司展开。尽管如此，无论是有限责任公司还是股份公司，理念、逻辑、风险与管理是一致的。通过本书，我们致力于以点带面，沉浸式铺展财富管理的全景逻辑、财富理念和落地方案。

在本书中，企业主需要知道有哪些影响人身安全与财富安全的风险，有哪些侵蚀、减损、冲击财富的债务风险，有哪些影响企业稳定和健康发展的治理风险，有哪些掣肘、阻碍甚至破坏企业传承的风险。

为此，本书重点解决企业主的以下十大问题：

1. 处境最危险。如何防债防责防犯罪，保人保财安。
2. 出资有风险。如何避免高额负债，让持股有底气。
3. 用钱有雷区。如何避免连带责任和刑责，让财富落袋为安。
4. 代持有黑洞。如何防范股权有去无回，既安全又可控。
5. 担保如对赌。如何应对自选风险，既要有益又要锁定家财。
6. 掌控也翻车。如何避免权力真空及倒阁，将权力握在手中。
7. 家企易穿透。如何避免企债变家债，搭建双向防火墙。
8. 夫妻常共债。如何预防、隔离和转移风险，保全一方平安。
9. 合伙多内伤。如何防止内讧和外部人入侵，维护公司久安。
10. 传承频失控。如何避开继承魔咒，既控制公司又锁定财产，还无争无憾。

关于这些问题，不同的人需要不同的解决方案。在本书中，我们将有针对性地探讨并给出核心的重点建议。

对于企业主而言，重在如何认知风险、发现风险、防范和补救风险，以实现财富安全，长治久安，避免一辈子的创造，最后为风险所噬。对于准备创设公司的创业者而言，重在如何借鉴过来人的经验教训，不能当鸵鸟，要积极避免重走他人踏过的坑，在起步之初就搭建合法合规、长治久安的财富架构，以解后顾之忧。

全书将围绕企业主最为关注的财富安全以及最为重要的财富传承两大核心，发现常识性错误，补足知识性短板，反思认知性误区。通过分析风险，拆解雷区，就"企业主如何填坑，创业者如何避坑"为大家谏言，赋能"家和业兴，圆融共好"。

本书内容摘要

本书是企业主和创业者的财富防坑避雷指南，也可以作为"企二代"接班的入门手册。本书系统梳理和总结了《公司法》《民法典》《刑法》等相关法律和司法解释，以及司法实践中企业主最常遇到又最容易被忽视的误区、陷阱、法律风险和责任，包括设立企业、出资、融资过程中的风险责任，企业运营管理过程中的债务风险责任，企业财产和私人（家庭）财产管理中的风险责任，股权继承与传承中的特有风险责任，以及企业主所面临的特殊的刑事及行政责任，并针对这些风险和责任提出了独到的防范策略与救济方案建议。

在"第一部分 少走弯路"中，"前事不忘，后事之师"，前人踩过的坑，你就不要再踩了。这部分从过来人踩过的坑入手，总结分析企业主的常发风险、惯性错误和财富后果，为第二部分和第三部分的具体风险与解决方案铺垫背景及场景，一方面为企业主总结财富经验和教训，另一方面为创业者和准创业者提供警示，梳理方向，也就是说从准备创业的那一刻起，就需要进行规划。同时结合新《公司法》，从人、钱、债、责四个维度提炼焦点、热点、法律风险，并以此统领全书的逻辑脉络，最终找到"家和业兴，圆融共好"的财富归宿。

在"第二部分 治业不埋雷"中，我们探讨了公司制企业对创业企业主的好处，提供股权架构逻辑，做到公司设立时不给自己埋雷，为创业企业主铺就长治久安之路。同时，为已有公司的企业主提供科学的股权架构指引，以便他们适时地进行股权规划和迭代升级，不断完善、提升与实现公司创造财富的能力和愿景。

在"第三部分 运营不触雷"中，重点关注企业主的债务责任和刑事责任，系统梳理企业主常发、多发，且不知又无力应对的风险，并提出防范、隔离、转移及化解方案，警醒企业主认知风险，帮助企业主清晰知道风险在哪里，助力企业主远离风险，并能高效预防和处理风险及危机，让企业主人安、财安、心安、神安。

在"第四部分 传承不失控"中，我们并不泛泛而谈企业的传承，而是专门聚焦于股权传承的特殊性和复杂性，特别是一方面涉及家族成员的和睦，另一方面也涉及身故股东继承人与其他股东之间的和谐共处。近年来，一些知名企业家的离世造成家族内讧、股东纷争的案例，提醒了很多企业家，引发了迫切需求。如何实现企业的长治久安和家族财富的落袋为安，成为企业家在企业传承中最为关注的问题。对此，我带领团队潜心研究打造了独特的"中国式股东互保"解决方案，多年来落地服务于民营企业和家族企业，深得企业家的青睐。坦言之，所有的方案都有今夕与明朝，难以完美。我们更愿意在本书中与企业家和业界同人分享各方经验，以期更多赋能于家企传承，并不断在批判中获得完善和精进。

本书具有差异性、独特性、实操性和验证性、工具性以及可读性的特点。

差异性：不是常见的按法条解释风险，而是在实践中的系统总结；不是常见的教材式的面面俱到，而是聚焦企业主最关注的债务和法律责任风险、家企关系风险、股权传承风险三大财富核心问题。

独特性：在解决方案方面，不是泛常规式的专业介绍，而是提供在行业中独到的、前沿的解决方案，比如股东互保方案、要员激励方案、股权信托方案等。

实操性和验证性：书中的案例和解决方案大多源自我们的实操，并落地实施得以验证。

工具性：本书以《公司法》为核心，并以《民法典》《信托法》《保险法》《刑法》《破产法》等法律的相关规定为基础，将纷繁复杂的条文进行系统归纳整理，形成本书逻辑，并将相关法律条文以注释的方式展示出来，以方便读者轻松理解和准确把握。

可读性：本书在章节之后，以"总结"的形式提炼最重要的内容，便于读者一目了然看干货；以"建议"的方式给出最实用的方法，便于读者抓关键抓重点解决要害问题；以"超话"的形式随想财富，分享感悟，以期与有趣的灵魂产生共鸣。本书的前面部分更多是风险、盲区、误区的总结与警示，后面部分则是工具、方案、策略的铺展与分享，从点到线，从面到体，力求道—法—术渐次展开，让读者豁然开朗。

关于成书

从事律师职业30年，我始终专注和服务于企业家、家族企业以及家族财富领域，有幸长期持续走近企业、走近家族、走近企业家，对企业家关于财富的思考、认知和实践有着直接的接触、沉浸式的体验和多维的解读。写书的本意，是向企业家致敬，也期待与企业家们一起跳出思维定式，从不同视角见财富、见天地、见众生、见自己。

写作本书的念头始于2019年，其间，因《公司法》的修订一直未有定论，故本书的出版在等待中一再推迟。今幸逢新《公司法》公布，相关修订内容得以迅速融入书稿，形成新《公司法》下系统的、具有实操性的、真正满足企业家需求的随身顾问，可谓生逢其时。

写作初心

傲慢与偏见似乎从未离开过财富管理行业。专业机构和专业人士常常吐槽企业家有钱任性，听不进专业意见。尤其是面临在赚钱与安全守护和传承之间的选择时，总是一意孤行，对大量且反复发生的案例事实也充耳不闻，这让专业人士对一些企业主抱有"保持距离"的态度。而企业主也有各种无奈，似乎每个人都在向自己推销产品和服务，对那些千篇一律的道理也早已耳熟能详，可现实中哪有那么多的风险，哪有那么多的不能做，今天的成功就是最好的证明。服务与需求本是一体，现实中却时时上演着需求向左、服务向右的尴尬剧情。只有认知客户的真需求，提供契合需求的真服务，才是正道。这不仅仅适用于金融服务行业，在其他任何一个服务行业也同样适用。在财富管理领域，想要避免专业的傲慢和非专业的偏见，真正认识和读懂企业主是起点。

我深知，创造更多的财富是企业主的本分和本能。而作为一个有30年从业经历的律师，我见证了太多企业主的荣辱沉浮与人生悲喜。有人说，经验是被坑出来的，但生命有限，没有人能够扛得起一直被坑。于是，基于职业的本能，我更愿意做企业家和家族财富的守更人，协力企业家和家族解决财富的安全守护和永续传承问题。

尽管是站在法律视角，但在本书里，我们更关注并追寻人与财富背后的底层逻辑，关注人之为人的惯性、弱点和执着，聚焦实务性和可操作性，而不是单独讲解法律条文。从实务和经验中总结，努力发现企业家在家企财富管理中的误区，检索不为人知的风险点和常识性错误，为企业家提供现实可行的解决方案，以及帮助其选择最合适的服务，是本书的目标所在。

企业家是家族财富的创造者，更是社会财富的创造者。企业是经济单元，也是社会和谐稳定的单元，国泰民安离不开企业和企业家的贡献。传递有价值的财富观，让财富回归家庭、回归人生、回归幸福、回馈社会，助力企业家和家族长治久安、基业长青，是如我们一样的专业人士的责任和使命。我们既做企业家孤独的倾听者，也做企业家幸福的分享者。创造需要智慧，守护和传承更需要智慧。尽管是写给企业家的书，本书也并不局限于简单的私人财富利益，而是从家、企、人三个维度出发，以家和业兴为目标，为企业家的人生圆满而打造。我们希望企业家能够把财富智慧运用到家、企、人当中，通过专业的助力相互加持，彼此点亮，一期一会，圆融共好。

写给读者

本书适合拟投资公司创业致富的人、正在创业的人、完成财富积累的人以及准备接班的"企二代"阅读学习，同时对民营企业、家族企业投资的投资者，服务于企业家财富客户的服务机构及其服务人员（包括但不限于家族办公室、私人银行、保险公司、信托公司、证券机构、律师事务所等服务机构及行业服务人员）也适合阅读本书。

希望本书可以帮助企业家全方位系统性地检验自己的债务风险和法律责任，预防风险，避免陷阱，个性规划，高效救济，少踏坑，少损失私人财富；帮助投资人有效防范目标公司要员风险，避免投资失败；帮助服务行业和从业人员破局存量困境，以一个全新的视角走近客户，获得信任，持续创造佳绩。

目录

第一部分 少走弯路

第一章 那些挺过来的创业者，都踩过哪些坑 /003
当企业家，却成了最"穷"的人 /003
企业主本身是最大的财务风险 /005
企业家叱咤风云也难逃"孤家寡人"的宿命 /007
企业主再强大也扛不住生命的脆弱 /009
企业主也有财富短板 /012

第二章 揭秘《公司法》里藏着的财富"江湖"与"乾坤" /014
人的事，总是天大的事 /014
钱的事，第一性原理 /019
债的事，你欠的迟早要还 /022
责的事，谁的孩子谁抱走 /025

第三章 财富要管理，企业家逃不掉的新角色 /030
公司不是终点，迟早要回归烟火人家 /030
财富管理，企业家的最后一份事业 /032
有家有业，企业家最需要什么？ /034

第二部分 治业不埋雷

第四章 投资，需要这样持股 / 045

赚钱，为什么一定要开公司？ / 045

公司，一个熟知却未必真知的财富游戏 / 051

持股，怎样才是最好的出资？ / 056

代持，"勇敢者的游戏"如何安全通关？ / 072

第五章 合伙不易，掌控之下谋久安 / 087

钱是大事儿，股东分红权的保护 / 087

控制权是核心，股东表决权的平衡策略 / 096

企业主权责有边界，公司有效率 / 105

股权真空，需要极限备胎 / 112

外部人入侵，如何固守基业 / 117

退出是大考，后路才是前路 / 123

第三部分 运营不触雷

第六章 无债不商业，利益最大化的"救急"规划 / 135

个人担保，一个不容回避的风险科目 / 135

股权融资对赌，一个别无选择的选择 / 138

第七章 无妄之债不该有，风险最小化的"预防与救济"规划 / 143

出资当股东却成了债务人 / 143

合伙出资却成了背锅侠 / 152

购买股权却买了债务黑洞 / 154

被动当股东，也要承担债务 / 159

退出江湖，退成了债务缠身 / 161

第八章　家企不分，公司债务直抵家庭　/ 172

家企资金互用，风险游走于家企财富之间　/ 173

个人账户收公款，债责刑责并存　/ 178

抽逃出资，逃不出的惩罚　/ 181

关联公司，关联责任　/ 185

家族公司，穿透的风险　/ 189

法定代表人，无法规避的责任　/ 194

公司高管，新的高危群体　/ 200

第九章　夫妻债务困境之解　/ 214

个人债务风险浸染家庭财产　/ 214

夫妻共债面面观　/ 216

夫妻共债的法律拆解　/ 219

第十章　债务难免，取舍谋篇　/ 226

拒不履行债务，代价比债务更昂贵　/ 226

债务不可逃，隔离有方略　/ 240

制度架构下的债责谋篇　/ 253

第十一章　罪罚不测，留得青山在，敬畏不碰线　/ 282

出资不慎触犯法律，花钱买罪　/ 283

融资不慎触犯法律，融钱买罪　/ 286

财产使用任性，用钱获罪　/ 293

税责心存侥幸，偷逃获罪　/ 299

生财之道脱轨，非法牟利获罪　/ 304

企业当家人不可不知的风险及罪责　/ 309

企业主刑事责任的七大风险环节及成因分析　/ 324

刑责之下的企业主保护和风险防范　/ 328

第四部分 传承不失控

第十二章 急需被唤醒的财富传承逻辑 / 335
企业主必知的财富传承逻辑 / 335
股权传承的三大核心 / 338

第十三章 股权传承成为企业主最大的忧患 / 340
内外交困,左右为难 / 340
死亡,是一件极其奢侈的事情 / 347
股权传承的五大法律风险 / 354
股权传承的五大障碍 / 362

第十四章 股权传承全新策略 / 369
股权传承的家族信托模式 / 370
股权传承的股东互保模式 / 375
股权传承的全案模式 / 389
家族财富传承系统策略:家和业兴,圆融共好 / 393

后记 / 405

第一部分
少走弯路

成功的企业家很多是"九死一生"。那些挺过来的创业者，无不是踏遍雷区，才有今天的大路通天。过来人踩过的坑，后来人就不要再踩了。本部分内容从过来人踩过的坑入手，总结分析企业主的常发风险、惯性错误和财富后果，一方面为企业主总结财富经验和教训，另一方面为创业者提供警示和梳理方向。同时从人、钱、债、责四个维度提炼焦点法律风险，并以此统领全书的逻辑脉络，最终走向"家和业兴，圆融共好"的财富归宿。

这一部分是我们从诸多服务实践和走访的企业主客户中提炼出来的避坑指南。由于并不是数据模型分析的结果，自不敢以偏概全，但初心是希望这些有代表性的认知能够赋能那些创业者以及成功的企业家，让他们在守护与传承方面有所思考与行动。哪怕是个人的一小步，也是家业长青的一大步。

第一章 那些挺过来的创业者，都踩过哪些坑

前事不忘，后事之师。对于创业者而言，他人踩过的坑，是自己要规避的。对于企业主而言，但凡不能杀死你的，最终都会使你更强大。已经踩过的坑，更需要填平。

当企业家，却成了最"穷"的人

表面看富可敌国，实际上囊中羞涩，当企业家，却成了最"穷"的人，这一尴尬的现实并不广为人知。与企业主相处多了，才发现，在外人眼里光环闪耀的他们，身家上千万甚至过亿，口袋里却经常没有钱。在企业家的财富现状和常人对他们的普遍认知之间，存在着巨大鸿沟。

首先，企业家的财富量只是数字，而这些数字附着在土地、厂房、设备、原材料、人力资源、知识产权等非货币资产上，并不都是真金白银。其次，这些财富数字往往描述的是企业主事业体系的整体财富，而不是私人财产。我们在与很多企业主的交流中发现，让企业主困惑最多的就是现金流。企业扩大发展需要现金流，技术投入需要现金流，人才培养储备需要现金流，无处不需要现金流。企业现金流短缺是大多数企业的常态。在私人账户方面，很多企业多年不分红，甚至从未分红，企业主创造了大量财富却没有落袋为安。如此一来，企业主的口袋里没钱是自然的。况且，企业难免面临各种债务负担，而债务穿

透总是悬在企业主头上的达摩克利斯之剑。因为企业的债务而让企业主倾家荡产的案例，在现实中并不少见。如此，说企业家是最"穷"的人，一点儿也不为过。财富难入家门，债务穿透私财，是企业主避之不绝的坑。对于创业者而言，一入"豪门"深似海，家有企业却"囊中羞涩"，债务如影相随，或将成为一种生活方式。

企业家之"穷"，还体现在靠实业赚到的钱却靠投资亏掉了。中国经济40年以来的高速发展，为企业家提供了充分的红利空间。在高速增长的时代，处处是机会，每一次选择都可能是错过。然而随着时代的变迁、经济周期的流转，闭着眼睛赚钱已经成为历史。可以预见的是，在当下及未来相当长的一段时间，投资将进入一个低收益高风险的时代。在这个趋势之下，处处是风险，每一次选择都可能是"过错"。我们身边确实有很多企业主通过实业创造了巨额财富，成为财富的巨子，但在金融投资方面，确实也不乏单纯幼稚之人。他们大胆投资，少有求证，被"黑天鹅"事件吞噬了太多的财富。这包括从实业转型金融业的，也包括将实业创造的财富投资金融业的，还包括将私人财富进行金融投资的，比如投资股票、私募基金、期货等。一段时间以来，在金融之旅上没有踏过坑、折过戟的企业主，几乎成了少数族群。创业者要深知，财富的终点是金融，金融的终点则是人性。一方面，金融是天使，可以让"村姑"变"美女"；另一方面，金融也是魔鬼，会让财富一夜归零。守住已有的财富才是重中之重。

企业家之"穷"，也是惯性使然。成功的企业家都具有成功的品质，但大多也有失败的基因。可以说，企业家的成功品质是常人所不及的，但成功的企业家也容易养成思维与行为的惯性，这就是一种风险。一方面，所谓的成功也许并不是真正的成功，而是大浪淘沙之下的幸存，幸存者偏差往往会掩盖风险的真相。另一方面，成功会掩盖错误，成功的惯性容易使人沉醉于过往的顺意与幸运，严重缺乏风险意识，无法自省，一旦风险突来，巨额财富可能瞬间打水漂。因此，如果认为过去的成功会永远延续，那么自己曾经拥有的也会因惯性而失去。对于创业者而言，最大的风险就是被短期的获利和偶然的成功所迷惑。创业不易，只有敬畏偶然的成功，跳出惯性依赖，以终局思维行事，未雨绸缪，才能行稳致远。

超话

金钱是一种荒诞的灵魂存在。最是富有者最缺钱，因为钱都跑在路上；最是富有者最关心收益，却常常因忽视风险而被收割清零。

对金钱的记忆多以秒计，存侥幸心理者前赴后继。

企业主本身是最大的财务风险

企业主是家族财富的创造者，也是家族幸福的稳定器，因此，企业主的财富安全，就是家族的财富安全。然而，从另一个方面而言，企业主本身又是家族最大的财务风险。

首先，出资就是一种风险输入。出资设立企业的目的固然是创造财富、造福家族、享受人生，然而，企业主出资却也带来风险，可能冲击家庭财富安全。比如，认缴出资没有按时到位，就构成个人债务；公司设立时如果有其他股东的出资没有按时到位，就要承担连带责任，别人的责任就成了自己的风险。而这些风险最终都会影响家庭财富安全。因此，企业主作为出资人的角色本身，就是一个风险输入通道。于是，对于创业者而言，务必要小心"出资却成了债务人"这一风险点。

其次，家企混同，债务到家。家企混同现象在民营企业和家族企业中极其常见，然而其风险却又不为企业主所认知。大多数企业主会朴素地认为：公司是我出资设立的，公司的财富都是我创造的，公司就是我的，因此，公司中的财产我想怎么用就怎么用。于是，我们时常会看到：企业主个人和家庭的各种消费从公司账户上支出，甚至不乏高档房产、豪车、游艇以及私人飞机这些奢侈消费；公司资金不断流转到私人账户，缺乏合规手续，长期挂账；企业主个人和家庭成员以私户收取公司经营款项；公司缺乏现金流时企业主自掏腰包为公司输血；多家公司一处办公、一套人马；等等。这一切都是典型的家企混同，将会带来两大风险：第一，公司债务穿透，直接成为企业主个人债务，进而成为家庭债务或者家族债务；第二，容易诱发企业主的行政责任和刑事责任，比如偷税逃税、挪用侵占等。这一点创业者要尤其重视，防止因为不知、不在意、不顾忌而给自己挖坑埋雷。

最后，犯罪是家族不可承受之重。企业主是个高危群体，企业主口袋里的钱埋着太多的雷。无论是多年来一直争论的原罪，还是特殊情境下的灰色地带，那些知或者不知的非法所得都是引而未发的雷。企业主因经济犯罪入刑早已不是新鲜事。一旦被判刑责，不仅会失去人身自由，还可能被罚没财产。掌门人失去自由，最具伤害力的就是公司失去灵魂人物，决策管理陷入瘫痪，价值缩水，高管出走，甚至公司从此一蹶不振走向破败。而罚没的刑事处罚，更有可能造成整个家族和亲友的财富都受到牵连。纵使法律最终会给出一个清晰的界定，但财产被冻结所造成的损失也是一种财富伤害，更重要的是，整个家族要面临社会舆论压力、自身心理压力等方方面面的考验。所以，企业主的人身安全与财产安全才是更大的财务安全。

企业主投资企业，但财务风险并不局限于企业，更在企业主自身。企业主身家有风险，需要高度注意防范，进行多维保护。对于创业者而言，初入江湖，更加脆弱。要知道，法律认知不足，行为边界越线，无妄之债、不知之罪便会悄然相随。小心驶得万年船，创业者应有清醒认知，预防先行，未雨绸缪。

> 超话

安全，是财富之本；区分，是风险之屏。

企业家的人身安全与财产安全，是举业立家之根。依法严格区分非法财产与合法财产，严格区分企业法人财产与股东私人财产，严格区分个人财产与家庭成员财产，是家企财富安全的"三大屏障"。

财有边界，险有区隔；财安、家安、人安，方得心安归处。

企业家叱咤风云也难逃"孤家寡人"的宿命

从业30年来，陪伴企业家们走过风风雨雨、人生沉浮，我发现，在他们内心深处最需要的不是商业机会、不是资本大家、不是丰厚的收益，而是能够静心倾听的聆听者、能产生共鸣的知音。企业主事业上风生水起的背后，是生命中大部分时间的孤独前行。这种孤独是多方面的，有面对企业危机、人事危机、情感危机、子女危机时的孤独，更深层次的，是企业家们灵魂的孤寂，而这些往往是初入江湖的创业者所难以理解的。

就企业危机而言，现金流是永远的痛。发展需要现金流，持续经营需要现金流，债务危机救急需要现金流，股东分红更需要现金流。而最为关键的是，当企业面临现金流危机时，往往不是有巨额的现金需求，而是就差"压死骆驼的最后一根稻草"的那笔现金流。一旦企业面临这种境况，尴尬之处就在于，银行贷款额度太低，股权融资小题大做，民间借贷的高利率似趁火打劫，找朋友拆借，则让朋友面子上过不去，心理上也过不去。于是，这笔现金流就成为致命现金流。

就人事危机而言，股东和谐是公司长治久安的前提和基础，创业共甘苦最是值得追忆，那是因为获利之后的分道扬镳成为许多企业主不可追忆的痛。股东健在尚且不易，而股东过世后所产生的股权继承，使得继承人成为公司新股东而与老股东共治公司，导致对分红权、知情权与控制权的争夺，基本上成为股权继承中无法绕过的桥段。

就情感危机而言，这是一个不言自明的话题。两性与情感，从来都没有绝对的完美，一个简单而直接的原因就是彼此之间的信任与尊重不断受到考验，这里有财富失衡的担忧、有情感不再的恐慌、有三观不一致的冲突，于是，会出现怀疑、冷战、家暴、出轨、分手、财产转移等，各种情节不一而足。从心理学的角度看，情感危机从来都不是简单的单方面的问题，而是多种因素共同造成的。情感危机造成的后果不仅是家族财富生态的破坏，更是家族亲情生态的破坏，这些破坏造成的伤害对双方都是持续而深刻的。

就子女危机而言，"败家子"已经不是最大的忧患，知子莫若父，企业主面对"财富破坏型"子女和"财富无力型"子女，会早有预案进行安顿。只是，家家有本难念的经，也许有的孩子因为有先天或者后天的缺陷，无法继承家业；也许有的孩子志不在此，不愿意继承家业；还有在离婚家庭或者重组家庭中，二代子女对于企业主的感情更是错综复杂，不一而足。另外，二代子女的婚姻也可能向企业主的财富走向发起挑战，尤其是持有家族企业股权的二代子女，其婚后家族股权等相关财产就会受到婚内共有和离婚分割的考验。

无论哪种危机，对于企业主而言都难以向外言说。企业主是具有多维特质的族群，他们的孤独究其根本，在于股东身份与高管身份叠加、企业身份与家庭成员身份复合、复杂婚姻家庭身份交错之下，法律关系错综复杂，利益关系冲突掣肘，情感关系参错重出，导致牵一发而动全身。在多维纠缠中，企业主与相关者常常处于错维对话中，共情常常可遇而不可求，纠结、苦闷甚至妥协成为企业主不得不面对的人生色调，他们需要倾诉，需要被悦纳，需要精神的呼唤。所有这一切对于创业者而言，或许暂时无关，但是，不久的将来，同样的剧情或将不可避免地重复上演。孤独，是企业家的宿命，于是，走近读懂、纾解防患、规划赋能是对企业家最大的保护与善待。

其中，危机不是不可以预判与防范，方法和制度也不是不可以设计和实施，但由于与情感和人性相关，就无法仅仅通过技术手段去圆满解决。人生就是道场，唯有认知升维，才可以面对滚滚红尘。初心尚善，面对现实，每一步的崎岖都是救赎。苦难也罢，宿命也罢，这些考验就在那里。对于初创企业者，是否准备好了应对？对于正在经历中的企业当家人，是不是接得住这份考验？一切都在认知和选择中标好了价格。

> **超话**
>
> 每一个企业家的人生都有不一样的波澜，路过的人只看到壮阔。遍历硝烟风雨，阅尽世间沧桑，孤独是他们统一的气质。
>
> 企业家终究是血肉烟火之人，他们的孤独，不是富可敌国，不是高处不胜寒，而是缺少一个能读懂自己的人。理解便是慈悲，善待是对企业家最大的庇佑。

企业主再强大也扛不住生命的脆弱

企业主面对的最大的坑，是彻底陷入了健康危机中。有多少企业主战胜了所有对手却输给了健康。健康，始终是企业主最大的杀手。

快闪的生活节奏

在和企业主相处的过程中，我发现，企业主的日常大多像在快闪，要么奔波在航班上，要么陷入浩繁的会议中，要么被困在各种应酬中，更有企业主身先士卒，全身心沉浸在生产、科研和销售一线。有一次我在机场赶最后一班航班，就撞见曾经的大师兄、某行业的"教父级"人物，在一边啃着面包一边开着视频会议，满脸憔悴。如此长期过劳的企业主，身体的健康情况可想而知。可以肯定地说，企业主大多是在"负债经营，带病创富"。

心理与精神的负荷

企业主不单单是个体力工种，更是心理与精神的抗压工种。企业主面临的心理与精神压力远远超过常人的想象。投融资的现金流、市场迭代与竞争、政策法规的影响、各种已知或者未知的潜在风险、复杂的商业丛林和政商关系，加之剪不断理还乱的家企关系、亲情关系、两性关系，都会围绕着企业主频频发力。如此带来的挑战，也在悄悄地侵蚀企业主的心理与精神健康，这也解释了为什么企业家都是"最孤独的行者"。

健康与生命的考验

企业主是天生的"敏感体质、易感人群"，其中身心健康就是最大的问题之一。年轻时，亚健康状态下的身体尚可以靠着使命感和精神动力支撑下去，患上轻微疾病也可以通过适当治疗和调理得到治愈和恢复。但是，一旦遇到重症或者其他原因造成失能、失智及其他意外，这种情形带来的影响恐怕就不好应付了。企业主是企业和家族的财富支柱与精神支柱，从企业和家业财富的角度而言，则有更深层的问题需要考量。第一，企业主是创造财富的主体，一旦因健康问题而无法经营管理企业，首先损失的就是每年可以创造的财富，换言之，就是未来持续创造财富的能力的丧失。如果一个年收入2000万元的企业主，未来还有20年的创富生命周期，一旦健康告急，这个家族就丧失了4个亿的创富能力。第二，企业主是企业的价值核心，尤其是家族企业。一旦企业主出现健康或生命危机，企业必将受到严重冲击，商业关系、政商关系、股东关系、治理关系都将发生变化。最为严重的是，企业主无力经营企业，或者不幸过世，企业市值将受到极大损害，尤其是现代高科技企业，以实控人为价值核心，实控人的风险就是整个企业的风险，实控人的健康危机就是整个企业的健康危机。从这个角度而言，企业主是家业和企业的财富源泉。我们常说，生命来也空空去也空空，财富是身外之物，生不带来死不带去。但是，作为一个企业主，一个有责任有使命的企业家，恐怕就没有这么简单了。毕竟，他们的离去，带走的是家业和企业创富的能力，是其生命之于家业和企业的价值。

健康与生死是人世间最大的公平。过来人不会因年长和财富而比他人更健康，创业者也不会因为年轻和活力而比他人更长命。此话残酷，但足够真实。世间无常是平常，不因生命健康问题而留下财富伤害和遗憾，才是最重要的。

健康也是成本和负债

在财富时代的语境里，健康是一种资产，是本金，也是生产力。理想状态下，其作为优质资产，持续产生收益、创造财富，而一旦出现严重问题，或将面临三重危机：于己，丧失创造财富的能力，进而意味着财富的掌控、守护与传承也将无从谈起；于家，不仅失去了未来的经济支柱，甚至要负担几年甚至几十年的高昂医养支出；于企，资本望风而去，债主闻风而来，依附于特定个人的企业价值快速贬值，企业主身价瞬间归零。此情此景下，健康出问题便是成本和负债，会沦为不良资产。于是，从价值角度而言，健康无疑就是财富。

健康是权利也是责任

有充满活力的企业家，才有充满活力的家族企业。但是，自然规律无法抗衡，持续过劳、无法抽离的心理和精神压力、年龄的增长、机能的自然退化，都在一步步消耗着生命的价值。因此，如何锁定身价是企业主必须考虑的重大事宜。遗憾的是，我们的企业家只有在健康出了严重状况时，才开始找问题。然而，一旦病痛过去，就恢复到惯性轨道上。自然，企业主的突然离去会留下一系列的问题，比如家业企业的后患、传承的苦难等。因此，身体健康不仅仅是权利，更是责任，是对自己的责任，对家族的责任，也是对社会的责任。健康与财富兼得才是幸福的人生，这就要求企业主学会珍爱生命、珍爱健康，用智慧和制度锁定身价。重视自身的健康是企业主守望基业长青的前提。

> [超话]
>
> 健康即财富，这一美好期许的表达也透露出健康成为"奢侈品"的悲凉。健康是本，财富只是健康的附加"收益"，本末当各有归处，应固本守正。

企业主也有财富短板

企业主中有太多的智慧群体一边创造着财富大业，另一边坚守着财富帝国。然而，也有另一部分群体对财富安全与传承缺乏或者没有足够的认知，正在为此付出代价。

成功有陷阱，创造财富的快意让人们更愿意相信赚钱就是终极目标，而守护与传承则完全是逆人性的，所以不少人会觉得赚钱才是当务之急，守护与传承到时候再说。尤其是财富量级越大，这种心态就越严重。原因之一，人们认为财富量级足够大，能够对抗未来的风险；原因之二，也许过去为选择付出的代价越大，就越难以从中脱身，这是一种微妙的人性，但并不为常人所认知，尤其是在与钱有关的行为中。

然而，财富的逻辑就在于，创富是一种积极行为，成功即获得，失败即损失，可以验证。而人性的特点又在于，人们更愿意选择记忆成功而忘记失败，于是热衷于赚钱，守护与传承则被看作消极行为，短时间难以完成，成功与否更是不好验证。因此，在财富安全与传承上，人们总是显得意兴阑珊。

问题在于，凡事都在不确定当中。正如某位商界名人所言："生命中有三件事是根本算不准的。第一件事是算不准能挣多少钱，即使你年轻的时候赚了很多钱，也有可能中年破产，或者晚年又再次成功。第二件事是算不准有多少痛苦和幸福，虽然人们每天都在追求快乐、躲避痛苦，却难以预料祸福。第三件事是算不准生命会在什么时间、什么地点结束。"家业和企业的财务风险与债务风险是一种客观存在；婚姻情感要解决平衡与和合问题，微妙而敏感；财产传承要有序、如愿、无讼、无憾、无税费。查询法院的案例库，企业主在财富安全与传承方面踩坑的不在少数，而且还在"前赴后继"。如何避免财务危机的"最后一根稻草"，婚姻危机的"一地鸡毛"，传承危机的"鸡飞狗跳"？这一定不能是"到时候再说"的逻辑。出了问题怎么办？这是灵魂之问，也是不可回避的必答题，更需要创业者高度重视并及早采取行动。

遗憾的是，许多企业主虽是创造财富的强者，却是管理财富的弱者。要知道，创造财富就像射出的箭弩，允许失误，试错成本有限且可感；而财富的守护与传承犹如铠甲加身，无法试错，比如继承、救急储备等，一旦犯错，拥有越多，失去就越多，出错就是沉没成本。因此，企业主拥有财富的量级必须与管理财富的能力相匹配，做到家、业、人财富生态的圆融共好，实现企业基业长青，家族代际传承顺利，人生欢喜相随。

超话

企业家是经济的晴雨表和助推器，是社会进步的功臣和财富，是稀缺的财智资源，但企业家严重缺乏心理上的安全感和外部环境上的保障，他们既是孤独的，也是脆弱的。一方面，企业家应当得到理解、尊重和保护；另一方面，企业家需要重新认识自我，在健康、自由、财富方面有意识、有智慧、有能力去自我关爱和自我提升，从而洞悉趋势，韬光养晦，未雨绸缪，智胜未来。

对于企业家而言，最有杀伤力的，不是失败的风险，而是成功的陷阱。

第二章　揭秘《公司法》里藏着的财富"江湖"与"乾坤"

"有一百个读者，就有一百个哈姆雷特。"对于企业主而言，读《公司法》，就要读成"企业主手册"，读出"家业长青"的逻辑和算法来，发现其中的"江湖"与"乾坤"。一部《公司法》，规范的是公司的组织和行为，实现投资的创造与积累；保护多方合法权益，也协调各方矛盾与冲突，约束和惩戒不当行为。[①] 其中，关乎资本与钱财、债务与责任，内里大有乾坤；也关乎公司、股东、高管、债权人之间的权利义务，又是别样江湖。对于企业主而言，重点是四件事——人的事，钱的事，债的事，责的事。这虽然不是《公司法》的全部，但确实是财富的核心要素，理顺这四件事，也就理顺了企业主的财富生态。

人的事，总是天大的事

对于公司而言，资本是基础，人本才是核心。有人才会有公司，股东、董事、监事、经理组成了公司的权力、决策和管理架构。而有

---

① 《中华人民共和国公司法》（2023年修订）第一条：为了规范公司的组织和行为，保护公司、股东、职工和债权人的合法权益，完善中国特色现代企业制度，弘扬企业家精神，维护社会经济秩序，促进社会主义市场经济的发展，根据宪法，制定本法。

人就会有江湖，各个角色之间身份、财产、权利、责任的种种关系，决定和影响着公司的成长和持续创富能力。同时，老板的核心地位、价值和使命，既需要法律确认，也需要自我认知和提升。

有人才会有公司

作为出资人的股东，自然是公司中最基本的角色。因为有了股东的出资，公司才有了存在的基础。但是，《公司法》概念下的人，不仅仅包括出资人，即股东，还包括法人、法定代表人、实控人、董事、监事、高级管理人员以及债权人等。

在法律语境下，法人也是人，与自然人一样享有权利，比如财产权、债权，也要承担义务，比如偿还债务、缴纳税负、承担法律责任。① 公司本身就是法人，② 也是最核心的人。

我们在生活场景中所说的"法人"，其实是个错误的表达，混淆了法人和法定代表人的概念，这是两个根本不同的"人"。法人是指公司，而法定代表人则是对外代表公司的自然人。在客观上，二者又有着天然剪不断的法律关系，因为法定代表人以公司名义从事活动的法律后果，由公司来承担。③

法定代表人也不是随便什么人都可以担任的，只能由执行公司事务的董事或者经理担任。④ 董事、监事、经理和高级管理人员作为公司高管群体，他们是否忠诚勤勉和尽责，对公司和股东都有着至关重

---

① 《中华人民共和国民法典》第五十七条：法人是具有民事权利能力和民事行为能力，依法独立享有民事权利和承担民事义务的组织。
② 《中华人民共和国公司法》（2023年修订）第三条：（第一款）公司是企业法人，有独立的法人财产，享有法人财产权。公司以其全部财产对公司的债务承担责任。
③ 《中华人民共和国民法典》第六十一条：（第一款）依照法律或者法人章程的规定，代表法人从事民事活动的负责人，为法人的法定代表人。（第二款）法定代表人以法人名义从事的民事活动，其法律后果由法人承受。
④ 《中华人民共和国公司法》（2023年修订）第十条：（第一款）公司的法定代表人按照公司章程的规定，由代表公司执行公司事务的董事或者经理担任。

要的影响。

在公司生态中，我们更多关注公司的发展、股东的获利，却常常忽略了另一个重要群体——债权人。《公司法》第一条开宗明义，明确保护债权人的合法权益，足见债权人是公司生态中不可或缺的重要角色。

有人就有江湖

人不是孤岛。在公司生态中，人的关系首先是法律关系。然而，人又是社会性动物，有情感伦理、爱恨情仇、善恶好恶，所有这些无不为法律关系增加了变数和复杂性。

第一，股东之间的关系是最基本、最重要的关系，似兄弟，也似夫妻。似兄弟，是因为有限责任公司更加关注股东之间的信任、认同、默契度，正所谓"兄弟齐心，其利断金"；似夫妻，是因为股东之间的人合关系也会因为利益、立场而发生变化，产生爱恨情仇。合有痛苦，分也有纠缠。股东之间和平共处，公司长治久安；股东之间相互算计，公司早晚翻船。"同心协力，同床异梦，同室操戈，同归于尽"，这种四同效应就是民营企业平均寿命只有3~5年的最好写照。股权平衡的公司，效率低，容易陷入僵局；股权悬殊的公司，容易产生霸权，也容易产生仇恨。而小股东的权利也不容小觑，无论查账、投诉还是举报，蚂蚁也可以绊倒大象。合伙的本质，是人性与资本的博弈。在公司中，由于股东相互信任是基础，因此创业选择合伙人就成为重中之重；又由于信任是把双刃剑，最信任也最伤人，因此需要"先小人后君子"，公司章程、股权架构与制度规则就成为基础和关键。

第二，股东与董事之间的关系，是一种信任的负累。董事的产生，是基于股东的信任，由股东会选举和更换。董事就是股东的代理人，服务于股东的利益。但是，董事也要为公司利益尽责，董事履职造成公司损失的，要承担赔偿责任。尤为值得关注的是，新《公司法》规定了董事对于股东按期足额缴纳出资负有义务，造成公司损失的，还要承担赔偿责任。另外，董事会也有权决定股东失权。在股东与董事的关系中，股东决定董事的产生和去留，却要受到董事的约束，甚至被失权；董事仅仅受股东委任但并不出资，却要承担股东出资的风险。这种约束与制衡，无疑增加了公司中人与人关系的复杂性。

第三，企业主与公司高管的关系。公司高管都是为企业主打工，尽管这种关系在形式上是老板与职员之间的劳动关系，但现实中高管与企业主的关系总是要超越劳动关系。在公司的日常经营中，企业主与高管的关系颇为微妙，风险越高责任越重，就需要更高的薪酬和更好的待遇，反之亦然。于是，对公司高管的激励与约束，是企业主的必答题。

第四，实控人的控制与反控制关系。争夺控制权，是公司永恒的"话题"。实控人控制公司，容易产生独裁和腐败，伤害其他股东、高管以及债权人的利益，甚至伤害到实控人自己的利益。控股股东[①]掌握实控权的，要面临小股东一致行动人的威胁以及要求回购股权的压力；[②] 董事会掌握实控权的，要面临公司的权力机构与决策机构的博弈；影子实控人掌握实控权的情形，则要面临内部人反水、实控人失控的挑战。《公司法》明确规定了对实控人的限制和其法律责任，[③] 实

[①] 《中华人民共和国公司法》（2023 年修订）第二百六十五条：（第二项）控股股东，是指其出资额占有限责任公司资本总额超过百分之五十或者其持有的股份占股份有限公司股本总额超过百分之五十的股东；出资额或者持有股份的比例虽然低于百分之五十，但依其出资额或者持有的股份所享有的表决权已足以对股东会的决议产生重大影响的股东。

[②] 《中华人民共和国公司法》（2023 年修订）第八十九条：（第三款）公司的控股股东滥用股东权利，严重损害公司或者其他股东利益的，其他股东有权请求公司按照合理的价格收购其股权。

[③] 《中华人民共和国公司法》（2023 年修订）第一百八十条：（第一款）董事、监事、高级管理人员对公司负有忠实义务，应当采取措施避免自身利益与公司利益冲突，不得利用职权牟取不正当利益。（第二款）董事、监事、高级管理人员对公司负有勤勉义务，执行职务应当为公司的最大利益尽到管理者通常应有的合理注意。（第三款）公司的控股股东、实际控制人不担任公司董事但实际执行公司事务的，适用前两款规定。第一百九十二条：公司的控股股东、实际控制人指示董事、高级管理人员从事损害公司或者股东利益的行为的，与该董事、高级管理人员承担连带责任。

控人已经无法隐身逃避责任。

第五，股东家庭与公司的关系。股东家庭并不直接与公司发生关系，但是，股东作为公司与家庭的纽带，其家庭成员也会与公司存在千丝万缕的联系，这也必将影响公司的稳定和家庭的安稳。在婚姻关系上，一方面，股东的股权或许就是夫妻共有财产；另一方面，公司债务或许会穿透公司追及股东连带配偶。在继承关系上，一方面，股东继承人或许会直接继承股东资格成为公司股东，重组股东结构，改变公司权力布局，甚至造成混乱；另一方面，股东继承人或许会遭遇老股东排斥，权利难以实现，甚至在继承了股权的同时背负了债务。因此，应当对家企关系做最为深远的考量。

第六，债权人与股东的关系。公司的债权人本来应该是与股东没有关系的，遗憾的是，现实中太多的公司债务波及了股东，甚至波及了股东的配偶和家庭。这显然是一个并不友好的关系，可在现实中又是防不胜防的。

第七，内部人的关系。究其根本，这并不属于《公司法》概念上的关系，但其杀伤力远大于其他关系。言其杀伤力，是源于一个基本的事实，那就是"堡垒最容易从内部攻破"。股东、董事、经理、财务负责人、技术负责人、市场营销负责人、人力资源负责人等，甚至枕边人，都可能由于权利、利益、情感等的不平衡，进行破坏、毁损、阻碍等恶意操作。身边人最是珍贵，也最有风险。这不是悲观，而是对人性的认知，江湖不远，只在心中。

企业主，终究是个"三位一体"

身为企业主，注定逃不出"三界"：作为自然人的存在，作为企业人的存在，作为家庭人的存在。在这三个维度里，其都是不可替代的核心：为人，要为生命健康、安全自由负责；治业，要为股东和谐、公司长治久安负责；持家，要为家庭和睦、财安家安负责。从这个角度而言，企业主的身心健康、人身安全、财富得失，直接影响着家和业兴。显然，如果企业主发生行为与智力障碍，人身安全受到限制，都会直接影响财富的健康；如果生命上遭遇意外，责任上触犯律法，财产就可能面临清算或罚没。人在，家业企业就在；人不在，家业企业都会陷入风雨飘摇。

不能把企业主当孤立的人看。每一个企业主都是企业使命、家族责任和寂寞灵魂的"三位一体"。企业主伟大，是企业中的关键人、家庭中的超人；企业主任重，不仅要持续创造奇迹，还要不断拯救危机。他们既是价值链上的"黄金点"，锚定乾坤，左右大局；也是风险链上的"暴风眼"，貌似云淡风轻，转瞬就可能疾风骤雨。保护企业主，是家企共同的责任，毕竟，企业主"生病"，大家要一起"吃药"。

《公司法》之下，人的关系才是最根本的大事。

> 超话

有人的地方就有江湖，那是因为，认知有差距，立场在博弈。在股权江湖中，唯有同舟共济，才能成就传奇。

钱的事，第一性原理

公司是营利性法人，股东出资就是通过公司经营获得投资收益，这是权利，也是本分。

在公司语境下，钱就是第一性原理，覆盖了出资、经营、分配、变现、减资、清算的方方面面。

在出资方面，钱是责任

出资是股东的义务。依据新《公司法》的规定，实缴出资有了最高年限的限制，从此认缴出资就成为指日可待的债务。当实缴出资成为刚性要求，虚假出资、抽逃出资、挪用资金都会频频涌现。这些都不是新套路，只是人们习惯了低成本甚至零成本创业，不忍把钱放在公司账户里"闲置"，甚至会有人通过空壳公司套利乃至诈骗。但凡有空子，就会有人去钻，这是人性使然。然而，违法有责任，民事上的赔偿、行政上的处罚、刑事上的入狱与财产罚没，都在一一等候。

在经营方面，钱是裂缝

缺钱，是绝大多数企业的现实。初创企业投入大、消耗大，缺钱；发展中企业在研发、生产、市场等方方面面需要扩大投入，缺钱；成熟企业体量大，跨界突破，多元发展，金融布局，攻城略地，缺钱。其实，对于企业主而言，缺钱的本质，不是账户里的存款量小，而是现金流的储备少。而现金流的价值，不仅仅体现在企业本身的发展上，更重要的是两点：其一，当危机来临，有没有救命稻草可以起死回生？其二，当机会来临，有没有灵活的现金可以随时入场实现弯道超车？钱是裂缝，现金流短缺是永恒的话题。

在分配方面，钱是纷争

分红是好事，却往往成为股东内讧的导火索。这主要是股东立场不同使然。实控人站在公司更远更大发展的角度，希望少分红多投入；而中小股东或者财务投资人，则希望公司盈利能够多多地落袋为安。在是否分红、分红额度、提留比例、是否继续投资等问题上，立场不同，选择就不同。为钱而来，也会为钱而争，这些问题无法避免，只能面对，提前做规划。

在变现方面，钱是博弈

股权变现的常规之路，主要是股权转让和股权融资。无论股权转让还是股权融资，价格是交易的基础，如何定价就是一场钱的博弈。不仅如此，在股权转让模式下，其他股东的优先购买权，又是一场与钱对话的博弈考验，而最终能否及时获得足额的股权转让款项，也是人性与智慧的较量。别忘了，这中间还有税负。税负虽不是博弈，但也是必须考量的重要内容。在股权融资模式下，就不仅仅是股权对价支付与税负承担的问题，而是不得不面对的对赌大考。毕竟，股权融资的款项主要是为公司发展而由公司收入囊中，投资人不会为股东支付太多现金而让股东解套，反而是要把股东套牢。于是，一旦对赌失败，股东不仅会失去股权，还会背上巨额债务。这不是危言耸听，这就是资本游戏里赤裸裸的规则。所以，企业主要认知清楚，要有底线，也要有所规划。毕竟融资是基于企业向好的诉求且被投资人看好的前提，不应该是卖血求生的不得已。

在清算减资方面，钱是风险

清算也是股权变现的一种方式。只不过，一旦发生清算，公司要么解散，要么破产。无论是解散还是破产，如果清偿债务后还有剩余财产，股东就可以按照出资比例分配。区别就在于，破产清算的最后，分配剩余财产的可能性很小，而在公司财务良性状态下的股东决议解散清算，往往是一种获得投资回报的方式。通过这种方式变现，钱是回到了口袋，但风险也会相随。一旦清算程序有瑕疵，股东不经意间就会为公司的债务背锅。[1]

减资就是减少注册资本，如果注册资本已经实缴到位，那么减资也可以实现资金落袋。然而，减资的风险在于，如果操作不规范，或者恶意减资，会触犯法律。[2]

---

[1] 关于清算的风险责任，参见第七章。
[2] 关于减资的风险责任，参见第四章、第八章。

总之，通过清算与减资实现的现金落袋，如果操作不当，就是风险。

在归宿方面，钱是安放

投资为创富，所得欲何为？当一笔钱变成股权，那不仅仅是投资，更是价值观的冒险。相信不同的人对公司创造的利润有不同的安排。有的继续扩大公司经营，有的开始多元经营甚至跨行业做金融，有的继续投资获取金融收益。以上种种安排都无可厚非。然而，关于创造财富的归宿，仍然有重要与不重要、紧急与不紧急的区别。企业主既要关注企业发展，也要关注家庭幸福，更要关注个人平安。因此，财富创造的第一要务，不是赚更多的钱，而是在满足企业发展、承担社会责任外，让财富回归家庭和家族，回归人生，回归幸福。从这个角度而言，钱不是赚钱的工具，而是幸福的安放。

> **超话**
>
> 在金钱面前，人性总是逃不脱自我的矛盾。因为怕失去，所以要的更多；因为要的更多，所以也就不怕投入更多和失去更多。多少财富拥有者，为获得更多而甘愿倾其所得，却不愿为防范风险而锁定已得。金钱有毒，锁定是防患，不执着才是解药。

债的事，你欠的迟早要还

不要以为债务与自己无关。家有企业，身为企业主，这本身就注定了企业主与债务不可彻底切割。在《公司法》中，有大量的条款规定了公司股东、实控人以及高管的债务责任。在《民法典》中，也有相应的条款规定了夫妻共债的法律责任。债务，是企业主不可回避的课题。

身边的那些债务

家有企业，债务如影相随。那么到底有哪些企业主不可不知的债务风险呢？

第一，出资有债务风险。出资瑕疵是很常见的现象，而新《公司法》限定了最高出资年限，这就给企业主套上了"紧箍咒"。不能满足出资的法律要求，就会背上实实在在的债务。

第二，他人出资也有连带风险。不要以为自己完成了出资就可以高枕无忧，公司设立时其他股东出资有瑕疵，自己也会被连带承担责任。

第三，公司债务穿透的太多。家企混同现象可谓屡禁不止，屡见不鲜。家企隔离本应该是常识，吃亏的人不少，但重蹈覆辙的人也不少。

第四，夫妻债务，悄然降临。夫妻共债，如果是夫妻店自不必说，可即便配偶一方不问公司事，也有极大的概率被债务追及。企业主之家，夫妻债务，微妙而又复杂。

第五，融资债务，别无选择。做企业少有不缺钱的，借贷融资总是难免。而中小企业融资难、融资贵是不争的事实，代价总是不小，高额的利息常常成为压死骆驼的最后一根稻草。

第六，高管债务，冤也不冤。《公司法》明确规定了公司高管的法律责任，特别是赔偿责任，这成为悬在高管头顶上的达摩克利斯之剑。为股东之错担责，似有不公，但法律规定的责任之债，冤与不冤都要承担。而作为公司当家人，其身份要么在高管之列，要么就是隐身实控人，但无论身份如何，债务责任总是不可避免。

债是逃不掉的

欠债还钱，天经地义。

那些通过代持隔离债务的，在代持人那里则是一系列的风险敞口。代持有风险，所以不可不慎。

那些通过假离婚逃避债务的，离婚难免假戏真做，但财产分割仍会被债务穿透，是逃不掉的。

那些硬抗拒不偿债的，不仅上诚信黑名单、被限制高消费（简称"限高"），严重的还会因违法而承担行政责任甚至刑事责任。关键点在于，作为企业主，自由受限、诚信丧失、声誉毁损，人家业俱伤。这着实需要价值评估和审慎选择。

那些携款亡命天涯的，我们无法感知其苦乐悲喜。确实，并不是所有的人间悲苦每个人都可以感同身受，但就有限的公开信息来看，那些无根、无业、无亲、无友、无家的人生，也是一言难尽。况且，经年之后，巨额财产又以各种方式还给了社会，落魄归零者不在少数。

那些以死亡了结债务的，其最终只是了结了生命，并不必然消灭债务。只要有财产在，债务就可以追偿。那些以为终结了生命就终结了债务，财产就可以留给后人的想法，实在是太缺乏常识了。

对于试图逃债的人而言，不要以为自己的举动"神不知鬼不觉"。其实，法条已经包括了前面所有可能出现的情形。这个世界的公平之处就在于，你在这边占的便宜，一定在另一边开了一个补偿的口子，你欠江湖的，迟早要还。

债是逃不掉的，但债务风险是可以防范和隔离的。区别就在于，举债前的规划，是专业也是智慧；举债后的逃避，是风险也是要被追责的。

债有债的哲学

所谓"债道"，言其背后的逻辑，就是债有债的哲学。

首先，不是所有的债务都是洪水猛兽。负债会满足对现金流的需求，诚信偿债还会增信。其次，尽管有些负债是现实的"不得已"，也不要不考虑后果的"不可挽回",要拒绝孤注一掷。再次,债务处理得好,负债也是资产;处理得不好,负债就是深渊。这就是所谓的成也债务,败也债务。最后,企业主要有这样的认知,家有企业,每一位企业主都是债务的宿主,无法逃避。所有企业主必须客观面对负债,唯有悦纳和共处,才能学会与债共舞;更要心怀敬畏与谦卑,去除赌博与侥幸心理,树立极限思维,做好应对最坏局面的打算。

有债相伴,是警醒,是修炼,也是成长。

> 超话

> 股权有陷阱。持股者常被五大"利剑"穿透"肉身":一剑,出资认缴,任性;二剑,家企混同,无知;三剑,公款私存,侥幸;四剑,融资对赌,无畏;五剑,合伙持股,失察。于是,股东有限责任"失守",变成无限责任,股权人变成债务人。

> 股权无罪。其中几乎无"天灾",基本为"人祸"。股权陷阱,大都是人性的自投罗网。

责的事,谁的孩子谁抱走

责任不是义务。义务是应当履行的行为,比如欠债还钱;责任是不履行义务的后果,比如不还钱要支付违约金,拒不履行法院生效判决要被限高、拘留甚至判刑。在《公司法》里,与企业主相关的责任,覆盖了公司、股东、实控人、高管、清算义务人等不同的主体,因为这些主体中都可能有企业主的身影。

责任有边界

责任是有边界的,谁的责任谁承担,这是基本常识。在公司里,到底谁承担什么样的责任,也并不是所有人都清楚,这里有必要为企业主们梳理一下。

第一,公司责任。公司作为营利性法人,享有法人财产权,也要承担债务责任。责任的边界就是全部财产。[1] 从这个角度而言,公司对自己的债务是倾其所有承担无限责任。那为什么公司又叫作"有限责任公司"呢?其实,这里的"有限责任"说的不是公司,而是公司的股东。

第二,股东责任。股东对公司债务的承担是有限的,股东的责任范围,以其认缴的出资额为限。[2] 简单而言,股东认缴出资300万元,其责任范围就是300万元。股东只要缴纳了出资款,公司债务再多,与这个股东也没关系,也就是说股东无须再掏腰包为公司偿债。

第三,高管责任。高管负责公司的运营管理,其基本责任边界是不得损害公司利益和股东利益。造成公司或者股东损失的,应当承担赔偿责任。[3]

第四,清算义务人责任。这是一个常常被忽视的角色,毕竟公司的清算不是常规动作。一般而言,清算义务人可能是董事,也可能是股东或者其他人员,而企业主大概率会是清算义务人。清算是一件复杂的工作,稍有不慎,就可能承担赔偿责任,甚至被罚款。创办公司是一个以终为始的事业,收官也是重要责任。

不小心抱了"别人的孩子"

尽管责任原则是"谁的孩子谁抱走",但是,在公司运作中,"替

---

[1] 《中华人民共和国公司法》(2023年修订)第三条:(第一款)公司是企业法人,有独立的法人财产,享有法人财产权。公司以其全部财产对公司的债务承担责任。
[2] 《中华人民共和国公司法》(2023年修订)第四条:(第一款)有限责任公司的股东以其认缴的出资额为限对公司承担责任;股份有限公司的股东以其认购的股份为限对公司承担责任。
[3] 《中华人民共和国公司法》(2023年修订)第一百八十八条:董事、监事、高级管理人员执行职务违反法律、行政法规或者公司章程的规定,给公司造成损失的,应当承担赔偿责任。

人家抱孩子"的情形时有发生。

第一，股东抱了"公司的孩子"。公司的责任由股东来承担，这在公司中并不少见。那些公司的负债由股东承担的案例，大多是因为股东不明就里，把本来的有限责任糊里糊涂地搞成了无限责任。

第二，股东抱了"别人的孩子"。这主要是指股东之间相互承担责任的情形，尤其是在出资问题上，同为设立股东，没有按期足额出资的，就会连累如期实缴出资的股东。

第三，高管抱了"股东的孩子"。股东的行为由股东自行承担责任，自是当然。高管不是出资人，按理不应承担股东责任。然而，在《公司法》下，高管对股东没有按期足额缴纳出资、抽逃出资、违法分配利润、违法减资以及违法清算等方面履行职责不力的，也要与股东共同承担责任。

第四，家人抱了"公司的孩子"。简单而言，就是公司的债务由家庭财产承担。毋庸赘言，一句话，这就是家企混同使然。

第五，太太抱了"老公的孩子"。这往往是夫妻共债的结果，也就是企业主的债务应当由企业主承担，然而，在夫妻共债的情形下，太太承担老公的债务也不是什么新鲜事。

以上种种情形，不管是谁抱了"别人的孩子"，都可能觉得冤，无法接受。然而，法律就是法律，无知不是理由。身为企业人，不仅要知道在公司中不同角色的责任边界，更重要的是，要知道责任也会转化。而最为重要的是，要认识到底是哪些惯性行为造成了这种转化。

企业主责任三重奏

身为企业主，责无旁贷。法律上的责任，不是主观上的"有没有担当"，而是客观上的"能不能承受"。这主要来自三方面的压力，即民事责任、行政责任和刑事责任。

民事责任在这三者中是相对友好的责任。一般而言，基本上是违约责任、赔偿责任。如前所述，由于企业主具有身份多元的复杂性，其面临的责任事由也非常丰富。比如，作为股东的出资瑕疵责任、作为高管的赔偿责任、作为实控人的连带责任等。而这些民事责任除了需要用钱解决外，企业主也可能被列入失信名单，被限制高消费，甚至被限制出境。民事责任对企业主的最大影响，不是财产的损失，而是信用声誉的贬损，以及对高消费和其他自由的限制。

行政责任是严肃的责任。行政责任由法律法规明确规定，行政机关合法行政的守则是：法无明文规定不得为，法有明文规定必须为。在《公司法》语境下，企业主承担行政责任的主要方式是罚款。比如未按照规定办理公司设立登记或变更登记，企业主可能面临罚款；又比如，在财务与会计方面不合规，可能面临罚款、税务处罚等责任。企业主面临的行政责任多种多样，这些责任的危害不仅体现在经济处罚上，更重要的是对公司的声誉、信誉和长期发展产生的负面影响。

刑事责任是最严厉的责任。一旦涉嫌经济犯罪承担刑事责任，一般面临三大后果。其一，失去自由，也就是蹲监狱；其二，没收非法所得，这里没收的不是属于个人的合法财产，而是非法所得；其三，没收财产，这里没收的是个人持有的合法财产；其四，处以罚金，这也是从个人合法财产中支付。犯罪是企业主的重大风险之一。

凡事有因果，责任逃不掉

法律只是给了规则，但并不能解决遵守和履行的事儿。对于法律，无知者有之，无畏者有之。其实，法律是最底层的边界。面对风险和危机，企业主应该是要么知道边界不越界，要么放下侥幸不豪赌，要么提前规划做好隔离，要么做好准备对冲风险，要么充分储备应对危机。总之，风险与责任都是对企业主智力的考验，处理不好，身败名裂，家业衰败；处理得好，也会弯道超车，转危为机。

> **超话**

世事纷争难免,慧者处之有道。

人道为上,发心合和共好。意在唤醒良知,护佑善德。

公道为本,以法治事。正义从不缺席,债责自负,罪责自担。

天道为终,种什么因结什么果。不是救赎便是深渊,福祸自取。

谨记:你欠人间的,早晚是要还的。

第三章　财富要管理，企业家逃不掉的新角色

企业家都是"人、家、业"的三位一体者，但终将要从企业回归家庭和家族。对于企业家而言，创造财富是一种使命，管理财富才会不辱使命。

公司不是终点，迟早要回归烟火人家

天下最牛的企业家都是做生态，而不是做生意。我始终认为，企业家的成功，一方面赢在事业，财富久康，成己达人；另一方面赢在家庭，情感久康，家和业兴；而最核心的是赢在自己，生命久康，人生通达。从这三点出发，财富管理的核心目标，就是"家和业兴，圆融共好"。于企业主而言，财富本身就是人、家、业三位一体的共生生态，家为天，业为地，人为魂。于家而言，亲情和睦，财产有序分配，是家和所向。这就要做到婚姻幸福、子女放心、传承如愿，以传承有序的财富。于业而言，企业长治久安，持续创造财富，是业兴所向。这就要做到股东和合、治理高效，并且债务和税负责任安全，以守住已有的创造。于人而言，人财平安，乐享富足，是心安所向。这就要做到人身安全、财产安全和身价安全，以锁定当下的积累。所有这一切，都要为享受财富服务，让人生圆融。

然而，现实中的财富生态常常是失衡的。一个典型的现象是，很多企业主认为家企都是自己的，企业的财富就是家庭的财富，于是一

门心思打造商业帝国，对企业大幅度投入，却从不分红，创造的财富全部集中在企业里，流转到家庭中的财富却微乎其微。这样带来的风险就是，企业已经创造的财富没有守住，要么继续投入经营消耗掉了，要么遇到极端危机用于偿债了，而本应落袋家庭的财富也随之烟消云散。另外，一旦企业遇到现金流危机，企业主又会动用家庭资产为企业输血，无论是现金投入，还是不动产抵押，甚至搭上家人的信用进行无限连带责任担保，都会使家庭财富面临巨大的风险。

事实上，一方面，家庭是企业主最大的"后盾"。一个稳定的家庭，必然会赋能企业主踏实创业，创造更多的财富。同时，家庭也是企业的后备资金池，危急时刻，只有家庭才是最有力的救急力量。曾有一位企业主遭遇现金流危机，区区几百万元的缺口就将企业置于死地，因为融资量级太小，银行不给贷款，民间借贷遭遇高利贷，这时只能动用家里的储备先渡过难关。另一方面，家庭也是企业主最大的"后腿"。夫妻不睦、子女不肖、家族不和、家企不分、个人债务等，都将对企业产生深远影响。家企一脉，不可赢得了事业却失去了家庭。家有企业，左手业，右手家，企业主最终回归烟火人家，才是大智慧。

企业主是家庭的支柱、企业的灵魂、自己的主宰，企业主是人、家、业三位一体财富生态的核心，因此，一方面，要引领企业生存发展，为家庭厚积财富；另一方面，还要协调好企业与家人的关系，安排好企业财富在家人中的分配。构建和维持家和业兴、圆融与共的财富生态，让财富回归家庭、回归人生、回归幸福、回归社会，应当是企业主的使命所在。

超话

视企业为一切是一种责任和使命，但健康、安全和家庭才是归宿。获得财富是过程和手段，获得幸福才能安放灵魂。家安、业安、财安、心安才是真的安好。

财富管理，企业家的最后一份事业

成功的企业家是财富的创造者，也必须是成功的财富管理者。否则，打得了江山，守不住疆土，就只能是财富游戏的玩家而已。在财富生态中，企业家在企业、家庭、个人三个层面上的管理者角色都不可或缺。

在企业层面上

企业家是公司的股东、实控人与管理者，不仅要创造财富，更要关注股东、治理和财税风险。股东不和，容易造成公司内讧，影响长治久安。治理不顺，容易造成公司无法决策，经营陷入僵局，现实中有太多的企业因此遭受重创，一蹶不振。债务风险对公司的冲击不容小觑，如果家企关系处理不当，还会造成公司债务穿透直抵家庭，从而侵蚀家族财富，而税负风险更是值得企业主高度关注。因此，从企业层面上看，企业主还应当承担一个财富风险管理者的角色。

在家庭层面上

婚姻、子女与传承，是企业主不可回避的三大问题。这是财富管理中最考验人性、情感和责任的维度。

1. 关于婚姻。尽管社会上不断有各种调查报告出台，释放着离婚率逐年上升的信号，但我仍然相信美好是世间主流，身边诸多企业主朋友的幸福生活也一再证明了这一点。然而，客观上也确实存在着企业主婚姻不稳甚至陷入危机的现象。而一旦陷于婚姻纷争，就不仅仅是感情问题，财富分割、子女抚养亦属常规问题，其带来的最大影响是对精神、心理、人格、尊严甚至无辜生命的伤害。

2. 关于子女。二代越来越成为让企业主左右为难的财富困境。首先，要不要给子女大额财富？不给，子女要成长要创业，所需不菲，不给就是断了财路；给，担心给太多，子女掌控能力不够、缺乏管理能力、单纯容易被骗、对财富没概念容易挥霍等，都让人放心不下。其次，子女婚嫁，如何安排家族财富？婚姻关系中的财产共有制度，让很多财富家族的父母心有顾虑。股权收益婚后共有、不动产婚后加名、现金资产婚后混同等，如果二人琴瑟和谐、执手白头，共有、加名、混同都是"烂在一个锅里的肉"，并没有什么不同。最让人担心的是一旦分手，就有可能使得巨额家族财富缩水变姓。在这一点上，确实考验着企业主家长的智慧。

3. 关于传承。传承是财富的终极归宿问题。企业主必须考虑的是想给谁、如何给、能不能给到、会不会发生纷争。财富传承从来都是代际难题，尤其是股权传承，不仅与家族内部相关，还涉及继承人与其他股东之间的控制权与财产权的博弈。这是直接影响企业能否长治久安、家人能否落袋为安的重大课题。

在个人层面上

财富恒久远、基业永长青，几乎是每个企业主的基本诉求。然而人身和财产安全以及健康风险无不挑战着企业主的"生命力"。企业主经营企业，身价不菲，而压垮企业主的最后一根稻草，往往不是债务，而是健康和自由。当健康遭受重创、人身失去自由（刑责加身），与身价巨变相呼应的，是持续创造财富的能力急速刹车，企业的荣光与价值不复存在，法律保护及危机救济捉襟见肘，即便王者归来却也无力东山再起。这一切都需要等量齐观的财富储备以匹配创造力，救济储备以匹配修复力，复兴储备以匹配再生力。盈亏圆缺，大道自然，企业主身价的匹配与平衡是财富的基本逻辑。

综上所述，企业主既是财富生态的构建者也是财富的守望者，这需要企业主在创富的同时，更关注和加强守富与传富的工作，最终才可以从容享受财富。而无论如何，现代企业当家人终究要承担起家族财富管理者的责任，从创造到管理，角色跃迁，责无旁贷，这注定是每一个企业主的最后一份事业，每一个企业主也应当自然而然地成为财富管理大师。

> **超话**
>
> 财富管理既是财产与情感的管理，也是生命与灵魂的管理，需要的不仅仅是知识、技术、匠心，更需要耐心、智慧、爱心，它是一门管理的艺术。
>
> 财富管理是一门有温度的艺术，当我们把财富管理融入生活，艺术才真正能够开花结果。

有家有业，企业家最需要什么？

企业主的财富从何而来？首先，不能来源于从公司提现，这种做法违规违法，有可能犯罪；其次，不是来源于薪酬，薪酬只是劳动报酬，并不是投资企业的回报。企业主真正的财富来源应当是股权的分红或是股权的变现，如此，企业主最应该关注的就是公司的股权了。

股权才是真财富

各大金融机构和社会调查机构发布的财富报告均显示，在高净值和超高净值客户中，企业家群体高居榜首，而且其财富积累也主要来源于股权。

然而，没有变现的股权都是"纸上富贵"。股权财富价值的实现，主要有三种途径：一是分红，二是股权变现，三是清算后的剩余财产分配。

（一）分红

分红是企业主获得投资收益、积累财富的基本方式。但实际上企业主通过分红积累财富的并不多，其中，有认知偏差的原因。比如，有些企业主认为公司就是自己的私人钱袋子，用钱从公司拿就是了，没必要还得缴税再拿钱，于是就埋下了隐患。也有的是用途选择的原因，比如，为了公司持续发展壮大，将已获得的利润继续投入生产但可能继续投入就成了沉没成本。无数企业主的人生沉浮和鲜活的司法判例一再说明，落袋为安、锁定当下的创造才是根本。

(二) 变现

股权溢价变现，是股权价值实现的主流方式。没有溢价的股权没有价值，不变现的股权只是"纸上富贵"。股权变现，既包括全部或者部分股权出售的变现，也包括有现金对价的股权融资变现以及股改IPO（首次公开募股）之后的减持变现。无论哪一种形式的变现，财富都将可能是基本出资的倍数级甚至是几何倍数级的增长。

(三) 清算

清算是企业主全身而退、投资了结的获利模式。清算获利，就是解散公司，将公司清算后的剩余资产落袋收官。

企业主要清楚，这里的清算并不是破产清算，破产清算是解决公司资不抵债的困境的一种选择，其结果是终结公司债务，但公司也不会有什么剩余资产可供分配。这里的清算获利，是股权变现的一种情形，要么是因为公司或者项目使命完成，要么是因为赚到了足够的利润，要么是因为企业无人承继、企业主需要全身而退。不管何种情形，企业主投资了公司，创造了财富，最终回归了自身，完成了财富的闭环，是一个完美的归宿。

实业兴邦，企业主的实业投资未来可期，而股权是企业主创造财富的源泉，是家庭幸福的基础。

成也股权，败也股权

对于经历沉浮的企业主而言，成也股权，败也股权。成功看得见，那些财富巅峰的巨子、脱颖而出的新贵、富可敌国的商业集团、不断敲响的IPO钟声，都在彰显着股权带来的财富和荣耀。但成功有陷阱，身处强光之下，黑暗便成了虚无。而对于失败，人们却常常会选择性忘却，对风险视而不见。作为财富的守夜人，我们站在光源之外，初心就是不断提醒企业主脚下的漫漫坎途，并陪伴企业主走出若明若暗的隧道，抵达家和业兴的光明之处。

说到"败也股权"，这里想表达的是，企业主因持股而形成的财富生态面临诸多风险和难题，需要企业主一一化解，这着实考验企业主的财富智慧。

（一）企业主与股权，风险如影相随

企业主持有股权，相伴而来的风险包括债务风险、现金流风险以及法律责任风险。第一是债务风险。持股不当导致债务穿透、连带责任担保、融资对赌等，都会引发企业主的个人债务。第二是现金流风险。现金流危机似乎是所有企业主都躲不过去的魔咒。每临此刻，必成企业主和其家庭的大考。出手，家庭财产又回到企业，生死未卜；不出手，死是必然。对生死的取舍，是家有企业者总要面对的考验。第三是法律责任风险。企业主身兼数职，角色越多，风险越大，常常在不知不觉中陷入抽逃、挪用、侵占、逃税等责任风险。可见，股权既是财富的源泉，也是风险的通道。

（二）企业主与股东，总是博弈着零和游戏

创业是令人兴奋而豪迈的。公司设立之初，股东们只为梦想，钱不是问题，股权不是问题，分配不是问题。然而现实总是残酷地给出答案，钱终将是最后的审判。在股权江湖的博弈中，毫无例外地交织着权和钱两条线。于权而言，就是公司的控制权争夺。股东会中的表决权、董事会中的席位、法定代表人的确定、财务负责人的安排等，企业主总要面临与其他股东的博弈。控制权的背后，本质上还是利益的博弈。于钱而言，就是财产的保护与分配。有控制权就会被怀疑腐败,作为实控人的企业主常常遭遇股东的质疑。关联交易、利润转移、拒不分红、侵吞挪用等,经常引发公司内讧,常常致使一个活力企业中道崩盘。究其原因,就是公司设立之初没有专业规划完善的游戏规则,运行过程中不按常理出牌,出了问题以恶治恶,不是你死就是我亡。零和游戏毁灭的是整个企业,无人幸免。从这一点而言,股权是财富,也是"江湖恩仇"。

(三)企业主与家人,总有逃不出的挫败与纠缠

企业主在商业上干得风生水起,光芒四射,但回到家庭场景中,又常常是另一番情境,甚至要做一个委屈的受气包。

1. 面对婚姻。第一个方面,尽管企业主是一企之主,股权在一人名下,但法律上股权的财产权益是夫妻共有。尽管配偶无权参与股东会,也有权享有股权所对应的财富。有人会问,如果企业主在婚前创业持有公司股权,股权属于婚前财产,那婚后是否与配偶无关呢?并非无关,企业主在婚后的股权分红和升值也是夫妻共有财产。关于这一点,企业主也不要觉得委屈,毕竟配偶持家,照顾一家人的生活,家中风平浪静,就是现世安稳,对企业主事业的贡献不可小觑。

当然,我们也遇到过这样的企业主家庭,配偶只是消费财富、享受生活,对家庭毫无贡献。对此,企业主需要换个角度看待,天下没有绝对的公平,法律有财富共有规定,法律也给了夫妻规划的权利,因此,公平不是问题,选择才是。

第二个方面,不要忽视企业主持股对配偶带来的风险。凡是持股都自然携带债务基因,这对夫妻共有财产甚至对配偶的个人财产都是一种威胁。就这一点而言,保护好配偶也是保护好自己的财富保险箱。对此企业主应知必知,才有家和业兴。

第三个方面,不要回避对离婚的思考。多元的时代需要多元的思考。如果股权财产要分割,企业主就要考虑,是接受配偶入主公司、从情感分手人转为企业合伙人,还是支付足额的对价,一别两宽。如

果是前者，公司的长治久安要有预案；如果是后者，足额的现金兑付不要有障碍。

2. 面对子女。面对子女，股权何去何从成为企业主最大的心结。首先，大多数子女对父辈的产业不感兴趣。即便持有了股权，也不参与公司事务，甚至消极逃避造成公司瘫痪。其次，权利带来权力欲，接受了股权，就想上位，发号施令，公司被搞得一团糟。再次，由于子女年龄、身心健康、身份等客观障碍，让企业主想给也给不了，股权传承成为企业主最大的担忧。最后，家族企业股权还面临着子女婚姻风险的冲击。很多企业主会考虑几十年打拼下来的家业，会不会因为子女的婚姻而变姓。于是，股权与子女婚姻的规划既敏感又紧迫。

3. 面对继承。股权继承有其特殊性。第一，一旦发生继承，继承人就成为公司股东，其股权财富的实现需其他股东的参与，比如分红、股权转让，都绕不开其他股东。第二，继承股权的同时也要继承股权所附带的义务，或许负债和税负也会随之而来。第三，最为麻烦的是，股权继承后，还要面临老股东的挑战，被孤立、被亏损、被破产等，有股可持无钱可分，都是不得不考虑的风险。创业一生，让股权财富回归家庭，是企业主终究要妥善作答的必答卷。

综上所述，企业主真正需要关注的风险，包括以下7个方面：（1）股权出资风险；（2）债务穿透风险；（3）刑责加身风险；（4）现金流短缺风险；（5）财富回归家庭风险；（6）财富缩水、灭失、易主风险；（7）婚姻、子女、继承风险。

股权是财富，股权也是风险，股权是一个企业主绕不开的财富难题。作为资本的载体，股权自然有有价值的一面，但股东的债务、责任、婚姻与继承等风险潜流无不冲淡其成色。成也股权败也股权，企业主都要面临迎接股权内忧外患的考验。有终局思维，才有全身而退。要么股权传家，基业长青；要么股权变现，落袋为安。持有股权，是一场自始至终的守望。

全身而退成为企业主面临的最后一门考试

创业难，守业更难，而最难的是传业。随着一代企业家退休潮的到来，企业传承、二代接班始终是困扰企业家的最大难题。曾经有一位企业家在60岁就准备退休了，彼时儿子已经30岁，但不愿意接班。在老爸的百般劝说之下，儿子毅然担当大任，决心奉献于家族企业。不想儿子刚刚就任，就大刀阔斧地进行创新改革，起用新人，造成企业元老集体与之对立，公司发展岌岌可危，老爸不得不重新回归。如今，老企业家已近八旬，还奋斗在公司一线，儿子虽已至天命之年，始终无法进入企业，子承父业似乎遥遥无期。老企业家全身而退、颐养天年的梦想始终无法实现。

家族企业传承之难就在于家族企业不是一份简单的财产，而是一个复杂的社会生态，这里沉淀着企业主几十年的社会关系、文化精神和人格烙印。企业传承，是一个自子女出生之日起就开始的跨越几十年的历程，二代接班是一个长期、系统、浩大的工程，并非一日之功。从过往经验来看，成功者凤毛麟角，而大多数企业要么由企业主苦苦支撑，要么传承不力，更多的是在苦苦探寻。

家族企业无人接班、无意接班、无能力接班已经成为一个普遍现象，全身而退成为企业主面临的最后一门考试。

我们认为，家族企业未必一定要子承父业，企业主也未必都追求百年企业。那些追求子承父业、意在百年老店的企业主，需要一套同时伴随企业成长和子女成长的系统规划才能完成心愿。限于篇幅，本书对此不做深度探讨。最合适的传承就是最好的传承，本书中，我们将聚焦于那些准备全身而退的企业主如何走出传承困境。

真正的全身而退，就是彻底退出公司，不再持有股权，不再担任职务，不再参与决策和管理。享受财富绵长的温度，享受生命厚重的美好，这才是最好的归宿。

但是，即便彻底退出公司，也不是一件容易的事情。

第一，退出后，人身要安全。人身安全与财产安全，是悬在企业主头上的达摩克利斯之剑。民营企业走过特殊的历史时期，有机遇也有风险，财富江湖自带风险基因，这些风险是必然性存在，突然性发生。尤其是企业主的刑事责任一旦被触发，就面临失去人身自由的风险。而刑事责任都有追溯期限，即便归隐田园，也不影响责任的追溯。全身而退，人身安全是首要指标，因此，企业主掌舵时要合法合规经营，退出前进行自我风险筛查和法律责任评估也是一项必不可少的工作。

第二，退出后，财产要安全。这一点与企业主的人身安全紧密相关。企业主退出公司后，要力求财产的合法安全。这包括公司创造的财富的合法安全、已经成为个人私有财产的合法安全，也就是财产来源合法，依法清洁完税，没有且不会被采取司法强制措施，没有债务追及。因此，区分合法财产和非法所得、企业财产和私人财产、企业主个人财产和家庭成员财产，就显得尤为重要。

第三，股权要交得出去，并且不失控制。这对于子女无力、无意、无能力接班的企业主来说是一种刚需。企业主要真正做到全身而退，放下股权、放下控制、放下心心念念，着实需要大智慧。如何既将股权交出去又不失控制权，除了人与财、企业和心态的放下，还需要专业的制度设计和法律架构规划。

第四，股权要足额变现，财富落袋为安才是根本。对于从事的行业后继无人又无法匹配职业经理人的家族企业，最好的办法就是股权变现，落袋为安。这包括两个方面：其一，生前变现，也就是直接将股权出售给他人，真金白银落袋为安；其二，身后变现，也就是在股权继承时变现，让后人落袋为安。可以想见的是，生前变现，企业主可以自主决定，而身后变现，则涉及公司其他股东与继承人之间纷繁复杂的法律关系，如果没有安排或者安排不当，结果或许就是公司从此败落，没有人能够从中受益，或者家人继承了股权也无法变现。因此，无论是生前变现还是身后变现，如何足额落袋都是需要突破的传承障碍。

第五，人生要后顾无忧，圆融顺遂。全身而退，就要退得海阔天空，人生辽阔。企业主创富、守富、传富和享富一个都不能少。要知道，美好不是人生的常态，无力和死亡是每个人终有的结局。然而，死亡并不可怕，无力才是最残酷的现实。老去，是一场逐渐走向无力的旅程，生命最大的悲剧就是失能与失智。此时失去的，不仅仅是行为能力，更是人之为人的尊严。还有财产觊觎者蠢蠢欲动，以及家人的两难选择，甚至亲情纷争。所以，人生要后顾无忧，圆融顺遂，这才是真正的全身而退。

企业主必须具备的财富认知

认知决定了财富的多少。企业主是创造财富的巨子，但其中也不乏对财富认知不够的人，他们正在为认知不足而付出代价。当然，这里有多种原因和可能。有的是因为财富管理的法律过于专业而自己完全不知道，有的是知道但一知半解不准确，有的是明知但认为没必要，有的是明知必要但有更重要的选择，还有的是明知重要但就是认为不紧急，于是一如既往地选择任性。当然，随着财富管理专业律师的不断提醒和财富风险事件的不断发生，越来越多的企业主把财富的安全与传承列入最为重要的财富需求。

财富是个生态，一创造、二守护、三传承、四享受，这是财富生态的基本逻辑。但遗憾的是，我们身边太多的企业主只是走完了第一步就走不下去了。原因很简单，创富第一步就埋下了风险。每一个财富目标的底层逻辑都应该追求安全，真正的财富管理就是风险管理。聚焦风险，隔离和转移风险，保护财富安全，在安全的基础上进行永续传承和自在享受，是财富管理的核心所在。

> **超话**

财富管理的标的是财富,核心是风险,终极是人性。因此,财富管理也是一道哲学题,没有绝对的黑白分明,要的是平衡的智慧。既要有规则,入世不逾矩;也要有情怀,出世有悲悯。

第二部分
治业不埋雷

在守富和传富中遇到的许多风险和难题，都是在创富过程中就埋下了隐患。出资与持股，分红与控制，入主与退出，债务与刑责，种种企业风险雷坑不断推展着繁华没落、成败沉浮的财富江湖画卷。

本部分，我们探讨公司制企业的好处，提示出资风险，提供专业建议，做到公司设立和治理不给自己埋雷，为创业者铺就长治久安之路。同时，为已建立公司的企业主提示治业风险和管理指引，以便其适势适时地进行股权规划和迭代升级，不断完善、提升与实现创造财富的能力和愿景。

第四章　投资，需要这样持股

投资企业固然是为了获利，但并不是所有的投资企业都会获利，有的甚至可能血本无归、负债累累。显然，投资企业与投资理财不同，后者最多是收益全无、本金归零，而投资企业，就成为企业的出资人，有了出资权属，也就有了法律责任。如何投资持股，避免资本变负债，成为创造财富首先要完成的第一道考题。

赚钱，为什么一定要开公司？

企业负债本应该由企业承担，如果企业的责任由个人和家庭承担，那这个后果令人不可想象。但现实中，这种情形时有发生。由于企业形式不同，发生这种情形的原因和后果也各有不同。

个人独资企业，投资人以个人财产对企业债务承担无限责任

曾有这样一个判例：A 投资经营的甲企业因向乙公司购买原材料，结欠巨款，乙公司多次催收未得偿付。从常理上说，这笔债务应该由甲企业来偿还。但乙公司起诉时，除了请求判令甲企业偿付本金和违约金，还要求 A 承担补充清偿责任。而此时 A 辩称，自己早已经将甲企业转让给了 B，不应当承担债务。最终法院判决，先由甲企业向乙公司偿还债务，甲企业自有财产不足偿还的，乙公司有权请求现在的投资人 B 进行偿还，如果由此而致 B 利益受损的，B 可以向 A 追偿。

转了一大圈，我们发现，企业所欠的债务不仅由企业自身承担偿还责任，投资人也要承担责任，甚至可以追偿到已经退出的投资人。

那么，问题出在了哪里？关键就在于投资人设立企业时所选择的企业形式。

上述案例的要点在于，甲企业是个人独资企业。个人独资企业的典型特征就是，投资人应当对企业的债务承担无限责任。① 当债务发生后，先由企业以企业财产去承担责任，如果不足以清偿的，就由投资人以个人的财产去承担责任。需要特别引起注意的是，如果 A 在申请企业登记时明确以其家庭共有财产作为个人出资的，而 B 接盘后又没有进行变更，那么，B 还应当依法以家庭共有财产对这笔债务承担无限责任。此时的 B 一定感觉非常挫败，那么，B 是否可以解散这家企业一了百了呢？也不行！如果企业解散，那么 B 对这些债务仍应承担偿还责任。当然，如果 B 足够幸运，债权人在 5 年内没有提出偿债请求，B 的责任就消灭了。②

一段时期以来，有很多人出于业务布局以及税收筹划的考虑，大量设立个人独资企业，不知其是否关注到了"投资人以其个人财产对企业债务承担无限责任"这一重大法律风险。

当然，个人独资企业自有其独特的价值。对于必须选择个人独资企业的创业者来说，要从设立目的、行业特点、内控管理、法税责任四个基础维度评估风险，谨慎设立。对于已经设立个人独资企业的企

---

① 《中华人民共和国个人独资企业法》第二条：本法所称个人独资企业，是指依照本法在中国境内设立，由一个自然人投资，财产为投资人个人所有，投资人以其个人财产对企业债务承担无限责任的经营实体。第十八条：个人独资企业投资人在申请企业设立登记时明确以其家庭共有财产作为个人出资的，应当依法以家庭共有财产对企业债务承担无限责任。第三十一条：个人独资企业财产不足以清偿债务的，投资人应当以其个人的其他财产予以清偿。

② 《中华人民共和国个人独资企业法》第二十八条：个人独资企业解散后，原投资人对个人独资企业存续期间的债务仍应承担偿还责任，但债权人在五年内未向债务人提出偿债请求的，该责任消灭。

业主来说，要及时进行研判评估，如果风险大又没有特别必要的，果断解散注销；如果历史沉淀了优质业务和资产的，可改制为有限责任公司；如果不能改制，可另立公司，重组业务和资产，彻底切割和隔离风险。

合伙企业，普通合伙人对合伙企业债务承担无限连带责任

与个人独资企业由一个人投资设立不同，合伙企业由两个以上的合伙人设立。最典型的特点是，普通合伙人对合伙企业的债务承担无限连带责任。①

我们先讲一个判例。A、B、C共同设立一个合伙企业，合伙协议约定三人按相同比例分配盈利，分担亏损。合伙企业成立后，向银行贷款500万元。不久，C退伙，办理了结算手续。接下来，D入伙，办理了入伙手续。合伙企业由A、B、D共同经营。再后来，企业发生严重亏损，A、B、D三人决定解散合伙企业，并将合伙企业现有财产价值人民币100万元予以分配，但对尚未到期的银行贷款没有进行清偿。贷款到期后，银行发现合伙企业已经解散，于是向C要求偿还全部贷款，C称自己早已退伙，不负责清偿债务。银行向D要求偿还全部贷款，D说这笔贷款是在自己入伙前发生的，不负责清偿。银行向A、B要求偿还全部贷款，A、B表示只按照合伙协议约定的比例清偿相应数额。最终，银行将A、B、C、D均诉至法院，要求偿还其全部贷款，并承担无限连带责任。法院支持了银行的请求，理由如下：

第一，合伙企业注销后，合伙人对合伙企业存续期间的债务仍应

---

① 《中华人民共和国合伙企业法》（2006年修订）第二条：（第一款）本法所称合伙企业，是指自然人、法人和其他组织依照本法在中国境内设立的普通合伙企业和有限合伙企业。（第二款）普通合伙企业由普通合伙人组成，合伙人对合伙企业债务承担无限连带责任。本法对普通合伙人承担责任的形式有特别规定的，从其规定。（第三款）有限合伙企业由普通合伙人和有限合伙人组成，普通合伙人对合伙企业债务承担无限连带责任，有限合伙人以其认缴的出资额为限对合伙企业债务承担责任。

承担无限连带责任。①

第二，退伙人对基于其退伙前的原因发生的合伙企业债务，承担无限连带责任。因此，C退伙后仍应对银行的贷款负清偿责任。

第三，新合伙人对入伙前合伙企业的债务承担无限连带责任。因此，合伙债务虽然是在D入伙前发生的，但D仍应承担银行贷款清偿的无限连带责任。

第四，合伙人关于债务承担的内部约定不能对抗第三人，对外均应承担无限连带责任。因此，A、B不能按照合伙协议约定的比例偿还贷款，仍应承担清偿全部贷款的无限连带责任。

对于合伙企业而言，合伙人的风险点有三，企业主要特别注意：其一，债务无屏障，合伙人对企业债务承担无限连带责任，风险从企业延及个人和家庭；其二，合伙人之间相互承担连带责任，不仅自己为企业担责，还要替其他合伙人"背锅"；其三，合伙人约定的责任分配对外无效，每一个合伙人对外都要独立承担全部责任。

尽管合伙企业存在种种风险，但合伙企业也有其特有的功能。对于必须选择合伙企业的创业者，应避免以自然人身份入伙，最好以有限责任公司入伙，以架构隔离风险。对于已经设立合伙企业的企业主，要及时进行风险评估，或解散注销，或另立公司。如有必要，则要补救和完善风险隔离规划。

有限责任公司，股东以其认缴的出资额为限对公司承担责任

有限责任公司的企业形式，就与前述的个人独资企业和合伙企业

---

① 《中华人民共和国合伙企业法》（2006年修订）第九十一条：合伙企业注销后，原普通合伙人对合伙企业存续期间的债务仍应承担无限连带责任。第九十二条：（第一款）合伙企业不能清偿到期债务的，债权人可以依法向人民法院提出破产清算申请，也可以要求普通合伙人清偿。（第二款）合伙企业依法被宣告破产的，普通合伙人对合伙企业债务仍应承担无限连带责任。

有着本质上的不同。

我们做一个假设,将上述 A、B、C 合伙企业的案例平移到有限责任公司的企业形式之下,看看结果会有什么不同。

A、B、C 共同设立一个有限责任公司,认缴出资全额到位。投资协议约定三人按相同比例分配利润、分担风险。公司成立后,向银行贷款 500 万元。不久,C 将股权转让给了 D,退出公司,D 进入公司成为公司股东。后来,银行贷款 500 万元到期不能收回,于是向公司主张偿还贷款本金及利息,并要求 A、B、C、D 承担连带责任。

此时,公司偿还贷款本金及利息自是依法应当。但在有限责任公司制度之下,A、B、C 作为创始股东,其认缴的出资额已经全额到位,并无瑕疵,且 C 的股权已经转让给 D,因此,A、B、C 对于公司债务不承担责任。D 受让 C 的股权成为公司股东,D 的股权对应的出资已经由 C 完成,因此,D 也无须对公司债务承担责任。

至此,如果公司资不抵债,宣告破产,假设银行最终只从破产财产分配中获得 50 万元,那么剩余的 450 万元及利息,则无须公司股东承担责任。

股东只对公司的债务承担有限责任,这就是有限责任公司法律属性对投资人的保护。

无风险的资产才是真正的财富,制度上能够隔离个人债务的企业才能守住个人财富。股东有限责任的法律属性,隔离了公司债务与股东个人之间的风险,从而也隔离了家庭财产的风险,使得投资人及家人有了法律保障,后顾无忧。当然,股东人合容易共事业,也是公司制的优势所在。

并不是选择了有限责任公司就是完美的成功模式,在有限责任的制度之内,仍然游走着人性阴暗面的幽灵。本书后续内容,将就有限责任公司与财富之间的关系展开一场全方位的灵魂拷问。

总结

1. 误区与盲区提示

（1）风险始于创设，不是设立一个企业就可以赚钱。

（2）企业形式不同，投资人的责任和家庭的风险就不同。

2. 企业主必知

（1）个人独资企业：企业主对企业债务承担无限责任，企业债务直达家庭。

（2）合伙企业：企业主对企业债务承担无限连带责任，合伙人之间相互承担连带责任，一人连带多人，企业连带家庭。

（3）有限责任公司：企业主不对公司债务承担责任，只在认缴出资的范围内承担有限责任。

建议[①]

1. 对于准备投资设立企业的创业者，重点建议两点

第一，对于个人独资企业和合伙企业，无必要不选择。

第二，无论设立个人独资企业、合伙企业还是有限责任公司，都需要提前进行家企风险隔离规划。相关专业策略和制度方案，我们在第十章会进一步呈现。

2. 对于已有企业的企业主，重点建议三点

第一，研判评估现有企业形式，根据需要进行完善、整改或者解散注销。

第二，咨询或委托专业机构搭建公司体系、规划家族信托、设计

---

① 本书所有建议均基于该章节内容的分析并针对企业主所需而提出。鉴于篇幅有限，建议以关键、重点和提示为要，不覆盖全面。与该建议相关的解决方案和制度性规划，本书另章集中呈现。

大额保单架构，构筑风险防火墙。相关专业策略和制度方案，我们在第十章会具体呈现。

第三，对于潜在行业风险和职业风险，可规划董责险等责任保险，转移和化解企业主的财产损失风险。

> [!NOTE] 超话
>
> 公司股东以其认缴的出资额为限对公司债务承担有限责任，而合伙企业的合伙人则不分彼此厚薄，共同对合伙企业债务承担无限连带责任。
>
> 公司模式之下，出资为本，考验的是身价；合伙模式之下，身家为本，考验的是品性。

公司，一个熟知却未必真知的财富游戏

公司是投资经营并获得回报的一种法律形式。在公司架构下，持有财富的表现形式就是股权。尽管企业主股权加身，但对于如何实现公司的稳定和持续发展、如何获得投资回报落袋为安，多数人未必了然。

下面，我们从股权入手，拆解公司背后的财富逻辑（见图4-1）。

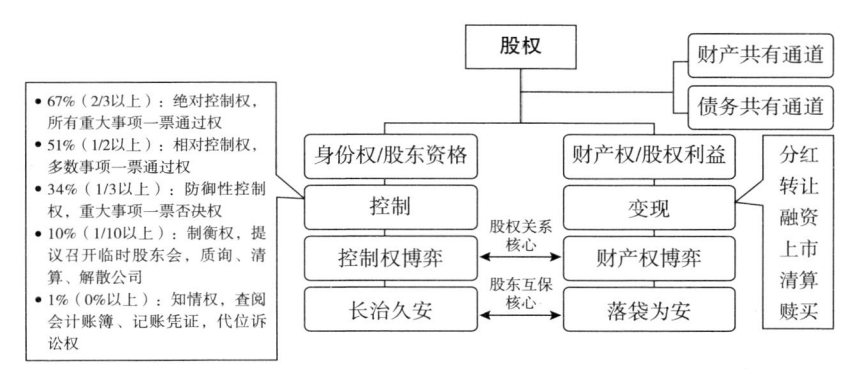

- 67%（2/3以上）：绝对控制权，所有重大事项一票通过权
- 51%（1/2以上）：相对控制权，多数事项一票通过权
- 34%（1/3以上）：防御性控制权，重大事项一票否决权
- 10%（1/10以上）：制衡权，提议召开临时股东会、质询、清算、解散公司
- 1%（0%以上）：知情权，查阅会计账簿、记账凭证、代位诉讼权

股权
├─ 财产共有通道
├─ 债务共有通道
├─ 身份权/股东资格 → 控制 → 控制权博弈 → 长治久安（股权关系核心）
└─ 财产权/股权利益 → 变现 → 财产权博弈 → 落袋为安（股东互保核心）
   分红、转让、融资、上市、清算、赎买

图4-1　有限责任公司的底层逻辑

股权是"人财"并存的双重权利

股权不同于现金、不动产等财产只有财产属性,股权是一种"人财"并存的双重权利。

一方面,股权是身份权,也就是股东资格。有股东资格的人,才能在公司里有话语权,表达意志和影响决策。公司股东是基于相互认可、信任和默契而走到一起的,基于这种人合的性质,企业主有必要清楚以下三大要害问题:(1)股东转让股权,需要满足其他股东的优先购买权,股权流转受到一定限制;(2)在婚姻财产分割上,配偶不能当然进入公司成为股东;(3)在股权继承上,没有提前规划就无法阻拦继承人入主公司成为股东。无论上述哪种情形,都会影响股东之间的和合,进而影响公司的稳定。

另一方面,股权是财产权,也就是股东在经济利益方面的权利。对此,企业主必须清楚,股权获利的背后,隐藏着两个法律奥秘。(1)在婚姻关系中,尽管是企业主个人持有股权,也有可能是夫妻共有财产。登记股权,并不必然是个人财产。就这一点而言,股权是财产的共有通道。(2)持有股权也将带来多方面的债务风险,包括夫妻共债的风险。就这一点而言,股权也是天然的债务共有通道。[①]

在身份权上,企业主拿捏控制权的策略

对于企业主而言,怎样的持股比例才是最优的掌控?如何才能获得理想的控制权呢?其实,并不是绝对的控制就是最好。绝对控制容易形成一股独大、公司霸凌,也会使企业主成为孤家寡人,不利于公司稳定和持久发展。绝对均权也会造成股东决议效率低下甚至公司僵局。在公司中,股东出资多少、资源禀赋、能力匹配、人格特点等,

---

① 关于夫妻共债风险,参见第九章。

都将直接影响公司架构的平衡,没有固定的模式,合适的就是最好的。以下是不同比例表决权的功能,企业主可以以此作为参照。①

1. 最低持有 2/3 以上的表决权,即掌握绝对控制权,可以保证所有决议事项一票通过权。

2. 最低持有 1/2 以上的表决权,即持有相对控制权,可以保证一般决议事项一票通过权。

3. 最低持有 1/3 以上的表决权,即持有防御性控制权,享有重大事项一票否决权。

4. 最低持有 10% 以上的表决权,即享有制衡权,可以提议召开临时股东会,提起质询、调查、起诉、清算以及解散公司程序。

5. 最低持有 0% 以上的表决权,即享有知情权、代位诉讼权,可以间接地提起调查和行使起诉权。

在财产权上,企业主变现的路径选择

变现才是股权价值的最终实现,没有变现的股权,都是纸上富贵。实现股权变现的方式有以下 7 种。

1. 分红。公司经营税后利润,在完成弥补亏损和提留公积金后,就可以分红。

2. 转让。股权转让给公司的其他股东,或者转让给公司股东之外的第三方,都可以实现股权的价值变现。

3. 融资。股权融资一般而言是为公司融资,投资方将资金注入公司,成为公司的新增资本,或者计入公司资本公积。与此同时,也会对股东的原始投资给予相应的回报,支付部分转让款给股东。这样,股东一方面为公司融得现金,另一方面自己获得股权的部分变现。

4. 上市。上市是股东持有股权变现的简洁方式。经过股改,有限

---

① 关于控制权博弈,参见第五章。

责任公司成为股份有限公司，股东持有的股权转化为股份。公司成功上市后，可以通过减持等方式获得现金对价。

5. 减资。公司通过减少注册资本，股东按持股比例获得减少注册资本的现金回流。公司增值的，还可以获得增值的现金回报。

6. 清算。终结公司，对公司剩余财产进行清算分配，是股东投资的终局归宿。

7. 赎买。在婚姻财产分割、继承财产分配事件发生时，放弃股权财产的一方通过其他股东的赎买获得现金回报，也是股权变现的常见模式。

需要特别提示的是，以上任何一种变现方式，都要依法承担个人所得税，完成税务清缴。在税负问题上，不可有侥幸心理；在税负承担上，要确保操作规范。

股权的财富游戏，就是一场博弈

在股权财富游戏中，一方面是控制权的博弈，股东关系通过博弈获得动态平衡，从而最终实现公司的长治久安；另一方面是财产权的博弈，股东股权对应的财产价值如何分配、如何变现，也是贯穿公司始终。平衡和谐的分配，才能让股权财富落袋为安。

通过前面的分析，我们不难看出，股权财富有三大基础，即所有权、控制权和收益权。这三大权益各有各的风险。

在所有权风险方面，解决问题的核心是"钱是谁的"，也就是股权的所有权是否一直清晰。现实的风险在于：（1）个人财产向婚姻财产的转化；（2）从血亲向姻亲的财产转化；（3）私人财产与公司财产的混同。

在控制权风险方面，解决问题的核心是"钱听谁的"，也就是股权的控制权是否稳固。现实的风险就在于：（1）代持股权难以行使股东权利；（2）家族企业股权分散，容易造成股权失控。

在收益权方面，解决问题的核心是"钱给谁的"，也就是利益的归属与分配是否体现股东的真实意愿：（1）分红机制是否兼顾了公司发展与股东回报；（2）股东收益权是否获得保护；（3）股权的回报是属于股东个人还是与配偶共有。

总之，在股权财富管理方面，所有权是基础，解决股权归属问题和财富安全问题；控制权是关键，解决公司效率和公平问题；收益权是归宿，解决利益分配和最终落袋问题。掌握和运用好这些底层逻辑，公司才能长治久安，企业主的财富才会落袋为安。

最后，在这场游戏中，股权财富与人身属性强相关，股东的生命健康、能力禀赋和人性善恶都将直接影响股权的持有、控制、分配和最终的处分。与人相关，让财富回归人性的思考，也是贯穿本书的主线之一。

总结

1. 误区与盲区提示

（1）股权不是纯粹的财产，既有人的博弈，也有财产的得失。

（2）股权是纸上富贵，既可能被人共享财富，也可能与人共担债务。

2. 企业主必知

（1）控制权的博弈与平衡，决定公司的长治久安。

（2）股权价值变现、落袋为安、回归家庭才是最基本的安放。

建议

1. 对于准备投资的创业者，首先要做好最适合自己的股权规划

第一，选对人。对的人，才能成就对的事业。

第二，以长治久安为公司目标，妥善分配和规划股东表决权。

第三，以落袋为安为股东目标，人性化设计股权变现的路径和方式。

第四，用足专业和耐心打造公司的"定海神针"——公司章程，不试图考验人性，也不丢失人文关怀。

2. 对于已有公司的企业主，需要进行风险筛查和设计纠偏方案

第一，控制权失衡的，及早启动校准动作，修订公司章程。

第二，股东利益分配有异议的，及早启动平衡动作，修订分配制度。

第三，企业主欠缺财富保护和分配方案的，及早规划相应的策略以及法律架构。

第四，从家业长青的角度规划家族股权的安全架构以及传承策略。相关专业方案和制度设计，我们会在第十章和第十四章中系统呈现。

> 超话
>
> 股东，总是逃不出博弈的宿命，控制权永远是必争之地。

持股，怎样才是最好的出资？

出资是个技术活儿，不是所有的付出在公司里都可以享有股权。接下来，我们探讨企业主在出资过程中不可不知的那些事儿。

不出资也可以当股东办公司？欠下的早晚是要还的

《公司法》对普通有限责任公司采取认缴注册资本制。也就是说，只需要承诺投资的资本数额和缴付的时间，就可以设立公司了，而不需要设立公司的同时缴付全部出资。关于这一点，企业主要特别注意。

（一）原《公司法》之下的风险

在2013年修正的《公司法》（以下称"原《公司法》"[①]）中，取消了最低注册资本限额，取消了出资期限，股东通过章程自由约定注

[①] 2018年10月26日第十三届全国人民代表大会常务委员会第六次会议《关于修改〈中华人民共和国公司法〉的决定》，对《公司法》进行第四次修正，此次修正内容与本书所涉及的内容无关。2013年修正的《公司法》条款在第四次修正中并无变化。因此，本书所称"原《公司法》"也包括2018年修正的《公司法》。

册资本缴纳的数额和期限。[①] 这一规定减轻了创业者筹备公司的资金压力，促进了企业主自有资金的有效融通，在当时对鼓励创业和繁荣经济起到了积极的作用。

很多优秀的企业家在创业之初确实是白手起家，就是靠着认缴制、零出资起步，一步一步发展起来，创造了今天的商业帝国。但现实中确实也有很多创业维艰、亦步亦趋，甚至因为错误地认缴资本而背负了巨额债务的例子。

曾有 A、B、C 三人投资创业，为了显示实力和有面子，让生意好做，打算注册一个亿级规模的公司。考虑到认缴出资不需要马上缴纳出资，于是三人共同认缴了 1 亿元的注册资本，约定出资期限为 50 年。不幸的是，公司经营不善，对外负债 3000 万元。公司没有资产可供偿债，这 3000 万元的债务最终就要由 A、B、C 三个股东来承担。

（二）新《公司法》之下的风险

在原《公司法》的股东出资完全认缴制下，出资数额和出资期限由股东自由约定，也就是可以"先上车后买票"。于是，出现了不少"注册资本注水"的公司，股东随意认缴、天价认缴、缴付期限畸长等屡见不鲜。其结果就是虚增了市场信用，诱发了道德风险，反而在一定程度上不利于保护交易安全。

从公司的角度而言，在股东完成实缴之前，公司可能不具备充足的运营资金。这会造成两方面的后果：其一，登记的注册资本不能准确反映公司的资信水平和偿债能力，既增加信任成本，又增加信任危机风险，容易造成债务纷争；其二，由于缺乏对于实缴期限的强制约束，股东更容易逃避出资责任，导致股东之间的出资纷争和债权人针

[①] 《中华人民共和国公司法》（2013 年修正）第二十六条：（第一款）有限责任公司的注册资本为在公司登记机关登记的全体股东认缴的出资额。（第二款）法律、行政法规以及国务院决定对有限责任公司注册资本实缴、注册资本最低限额另有规定的，从其规定。

对股东的索偿纠纷大量涌现且呈上升趋势。在这样的背景下，新《公司法》修订了股东认缴出资制度，实行限期认缴制度。

在新《公司法》的限期认缴制度下，股东仍可以认缴出资而暂时不用实缴，但是在公司设立后的5年内，必须完成实缴出资。①

还是上面的案例。按照原《公司法》，A、B、C三人认缴的注册资本可以在50年内实缴到位，出资压力延迟50年。而按照新《公司法》的规定，A、B、C则必须在5年内实缴到位。1亿元的出资体量，5年的期限，压力和风险可想而知。不仅如此，在出资未能实缴到位的情形下，A、B、C三人对于公司的负债仍应在认缴1亿元的范围内承担责任。或许，对于A、B、C而言，注册资本1000万元就足够了。那么，假设A认缴并实缴30%的出资共计300万元，如果公司负债3000万元，那么此时A仅在已经出资300万元的范围内承担责任，这也正是股东有限责任的真正意义所在。

新《公司法》之下，新设公司实行限期认缴，已有的存量公司将并轨限期认缴。对此，有以下三种情形：②

第一种情形，对于2024年7月1日及之后设立的公司，认缴出资期限最长为5年。

第二种情形，对于2024年6月30日及之前设立的公司，给予三年的宽限期，在2027年6月30日前将出资期限调整至5年内，并在调整后的认缴出资期限内足额缴纳认缴的出资额。

---

① 《中华人民共和国公司法》（2023年修订）第四十七条：（第一款）有限责任公司的注册资本为在公司登记机关登记的全体股东认缴的出资额。全体股东认缴的出资由股东按照公司章程的规定自公司成立之日起五年内缴足。（第二款）法律、行政法规以及国务院决定对有限责任公司注册资本实缴、注册资本最低限额、股东出资期限另有规定的，从其规定。
② 《中华人民共和国公司法》（2023年修订）第二百六十六条：（第一款）本法自2024年7月1日起施行。（第二款）本法施行前已登记设立的公司，出资期限超过本法规定的期限的，除法律、行政法规或者国务院另有规定外，应当逐步调整至本法规定的期限以内；对于出资期限、出资额明显异常的，公司登记机关可以依法要求其及时调整。具体实施办法由国务院规定。

第三种情形，对于 2024 年 7 月 1 日之前设立，且出资期限、出资额明显异常的公司，如果登记机关依法要求调整，则需要及时调整。

（三）新法带来新挑战

对于新设公司的股东而言，第一，股东资金成本有所增加，资金负担有所加重；第二，原有的灵活筹资功能大为削弱；第三，法定义务加强，违约成本加大，增加了股东的投资风险；第四，对于资金需求量大、投资期长的项目，需要将真金白银在短时间内全部投入，提高了创业门槛。

对于存量公司的股东而言，新《公司法》生效后，认缴出资额过大的存量公司，面临四大风险。第一，新增出资压力。原本在长周期内分散出资的计划被强制缩短，大额出资集中在短期内缴足，压力是显而易见的；这给出资没有到位的老股东带来了新问题，相当于一笔对公司的大额个人欠款突然到期，怎么办？第二，责任风险提前。股东的有限责任与缴纳出资期限直接相关。出资期限越长，股东就可以享受更长的期限利益，就可以在长周期内逐步承担出资责任。新法限定在 5 年之内缴足，也就大大缩短了出资责任的期限。从这个角度而言，也就是把责任风险大大提前了。第三，减资和注销有风险。新《公司法》颁布后，有一大批公司采取减资和注销的方式，以应对新法的规定。然而，减资和注销都有严格的法律程序，一旦违反，就要承担法律责任。第四，配合登记机关调整的风险。考虑到调整的标准、时间的不确定，这种随机性可能造成公司的被动，甚至带来股东的财务压力和危机。

就前述以减资应对新法的操作方式，要特别强调和提醒一点：企业主最容易出现问题的，就是减资中的通知债权人和公告程序。① "通

---

① 《中华人民共和国公司法》（2023 年修订）第二百二十四条：（第二款）公司应当自股东会作出减少注册资本决议之日起十日内通知债权人，并于三十日内在报纸上或者国家企业信用信息公示系统公告。债权人自接到通知之日起三十日内，未接到通知的自公告之日起四十五日内，有权要求公司清偿债务或者提供相应的担保。

知"是直接让债权人知道减资事项,如果只发布公告而没有通知债权人,这将给企业主带来诸多麻烦。违法减资的,股东对于其收到的资金、减免的出资负有退还、恢复原状的义务;给公司造成损失情形的,股东及负有责任的高管应承担赔偿责任。[①] 对于公司而言,还可能受到罚款的处罚。[②] 对于启动减资程序的公司,尤其需要注意的是,由于债权人可以要求提前清偿债务,[③] 这对于债务负担重、运营情况不佳的公司而言,则可能成为"压死骆驼的最后一根稻草",致使存量公司陷入财务危机。

为避免风险,这些存量公司需要采取以下措施:(1)在过渡期内逐步调整出资期限;(2)在过渡期内缴足注册资本;(3)在过渡期内减少注册资本至能够在限期内缴足的数额。

综上所述,无论是存量公司还是新设公司,企业主一定要清楚:不存在"不出资就可以当股东"的情形,出资期限只是出资义务在一定时间内的暂缓,而不是不缴纳出资。出资一旦认缴,不管期限多久,始终都是股东的一笔负债。在此特别提示各位企业主,认缴越高,风险越大,原因是:(1)越高的认缴出资,就是越高的对公司的负债;(2)越高的认缴出资,就是越高的对公司债务的责任承担。现实中,股东由出资人变成债务人的现象并不鲜见,所以,公司资本体量宜匹配公司发展需求,股东认缴出资应当量力而行。

---

① 《中华人民共和国公司法》(2023年修订)第二百二十六条:违反本法规定减少注册资本的,股东应当退还其收到的资金,减免股东出资的应当恢复原状;给公司造成损失的,股东及负有责任的董事、监事、高级管理人员应当承担赔偿责任。
② 《中华人民共和国公司法》(2023年修订)第二百五十五条:公司在合并、分立、减少注册资本或者进行清算时,不依照本法规定通知或者公告债权人的,由公司登记机关责令改正,对公司处以一万元以上十万元以下的罚款。
③ 《中华人民共和国公司法》(2023年修订)第二百二十四条:(第二款)公司应当自股东会作出减少注册资本决议之日起十日内通知债权人,并于三十日内在报纸上或者国家企业信用信息公示系统公告。债权人自接到通知之日起三十日内,未接到通知的自公告之日起四十五日内,有权要求公司清偿债务或者提供相应的担保。

出钱未必成股东

向公司出资是成为公司股东的必要条件，但并不是所有向公司出钱的人都能最终成为公司股东。

曾经有客户 G 先生向我们寻求帮助。G 先生的生意伙伴 Z 先生是某公司的实控人，Z 先生称公司准备股改，拟 3 年内上市，游说 G 先生出资就可以获得原始股。G 先生向公司支付了 500 万元，公司出具了"原始股证明书"。此后，公司每年派发红利，但始终没有股改。G 先生要求将自己显名为公司登记股东，公司拒绝，理由是其他股东不同意。G 先生又主张退还 500 万元的出资，公司仍拒绝，理由是 G 先生事实上已经是公司的股东，不能退股。G 先生陷入两难，而此时的公司已经日渐颓败。

经过研究，我们认为，尽管 G 先生向公司支付了 500 万元，公司也出具了"原始股证明书"，但客观上 G 先生确实无法取得原始股东资格。按照司法解释，[①] 成为公司原始股东需要具备三个条件：第一，签署公司章程；第二，向公司认购出资；第三，履行公司设立职责。[②] 显然，G 先生并不满足第一个和第三个条件，无法成为原始股东。

既然不能成为原始股东，那么能不能以"原始股证明书"确认持有股权呢？客观而言，仍然不能确认。因为公司并不持有自己的股权，不能向 G 先生让渡股权；实控人 Z 先生和其他股东也没有向 G 先生转

---

① 鉴于新《公司法》的颁布与实施，本书引用的最高人民法院关于《公司法》的司法解释与新法之间的衔接，仍有待作出新的解释。
② 《最高人民法院关于适用〈中华人民共和国公司法〉若干问题的规定（三）》（2020 年修正）第一条：为设立公司而签署公司章程、向公司认购出资或者股份并履行公司设立职责的人，应当认定为公司的发起人，包括有限责任公司设立时的股东。

让股权。因此，G先生的股权没有出处，无法得到确认保护。①

相信与G先生有相同遭遇的人不少，出了钱却无法取得股权，既无法享有和行使股东权利，又无法退出，最终让出资打了水漂。

G先生还算幸运，彼时，这家公司已经危机频现，我们建议G先生放弃股权，主张本金返还和利息损失。开庭中，公司方面主张公司已经颁发原始股证明，且派发红利，而且G先生从未提出异议，因此G先生已经是公司股东，依照法律规定不能抽资退出公司。我们认为：（1）尽管G先生向公司支付了款项，但没有与公司的任何一个股东达成或者签署股权转让协议；（2）G先生支付的款项由公司财务记账为往来款而并非出资款；（3）公司派发的"红利"也记载为利息而不是分红；（4）公司从未通知和组织G先生出席股东会，G先生也从未参加股东会或者行使股东权利。因此，G先生不是公司股东，G先生支付的500万元属于民间借贷，公司应当依法返还且支付利息。最终法院支持了我们的主张，G先生不仅收回了500万元，还获得了一笔相应的利息。

这个案例提醒出资人，出资是一项严肃的法律程序，不可以简单认为出钱就能当股东，也不能轻易相信公司实控人的口头承诺。特别是，不可盲目追随股权，以为持股就能赚钱。有多少人因为持股不成而变成了债主，甚至背负了债务。更有人因为出资不慎，不仅没有得到股权，还成了被收割的"韭菜"。同时，本案也提醒企业主，如果要融资和吸纳优质股东，就要规范操作，避免投资人在企业经营顺利时以投资为由主张股东权利，而在公司经营不善时以借贷为由主张偿还借款，如此，容易发生纷争，影响公司稳定和发展。投资融资都是大事，依法而行总是有必要的。

---

① 《最高人民法院关于适用〈中华人民共和国公司法〉若干问题的规定（三）》（2020年修正）第二十二条：当事人之间对股权归属发生争议，一方请求人民法院确认其享有股权的，应当证明以下事实之一：（一）已经依法向公司出资或者认缴出资，且不违反法律法规强制性规定；（二）已经受让或者以其他形式继受公司股权，且不违反法律法规强制性规定。

不出现金也可以当股东

有很多人有雄心、有梦想，希望干一番事业，却苦于没有足够的现金，无法启动一家公司，梦想止于缺钱。其实，并非所有的公司都是用钱堆出来的。法律规定，股东既可以用货币出资，也可以用非货币财产作价出资。因此，投资人没钱也可以投资开公司。

（一）那些不用掏钱的出资

哪些非货币财产可以用来出资呢？

1. 实物资产。以商品、材料、机器设备、汽车、房产等实物资产以及土地使用权出资较为常见。

2. 无形资产。专利技术、计算机软件著作权、集成电路布图设计专有权、植物新品种权、生物医药新品种权、非专利技术等技术成果可以作价入股，还有商标权、音乐影视作品著作权等知识产权也可以作价出资。这些优质资产被允许100%出资，无形价值高，但常常被忽视。

3. 债权、股权。一直以来，债权、股权出资的呼声很高，实践活跃。新《公司法》首次确认可以用债权和股权出资，是一大亮点与进步。

4. 被高度关注的商誉以及虚拟财产也都跃跃欲试，不断寻求创新和突破。

按照新《公司法》的规定，以非货币财产出资要满足三个条件：其一，可以用货币估价；其二，可以依法转让；其三，法律法规明确规定不得出资的财产，比如禁止转让的文物等，就不得用于出资。[①]

（二）以非货币财产出资，对企业主和公司可能有隐伤

以非货币财产出资，无疑扩大了可用于投资的财产的范围，增加

[①] 《中华人民共和国公司法》（2023年修订）第四十八条：（第一款）股东可以用货币出资，也可以用实物、知识产权、土地使用权、股权、债权等可以用货币估价并可以依法转让的非货币财产作价出资；但是，法律、行政法规规定不得作为出资的财产除外。

了创造财富的机会。同时，也解决了以全部货币资金出资的难度，得以腾出货币资金进行日常运转。但是，风险也是显而易见的。

例如在很多高科技公司中，以专利和专有技术出资的方式非常活跃，以此在资本市场上获得丰厚回报的造富神话也比比皆是。但是，投资争议也广泛存在。

有这样一家科技公司，注册资本4000万元，公司掌门人、大股东全部实缴出资。二股东以专利技术作价出资600万元，持有15%的股权，负责该项专利技术的深度衍生开发以及应用实施。但由于与企业主在公司发展战略上发生冲突，二股东不辞而别，技术研发、实施和管理陷于瘫痪。更为残酷的是，二股东出走时一并将专利技术带走，使公司陷于停顿、融资失败、企业主巨额投资急剧缩水的局面。

已经出资的专利技术，随着投资人的离开而离开，这就是非货币出资经常面临的风险。由于专利技术仍在出资人名下，并未过户给公司，因而并不为公司所持有。在为客户进行股权财富风险审查的过程中，我们发现大量的企业都存在这种非货币出资的漏洞和风险。究其根源，正是很多企业主朴素地认为，股东以非货币出资都写在了投资合同和公司章程中，股东又在公司任职，这样就万事大吉了。其实，股东在公司的任职属于劳动关系的聘用维度，可以随时辞职走人。而用于出资的专利还在股东名下，股东出走虽不带走股权，却带走了出资的专利。尽管依法可以采取解除股东资格的措施，但走法律程序带来的时间成本、机会成本和费用成本或将不可估量。如此，公司难免陷于被动。

在此提示企业主，对于以非货币资产出资的，一定要完成两个动作：第一，将非货币财产过户到公司名下、办理产权变更手续；[①] 第

[①] 《中华人民共和国公司法》（2023年修订）第四十九条：（第二款）股东以货币出资的，应当将货币出资足额存入有限责任公司在银行开设的账户；以非货币财产出资的，应当依法办理其财产权的转移手续。

二,交付公司使用。① 同时,还要特别提示,对于那些与出资人的人身依附性强的出资资产,比如专利、专有技术等,更要关注出资人与公司之间服务关系的友好和持续,避免人走技术瘫痪,出资变成有价无用的废物资产。

(三) 非货币出资,对股东有债务风险

非货币出资并不仅仅是对公司的风险,对出资者本人和其他股东也存在着一定的财务和债务风险。第一,以非货币出资有出资瑕疵的风险。比如,已经出资的非货币财产折价高于实际价值的,② 或者已经办理权属变更手续但没有交付给公司使用的,这种情况下,出资股东本人不仅有责任另掏腰包继续向公司补足其差额,还要对因此造成的公司损失承担赔偿责任。③ 第二,公司的其他发起人股东也要被连累,共同承担连带责任。④ 可见,非货币财产出资固然有其好处,但也不能任性。

---

① 《最高人民法院关于适用〈中华人民共和国公司法〉若干问题的规定(三)》(2020年修正)第十条:(第一款)出资人以房屋、土地使用权或者需要办理权属登记的知识产权等财产出资,已经交付公司使用但未办理权属变更手续,公司、其他股东或者公司债权人主张认定出资人未履行出资义务的,人民法院应当责令当事人在指定的合理期间内办理权属变更手续;在前述期间内办理了权属变更手续的,人民法院应当认定其已经履行了出资义务;出资人主张自其实际交付财产给公司使用时享有相应股东权利的,人民法院应予支持。(第二款)出资人以前款规定的财产出资,已经办理权属变更手续但未交付给公司使用,公司或其他股东主张其向公司交付、并在实际交付之前不享有相应股东权利的,人民法院应予支持。
② 《最高人民法院关于适用〈中华人民共和国公司法〉若干问题的规定(三)》(2020年修正)第九条:出资人以非货币财产出资,未依法评估作价,公司、其他股东或者公司债权人请求认定出资人未履行出资义务的,人民法院应当委托具有合法资格的评估机构对该财产评估作价。评估确定的价额显著低于公司章程所定价额的,人民法院应当认定出资人未依法全面履行出资义务。
③ 《中华人民共和国公司法》(2023年修订)第四十九条:(第三款)股东未按期足额缴纳出资的,除应当向公司足额缴纳外,还应当对给公司造成的损失承担赔偿责任。
④ 《中华人民共和国公司法》(2023年修订)第五十条:有限责任公司设立时,股东未按照公司章程规定实际缴纳出资,或者实际出资的非货币财产的实际价额显著低于所认缴的出资额的,设立时的其他股东与该股东在出资不足的范围内承担连带责任。

股权、债权也能出资了

以股权和债权出资,一直深受创业者和企业主的关注与期待。

(一)关于股权出资

在新《公司法》之前,股权出资已经在实践中广泛运用,也通过规章、司法解释等得以规范。[①] 新《公司法》明确了股权出资的方式,股权出资的法律地位获得了正式承认。[②]

以股权出资设立公司,一可以节省现金支出,二通过评估作价实现了股权价值增值后的财富再造。然而,股权毕竟只是纸上富贵,以股权出资,企业主需要特别关注以下6个重要问题:

第一,股权出资要符合下列基本条件。(1)合法持有股权,并且依法可以转让;(2)没有出资不到位,没有被质押,没有被采取强制措施;(3)已履行股权转让的法定手续;(4)股权已依法进行了价值评估。[③]

第二,转让受限制的股权不能出资。新《公司法》关于股权出资,并没有限定是其他公司股权还是本公司股权。对于法律法规有明确限制的,或者公司章程中有特别限制的,那么在受限期间就不能用

---

① 2009年国家工商行政管理总局发布了《股权出资登记管理办法》(已失效),2014年国家工商行政管理总局发布了《公司注册资本登记管理规定》(已失效),2011年施行的《最高人民法院关于适用〈中华人民共和国公司法〉若干问题的规定(三)》对股权出资效力问题进行了专门规定。
② 《中华人民共和国公司法》(2023年修订)第四十八条:(第一款)股东可以用货币出资,也可以用实物、知识产权、土地使用权、股权、债权等可以用货币估价并可以依法转让的非货币财产作价出资;但是,法律、行政法规规定不得作为出资的财产除外。
③ 《中华人民共和国公司法》(2023年修订)第四十八条:(第二款)对作为出资的非货币财产应当评估作价,核实财产,不得高估或者低估作价。法律、行政法规对评估作价有规定的,从其规定。《最高人民法院关于适用〈中华人民共和国公司法〉若干问题的规定(三)》(2020年修正)第十一条:(第一款)出资人以其他公司股权出资,符合下列条件的,人民法院应当认定出资人已履行出资义务:(一)出资的股权由出资人合法持有并依法可以转让;(二)出资的股权无权利瑕疵或者权利负担;(三)出资人已履行关于股权转让的法定手续;(四)出资的股权已依法进行了价值评估。

于出资。

第三，防止用有瑕疵的股权出资。比如，股权权属有瑕疵有争议的，股权本身的出资有瑕疵的，这样的股权出资可能造成接受股权出资的公司与出资的股东承担连带责任。[1]

第四，以认缴出资期限还没到期的股权进行出资，接受股权出资的公司与出资的股东也会有风险。这一点听上去有些费解。举例来说，我持有甲公司的股权，我认缴的出资还没有到出资期限，我不需要缴纳出资，我也没有缴纳出资。这时，我用这个股权向乙公司出资入股，我的这个股权就转让给乙公司了，于是，乙公司就成为甲公司的股东。那么，按照新《公司法》的规定，我就不再承担出资义务，而是由乙公司承担。这里需要特别提醒的是，如果乙公司没有按期足额缴纳出资，我也不能彻底摆脱干系，还要对乙公司没有缴纳出资的部分承担补充责任。[2] 因此，无论是以股权出资的股东，还是接受股权出资的公司，都有风险，都要引起高度关注。

第五，要及时完善股东名册的变更，以证明股权由出资股东转移至接受出资的公司。[3] 股东名册的变更是接受股权出资的公司取得股权的标志，也就是证明股权出资到位的事实。否则，出资股东或将承担出资瑕疵责任。

第六，在税法上，以股权出资属于非货币资产出资，视为转让股权并以转让所得投资取得新公司股权。因此，以股权出资还要关注税

---

[1] 《中华人民共和国公司法》（2023年修订）第八十八条：（第二款）未按照公司章程规定的出资日期缴纳出资或者作为出资的非货币财产的实际价额显著低于所认缴的出资额的股东转让股权的，转让人与受让人在出资不足的范围内承担连带责任；受让人不知道且不应当知道存在上述情形的，由转让人承担责任。

[2] 《中华人民共和国公司法》（2023年修订）第八十八条：（第一款）股东转让已认缴出资但未届出资期限的股权的，由受让人承担缴纳该出资的义务；受让人未按期足额缴纳出资的，转让人对受让人未按期缴纳的出资承担补充责任。

[3] 《中华人民共和国公司法》（2023年修订）第八十六条：（第二款）股权转让的，受让人自记载于股东名册时起可以向公司主张行使股东权利。

负责任，依法履行纳税义务。

（二）关于债权出资

债权能否作为出资，一直以来存在巨大争议，主要原因在于，债权的真实性核查困难，债权存在无法实现的风险。新《公司法》明确列举了债权作为非货币出资的方式，从此开启了债权出资的新路径。

债权出资，既可以以出资人自己对出资公司的债权作价出资，也可以以对第三人享有的普通债权作价出资。

1. 以债权出资设立公司，具有独特的价值。第一，可以降低投资成本。股东以自己对本公司的债权出资的，一方面，股东自己省了现金；另一方面，公司对股东的债务消灭，提高了公司资产价值。股东以对第三人的债权出资的，出资债权成为公司债权，优质债权会增加公司资产。通过这种债权转为股权的方式，股东无须支付实物资产即实现了投资。第二，盘活债权的资产价值。债权到期前处于"闲置"状态，以债权出资，债权立即发挥其财产价值，盘活了未来的债权利益。第三，以债权出资，增加了出资人实现债权权益的渠道，节省了出资人主张债权的时间成本和机会成本。

2. 以债权出资，对于公司和出资人都有相应的风险。（1）对于公司而言，其一是债权真实性的风险。债权是债权人与债务人之间的法律关系，具有相对性，不需要公示，是否真实有效，难为外人所知。因此，虚构债权取得股权的风险是一个客观存在。其二是债权到期无法兑现的风险。债务人的资产状态、支付能力及是否愿意如实履行的主观意愿等一系列因素，都将影响出资债权的实现，如果不能实现，将直接导致公司利益受损。（2）对于出资人而言，一旦债权的真实性和债权的实现发生问题，债权出资就会出现瑕疵，出资股东将面临补足出资、失权甚至被解除股东资格的风险。

3. 债权出资必须满足法律的要求。根据新《公司法》及相关司法解释的规定，用于出资的债权需要满足以下四个条件：（1）权属清楚。债权应具有确定性，最好是经过法院、仲裁机构的生效法律文书确认的债权。（2）无程序瑕疵。经过专业机构评估，并办理完成权利转让登记手续，确保出资合法有效。（3）可评估转让。债权作为非货币出资方式，应当可用货币估价、可依法转让，且法律法规未禁止。（4）合法有效。出资的债权必须合法有效，不违背公序良俗、不属于非法债权，且未超过诉讼时效。

出人力、出资源、出商誉都不能获得股权

有些公司和企业主，出于对个人能力、社会关系以及商誉等特殊资源的需求，许以股权以吸引资源型股东，将个人劳务、个人信用、个人姓名、商誉等作价入股，而不需要他们实际出资，毕竟，和物质性资产相比，这些资源型资产可能会为公司带来更大的价值和期待。

例如，有一家专业性极强的公司，需要取得多个技术方面的特许才能开业。公司设立之初急需一位懂专业、有资源、能够高效获得许可的特殊人才，于是公司的发起人邀请了一位社会资源人士 A 先生作为合伙人，许以 10% 的公司股权，并签署了投资协议。投资协议约定，由 A 先生负责公司设立的一应事务，完成公司设立之后，任公司副总，负责公司对外关系和全方位渠道运营。A 先生以此作为对公司的出资并持有公司 10% 的股权，且前三年不领薪酬不参加分红，股权由发起人股东代持。公司设立后，由于 A 先生的资源发生变故，发起人认为 A 先生价值缩水，于是解除了 A 先生的副总职务，亦对 A 先生 10% 的股权不再认可。在这个案例中，A 先生的股权将无法获得保护，在前三年无薪酬无分红的约定之下，A 先生将一无所获。

为什么 A 先生不能获得股权呢？这是因为，以个人劳务和社会资源作为出资，是无法估量其价值也无法转让的，不属于可以作价出资的非货币资产，因此是不能以此作为出资获得股权的。按照相关法律

法规的规定，个人劳务、信用、姓名、商誉，以及人的思想、智慧等，都是不能用于公司出资的，从而也不能以此投资获得股权。①

风险应对策略

出资有风险。创业者要做好风险防范，已有公司的企业需要系统筛查风险，及时完善救济方案。

（一）准备投资的创业者，需要做好出资风险预防

第一，认缴出资量力而行。根据股东实际能力，评估公司未来2~3年运营所需，设置合理且可行的认缴额。

第二，出资期限节奏合理。出资压力大的，可用尽5年期限红利并分期缴付，其弊端是会形成远期债务，未来风险不可控。出资财产容易到位的，尽早实缴，避免不测事件发生影响出资，引发债务风险，其弊端是会增加现金压力和成本。

（二）已有公司的企业主，需要进行系统的出资风险筛查和实施漏洞补救方案

第一，针对出资期限，应当采取以下措施：（1）在过渡期内逐步调整出资期限；（2）在过渡期内缴足注册资本；（3）在过渡期内减少注册资本。

第二，针对认缴数额，应当审查公司章程并采取相应措施：（1）认缴数额与出资实力悬殊的，建议减资；（2）认缴出资在实力范围之内的，建议及早完成出资，避免公司债务追及股东，进而造成家庭财务风险。

第三，针对非货币资产出资，应当审查：（1）是否将非货币资产

---

① 《中华人民共和国市场主体登记管理条例》（2021年）第十三条：（第二款）出资方式应当符合法律、行政法规的规定。公司股东、非公司企业法人出资人、农民专业合作社（联合社）成员不得以劳务、信用、自然人姓名、商誉、特许经营权或者设定担保的财产等作价出资。

过户到公司且交付公司使用；（2）出资数额是否得到其他股东认可；（3）是否取得合法合规评估报告。如果结果为否，应当采取以下措施：尽快补救漏洞，完善出资程序；无法补救的，及早减资。

第四，针对股东登记，应当审查：（1）有无将股东姓名记载于股东名册；（2）有无在登记机关登记；（3）有无投资协议和公司章程。如果结果为否，应当及早完善相关法律文件和手续，依法确定股东身份。

总结

1. 误区与盲区提示

（1）新《公司法》下，实缴出资期限改为最长5年，出资期限红利从此不再有。

（2）认缴出资不是越高越好。高额的出资认缴，就是高额的风险认领。

2. 企业主必知

（1）出资期限，既是出资的压力，也是风险的黑洞。

（2）未出资、未按期出资、未足额出资，都是认缴时挖下的债务陷阱。

（3）知识产权、债权、股权出资，省了资金占用，多了债务风险。

（4）人力、资源、商誉，不可出资，难以保护。

建议

1. 准备投资的创业者，要做好出资风险预防

第一，认缴出资量力而行。

第二，出资期限节奏合理。

2. 已有公司的企业主，要做好风险筛查和漏洞补救

第一，针对出资期限，在过渡期内达到出资要求或者调整出资期限。

第二，针对认缴数额，根据情况完成实缴或者减资。

第三，针对非货币资产出资，及早完成评估、过户。

第四，针对股东登记，应当完成股东名册和登记机关登记。

> **超话**
>
> 无出资不股权，但也并不是所有的出资都能取得股东资格。错误的出资，带来的首先不是收益，而是风险。持股，最好的出资就是认缴量力，期限合理，出资合法，依章缴付。

代持，"勇敢者的游戏"如何安全通关？

出资获得股权，登记予以明示，就是为了充分保护权利。然而，现实中也有许多企业主并不希望公开显名，于是股权代持就成为一种特有的资产持有模式。

股权代持也是一种刚需

富起来的人不愿意显名露财，自是情理之中，但并不是所有的财产代持都是为了藏富隐富。企业主选择股权代持，原因是复杂而多维的，包括隐藏私人财富、隐藏财产收入、节省税务成本、解决公司股东人数超额问题、[①] 集中持股控制表决权等等。

在我们服务的企业中，无论大小，80%以上都有股权代持。股权代持，成为企业主投资多元需求中的一项特殊刚需。

企业主不可不知的股权代持风险

代持是一场财富大冒险。股权代持因其隐秘性和灵活性而很受企

---

① 《中华人民共和国公司法》（2023年修订）第四十二条：有限责任公司由一个以上五十个以下股东出资设立。

业主的欢迎，但其风险却少有人了解，而能够对风险进行防范，且能进行闭环管理的人则更是少之又少。

曾有这样一位企业主，主要经营管理酒店。考虑到酒店经营投入大、风险高、责任重，为避免个人承担责任，保护私人财富安全，于是，企业主将所有公司的股权都交由一个远房的堂弟代持，法定代表人也由堂弟担任，与堂弟之间也不留任何书面文件。企业主的想法很简单："公司不在我的名下，股东、董事、法定代表人均与我无关。"一旦酒店发生食品卫生、火灾、人命以及债务等重大事件，不会找到企业主本人头上，只能找堂弟，由堂弟承担责任。而堂弟又远在偏远山区，不问世事，风险可控，最终也承担不了什么责任。这种想法和安排着实是很多企业主的"理想模式"。当然，这位企业主也没有亏待堂弟，每年都给他发放不菲的津贴，堂弟自然乐得接受。

虽然企业主所担心的责任风险并未发生，但不幸的是堂弟突发心肌梗死过世，企业主由对堂弟的"可控"变成了彻底"失控"，原因是堂弟身后的法定继承出了问题。这时，企业主想把公司股权过户到自己名下，却发现困难重重。第一，企业主没有任何书面文件证明如此庞大的产业是自己的，而堂弟也没有留下任何遗嘱或者书面文件，没有对代持股权做任何交代。在法律上，记载在堂弟名下的公司股权就是属于堂弟的。第二，因为堂弟配偶尚在，依法，堂弟持有的股权便是与弟媳共有的财产，其中的一半是弟媳的财产，另一半是堂弟的遗产。第三，堂弟过世后，有4位法定继承人等待继承，包括弟媳、堂弟儿子和堂弟父母。第四，企业主要收回股权，必须经堂弟的所有法定继承人同意并且愿意配合办理复杂的法律手续。第五，堂弟一家人原本并不知晓自家名下有这么大的产业，此时毫无配合之意。至此企业主才发现，原以为完美的代持陷入巨坑，偌大的产业突然成了别人家的财富。

代持，一不小心就会跌入"为他人打工"的陷阱。因此，对于股权代持风险，企业主不可不知。

(一) 股权被人代持的风险

股权代持根本的风险就在于,股权在别人的名下,对于本人而言是失控的状态。如果安排不当,股权代持就不是保护财富,而是自我挖坑。

1. 股权代持无效,出资不受保护。不是所有的股权代持都受法律保护。无效的代持不受法律保护,出资人不仅不能享有股东权利,还可能遭受出资损失。

哪些代持无效呢?最重要的是把握两点。第一,首要前提就是不能违反法律法规的强制性规定。比如,对于银行、保险公司等金融机构设置的股权代持,上市公司设置的股权代持,以及特殊的外商投资企业所设置的股权代持,都会因为违反强制性规定而无效。第二,不能违背公序良俗。比如破坏婚姻家庭、侵犯配偶财产权益的代持,就会被认定为无效。①

关于如何认定股权代持的无效,其实无须人人都掌握,这是司法或仲裁程序的工作。然而,作为企业主,了解司法实践中的认定原则确实有益。根据我们的实践经验,股权代持的目的很大程度上影响了代持协议的效力。因此,企业主在启动股权代持方案时,可以从以下三方面对照审视,以此判断是否有可能被认定为无效:第一,股权代持的动机是否合理;第二,是否存在恶意破坏有限公司人合性;第三,是否恶意规避监管。毫不夸张地说,代持是否有效,从起心动念时就已经基本定了性。

综上所述,企业主需要清楚,规划股权代持,出资受保护的前提是合法有效。如果被认定为代持无效,那么出资就不能获得股权权益,而且要面对资金收回困难、利息损失、收益损失和机会损失等多重风险。

2. 无法证明股权代持,股权相当于不存在。代持人不承认股权代

---

① 《中华人民共和国民法典》第一百五十三条:(第一款)违反法律、行政法规的强制性规定的民事法律行为无效。但是,该强制性规定不导致该民事法律行为无效的除外。(第二款)违背公序良俗的民事法律行为无效。

持，隐名投资人又没有证据证明，这样隐名出资人即便实缴了出资，也难以获得股权权益。

常见的场景一般是这样的，隐名投资人将出资资金交给了代持人，代持人也将资金实缴到了公司，但双方并无代持协议约定，也无其他证据证明。这笔资金的性质，决定了股权代持是否成立，也决定了隐名投资人能否享受到股东权益。如果股权值钱，隐名投资人主张其出资是股权投资从而享有股权，而代持人则主张是借款，"还你钱，我留股权"；如果公司亏损、资不抵债，隐名投资人就会主张其出资是借款而索要本金和利息，而代持人则主张这是投资款，自己只是代持股权。于是，这笔资金到底是代为投资持股，还是委托理财，抑或借贷，常常混淆不清，最终受影响的一定是出钱的一方。没有专业的规划，隐名投资人的出资风险、股权风险和财产损失总会难免。

3. 代持股权被恶意变卖与质押的风险，追索困难重重。代持人一定诚信靠谱吗？这个判断不能一概而论。一个人在不同场景、不同状态、不同维度之下，会有不同的选择。再靠谱的人，在穷途末路时也可能会选择不靠谱。

比如，某公司企业主 A 委托好友 Z 帮自己代持 20% 的股权，双方有出资协议和出资凭据证明这 20% 的股权实际为 A 出资，Z 登记为公司股东。Z 突然遭遇家庭变故急需现金，不得已私下将 20% 的股权以 300 万元的价格变卖给第三人，并办理了工商变更登记。A 诉至法院，主张自己才是实际出资人，请求判令 Z 转让变卖股权行为无效。法院确认了股权代持合法有效，但仍然驳回了 A 的诉讼请求，判决 A 败诉。自己的股权被别人卖了，还不能追回来，何其无奈！

其实，这在法律上是两个层面的问题。首先，A 是实际出资人，A 和 Z 签有代持协议，股权代持关系受法律保护。其次，A 作为隐名出资人，他的身份和权益并不为外界所知。Z 作为显名股东在向第三人转让股权时，并未明示股权代持的事实，第三人无从知晓 A 与 Z 之间的股权代持关系，在不知情的情况下支付了合理的对价取得股权，属于善意第三人，应当受到保护。①

代持人背信擅自转让、设定质押或者以其他方式处分股权，隐名出资人不易察觉也不易控制，风险很高，损失很大。

有公开报道显示，红极一时的反腐剧《人民的名义》的编剧周梅森，就是曾经遭遇股权被代持人质押后偿债过户给第三方，在法院判决代持有效的情形下，仍不能支持将股权回转过户到周梅森名下，几千万元的资产最终有名无实。"秀才一怒成文章"，这才有了这部热剧的诞生，剧中大风厂股权代持风波即源于此。②

于是我们看到，尽管股权代持会被认定为有效，但隐名出资人并不能以此对抗善意第三人而获得股权的回归，善意第三人将优先于隐名出资人受保护。因此，股权的彻底失去是无法挽回的结果。

当然，这并不是说隐名出资人要吞下苦果吃哑巴亏。隐名出资人仍然可以依据代持股权协议要求代持人赔偿损失，③但这时的代持人往往已经没有偿付能力，于是，风险也只能由隐名出资人自行承担。

4. 代持股权被偿债、被采取司法强制措施，一旦被执行，大多无

---

① 《最高人民法院关于适用〈中华人民共和国公司法〉若干问题的规定（三）》（2020年修正）第二十五条：（第一款）名义股东将登记于其名下的股权转让、质押或者以其他方式处分，实际出资人以其对于股权享有实际权利为由，请求认定处分股权行为无效的，人民法院可以参照民法典第三百一十一条的规定处理。《中华人民共和国民法典》第三百一十一条：（第一款）无处分权人将不动产或者动产转让给受让人的，所有权人有权追回；除法律另有规定外，符合下列情形的，受让人取得该不动产或者动产的所有权：（一）受让人受让该不动产或者动产时是善意；（二）以合理的价格转让；（三）转让的不动产或者动产依照法律规定应当登记的已经登记，不需要登记的已经交付给受让人。
② 李春平，尹聪. 反腐戏《人民的名义》编剧周梅森，陷银行股权代持诉讼，涉4000万元左右 [EB/OL]. (2017-04-01) [2025-02-18]. https://www.sohu.com/a/131575020_616826.
③ 《中华人民共和国民法典》第三百一十一条：（第二款）受让人依据前款规定取得不动产或者动产的所有权的，原所有权人有权向无处分权人请求损害赔偿。《最高人民法院关于适用〈中华人民共和国公司法〉若干问题的规定（三）》（2020年修正）第二十五条：（第二款）名义股东处分股权造成实际出资人损失，实际出资请求名义股东承担赔偿责任的，人民法院应予支持。

力回天。代持人一定没有债务吗？诚信靠谱的人也会有债务。代持人作为显名股东持有股权是登记公示于天下的，对于社会而言这就是代持人的财产。一旦代持人发生债务不能清偿而成为被执行人，代持股权就可能作为执行财产被冻结、拍卖。

显然，代持股权是隐名出资人的财产，为代持人承担债务是不可接受的。那么，隐名出资人可不可以主张代持的股权不属于代持人的财产，从而收回股权并阻却法院的执行呢？答案是明确的：不能收回股权，也不可阻却执行。

有这样两家公司，A公司是甲公司的登记股东，持有甲公司16%的股权。这个股权是A公司为Z先生代持的，A公司与Z先生签署了代持协议。由于A公司被法院裁定宣告破产，A公司持有的16%的股权就被用于向债权人偿债了。Z先生认为自己才是股权的实际权利人，于是诉请法院确认他的股东身份并取回相应股权。法院认为：在对内关系上，代持协议有效，Z先生是股权的权利人；但是，在对外关系上，应当按照信息公示的内容，认定股权由记名股东A公司享有。由于公告的公示效力，债权人有理由相信这16%的股权属于A公司，因此，债权人有权利获得保护。于是法院驳回了Z先生的诉请。

可见，法院认定股权权属以对外公示的登记信息为准。登记在案并公示的代持人，就是公司对外关系上的股东，而隐名出资人则不是。法院只认登记在案的股东，也支持债权人向显名的代持人主张正当权利。而对于代持人和隐名投资人之间内部的代持约定，即便法院认定有效，也不能对抗法院对代持人的执行和外部债权人向代持人主张权利。[1]

---

[1] 该判例适用的是《中华人民共和国公司法》(2018年修正)第三十二条：(第三款)公司应当将股东的姓名或者名称向公司登记机关登记；登记事项发生变更的，应当办理变更登记。未经登记或者变更登记的，不得对抗第三人。在《中华人民共和国公司法》(2023年修订)中对应的条款是，第三十四条：(第一款)公司登记事项发生变更的，应当依法办理变更登记。(第二款)公司登记事项未经登记或者未经变更登记，不得对抗善意相对人。

在此种情形下，代持股权被执行给他人，造成隐名出资人的财产损失。依法，隐名出资人固然有权向代持人主张赔偿损失，但此时代持人已经是被执行人，隐名出资人的索赔恐怕也仅剩名义上的了。

5. 代持人婚变的风险，财产分割是一大考验。如果代持人婚变，代持股权的财产权益也有可能作为共同财产而被分割。况且，极端案例中也有代持人假离婚恶意分割代持股权的情况。

W 先生委托妻弟小 Z 代持某公司 60% 的股权。不巧，小 Z 与妻子小 H 感情破裂，协议离婚，对共同财产进行了分割。离婚后，小 H 又以小 Z 故意隐瞒 60% 的股权为由起诉，主张该股权为夫妻共同财产，要求进行分割。对此，法院判决认为：W 先生和小 Z 对股东资格有明确约定，其他股东认可，股东会会议有记载，因此确认 W 先生的股东资格。小 H 仅凭公示信息主张股权为夫妻共同财产，但没有证据证明双方实际出资的事实，不足以推翻股权代持协议的效力，据此认定小 Z 为代持股权，不享有实际股权，驳回了小 H 的诉请。

企业主可能会有疑问：为什么这个案例不适用对外公示原则，认定股权为属于小 Z 和小 H 的财产呢？本案的法律关键点在于：以代持股权为夫妻共同财产为由要求分割，与外部人主张债权不同，属于公司内部关系，小 H 不属于受保护的外部第三人，因此不能支持小 H 的主张。

在这个案例中，W 先生是幸运的，关键就在于股权代持关系清楚明确。如果代持关系不清、代持委托流程混乱、没有留下充分的证据，那么一旦代持人发生婚变，主张权利将是一个非常困难和痛苦的过程。

6. 代持人死亡，继承人直接继承股东资格。意外不是人所能预知和控制的。一旦代持人过世，一系列风险便会接踵而至。

（1）代持人过世，股东资格可能自动由其继承人继承，[1] 隐名出

---

[1] 《中华人民共和国公司法》（2023 年修订）第九十条：自然人股东死亡后，其合法继承人可以继承股东资格；但是，公司章程另有规定的除外。

资人所创造的财富帝国也将因此而被分割。即便代持关系得以确认,也难免经过一场股权归属的博弈。一如前文中提及的那名酒店老板的遭遇,尽管最终与堂弟一家达成协议,但他还是必须经历复杂的法律程序,向堂弟一家支付了一笔巨额的对价,并承诺负担堂弟一家老小20年的持续支出,这才收回股权。

(2)隐名出资人收回股权进入公司困难。有一个股权代持案例,代持人过世,继承人认可代持关系,但隐名出资人要求进入公司显名持股,遭遇其他股东阻挠,只好由继承人先继承股权,再转让给隐名出资人。起初,隐名出资人出资500万元,此时,股权价值已经升值到1000万元。隐名出资人与继承人协商决定仍以500万元转让,由于操作不当,结果被老股东行使优先购买权,以500万元的价格收回。隐名出资人投资了4年,不仅没成为股东,而且最终只收回了最初的投资本金,没有增值没有收益,可谓"赔了夫人又折兵"。这个结果的关键点在于:第一,只有代持人的继承人才可以直接继承股东资格;第二,隐名投资人要从外部进入公司持股,需要经过其他股东行使优先购买权这一环节,而正是隐名投资人与继承人的低价交易,才被其他股东优先抢得了股权。

(3)代持人失能失智,这是更为复杂的局面。如果代持人失能失智,成为无民事行为能力人或者限制行为能力人,要么无法表达和确认股权代持的存在,要么只能借助于代持人的监护人表达意志。监护人自然会有监护人的立场,法律也规定了监护人不得做出损害被监护人利益的行为,但想让监护人确认代持的真实有效并配合隐名出资人过户,实在是困难重重。于是,隐名出资人的股权和权利也会陷入长期的动荡、纠缠甚至纠纷当中。

代持人的死亡和失能失智,相较于代持人离婚,要复杂得多。这一风险,要特别引起企业主的高度重视。

7. 代持股权难以过户,隐名出资人对外显名和行使权利障碍重重。股权代持有效，还需要隐名出资人能够取得股东身份、实际享有股东权利才有意义。代持股权难以过户，隐名出资人难以行使权利，这往往在代持的尾声才会被发现，是很多企业主始料不及的。

（1）代持股权难以过户。有这样一个案例，A 是某公司 40% 股权的隐名出资人，B 为 A 的代持人，A 为办理股权过户，诉至法院。但公司股东 C 不同意 A 成为公司股东，公司也不同意办理股东变更登记手续，法院驳回了 A 的诉请，理由是：第一，A 和 B 关于股权代持的约定对公司不生效力；第二，A 主张股东身份显名，没有获得公司其他过半数股东的同意。

此案是基于原《公司法》的规定审理的结果。由于"获得公司其他股东过半数同意"是法定条件，① 这造成隐名出资人将股权过户到自己名下困难重重。在新《公司法》生效后，尽管不再有此硬性要求，但也并未禁止，这一条件成为自选动作。存量公司仍有可能继续沿用原有制度，而新设公司也有可能选择启用这项制度。于是，通过这一制度阻却外部人的可能仍大大存在。因此，这一障碍并不会必然消失。

即便是依照新《公司法》，基于股东享有优先购买权的规定，② 代持股权也很有可能被其他股东优先购买，隐名出资人获得股权仍将面临不确定性。

（2）隐名出资人难以行使权利。公司其他股东对隐名出资人不认可，隐名出资人就无法行使股东权利和享受股东利益，比如，无法参与股东会，无法行使知情权，无法享有分红权，无法以股东身份主张权利和追究责任。

---

① 《中华人民共和国公司法》（2018 年修正）第七十一条第二款规定，股东向股东以外的人转让股权，应当经其他股东过半数同意。
② 《中华人民共和国公司法》（2023 年修订）第八十四条第二款规定，股东向股东以外的人转让股权的，其他股东在同等条件下有优先购买权。

8. 代持股权被击穿，隐名出资人也要承担法律责任。他人代持股权，隐名出资人也未必能全身而退。实践中，有些企业主出于规避债务和法律责任的考虑，由他人代持股权，而自己作为影子股东实际控制公司。但是，这种貌似完美的安排，未必逃得过债务的追及和法律责任的追究。作为公司的实控人，零痕迹掌控和管理公司的可能性几乎为零。无论是互网络有记忆，还是大数据 AI（人工智能）技术下企业主行为的可分析可画像，都可能击穿股权代持这一道屏障，从而让实控人承担相应的法律责任。

（二）为他人代持股权的风险

风险从来都不是单边的。代持与被代持是相互依存的双方，隐名出资人有风险，代持人同样也面临着风险。

1. 代持人为隐名出资人的出资瑕疵承担责任。代持人一定要清楚，代持股权不用自己出资，但绝不是不承担责任，反而恰恰是风险的开始。要知道，代持协议中约定的"隐名出资人负责出资，隐名出资人承担所有责任"只是约定，而在公示信息和对外关系中，隐名出资人基于出资股东的所有行为和结果都是由代持人承担的。

例如，假设 A、B、C 为甲公司股东，A 认缴出资 500 万元，持有 50% 的股权；B 和 C 各认缴出资 250 万元，各持有 25% 的股权。另外，A 私下与 D 约定，由 D 出资 250 万元，持有公司 25% 的股权，由 A 代持。对此，B 和 C 并不知情。公司设立后，A、B、C 各自实缴了 250 万元出资，D 始终没有出资。之后，公司运营过程中无力偿付负债，造成公司损失。关于此案的责任承担如下：作为代持人的 A 将背负 D 没有实缴出资 250 万元部分的全部责任，包括继续出资和赔偿公司损失的责任；同时，A、B、C 还将对 D 没有实缴出资的 250 万元部分承担连带责任。

关于代持人为隐名出资人的出资承担责任的风险，我们总结如下：

（1）在股权代持协议方面的风险。股权代持协议的效力内外有别。对内而言，在代持人和隐名出资人之间有效。对外而言，代持协议不产生对外效力，因股权所产生的出资责任仍由代持人承担。即使代持协议约定由隐名投资人承担出资义务，或者约定代持人对公司的债务概不负责，对外也都是无效约定。

（2）在出资瑕疵方面的风险。出资不到位可能有两种情况，一种是隐名出资人违背约定不愿继续出资，另一种是隐名出资人发生客观变化而丧失继续出资的能力。无论何种原因，未出资部分就是债务，给公司造成损失的就要承担赔偿责任。但是，这些责任并非由隐名出资人承担，而是由代持人承担。尤其要提醒代持人注意的是，如果作为发起人股东，在设立公司时有出资不实的，代持人还可能会为其他发起人的出资承担连带责任。如此看来，代持股权既可能承担隐名出资人的出资风险，还可能承担其他股东的出资风险。代持股权的一方也有被拖累成债务人的风险。[①]

（3）在出资违法方面的风险。如果隐名出资人存在抽逃出资情形的，代持人要为其承担返还和赔偿责任，以及接受处罚；如果隐名出资人存在虚假出资的，代持人也要面临相应的行政处罚。抽逃出资和虚假出资构成犯罪的，还要被追究刑事责任。

2. 公司清算的风险。公司清算是终结公司使命的法定程序，但不是逃避债务的通道。而对于代持人而言，公司清算不是股权代持的终结，反而可能是债务的开始。

譬如，A 为 B 代持股权，B 是实控人，A 不参与公司事务。因公司经营不善，未经依法清算就解散注销了公司。之后，有债权人向公司主张债权，因为公司清算不合法，最终法院判决代持人 A 与其他股

[①] 《中华人民共和国公司法》（2023 年修订）第五十条：有限责任公司设立时，股东未按照公司章程规定实际缴纳出资，或者实际出资的非货币财产的实际价额显著低于所认缴的出资额的，设立时的其他股东与该股东在出资不足的范围内承担连带责任。

东一起承担债务。本案中，A只是出于好意帮B代持股权，并没有意识到风险，对于公司清算注销并不了解，当公司已经注销，就以为从此万事大吉了，没想到"秋后算账"被卷入债务诉讼，承担了与自己毫无关系的债务。所以，代持股权的公司解散清算注销，代持人要小心债务风险。①

3. 代持人承担个税责任的风险。代持人承担隐名出资人的税，一般发生在分红、股权转让和股权还原这三个情景之下。

例如，A与B签订代持协议，约定A为B代持某公司股权。在公司向代持人A分红100万元的情形之下，按照现行个税的规定，A应当缴纳20%的所得税，共计20万元。税务机关不会因为A为B代持股权而向B征税，A可以在缴税之后向B主张，但如果不缴税就要承担相应的法律责任。

如果A受B指令，将股权转让给第三人，代持人A也要先完税才可以将股权变更给第三人。如果股权出资100万元，转让价格为200万元，最终转让收益为100万元，那么A就要缴纳20万元的所得税。这时的缴税义务人是代持人A而不是B。

如果B想把A代持的股权转归自己名下，由于当初B出资100万元，经营一段时间后，公司经营良好，归属于B的股权值300万元。股权还原时，一般税法上认为是股权转让行为，需要按转让所得缴税，此时需要缴40万元的个税。在法律上，这个税负需要代持人A承担支付。如果B为了避税，采取平价转让或者零转让，但仍应按照一定标准缴税；如果B采取了不合法不合规的方式避税，税务风险仍由代持人A承担。

代持人的税务风险要引起高度关注，不要认为协议中有约定或者

---

① 《中华人民共和国公司法》（2023年修订）第二百三十二条：（第三款）清算义务人未及时履行清算义务，给公司或者债权人造成损失的，应当承担赔偿责任。

隐名出资人有承诺，所有风险都由隐名出资人承担，代持人就安全无虞了。在代持关系中，一个简单且永恒的道理就是：对外，隐名出资人无法处理所有事宜，也无法承担所有风险。

综上所述，不是所有的代持都受法律保护，并且受法律保护的代持也面临种种风险和困境。股权代持是一把双刃剑，对于隐名出资人而言，这把剑未必好用，用不好容易伤到自己。对于代持人而言，很多情形下是基于信任和情感而接受委托，但确实于己无利且风险不小。不能不说，这对于双方而言都是刀尖上的游戏，既要恰到好处，又要安全着陆。不管是由他人代持股权，还是自己代持他人股权，都需要考虑如何全身而退。其中，隐名出资人的信任和代持人的诚信至关重要。

（三）关于股权代持的风险防范与隔离规划

1. 对于委托他人代持股权的，隐名出资人需要做好风险防范，重点如下：

第一，签订股权代持协议。由实际出资人、代持人以及公司三方签署并公证，严格限制代持人权利，约定高额违约责任。

第二，就代持股权设立质押。限制代持人对外提供担保、出卖或转让代持股权，确保实际出资人获得优先受偿权。

第三，公司股东签署股权代持知情同意函，预先排除实际出资人获得股权障碍。可安排实际出资人参与股东会决策，历史留痕；任职董事会或者监事会，参与公司治理，实现控制权。

第四，代持人配偶签署股权代持知情函，避免代持股权因代持人婚姻和继承而被侵占和分割。

第五，设立股权信托，既实现代持目的，又达到风险隔离和隐私保护的作用。具体架构方案将在第十章详述。

2. 对于为他人代持股权的，代持人需要做好风险防范，择其要者如下：

第一，审慎代持。切实考察实际出资人的经济实力，知悉其认缴出资期限，评估代持风险。

第二，签署股权代持协议，明确实际出资人瑕疵出资的责任承担、相关税负的责任承担，要求实际出资人提供担保。

总结

1. 误区与盲区提示

（1）不留任何证据的无痕代持，未必能规避风险，却赌上了人性。

（2）代持股权被查封、冻结、执行，或者恶意质押、变卖、过户，实际出资人追索困难，大多无力回天。

2. 企业主必知

（1）代持人否认，实际出资人无法获得股权和股东身份。

（2）代持无效，出资不受保护，股权不能确认。

（3）代持股权无法过户，实际出资人无法获得股东资格。

（4）代持人发生婚变或者继承，代持股权被分割。

（5）代持人失能失智，代持股权失控，还原困难。

建议

1. 对于隐名出资人

第一，审慎选择代持人。人的风险才是最大的风险。

第二，签订股权代持协议，就代持股权设立质押。

第三，公司股东、代持人配偶签署股权代持知情函。

第四，设立股权信托，合法安全实现代持目的。相关专业方案和制度设计，我们将在第十章中进一步呈现。

2. 对于代持人

第一，切实考察实力，评估风险，审慎代持。

第二，非必要，不代持，切忌讲所谓的江湖义气。

> **超话**
>
> 天下没有绝美的"法器",假作真时真亦假,股权江湖无间道,风险大多是由不知或者无视其背后的法律关系和底层逻辑而造成的。无认知,便任性,代持有风险,必须再三思量。代持是策略,持久则需要谋略。

第五章　合伙不易，掌控之下谋久安

人生苦乐成败，最重要的就是人和人的关系。企业主的荣辱沉浮，最关键之一就是合伙治业的股东之间的关系，这也直接影响着公司的长治久安。其中，涉及分红权、控制权、管理权三项核心权利的分配与博弈，以及权力真空、外部人入侵和股东退出的危机应对。

钱是大事儿，股东分红权的保护

投资的基本目的就是获得收益。股东从公司获得利润分配的分红权，就是股东获得资产收益的基本权利,[①] 也是公司财富私有化的基本路径。

公司不分红，已经创造的财富就无法合法私有化

分红是获取投资收益的最基本路径，但非常遗憾的是，很多公司不分红，企业主的绝大部分财富都沉淀在公司里。这样做基本上出于三个方面的考虑：第一，公司要持续投入发展，资金需求太大；第二，分红要缴20%的个人所得税，成本太高；第三，公司是自家的，不分红仍然可以随时从公司支出用于个人消费和使用，还可以冲抵成本，

---

① 《中华人民共和国公司法》（2023年修订）第四条：（第二款）公司股东对公司依法享有资产收益、参与重大决策和选择管理者等权利。

既方便也省了税负。可一举多得的完美，往往都是要付出代价的。

（一）两大风险

首先，在公司层面，企业创造的财富沉淀在公司里，要么继续用于发展壮大，要么用于跨界投资，特别是用于跨金融行业的投资。

公司扩大规模和对外投资，能够安全获利固然是好的，但创富成功是小概率事件，持续成功又是小概率中的小概率事件。并不少见的现象是，有的扩大了规模却最终失败了；有的遭遇危机，过往沉淀的财富被偿债了；还有的跨界投资失败，财富归零了。特别是在经济的下行周期里，在时代洪流中，企业无法全身而退也是常有现象。公司如果不分红，本应落袋为家庭、家族和个人的财富，就可能随着公司的经营和投资风险灰飞烟灭。有一位企业主做传统服装生意，公司利润沉淀颇丰，但基本没有分红，家庭账户没有太多财富积累。因为传统生意赚钱慢，于是其涉足小贷金融行业，将公司创造所得的大部分投入金融。后来因涉嫌非法集资，夫妻二人被判刑，留学的儿子断了学费的供给，中途退学，企业家业一并败落，令人唏嘘。

其次，在个人及家庭财产方面，许多企业主的公司不分红，但私人也不缺钱。主要有两个典型路径：第一，个人以及家庭消费和重大支出都由公司承担；第二，公司资金、资产随意转到私人账户，成为私人财产。但是，这样操作极易构成抽逃出资和家企财产混同，造成公司债务穿透而追及个人，严重的还会构成挪用、侵占公司资产或者逃税而被追究刑事责任。

不分红，没有想象的那么美好，却有太多想象不到的烦恼。

（二）正确的操作

选择不分红，企业主也并没有全错。公司是营利性法人，持续创造利润是公司经营的目的之一。然而，企业主作为公司的股东，投资公司的目的就是获得投资回报，享受生活。因此，公司创造的财富不能全都用于公司的再投资而不分配，股东获利到家也是基本需求。同时，企业主不能随意动用公司财产用于私人和家庭，公司创造的财富回归家庭，获利分红是应然之举。

分红是一个严肃的法律行为，企业主要审慎为之，避免错误操作而承担法律责任。

首先，在程序方面，先由公司董事会制订利润分配方案，然后由股东会审议批准。这也是两个法定的前提条件。[①] 而且，董事会应当在股东会决议作出之日起6个月内进行利润分配，[②] 以此保证利润分配的高效。同时，股东也可以通过公司章程规定更为详细的分配方案决策程序。

其次，在利润分配制度方面，有法定的分配标准。以下法律规定的程序，企业主必须遵守：（1）核算当年收入、成本、税负，确定当年税后利润；（2）弥补以前年度亏损；（3）提取利润的10%列入公司法定公积金；（4）提取任意公积金（这个是选择项，根据股东会决议确定）；（5）股东分配利润，缴纳税款。[③]

最后，在责任方面，如果违反法律规定分配利润，比如没有弥补亏损、没有提取法定公积金就分配的，不仅股东要退还分配利润，股

[①] 《中华人民共和国公司法》（2023年修订）第五十九条：（第一款）股东会行使下列职权：（四）审议批准公司的利润分配方案和弥补亏损方案。第六十七条：（第二款）董事会行使下列职权：（四）制订公司的利润分配方案和弥补亏损方案。

[②] 《中华人民共和国公司法》（2023年修订）第二百一十二条：股东会作出分配利润的决议的，董事会应当在股东会决议作出之日起六个月内进行分配。

[③] 《中华人民共和国公司法》（2023年修订）第二百一十条：（第一款）公司分配当年税后利润时，应当提取利润的百分之十列入公司法定公积金。公司法定公积金累计额为公司注册资本的百分之五十以上的，可以不再提取。（第二款）公司的法定公积金不足以弥补以前年度亏损的，在依照前款规定提取法定公积金之前，应当先用当年利润弥补亏损。（第三款）公司从税后利润中提取法定公积金后，经股东会决议，还可以从税后利润中提取任意公积金。（第四款）公司弥补亏损和提取公积金后所余税后利润，有限责任公司按照股东实缴的出资比例分配利润，全体股东约定不按照出资比例分配利润的除外；股份有限公司按照股东所持有的股份比例分配利润，公司章程另有规定的除外。

东连同负有责任的董事、监事、高级管理人员还应当承担赔偿责任。①因此,企业主分配利润不能再随意任性了。

企业主按照以上制度和程序分红,既能保证企业发展的动力和底气,又能保证财富回归个人,回归家庭与家族。

(三) 诚意的忠告

企业资产庞大,个人身价不菲,家人消费不忧,最是企业主的岁月静好。但繁华的背后,没有依法分红落袋,没有将公司创造的财富合法私有化,也是共性的隐忧。

我始终认为,公司创造的财富,需要合法合规地守住。首先,要科学隔离企业运营中的风险;其次,要科学管理企业创造的财富;再次,要科学分配企业沉淀的利润;最后,要完成财富回归家庭和家族,合法分红,依法纳税,落袋为安。

鉴于很多企业主在分红问题上纠结于纳税,在这里有必要特别忠告各位企业主:纳税不可逃!从公权视角而言,纳税人以牺牲自己的一部分财产为代价支撑起整个国家的权力体系来对个人权利进行保护;从私权视角而言,股东从公司分红缴纳个人所得税,是完成"公司财产"向"私人财产"合法转化的法律标签,不可逾越。而随着技术迭代,智慧税务背景下的财富大透明,令纳税已不再需要纠结,财产的合法性才是真挑战。

分钱也有冲突,持股比例决定立场和选择

俗话说,创业容易分钱难。往往最苦的岁月是最快乐的时光,那时合伙人都为事业付出,无问西东。但创业成功后,每个人的诉求就

---

① 《中华人民共和国公司法》(2023年修订) 第二百一十一条:公司违反本法规定向股东分配利润的,股东应当将违反规定分配的利润退还公司;给公司造成损失的,股东及负有责任的董事、监事、高级管理人员应当承担赔偿责任。

会发生变化。

对于实控人而言，公司的发展、事业的未来往往与自己的创业梦想息息相关，谋求更大的发展、获取更多的收益，恐怕是大多数企业主的诉求。但对于跟随创业的小股东而言，随时让钱落袋为安才是最现实的选择。于是，在分钱还是不分钱的问题上，大股东与小股东常常发生矛盾。

但是，公司的利润并不会自动量化为每个股东的应得利益。公司是否分红以及分配多少，是公司决策层面的自治范围。而股东会和董事会往往由大股东或者实控人掌控，即使公司赚了钱，大股东或者实控人也可能不召开股东会而作出分红决议，有的大股东还利用在公司控制权上的优势地位，通过关联交易、高额薪酬等手段变相使用和提取公司利润；而小股东由于股权比例太低不能通过分红决议，只能眼睁睁地看着大股东用公司账户上的钱。因此，小股东在分红决策上是完全被动的。

于是，实践中，有股东在遭遇公司长期不分红的情况下，直接起诉要求法院判令公司分红，但这一招并不完全管用。在公司董事会、股东会没有就公司利润分配方案进行决议前，这个请求没有法律依据。[①] 那么，是不是就只能任由大股东操纵公司侵犯小股东利益，小股东束手无策呢？

对此，小股东并不是没有救济途径。第一，在公司存在可分配利润，满足进行盈余分配的条件下，如果大股东滥用多数表决权不通过股东会分红决议，并存在变相分配利润、隐瞒或转移公司利润，从而损害其他股东的实体利益的情况，法院就可以在没有股东会决议的情

---

① 《最高人民法院关于适用〈中华人民共和国公司法〉若干问题的规定（四）》（2020 年修正）第十四条：股东提交载明具体分配方案的股东会或者股东大会的有效决议，请求公司分配利润，公司拒绝分配利润且其关于无法执行决议的抗辩理由不成立的，人民法院应当判决公司按照决议载明的具体分配方案向股东分配利润。

形下，强制公司分红。① 第二，符合条件的股东可以自行召集和主持股东会，讨论利润分配方案。第三，如果公司连续5年不向股东分配利润，股东可以依法行使股权回购请求权。② 第四，控股股东滥用股东权利，严重损害公司或者小股东利益的，小股东有权请求公司按照合理的价格收购其股权。③ 第五，股东也可以通过股权转让的方式退出公司。第六，如果公司陷入僵局，股东也可以通过清算的方式取回属于自己的公司剩余财产。

凡事都有两面，利益最需要平衡。大股东和实控人要特别关注股东之间的和合。上述无论哪种方式的救济，对于一个持续向好的公司而言都是不小的伤害，分钱是大事儿，企业主还是要慎之又慎。

出力又出资的股东，分红不平衡易生危机

在公司中，有的股东只出资不参与运营，而有的股东既出资又管理。这种既出钱又出力的股东，往往认为自己理所应当多分利润，而其他股东却未必同意。于是，在钱分多分少的问题上，股东之间容易发生纷争。

曾经有这样一个股权纷争案，公司有三个股东，其中三股东是小股东，担任公司总经理。在公司利润分配上，两个大股东坚持继续投

---

① 《最高人民法院关于适用〈中华人民共和国公司法〉若干问题的规定（四）》（2020年修正）第十五条：股东未提交载明具体分配方案的股东会或者股东大会决议，请求公司分配利润的，人民法院应当驳回其诉讼请求，但违反法律规定滥用股东权利导致公司不分配利润，给其他股东造成损失的除外。
② 《中华人民共和国公司法》（2023年修订）第八十九条：（第一款）有下列情形之一的，对股东会该项决议投反对票的股东可以请求公司按照合理的价格收购其股权：（一）公司连续五年不向股东分配利润，而公司该五年连续盈利，并且符合本法规定的分配利润条件。
③ 《中华人民共和国公司法》（2023年修订）第八十九条：（第三款）公司的控股股东滥用股东权利，严重损害公司或者其他股东利益的，其他股东有权请求公司按照合理的价格收购其股权。

入，5年内不分红。三股东强调自己实实在在出资到公司股权，又全面负责公司运营，薪酬又不高，更期待分红落袋。但无论在公司的董事会还是股东会上，三股东都处于明显弱势。于是，三股东利用总经理的身份，以隐名代持方式另立公司，在老公司的上下游之间做生意，赚两头的钱，被两个大股东发现后发生争执，三股东又联合其他小股东提起解散公司之诉，搞得公司陷入僵局，利润急速下滑，最终两败俱伤。

分红权是股东最核心的权利，一般认为按持股比例分红是顺理成章的事。但在资本认缴制下，出资实缴到期前，股东或者认而不缴，或者认而未缴，或者缴而不足甚至缴后抽逃，使得每个股东对公司的资本贡献是不同的，按持股比例分红显然有失公允。于是，关于利润分配比例，法律规定了基础款，就是按照股东实缴的出资比例分配。注意，这里是"实缴出资比例"，而不是"认缴出资比例"。同时，基于对股东的资源、专长、贡献等的多重考虑，全体股东还可以约定个性化的分配制度。① 也就是说，只要全体股东同意，股东的出资比例、持股比例、表决权比例以及利润分配比例都可以自由约定。"自行约定"优于法定，可使权益平衡，公司长治，人心久安。

小股东大威力，股东知情权的威慑

小股东在公司内部持股比例不高，持有的表决权较少，在公司的生产经营、业务发展方面发言权弱小，这就导致了小股东在公司中被边缘化，而小股东的权益极有可能被实控人和控股股东侵害。

然而，小股东并非处处被动，实践中，有很多小股东通过行使知

---

① 《中华人民共和国公司法》（2023年修订）第二百一十条：（第四款）公司弥补亏损和提取公积金后所余税后利润，有限责任公司按股东实缴的出资比例分配利润，全体股东约定不按照出资比例分配利润的除外；股份有限公司按股东所持有的股份比例分配利润，公司章程另有规定的除外。

情权而受到了权利保护。特别是新《公司法》对股东的查阅权的查阅对象范围新增了可以查阅公司会计凭证，而会计凭证可作为直接反映公司的经济业务的书面证明，[①] 这对大股东利用优势地位滥用控股权掏空公司、不分或者少分利润、侵害小股东权利起到了很好的抑制作用。

股东知情权就是保护股东对公司信息的全面了解和把握的权利，以便股东对公司运营以及高管进行监督，特别是对控股股东侵犯小股东权益，管理者侵犯股东权益，控股股东或管理者以侵占、挪用等各种手段侵害公司权益，掠夺小股东分红权等进行监督。

另外，知情权诉讼成本和举证责任相对较低，小股东用起来便捷，但对于公司和控股股东而言，都是很大的威胁。因为行使知情权之诉，不是股东权利保护的终点，而是起点，如果查阅到的信息可能证明股东、实控人、高管涉嫌损害公司利益或股东利益，则会引发进一步的损害赔偿之诉，甚至追究刑事责任。实践中，有不少小股东知情权诉讼掀开了公司巨大黑幕的案例。公司长治久安，股东和合最重要。企业主需要全方位关注不同股东的诉求，更需要严格合法合规经营，避免一招不慎，蚂蚁绊倒大象，造成大股东被小股东反制的局面。

分红策略指引

1. 对于创业者而言，要规制在先，重点如下：

第一，明确公司战略目标，科学制定分配制度，兼顾发展与分配，避免已经创造的财富又被公司消耗。

第二，不要违反法定程序，不要忽视公司章程。分配制度必须明确、完整写进章程，分配程序勿忘董事会决议、股东会决议，避免程

[①] 《中华人民共和国公司法》（2023年修订）第五十七条：（第一款）股东有权查阅、复制公司章程、股东名册、股东会会议记录、董事会会议决议、监事会会议决议和财务会计报告。（第二款）股东可以要求查阅公司会计账簿、会计凭证。……公司拒绝提供查阅的，股东可以向人民法院提起诉讼。

序违法被追究责任。

第三，切记依法纳税，避免承担税务责任甚至刑事责任。

第四，平衡股东分配机制，对于不同贡献的股东，可以在公司章程中特别规定不同的分红比例。

第五，平衡是第一性原理。对于不同贡献的股东，设计个性化分配比例；对于小股东，关注分红权的保护。避免因钱生怨，因小失大。

2. 对于已有公司的企业主而言，要及时完善漏洞，重点如下：

第一，未分红的，及时分红，将创造的财富落袋为安。

第二，检视税务风险，依法纳税，给私人财富贴上合法安全的标签。

第三，审查公司章程，完善分配制度，关注股东的诉求，确保股东和合共好。

总结

1. 误区与盲区提示

（1）纳税，是公司资产合法私有化的必由之路。

（2）不分红，私人财富或将被公司消耗或者被债务吞噬。

（3）小股东也有大威力，股东知情权的行使容易引发大危机。

2. 老板必知

（1）不分红有风险，违法分红有责任。

（2）分红不公或分红违法，都会引发内讧，影响公司稳定。

（3）既可以依法按实缴出资比例分红，也可以约定个性化分红。约定优于法定。

建议

1. 对于创业者

第一，兼顾发展与分配，避免已经创造的财富又被公司消耗。

第二，不要违反法定程序，不要忽视公司章程。

第三，切记要依法纳税。

第四，平衡股东分配机制，设计个性化分配比例。

2. 对于已有公司的企业主

第一，及时分红，财富落袋为安。

第二，检视税务风险，依法纳税。

> 超话
>
> 公司分红，既要保障股东利益，又要保证公司发展。股东合和，才能长治久安。

控制权是核心，股东表决权的平衡策略

投资不只是期待分红，控制权决定了财富的想象空间。在公司纷争中，控制权之争始终是最激烈的。这是资本的本质使然，也是人性的本质使然。当然，作为实控人，需要掌控公司的发展方向，掌握控制权也是应有之义。

公司的控制权主要包括如下权利：（1）控制公司的所有权及经营管理权；（2）控制股东会、董事会的表决权；（3）控制公司法定代表人及高管人员任免权；（4）控制公司公章、证照、财务账册、办公场所等。控制权的核心是控制公司的治理结构和决策机制，基础就是股东的表决权。因此，享有表决权的股权比例，决定了控制权的大小。

股权平分是大忌

有这样一个案例，某餐饮品牌公司在创业之初，姐夫 C 和妻弟 P 股权均分各占 50%，纷争始终不断。资本进入后，二人股权仍然是均分，C、P 及资本方的股权比例是 47%∶47%∶6%。然而，由于两人所持股权都没有过半，资本方的支持就成为任何一方决议通过的关键，

6%的股权在相互博弈中起到了决定性作用。由于C、P之间股权势均力敌，矛盾激化，公司陷入纷争僵局，上市计划泡汤，最终C也身陷囹圄。这样的场景在合伙创业型公司、家族兄弟公司以及夫妻公司中尤为常见。股东会之争、董事会之争、证照印章之争、高管站队之争，甚至办公室封门之争，都成为控制权之争的经典桥段。

绝对平分式的股权分配是典型的冲突型股权架构，股权比例相当，相互制衡，难以形成公司决议，容易造成公司僵局。没有具有核心影响力的股东，也就容易造成股东矛盾。所以，股权平分是股权架构中的大忌。

一股独大更是风暴中心

股权平分是大忌，那么是不是一股独大、有了核心股东就会一帆风顺呢？其实未必。

一般而言，股东依据其所持有的股权比例参与公司重大决策和选择公司经营的管理者，[①]进而享受公司营运收益。大股东所持有的股权比例高，意味着其在公司的话语权大，对公司拥有控制力，更能保障自身利益最大化。在一股独大的股权结构中，大股东拥有绝对的控制力。

但是，无论股东大小，都会关注自身利益，都会为自己的利益而搏杀，矛盾是不可避免的。于是，就有可能产生各方股东对公司控制权的争夺，情况严重的还可能造成公司僵局，导致公司无法正常经营，最终走向解散之路。

大股东可能在这一点上有很强的自信，认为自己有绝对的控制权，并不担心小股东有多大的威力。其实，在这一点上，大股东需要有敬畏之心，审慎行事。有一家公司就曾遭遇大股东危机，险些造成公司

---

① 《中华人民共和国公司法》（2023年修订）第六十五条：股东会会议由股东按照出资比例行使表决权；但是，公司章程另有规定的除外。

败落。这是一个典型的一股独大的公司，大股东持有公司61%的多数股权，其他5位股东共同持有39%的股权。根据《公司法》和公司章程的规定，股东会实行资本多数决，公司只设立执行董事一人。可以看出，大股东在公司事务决定和执行董事人选上拥有绝对话语权。由于经营理念和盈利分配发生争议，小股东启动了救济程序。首先，由小股东担任的监事通过行使监事职权，向公司、大股东以及执行董事发起对公司的财务专项检查。接着，监事又召集人员召开临时股东会，对罢免执行董事职务并选举新任执行董事进行决议。最后，另一个小股东又通过监事提起诉讼，认为实际控制公司的大股东违法行使职权造成公司和其他股东的利益严重损害，请求法院依法追究其法律责任。经小股东的这一轮操作，这个一股独大的公司一度遭遇业务停顿、利润下滑的危机。幸好，在专业人士的协力下，大小股东以和为贵，重回共业，这才转危为安。

这是小股东通过《公司法》赋予监事职务的权利,[1] 以公司名义向公司的执行董事提起的损害公司利益的赔偿诉讼,[2] 根本目的就是

---

[1]《中华人民共和国公司法》（2023年修订）第七十八条：监事会行使下列职权：（一）检查公司财务；（二）对董事、高级管理人员执行职务的行为进行监督，对违反法律、行政法规、公司章程或者股东会决议的董事、高级管理人员提出解任的建议；（三）当董事、高级管理人员的行为损害公司的利益时，要求董事、高级管理人员予以纠正；（四）提议召开临时股东会会议，在董事会不履行本法规定的召集和主持股东会会议职责时召集和主持股东会会议；（五）向股东会会议提出提案；（六）依照本法第一百八十九条的规定，对董事、高级管理人员提起诉讼；（七）公司章程规定的其他职权。

[2]《中华人民共和国公司法》（2023年修订）第一百八十八条：董事、监事、高级管理人员执行职务违反法律、行政法规或者公司章程的规定，给公司造成损失的，应当承担赔偿责任。第一百八十九条：（第一款）董事、高级管理人员有前条规定的情形的，有限责任公司的股东、股份有限公司连续一百八十日以上单独或者合计持有公司百分之一以上股份的股东，可以书面请求监事会向人民法院提起诉讼；监事有前条规定的情形的，前述股东可以书面请求董事会向人民法院提起诉讼。（第二款）监事会或者董事会收到前款规定的股东书面请求后拒绝提起诉讼，或者自收到请求之日起三十日内未提起诉讼，或者情况紧急、不立即提起诉讼将会使公司利益受到难以弥补的损害的，前款规定的股东有权为公司利益以自己的名义直接向人民法院提起诉讼。

削弱或平衡大股东对公司享有的实际控制权。这个运作的策略，完全越过了大股东，使得大股东的控制权一度被架空。

控股股东违反诚信原则滥用公司控制权，就会侵害中小股东的权益，势必发生控制权的争夺，扰乱公司正常经营秩序。这在家族企业中尤为明显。家族人员关系复杂，大小股东各有各的烦恼，一股独大的家族企业尤其暗流涌动。而家族成员的分化矛盾，无形中成为企业的风险项。有研究表明，几乎每个家族企业 10～25 年必然出现一次激烈的家族内斗。因此，家族企业的掌门人如何平衡家族股东之间的资本血脉的叠加关系，是一门大学问。

唯一股东不仅不是最好的控制，还敞开了风险的大门

股权平分是大忌，一股独大受挑战，那么，选择只有一个股东的公司是否可行？

只有一个股东的公司，在法律上叫作一人有限责任公司。这样的公司，往往是集股东、董事、法定代表人等公司身份与自然人身份和家庭身份于一身。如此这般，是不是企业主就独自完全彻底地掌控了公司，公司就会高效运营毫无风险了呢？显然没那么简单。

有这样一家一人有限责任公司，唯一股东 A 先生既是公司董事，又是总经理，还是法定代表人，可谓一人独揽大权，没有任何股权争议，也不存在控制权的威胁。然而，再完美的英雄都有"阿喀琉斯之踵"。公司欠下一笔 500 万元的债务，债权人诉请由公司偿还，由股东 A 先生承担连带责任。由于是一人公司，依法需要股东就自己的财产独立于该公司自证清白，这确实难倒了 A 先生。由于无法证明，法院判决 A 先生与公司共同就 500 万元的债务承担连带责任。也就是说，一人公司的股东尽管大权在握、运作自由，但是很容易会为公司债务承担责任，即股东的有限责任变成了无限责任。

可见，一人公司对企业主来说风险更大。一旦公司陷入巨额债务，

企业主需要自己证明公司财产独立于自己的财产，这就需要财务的高度规范性，公司财务和个人之间有明确清晰的界线。① 然而现实情况是，很多企业主家企不分，无法证明，这样就会使公司和企业主共同对债务承担连带责任。因此，企业主要慎重选择一人公司注册。若一定要选择一人公司，也应该区分公司和个人的独立性，确保财务的规范性，进行常规性审计，并进行专业的全方位的家企隔离。

股权是控制权的基础，但并不等于控制权

人类发展的悠久历史表明，对权力和利益的渴求是人性中永不停歇的原动力。市场经济的"丛林"和"猎场"特质暴露无遗，股东之间，总有或意在掌握控制权者，或希望坐享其成者。因资源、禀赋、能力、专业、任职、分工、分配等多种因素的交互影响，股东相互之间的矛盾和冲突自然难免。控制权之争，是永不消失的公司政治斗争。

控制权之争，其实是有据可循的。一般而言，在公司章程没有特别规定的情况下，控制权与股权比例正相关，股东按照出资比例行使表决权。② 正如在第四章第二节中所阐述的，控制权有三条生命线和一条制衡线必须把握。

三条生命线包括：其一，67%的绝对控制权，对于修改公司章程、增加减少注册资本、合并分立解散等重大事项都有绝对的话语权；其二，51%的相对控制权，对除公司重大事项以及公司章程特别规定的事项以外的决策进行表决和相对控制；其三，34%的防御性控制权，对于关乎公司生死存亡的、需2/3以上表决权通过才有效的重大事项

---

① 《中华人民共和国公司法》（2023年修订）第二十三条：（第三款）只有一个股东的公司，股东不能证明公司财产独立于股东自己的财产的，应当对公司债务承担连带责任。
② 《中华人民共和国公司法》（2023年修订）第六十五条：股东会会议由股东按照出资比例行使表决权；但是，公司章程另有规定的除外。

拥有直接否决权，就控制了存亡生命线，因此也被称为否决权，但是对于仅需过半数即可通过的普通决议，则无法左右，对此，我们称之为"黄金底线"。可见如果想牢牢掌控公司，那么一定要至少持有67%的股权才行。①

当然，这里的67%、51%和34%并不精准，"2/3以上"和"1/3以上"才是准确表达。但由于"以上"含本数，因此务必把握好"过半数"与"半数以上"、"1/2以上"的区别，过半数不包含50%，而"半数以上"、"1/2以上"则包含50%。所以公司章程中务必避免使用"半数以上""1/2以上"的规定，否则可能造成股东会决议矛盾或者股东僵局。

一条制衡线是指，1/10以上表决权的股东拥有临时会议权。也就是说，尽管控股权在握，但是代表1/10以上表决权的股东可以提议甚至自行召开临时股东会，以此制衡大股东控制权。②

如上所述，股权是控制权的基础，但并不是掌握了控股权就等于掌握了控制权。比如，小股东联合起来股权比例达到34%，就可以行使否决权，削弱大股东的控制权；小股东可以利用股东代位诉讼权挑战大股东的控制权；甚至小股东可以提起公司解散之诉以对抗大股东的控制权。③尤其是经过历次融资，外部资本介入，大股东股权会被

---

① 《中华人民共和国公司法》（2023年修订）第六十六条：（第二款）股东会作出决议，应当经代表过半数表决权的股东通过。（第三款）股东会作出修改公司章程、增加或者减少注册资本的决议，以及公司合并、分立、解散或者变更公司形式的决议，应当经代表三分之二以上表决权的股东通过。
② 《中华人民共和国公司法》（2023年修订）第六十二条：（第二款）……代表十分之一以上表决权的股东、三分之一以上的董事或者监事会提议召开临时会议的，应当召开临时会议。第六十三条：（第二款）董事会不能履行或者不履行召集股东会会议职责的，由监事会召集和主持；监事会不召集和主持的，代表十分之一以上表决权的股东可以自行召集和主持。
③ 《中华人民共和国公司法》（2023年修订）第二百三十一条：公司经营管理发生严重困难，继续存续会使股东利益受到重大损失，通过其他途径不能解决的，持有公司百分之十以上表决权的股东，可以请求人民法院解散公司。

不断稀释，很难一直保持股权占比上的绝对地位，控制权缩水是必然的，也就无法通过股权控制公司。如果大股东失去对公司的控制权，公司有可能沦为投资机构及产业资本的工具。因此，公司控制权始终面临着各种挑战，控制权守护就成为企业主的重要任务之一。

就家族企业而言，对公司控制权的掌握，不应成为实控人谋取绝对私利的工具，造成家族股东之间的更多猜忌。每一次争夺之后都没有绝对的赢家，股东相互伤害，最终伤害的是企业。企业主要知道，企业有时候比想象的更脆弱。

股东表决权的平衡策略

根据公司治理的基本原则，股东利益是公司最高利益，股东会是公司最高权力机关，董事会是在股东会的授权之下代表股东行使权力而管理公司的治理机关。控制权之争是否符合股东最大利益，是解决问题的唯一法则，也是最高准则。

首先，用足股东身份权，保护股权价值。股权结构和股东议事规则的合理性是企业久安之道，这未必能使一家公司成功，但一定可以在公司发展的关键时刻帮助企业渡过难关，企业主应引以为重，少走弯路。对于企业主而言，保证控制权，需要完成三个关键动作：（1）最大限度地持有控股股权；（2）设置特别表决权的股本结构，比如企业主出资的股权始终享有67%的表决权，或者拥有一票否决权；（3）确保公司权力为可控人员掌握，在企业主股权被稀释的前提下，仍保有有效可控的投票权，比如归集一致行动人表决权。

其次，科学设计表决权架构，维护公司长治久安。表决权是股东最基本的权利之一，股东会会议表决的质量与效率，决定公司的未来格局与兴衰成败。"症结"之处恰恰是"症解"之所在，依照《公司法》的规定，股东的表决权和分红权是可以相互独立、分别约定的。由股东按照出资比例行使表决权，此由法定，普适于资本决定原则；

基于股东的资源匹配、技术投入、管理贡献、团队协同等非资本因素，公司章程可另行自主规定股东不同的表决权比例，而不必拘泥于出资比例。[①]"另有规定"优于法定，股东自主积极，优势与价值得以充分发挥。如此，唯权者与唯利者既可各得其所，又能发挥各自优势，权义得匹配，事业得久长。

最后，构建持股架构，以有限责任公司或者有限合伙以及家族信托方式集中持有公司股权，实现控制权。比如以有限合伙方式持股的，由实控人担任有限合伙的普通合伙人（GP），其他股东为有限合伙人（LP），按照法律规定，有限合伙企业的 LP 不参与企业管理，从而达到实控人控制合伙企业，进而实际控制公司的目的。

但实践中，公司的类型、股东身份性质、股东关系等因素决定了每一个公司都具有独特性。理论的通用性并不代表实务中的普遍适用性。因此，真正解决问题，仍需要专业的逻辑系统和专业人士的专业规划，以符合特定公司特定的需求。

公司利益的最大化是股东利益最大化的前提。我们希望国家法律和公司章程得到尊重，公司的未来不是任由实控人率性操纵，而是遵循法律与规则。公司领导人的个人魅力必须与规则相结合才能产生新的价值。从某种意义上说，一个公司的成功，一个家族企业的兴旺，不是当家人个人的成功，而是对法律与规则的捍卫的成功。在缺乏规则的场合，企业主的任性与路径选择，有可能导致企业的悲剧。尊重法律，尊重股东，践行公司治理规则，树立文明治业榜样，基于现实利益基础上的理性博弈与善意妥协，才是企业兴旺、家族昌盛的方向所在。

[①] 《中华人民共和国公司法》（2023 年修订）第六十五条：股东会会议由股东按照出资比例行使表决权；但是，公司章程另有规定的除外。第六十六条：（第一款）股东会的议事方式和表决程序，除本法有规定的外，由公司章程规定。

总结

1. 误区与盲区提示

（1）股权均分容易令公司陷于僵局，是大忌。

（2）控股并不等于掌握控制权。

2. 企业主必知

（1）一股独大容易催生对立"一致行动人"，反制大股东。

（2）一人公司并不是最好的控制，债务穿透是最大的威胁。

建议

1. 企业主要做好三大专业基础建设

第一，股权架构控制。以有限责任公司、有限合伙或者家族信托方式集中持有股权，实现控制权。关于专业的股权架构策略，我们将在第十章中系统呈现。

第二，表决权控制，为企业主设置特别表决权。

第三，董事会、监事会席位控制，重点关注监事权利不可旁落。

2. 面对控制权威胁，需要专业策划补救方案

第一，修改公司章程，完善表决权制度，确保企业主的控制权。

第二，重新调整公司持股方式，实现股权架构控制。相关专业的股权架构策略，我们将在第十章中系统呈现。

超话

公司大多因人而合，因利而散。股权权能未必要强求绝对对等，匹配高效就好。

企业主权责有边界，公司有效率

资本总是有一种神奇的力量，当股东出了资，其意识就会自然附着在资本上。有很多人认为，自己出了资就是资本的主人，也必然是公司的主人，操控也就成为理所当然的事。

新《公司法》之下，严格的债务穿透和赔偿责任，对于既要控制公司，又要防范风险，还要创造更多财富的企业主来说，该怎么办？这些新规定，给企业主的私人财富和家族财富带来新的考验，企业主操控公司逐渐成为历史。

以公司主人自居的理念，始终是公司长治久安的大忌。

股东与高管身份混同，潜藏公司管理风险

在大多数民营企业，尤其是家族企业中，作为自然人的股东同时也在公司任职的企业主不在少数。这种双重身份带来的最大困惑就是角色选择性冲突。"我出资我就是公司的主人，公司的大事小情我都有发言权"，股东身份常常越权插手公司管理事务。而作为公司管理者，却又不清楚自己的权责边界，部门之间、高管之间、股东之间冲突不断，这样的公司自然无法长久。这个问题的底层原因并不是公司控制权的问题，而是身份认知的混乱。

股东身份与高管身份的重叠混同，不仅造成公司管理的混乱，还可能危及公司发展的根基。关于这一点，在公司要员的身上表现得尤为突出。

曾有这样一个案例，某公司是高科技企业，股东有4个人。大股东也是公司掌门人认缴出资400万元，持有40%的股权，任公司董事长、法定代表人；二股东认缴出资300万元，持有30%的股权，不在公司任职；三股东认缴出资200万元，持有20%的股权，任公司总经理；四股东认缴出资100万元，持有10%的股权。其他三位股东都出

资到位，只有四股东没有出资。四股东在公司担任技术总监，负责公司技术研发，掌握公司最核心的技术。后公司遭遇困难，现金流紧张，薪资发放遭遇危机。作为技术总监的四股东停止了一切技术开发，并强行控制了所有开发成果，提起劳动仲裁和诉讼，主张薪资和经济赔偿金共计80多万元，且得到了法院判决支持并采取强制执行措施，公司和董事长被列入黑名单。这个公司的企业主委屈万分，一起创业的四股东长期拖延出资高达100万元，却反咬一口让公司支付80多万元的薪资和补偿金，而公司提出的四股东欠付公司的100万元充抵80万元执行款的请求，也没有得到法院的支持。对此，公司股东在情感上无法接受，在法理上无法理解。

上述案例中，公司和企业主看似委屈，但其实是有法律的底层逻辑在里面的。身份重叠，利益冲突是问题的关键所在。四股东作为公司技术总监，与公司之间建立的是劳动关系，依据劳动关系获得薪酬是法定权利，公司没有支付劳动报酬就应当承担法律责任，这是《劳动法》的底层逻辑。至于四股东没有缴付的出资款，应当由公司主张，造成公司损失的还可以主张赔偿。但是，不能以认缴的出资充抵法院判决的薪资，这是两个法律关系。

基于本案的底层逻辑，在这里特别提醒企业主，企业主、股东与高管的角色叠加和身份混同，会带来多重法律关系。在公司运营上，一个法律关系处理不当可能引发多重法律关系风险的叠加；在司法处理上，一个案件只能处理一个法律关系，一个案件也可能联动引发多个法律危机。因此，企业主要提升认知，明确法律身份定位，厘清和理顺不同的法律关系，按照法律逻辑处理公司事务，防范和避免管理风险。

企业主和职业经理人错位冲突，造成公司混乱

在家族企业中，企业主与职业经理人的冲突是公司的常见现象。

诱因有三：其一，企业主以主人自居，干涉职业经理人经营；其二，企业主与职业经理人相互不放心，相互掣肘；其三，家族亲情不再，相互伤害。在职业经理人为家族成员的情形下，涉及家族身份、血亲姻亲等多方面的关系，复杂而微妙。

  有这样一个家族企业，公司由姐夫和妻弟共同持股，妻弟是绝对大股东，姐夫持小股，还有其他一众小股东。起初，公司董事长和总经理都由妻弟担任，一人独揽大权，姐夫自有事业，不在公司任职。其间，由于妻弟与一个小股东发生冲突，小股东开始行使股东知情权和解散公司的权利。为避免矛盾激化，妻弟辞去所有任职，从公司隐退，请姐夫来公司担任董事长和总经理。姐夫力挽狂澜，解困企业于大厦将倾，迫使小股东撤回诉讼并转让股权给姐夫和妻弟，从此退出公司。鉴于姐夫威望剧增，妻弟顿感危机，于是行使实控人权利，强行控制公司证照印章，驱逐姐夫，自行恢复总经理职位，重掌公司大权。更为极端的是，妻弟还举报了姐夫侵占公司资产，姐夫被刑事拘留。其中的原因是，从小股东处回购股权时，姐夫确实利用总经理的职位，让财务从公司账上转出300万元给小股东作为股权对价款，并变更了股权登记。这确实是民营企业和家族企业的常规操作，姐夫没想到自己挖了坑，更没想到妻弟在背后还踹了一脚。从此，姐弟两个家庭走上相忘不见的道路。结果是，众多小股东和公司高管对企业主疑心重重、"大义灭亲"、毫无章法的管理和随性任意的行为深感不安，逐渐丧失了信心和凝聚力，一个家族企业从此败落，如今已不在江湖。

  这个家族公司的没落让我们看到，以家族亲情维系的公司是脆弱的，甚至是危险的。而核心原因就是，家族公司也是公司，企业主随意任性，不按公司的逻辑进行治理和管理，造成人心涣散，最终导致风险的产生。

  现代公司法人治理的结构模式，由股东会、董事会、经理和监事会来分别行使所有权、决策权、经营权和监督权,[①] 也就是由股东组成股东会行使所有者的最高权力,并由其选举董事组成董事会,由董事会负责公司重大决策并聘请经理等高管具体执行,同时股东会与职工民主选举产生监事组成监事会,或者在董事会中设立审计委员会,由其监督董事会和高管行使职权。

可见,股东会、董事会、监事会以及经理各有各的权利边界和职责范围,股东无权越过股东会影响、干涉或者替代董事会、经理以及高管执行职务。即便企业主是控股股东,担任董事、经理或者其他高管,也只能在各自的角色身份的职责范围内行使职权,不可越界,不可混同,否则公司无治理,混乱是必然的。

前述案例让我们看到公司危机的底层原因,除了家族企业中亲情这个特殊元素外,企业主任性而为是最大的风险,对经理人、高管不信任是最大的隐患,公司缺乏治理机制是最大的缺陷。尽管妻弟是公司实实在在的控制人,但他没有通过法定程序就无权撤销姐夫的任职,也无权自命复职,更无权直接控制公司的经营管理。企业主角色错位,导致公司混乱,家企受损,这个教训不可不知。这种传统式家族管理,也无法成就家族的世代传承。

企业主要深知,控股股东与经理人在经营管理上的边界和逻辑不可越位与违反,这才是公司治理之道。企业主与职业经理人之间除了相互信任、相互赋能的人文素养外,遵守法律和公司治理机制,不仅不会限制企业主的权利,还会提升公司效率,增强公司创造力。同时,守规矩、按程序办事的企业主,还会增加自己的人格价值,毕竟有制

---

① 《中华人民共和国公司法》(2023年修订)第六十九条:有限责任公司可以按照公司章程的规定在董事会中设置由董事组成的审计委员会,行使本法规定的监事会的职权,不设监事会或者监事。公司董事会成员中的职工代表可以成为审计委员会成员。
为行文之顺,对于公司设监事、监事会或者在董事会中设立审计委员会行使监督职能的,统称"监事"或者"监事会"。

度让人放心，遵守制度让人安心。

实控人滥用控制权，责任加身

每一个公司都有一个实控人，可能是股东、董事长、总经理，也可能什么实际职务都不担任，就是遥控公司的幕后老板。在实控人这个问题上，企业主有很多误区：其一，角色误区，容易权力滥用；其二，责任误区，不知承担什么法律责任；其三，管理误区，要么过度逃避责任，方法滥用，造成资源浪费，要么过度自信，导致风险缠身。因此，在此有必要为实控人梳理边界，以远离风险。

实控人不得滥用控制地位损害他人权益，否则就要承担相应的法律责任。我们系统梳理了实控人的五大风险，以便企业主参阅。

1. 作为控股股东，如果滥用在公司中的控制地位，严重损害公司利益，或者严重损害其他股东利益，其他股东有权要求公司回购股权。如此一来，公司或将支付高额资金，这对实控人是一种压力。

2. 作为实控人，如果利用其控制的企业之间的关系，损害公司利益，造成损失的，应当向公司承担赔偿责任。[1]

3. 作为实控人，指使公司高管损害公司利益或者股东利益，要与这些高管一起承担连带责任。[2] 于是，决策人要与执行人共同承担责任。

4. 重点提示：实控人即便不在公司担任实职，也要与高管承担同样的忠实与勤勉义务。第一，对公司负有忠实义务，避免自身利益与公司利益冲突，不得利用职权牟取不正当利益；第二，对公司负有勤勉义务，执行职务应当为公司的最大利益尽到管理者通常应有的合理

---

[1] 《中华人民共和国公司法》（2023年修订）第二十二条：（第一款）公司的控股股东、实际控制人、董事、监事、高级管理人员不得利用关联关系损害公司利益。（第二款）违反前款规定，给公司造成损失的，应当承担赔偿责任。
[2] 《中华人民共和国公司法》（2023年修订）第一百九十二条：公司的控股股东、实际控制人指示董事、高级管理人员从事损害公司或者股东利益的行为的，与该董事、高级管理人员承担连带责任。

注意。①

5. **灵魂提示**：实控人切不可以心存侥幸，以为自己躲在幕后，每个操作都隐藏得很好，不被人所知。这种侥幸心理注定要被现实打破。第一，在算法智能时代，每一个行为都会被准确画像。第二，因果有定律，初心决定行为，行为决定结果。企业主要牢记：不要被成功陷阱捕获，不要被幸存者偏差欺骗。

在公司中，权利是核心。家族企业的当家人得清楚，身份有区别，权利有边界。身份不清会造成管理混乱，权利失控容易发生风险。家族企业要权责利明晰，企业主也要角色定位不越位，这样的公司才会长治久安。

企业主如何厘清权责边界

1. 对创业者来说，重点完成三个动作：

第一，要个性化制定股东、董事、监事以及总经理权责制度，以公司章程为要。

第二，公司当家人要主动厘清身份边界和权责边界，不要独断专行，以身体力行为要。

第三，完善法定代表人制度，防范公司风险和个人风险混同，以依法履职为要。

2. 对于已有公司的企业主来说，重点关注三个方面：

第一，公司章程不要范本式，要审核完善公司权力、决策和执行体系的高效顺畅。

---

① 《中华人民共和国公司法》（2023年修订）第一百八十条：（第一款）董事、监事、高级管理人员对公司负有忠实义务，应当采取措施避免自身利益与公司利益冲突，不得利用职权牟取不正当利益。（第二款）董事、监事、高级管理人员对公司负有勤勉义务，执行职务应当为公司的最大利益尽到管理者通常应有的合理注意。（第三款）公司的控股股东、实际控制人不担任公司董事但实际执行公司事务的，适用前两款规定。

第二,逐一梳理股东、董事、监事以及高管的权责范围,要清晰明确,不要模糊越权。

第三,企业主的当务之急是明确身份定位,认知权责边界,进退有矩,避免风险。

总结

1. 误区与盲区提示

(1) 企业主是实控人,但不是公司的全部。

(2) 股东、董事、监事、总经理、高级管理人员以及法定代表人各有其职,履职不可越界。

2. 企业主必知

(1) 股东是出资人,不可直接插手公司事务管理。

(2) 企业主与职业经理人应各司其职,企业主越俎代庖是大忌。

(3) 家族企业当家人身份交错,责任复杂,风险多维。

建议

1. 对创业者

第一,股东高管权责制度个性化,以公司章程为要。

第二,企业主厘清身份和权责边界,以身体力行为要。

第三,法定代表人职责制度化,以依法履职为要。

2. 对于已有公司的企业主

第一,不要范本式公司章程。

第二,不要模糊式权责制度。

第三,不要专断式企业主控制。

超话

企业主身兼数职不是风险,履职错位才是风险。

公司不能成为企业主任性的工具，需要有积极向善的价值观，完善的治理制度。企业主无论是控股股东还是身兼高管，都需要权责有边界，行为有尺度。

股权真空，需要极限备胎

人有旦夕祸福，失能失智、失去自由甚至生命出现意外，都将直接影响企业主股东权利的行使和家族企业的稳定。

失能失智，无力掌控股权

美好不是人生的常态，无力是每个人终将面对的结局。有一位身家百亿的企业家，年届七十仍单身，经人工辅助生殖技术与女友生了儿子。然而企业家不幸患上了阿尔茨海默病，合伙人趁机骗得企业家的签字，贷款亿元用于个人挥霍。女友发现后，让企业家签署了一份委托书，授权女友代为行使权利，并指定女友为自己的唯一监护人，女友据此开始管理企业和财产。谁知，此举惹怒了合伙人。合伙人一度强行带走企业家，强迫其签署了一堆文件，按了手印，而企业家完全不知自己到底签了什么文件。一个曾经风光无限的企业家，就这样无法对抗生命的自然老去，无法保证自己生活的品质和尊严，更不用说掌握财富了。

迫于无奈，女友向法院申请认定企业家为限制民事行为能力人并指定自己为监护人。限制行为能力的请求获得法院支持，然而女友并未获得监护权。在指定监护权的诉讼中，合伙人和几十年不曾往来的妹妹也要求获得监护权。而更具戏剧性的是，一位女士向法庭提供了一份结婚证，证明自己是企业家的合法妻子，而这位女士正是合伙人安排在企业家身边的保姆。这个合法妻子的出现，自然排除了女友和妹妹对企业家的监护权,一场财产博弈开始上演。①

生命的无力,往往也是财富的无力。企业主在生命无力之后,不仅仅会遭遇他人对财富的觊觎,更可能无法行使权利。公司控制权处于持续休眠状态,必将造成公司瘫痪。于是,对企业主监护权的取得,就是对公司控制权的掌握。因为,监护权的背后,是对被监护人的人身权利和财产权利的掌控。②

有这样一个家族企业,兄弟三人和外部二人共5个股东,企业主持有70%的股权。然而企业主突发脑出血,处于植物人状态。本来企业主的太太和儿子从不涉足公司,对公司情况全然不知,可突发危机,使得母子二人不得不走向前台。没想到遭遇了来自包括企业主亲兄弟在内的所有股东的抵制,理由是,企业主生命尚在,仍然是法律上的股东,妻子儿女无权行使股东权利。于是,这对母子对于公司的经营管理、业务财务等一应情况无法掌握,事实上,公司此时操纵在他人手上。无奈,母子只好启动认定无民事行为能力和指定监护人的司法程序,儿子被指定为监护人后,才得以对父亲的股权行使保护和控制权利,但此时公司已经陷入瘫痪,大量资产不明去向。

通过以上两个案例可见,一旦公司掌门人失能失智,或者发生危急重症甚至病危状况,都将面临股东权利无法行使、控制权被架空、财产利益被侵犯的风险,甚至会出现小股东一致行动对抗大股东,家人无权介入公司,造成资产外流、公司瘫痪的困局。企业主的无力,就是一家人的无力。

---

① 《中华人民共和国民法典》第二十八条:无民事行为能力或者限制民事行为能力的成年人,由下列有监护能力的人按顺序担任监护人:(一)配偶;(二)父母、子女;(三)其他近亲属;(四)其他愿意担任监护人的个人或者组织,但是须经被监护人住所地的居民委员会、村民委员会或者民政部门同意。
② 《中华人民共和国民法典》第三十四条:(第一款)监护人的职责是代理被监护人实施民事法律行为,保护被监护人的人身权利、财产权利以及其他合法权益等。

人身意外，继承期间是危险空档期

无常是恒常，意外总是难免。公司的掌舵人一旦发生意外，群龙无首，过往积攒的种种矛盾就会纷纷浮出水面，控制权争夺成为焦点。尽管法律规定，继承人有权继承股东资格，其他股东无权阻拦，但继承人真正进入公司行使股东权利并没那么容易。首先，继承过程需要时间，这一期间股权处于无人行使的空档期，空档期就是危险期。其次，继承人之间的纷争是必须逾越的一大障碍，或许一场诉讼就是漫漫岁月。再次，即便顺利继承，原有的股权也被碎片化，如果继承人之间不能形成一致行动人，家族控股的股权就有可能被蚕食。最后，如果股权是被人代持的，那么就更增加了继承的困难。

因此，面对企业主的意外风险，股权行使、控制权的掌握以及公司的运营，都将面临挑战。危机预案，不可不事先设定。

个人危机，股东缺位致权利陷于真空

生老病死是不可抗拒的风险，除此之外，某些极端外部风险也是企业主必须高度关注的。这些风险不是经常发生，可一旦发生就伤害性极大。

第一种情形是，突发自然灾害，如山洪暴发、龙卷风、极端冰冻、地震、海啸等，都可能造成交通阻断、人被困险境、通信中断等，这时如果公司需要作出重大决策，比如融资、上市、资产处置、债务救济、启动法律程序等与企业安危攸关的重大事项，作为公司的当家人，既不能拍板决策，也无法表达意见，更不要说参加股东会了。

第二种情形是，大规模疫情、战争、恐怖袭击等事件的发生，造成企业主长期不能回归公司，甚至短期内与公司失去联系，使得公司处于失控状态。尤其是需要控股股东、法定代表人签字的情形，可能会有由于无法获得及时签字而造成重大损失的风险。

第三种情形是，被绑架。一旦发生绑架，对于企业主而言，生命安全是第一位的；对于企业而言，稳定运行是第一位的。公司一旦没有领头人，股东会、董事会无法形成决议，重大决策无法作出，公司难免陷入混乱。在海外，聪明的企业主会购买绑架险，一旦发生绑架，毫不犹豫支付赎金，赎人要紧，然后再向保险公司索赔。在国内，目前尚未见到独立的绑架险，但也有保险公司推出意外伤害综合保险，其中就包含了绑架保险责任。保险解决的是对人的保障，而对公司的保障，则需要企业家设立危机救济制度，提前授权，一旦危机发生，被授权人立即补位，令公司运营如常。

失去自由，无法行使权利

企业主刑事犯罪频发是一个不容忽视的事实，一旦被拘留、被判刑，就会失去人身自由。企业主集实控人、控股股东、法定代表人、董事长、总经理等多重身份于一身，一旦失去人身自由，公司重大决策以及运营管理都将面临考验。企业主是自带"过敏源"的经济主体，很多风险是潜伏性存在，突然性发生，措手不及时，公司何去何从，是每一位企业主须面对的大考。

一个值得参考的案例是，某企业家虽然身陷囹圄，仍能实现对公司的控制，就是得益于专业的股权结构设计和企业家特殊表决权制度。科学的制度保证了权利，但更重要的是，权利能够得以顺利实现。企业家失去人身自由，还能在公司中行使表决权、实施控制权，并及时迅速作出决策，这才是关键。当年，这位企业家就是有预案，将各项权利进行了危机授权和规划管理，这样，在突然被采取刑事措施之后，也不影响公司正常运转。

企业主遭遇刑事处罚，对个人是一场大劫，对公司更是一场生死考验。如何能够做到不因失去自由而失去控制权，这需要企业主的大智慧，也需要专业的规划。

无用之用的危机备胎

企业主风险常在，极端风险就是极端伤害。从现在开始，企业主要完成如下三项极限备胎制度的建立，进行专业、系统的规划，方能无患。

第一，危机授权制度。极端情况发生后，有人可无缝接替并行使企业主在股东、董事长、法定代表人等不同身份上的权利，要有授权、有制衡、有制度。

第二，意定授权制度。提前指定并授权监护人，① 在失智失能情形下，管理支配财产，决定医疗、救护、康养事宜，同时匹配监察人予以监督。

第三，企业主危机的公司处理制度。公司章程中应当必备紧急情况下的权利补位制度，避免企业主突发危机而无法作出决策造成重大损失。

极限备胎，锁定权利，让突变尽在掌握。不要假设"不会的"，不要遗憾"没用上"，所有的预案与备胎，只为预防"万一"，最终无用自是最好。无用之用乃大用，有备无患，无功之功，其功甚博。

总结

1. 误区与盲区提示

（1）不要笃信永远的掌控，要认知到无常才是恒常。

（2）没有极限备胎，危急时刻往往措手不及，不要拿命运赌前程。

2. 企业主必知

（1）失能失智，股权陷于休眠。生命的无力带来股东权利被挟持利用的风险。

---

① 《中华人民共和国民法典》第三十三条：具有完全民事行为能力的成年人，可以与其近亲属、其他愿意担任监护人的个人或者组织事先协商，以书面形式确定自己的监护人，在自己丧失或者部分丧失民事行为能力时，由该监护人履行监护职责。

（2）人身意外，股权陷于失控。继承期间是最危险的权利空档期。

（3）个人危机，股权陷入真空。企业主失联是公司群龙无首的至暗时刻。

（4）失去自由，股权陷于失灵。遥控公司成为企业主的最大挑战。

> 建议

企业主的三项极限备胎：

第一，危机授权制度。应对极端，无缝对接。

第二，意定授权制度。失智失能不失控。

第三，公司危机处理制度。公司章程预案，权利紧急补位。

> 超话

无常是恒常，极端风险是潜伏者，也是强大的破坏者。对于企业家而言，股权和控制权的无力，是最大的悲哀。那些殒没在赛道上的往往正是最厉害的人，最强大也是最脆弱，强者更需要极限备胎。

外部人入侵，如何固守基业

股东和合，公司长治久安，是每一位企业主的必然诉求。但是，公司股东和股权并不会依照个人意愿保持稳定不变，一旦股东发生变化，原有股东的组织纯粹性就会受到影响，一旦股权发生变化，原有的表决权结构就会改变，甚至直接影响企业主原有的控制权。外部人"入侵"，成为影响企业主控制权稳固最为重要的因素之一。

股权转让，第三人进入公司持股，是吉还是凶？

股权转让是股东的基本权利。当一个股东准备退出公司时，或者希望自己的股权变现时，都可以转让股权以达到目的。当然，转让股权可以在股东内部相互转让，也可以向股东之外的他人转让。[①] 在股东内部转让没有限制条件，但会改变原有的表决权结构，此时的实控人就要考虑这是否会影响到自己的控制权。向外部转让，就是外部的第三人要进入公司成为股东，与老股东一起共治公司。有限责任公司的核心是人合，股东之间持续友好才有公司的稳定和发展。第三人进入公司是吉还是凶，这才是公司实控人该重点思考的问题。

第一，外部人股东能否与老股东产生共同的价值观，相互之间能否和合共好？无法建立人合的股东，即便是小股东，也会对公司产生不良影响。

第二，外部人股东是善意受让股权，还是别有目的？比如恶意将股权转让给竞争对手，对公司的伤害是巨大的。

第三，在新《公司法》之下，由于股东向外部转让股权不再需要征得其他股东同意，外部人进入公司将更加容易。如果公司实控人准备拦截股东向外转让股权，就只有行使优先购买权，与外部人博弈竞价，但这需要实控人有足够的资金实力。又如果股东与外部购买者联合起来提高竞价，阻拦优先购买权，迫使实控人接受高价格受让股权，那么对于实控人而言，接受，就要支付高额转让对价；不接受，第三人就会入主公司。[②]

对于股东向股东以外的人转让股权，实控人应该要么早有预案，可以通过制度阻拦；要么有充足资金，有实力竞价回购。

[①] 《中华人民共和国公司法》（2023 年修订）第八十四条：（第一款）有限责任公司的股东之间可以相互转让其全部或者部分股权。
[②] 《中华人民共和国公司法》（2023 年修订）第八十四条：（第二款）股东向股东以外的人转让股权的，应当将股权转让的数量、价格、支付方式和期限等事项书面通知其他股东，其他股东在同等条件下有优先购买权。股东自接到书面通知之日起三十日内未答复的，视为放弃优先购买权。两个以上股东行使优先购买权的，协商确定各自的购买比例；协商不成的，按照转让时各自的出资比例行使优先购买权。

股权融资与股权激励，第三方进入公司持股，是加持还是会导致内伤？

股权融资和股权激励，都是企业主主动引入第三方进入公司的。融资是对资本的需求，激励是对人才的需求，而所有的需求满足起来都是有成本的。

（一）股权融资

股权融资往往是企业主基于企业跨越式成长需求而向社会谋求资本的策略。但企业主要清楚，当机构投资者进入公司，原来以人合为主的公司，就悄悄变成了资本控制的公司，自己的控制权会被削弱甚至被变相剥夺。

资本的本性就是控制和获利。股权融资引入机构投资者，常规操作就是：（1）企业主要签署对赌条款；（2）企业主与小股东签署一致行动人计划，听命于资本的决策；（3）在股东会表决权、董事会席位以及财务管理方面，企业主要让渡绝大部分的权利才得以保留微弱的权利。这些条件不可谓不苛刻。

很多企业主之所以能接受如此苛刻的条件，就是寄希望于有朝一日企业能够实现 IPO，凤凰涅槃。成功的案例固然有，但也不乏失败的案例。虽然成功与失败都不能绝对代表这种模式的优劣，但对失败的反思仍然是有价值的。比如，曾经有企业主贡献了专利，让渡了股权和控制权，承诺了若干年的一致行动不得离开公司，以及高额的违约金甚至丧失股权的后果，却因此被套牢。又比如，有企业主和小股东签署一致行动人计划，但小股东却被投资者操纵反水控制企业主，最终企业主被剥夺董事长职位并被陷害遭受刑事调查，尽管莫须有的罪名未能成立，但公司已经不是自己的公司，股权也被稀释无几，最终只能从自己亲手缔造的商业帝国中黯然离场。再比如，有企业主约定以上市为对赌条件，因无法上市而造成夫妇二人承担上亿元的债务。

曾有一位企业家向我感慨，尽管触发了对赌条款，资方与自己始终保持友好，极尽人文关怀，表达理解和同情，但资方也表示，起诉、查封、冻结财产等法律程序一个都不能少。企业家说，这已经让他很感动了。但是，感动归感动，法律责任不会因对方的理解而减轻。企业家曾经财富自由，只因对赌失败，夫妻上了诚信黑名单，以至于生病后住院都困难，着实令人惋惜。

股权融资，企业主要抛弃人合思维和感情用事，认识资本规律，把握边界、防范风险、财产锁定留余才是根本。

（二）股权激励

股权激励是公司引进和留住优秀人力资本的重要方式。一方面，公司以股东让渡股权的方式，吸纳和锁定技术、市场营销和资源关系等稀缺人员长期稳定地服务于公司；另一方面，优秀的人才在获得不菲收入的条件下还可以无成本或者低成本获得公司股权，与所有股东一起享受收益。这个制度看上去两全其美，其实也有隐患。

1. 发起，容易引起尴尬。股权激励一定是两相情愿、各有所得才能顺利实施。如果没有全面的评估和制度设计，好心可能办了坏事。有一位企业主感念团队多年来陪伴自己艰苦创业，凝心聚力，业绩斐然，于是提出了股权激励方案。但没想到的是，方案一提出来，大家纷纷表示没有达到他们的预期，引发多名高管离职，激励失败。

2. 执行，容易发生争议。股权激励的假设前提是激励对象会把公司当作自己的事业，与创始人共同奋斗。但并不是所有的股权激励都能真正起到激励作用。激励对象在公司的角色定位和心理定位，才是最终决定股权能否真正起到激励作用的关键。权利都是携带着欲望的，持有股权，就持有了股东的表决权和财产分配权。在执行中，如果激励对象的话语权没有得到实现，期待的分红没有达到预期，都会产生争议，激励也终将失败。

3. 退出，容易产生后患。激励对象一旦实名持有公司股权，就持有了公司的长期饭票，一般情况下，公司是不能将其除名的。但是，激励对象无论是作为公司高管还是特殊人才，都是与公司建立了劳动关系的，有权辞职走人。风险就在于，人可以离开公司，但激励对象持有的公司股权却无法强制退出。这样一来，不仅激励对象继续享有股东权利，而且需要激励对象配合完成股东程序时，又常常遭遇困难。有一家公司，激励对象与企业主发生冲突，负气离开公司，但股权还继续持有，后来，在公司注销的过程中，激励对象拒绝配合，造成企业主和公司非常被动。

无论是股权融资还是股权激励，外部人进入公司都会冲击原有股东结构的稳定性，甚至造成公司的混乱和僵局。对此，企业主要谨慎为之。

离婚和继承分割，他人进入公司持股，是合力还是分权？

如果离婚一定要分割股权，一般情况下是每人一半，或许原来不持有股权的一方就会进入公司成为股东，离婚双方的身份也从原来共有股权的夫妻变成了各自持股的股东。显然，如果夫妻关系都不能维持了，那么股东关系如何经营着实是一大挑战。

如果是股权继承，那么继承人将继承股东资格成为公司股东。这种情形下，如果公司章程没有提前规划，所有继承人都将自动继承股东资格。对于其他股东而言，就是被迫接受一起涌入的继承人共治共业。

无论是离婚还是继承，进入公司的新股东，背后都是千丝万缕的血亲姻亲关系以及复杂的立场和诉求，这对于公司的长治久安都是最直接的冲击。又由于涉及情感以及复杂的家事家族关系，对公司的影响可想而知。[1]

---

[1] 关于复杂家庭股权继承的风险和障碍，参见第十三章。

综上所述，股东的和谐，股权的稳定，是家族企业长治久安的基础。保持股东的纯洁性，避免外部人入侵和冲击，需要专业的设计和规划，建立系统的家族股权护城河。关于这一点，本书第十四章会系统阐述具体的法律架构和多维度的解决方案。

总结

1. 误区与盲区提示

（1）无规划，股权继承人可直接入主公司。

（2）无制度，股权融资易引外患，股权激励易生内忧。谨防因"钱"因"人"作茧自缚，进退两难。

2. 企业主必知

（1）股权转让，要防止引入"破坏者"。

（2）股权融资，控制权争夺是企业主的最大威胁。

（3）股权激励，最大的风险是激励无效却无法除名。

（4）离婚、继承无小事，股权分割冲击家企稳定。

建议

1. 对于创业者，核心专业建议有以下五项

第一，设立股权内部流转制度，制定外部转让保护机制。[①]

第二，股权激励慎用实名持股，应专业规划虚拟股权、期权、有限合伙方式。

第三，规划婚内股权独有制度，匹配配偶财产平衡机制，以保障股权完整，家庭和睦。

第四，设立股东互保制度，消弭外部冲击，使多方共赢。相关专

[①]《中华人民共和国公司法》（2023年修订）第八十四条：（第三款）公司章程对股权转让另有规定的，从其规定。

业方案我们将在第十四章进一步呈现。

第五，设立有限合伙或股权信托，保护股权完整、独立、可控，实现家和业兴。相关专业方案，我们将在第十章进一步呈现。

2. 对于已经有外部人持股的，需要及早妥善调整，重点关注以下四点

第一，制度上，修订公司章程，完善股权保护制度。

第二，架构上，调整持股结构，设立有限合伙或者家族信托持股平台，隔离风险。相关专业方案我们将在第十四章进一步呈现。

第三，身份上，逐步回购不合适的第三方股权，实现股东一致性。

第四，财产上，设立婚姻保护制度和股东互保制度，稳定婚姻，顺畅传承。相关专业方案我们将在第十四章进一步呈现。

> **超话**
>
> 股权，作为人合公司股东出资的权利载体，一方面是"纸上富贵"，另一方面是围绕"人"而生发的种种关系。于内，股东之间的价值观、信任感、匹配度以及默契值，关乎公司的长治久安；于外，分手（婚姻）、换手（转股）、撒手（继承），无一不面临"外来者入侵"的风险。公司因人而合，因人而散。股权安全流转，公司才得长治久安。

退出是大考，后路才是前路

投资，选对项目是基础，选对合伙人是关键。而项目和合伙人只是起点，完美退出才算是成功的投资。但是，在有限责任公司的制度下，民营企业和家族企业却面临着诸多法律上的退出障碍。所以相较于投资，退出才是最大的考验。

股东不得抽资"退群"，也不得轻易"踢出"

天下大事，分久必合，合久必分，股东合伙共业，也是同样的道

理。然而，出资成为股东，也不是来去自由，进退无阻。

(一) 股东"退群"可以，但抽资不可以

按理说，股东有选择做股东的自由，也有选择退出的自由，不应受到限制，法律对此也有相应的保护。但是，股权不仅仅是股东资格的权利，还包括财产权利。股东可以退群，可投资到公司里的财产是不是可以一并带走呢？

我们常常看到，有些公司的股东从公司退出，也一并把出资从公司抽走，而且认为这是天经地义的。人都不是公司的了，投资的资本也一并带走，似乎不无道理，但其实这是一个严重的错误认识。

依照《公司法》的规定，股东出资一旦进入公司，就成为公司的法人财产，不再是股东个人的财产。公司成立后，股东不得抽逃出资。即便股东退出公司，即便股权融资吸纳的外部投资人退出公司，都不得直接从公司抽走出资，否则，不仅要承担返还出资的责任，造成公司损失的，还要承担赔偿责任，同时，还面临着行政罚款的责任，甚至刑事责任。这一抽逃，成本不小。[①]

那么，是不是一旦投资进入公司，就如同泥牛入海从此被套牢了呢？当然不是。因为股东投资进入公司后，出资成为公司的资产，而股东获得了公司的股权。所以对于股东而言，出资不再是股东的资产，股权才是。股东退出公司，需要通过股权的转让变现实现财产的退出，而不是直接从公司"提现"，因此，股东"退群"，财不由己。

(二) 股东入伙容易，"清理门户"难

股东和合，自是岁月静好。但是，如果有人不被接受，股东并没有权利强行将其"踢出群"。也就是说，一旦成为公司股东，基本上就是"终身制"，不得无故除名，这也是很多公司常常因为一个股东不合而陷入困境的原因。

---

① 关于抽逃出资的风险和责任，参见第八章。

当然，股东也并不能为所欲为。按照新《公司法》的规定，如果股东没有按照公司章程的规定缴纳出资，经催缴仍不缴纳的，公司就可以解除其相应的权利。① 按照现行司法解释，对于没有履行出资义务的股东经催告仍不出资的，或者对于抽逃全部出资的股东经催告仍不返还出资的，也可以通过股东会解除其股东资格。② 因此，企业主出资不到位要小心风险，其他股东出资有问题企业主也无须过分担心。只是要特别注意一点，除了出资瑕疵外，以其他行为瑕疵为由对股东"清理门户"将会困难重重。

股权转让，条件多多，落袋不易

有限责任公司是人合属性的公司，股东之间相互认可非常重要。于是，股东转让股权换人进入公司，就会影响原有股东生态的稳定和平衡。

股权转让可以在内部股东之间转让，也可以向外转让。股权的内部转让自由，法律并无限制。这是因为，股东之间转让并无外部人进入，保证了公司原有股东的纯粹和稳定。然而，股东向外转让股权，就相当于引进了一个陌生人，这必将打破已有的人合状态，因此需要经过其他股东这一关。

关于向外转让股权这一方式，新《公司法》与原《公司法》的规定有很大的不同。

---

① 《中华人民共和国公司法》（2023年修订）第五十二条：（第一款）股东未按照公司章程规定的出资日期缴纳出资，公司依照前条第一款规定发出书面催缴书催缴出资的，可以载明缴纳出资的宽限期；宽限期自公司发出催缴书之日起，不得少于六十日。宽限期届满，股东仍未履行出资义务的，公司经董事会决议可以向该股东发出失权通知，通知应当以书面形式发出。自通知发出之日起，该股东丧失其未缴纳出资的股权。
② 《最高人民法院关于适用〈中华人民共和国公司法〉若干问题的规定（三）》（2020年修正）第十七条：（第一款）有限责任公司的股东未履行出资义务或者抽逃全部出资，经公司催告缴纳或者返还，其在合理期间内仍未缴纳或者返还出资，公司以股东会决议解除该股东的股东资格，该股东请求确认该解除行为无效的，人民法院不予支持。

(一) 原《公司法》的相关规定

根据原《公司法》的规定，股东向外转让股权的条件颇为苛刻，就是应当经其他股东过半数同意。为防止股权转让陷入困境，法律规定：（1）其他股东没有在规定的期限内答复的，视为同意转让；（2）其他股东半数以上不同意转让的，不同意的股东应当购买该转让的股权；（3）其他股东不购买的，视为同意转让。为充分保障原有股东的纯粹性，经股东同意转让的股权，在同等条件下，其他股东还有优先购买权。① 也就是说，在原《公司法》之下，股东对外转让股权，要先通过其他股东同意这一关，还要通过其他股东优先购买权这一关。这样一来，股权对外转让障碍重重，股东退出不得，变现不得，股东之间纷争迭起、股东会效率低下陷入瘫痪、公司陷入僵局也时有发生。

(二) 新《公司法》的相关规定

根据新《公司法》的规定，股东向股东以外的人转让股权相对简单很多。一个重大变化就是不再需要经过其他股东过半数同意，但仍然需要向其他股东征询优先购买权意见。只有其他股东放弃优先购买权，才可以对外转让股权。据此，按照下列程序进行：（1）转让股东应当将股权转让的数量、价格、支付方式和期限等事项书面通知其他股东；（2）其他股东需要自接到书面通知之日起 30 日内答复；（3）其他股东答复主张优先购买权的，在同等条件下转让给其他股东；（4）其他股东答复放弃优先购买权的，转让给外部股东；（5）其他股东未答复

---

① 《中华人民共和国公司法》（2018 年修正）第七十一条：（第一款）有限责任公司的股东之间可以相互转让其全部或者部分股权。（第二款）股东向股东以外的人转让股权，应当经其他股东过半数同意。股东应就其股权转让事项书面通知其他股东征求同意，其他股东自接到书面通知之日起满三十日未答复的，视为同意转让。其他股东半数以上不同意转让的，不同意的股东应当购买该转让的股权；不购买的，视为同意转让。（第三款）经股东同意转让的股权，在同等条件下，其他股东有优先购买权。两个以上股东主张行使优先购买权的，协商确定各自的购买比例；协商不成的，按照转让时各自的出资比例行使优先购买权。（第四款）公司章程对股权转让另有规定的，从其规定。

的,视为放弃优先购买权,可转让给外部股东。① 这样与原《公司法》相比,就顺畅和高效了许多。但其他股东"优先购买权"这一关还是要过的。风险就是,第一,如果其他股东行使优先购买权,股权受让人的购买就会落空;第二,优先购买权的流程存在变数,对于股权转让方而言,股权能否出手以及对价涨跌,也存在着时间成本和机会成本的风险。

(三) 特别提示

新法的实施,并不是原法规定的终结;新法的规定,也不是原法规定的废除。原有的障碍和困难或将在很长一段时间内存在,并继续困扰着股权对外转让的顺利进行。

新《公司法》规定,公司章程对股权转让另有规定的,按照另有规定执行。② 基于此,企业主需要关注以下两种情形:第一,新《公司法》生效前的存量公司还将持续存在,公司章程中关于股权转让的制度仍然是原《公司法》的规定,"征得其他股东过半数同意"的条款仍有效。如果没有修改,那么原有的困难依然存在。第二,即便按照新《公司法》规定,那么无论新设公司还是原有的存量公司,股东仍然有权自主决定股权对外转让的制度。如果继续沿用原来的制度,法律上仍然有效,操作上一如从前。因此,股权转让之困难,不会因新《公司法》的实施而消失,甚至不排除股东行使自治权,通过公司章程设置更为严苛的转让门槛。

---

① 《中华人民共和国公司法》(2023年修订)第八十四条:(第二款)股东向股东以外的人转让股权的,应当将股权转让的数量、价格、支付方式和期限等事项书面通知其他股东,其他股东在同等条件下有优先购买权。股东自接到书面通知之日起三十日内未答复的,视为放弃优先购买权。两个以上股东行使优先购买权的,协商确定各自的购买比例;协商不成的,按照转让时各自的出资比例行使优先购买权。
② 《中华人民共和国公司法》(2023年修订)第八十四条:(第三款)公司章程对股权转让另有规定的,从其规定。

散伙也不容易，僵局难破

如果股东和合不能长久，相互矛盾冲突则是更大的成本和损失，不如解散公司，共同退出，各奔前程。但是，公司好合不好散，股东散伙也没那么容易。

（一）股东难以达成一致

公司解散，需要经代表2/3以上表决权的股东通过，[①] 这并不是一件容易的事情。股东之间的成见、矛盾以及利益博弈，使意见难以统一，股东失能失智使意见难以表达，股权继承未了导致继承人纷争等，都是公司解散的障碍。解散不成，共业难求，最终还是令公司陷于僵局。

有一家公司大股东持股52%，二股东持股40%，三股东持股8%。其中，三股东系以国有资本出资。由于公司经营亏损无力继续发展，大股东主张折价出售，三股东认为这样会造成国有资产流失，故拒绝；大股东主张解散公司，三股东认为清算后资产为负，还是造成国有资产流失，仍拒绝；大股东主张公司破产，三股东认为国有投资破产名声不佳，再次拒绝。无奈，大股东主动请求自行出资购买三股东的股权，然后自己再办理解散注销处理，三股东担心被质疑内部交易，还是拒绝。大股东无望，只好启动股东会，希望通过股东会决议解散公司。但二股东被三股东联合为一致行动人，股东会无法作出解散决议。就这样，一拖10年，公司当年仅有的一点资产也消耗殆尽。公司解散难，由此可见一斑。

[①]《中华人民共和国公司法》（2023年修订）第六十六条：（第三款）股东会作出修改公司章程、增加或者减少注册资本的决议，以及公司合并、分立、解散或者变更公司形式的决议，应当经代表三分之二以上表决权的股东通过。

（二）诉讼难以提起

如果股东会达不成公司解散的决议，提起公司解散之诉，也是一条可选路径。但也不是任何一个股东都可以做到，只有持有公司 10% 以上表决权的股东才有权请求法院解散公司。①

提起解散公司诉讼，对陷入僵局的公司是一味解药，但对于运营良好的公司就是一剂毒药。即便解散不成，对公司的伤害也是不可估量的。有这样一个家族企业，由于叔侄发生矛盾，侄子以 6% 的股权，联合其他小股东组成 10% 的一致行动人，一起提起诉讼要求解散公司。在诉讼程序中，仅仅启动查封公司股东会、董事会决议和财务账册进行证据保全，以及查封冻结账户进行财产保全，就已经严重影响了公司运行，同时惊动了公司上下游的产业链，导致公司高管观望，职员人心浮动，家族企业处于风雨飘摇之中。尽管这起解散诉讼最终没有成功，但对公司的伤害是深远的。

（三）难以证明达到解散条件

公司解散是大事情，并不是股东"心情不好"就可以随时解散。比如，知情权受到损害、没有获得利润分配、公司严重亏损等，都不是法院判决解散的理由。根据司法解释，法院支持公司解散，至少要达到以下条件之一：（1）公司持续两年以上无法召开股东会，公司经营管理发生严重困难；（2）股东表决时无法达到法定或者公司章程规定的比例，持续两年以上不能作出有效的股东会决议，公司经营管理发生严重困难；（3）公司董事长期冲突，且无法通过股东会解决，公司经营管理发生严重困难；（4）经营管理发生其他严重困难，公司继

---

① 《中华人民共和国公司法》（2023 年修订）第二百三十一条：公司经营管理发生严重困难，继续存续会使股东利益受到重大损失，通过其他途径不能解决的，持有公司百分之十以上表决权的股东，可以请求人民法院解散公司。

续存续会使股东利益受到重大损失的情形。①

但是在司法实践中,证明这些条件是十分困难的。比如,为了证明股东会、董事会无法作出决议,股东要按照公司章程的规定,持续多次地、分别或者渐次地启动监事会权利、董事会权利、召集临时股东会权利等,程序复杂烦琐,耗时耗力,重要的是还要消耗大量的公司资源。而最终能够被判决解散的公司也是少之又少。

尽管如此,企业主也不能掉以轻心。小股东启动公司解散诉讼的最大风险,不在于最终解散了公司,而在于诉讼过程中的"次生灾害",比如对公司声誉、业务生态、团队稳定等造成的伤害,特别是如果造成产业链上下游债权人恐慌,集中主张权利,就可能引发更大的危机。

(四) 解散程序复杂,诱发潜在风险

公司解散,就要进行清算。清算是一个梳理历史和偿还过往的过程,也是一个痛苦而复杂的冒险过程。因为,如果过往有出资瑕疵、公司经营管理不善、债务未结清、解散不当等,就会留下很多隐患,甚至直接引发股东的个人债务风险。比如,公司解散,没有及时履行清算义务给公司或者债权人造成损失的,作为清算义务人的企业主就要承担赔偿责任;② 公司有债务未结清也未告知债权人就解散,股东就要以个人

---

① 《最高人民法院关于适用〈中华人民共和国公司法〉若干问题的规定(二)》(2020 年修正)第一条:(第一款)单独或者合计持有公司全部股东表决权百分之十以上的股东,以下列事由之一提起解散公司诉讼,并符合公司法第一百八十二条(注:新《公司法》第二百三十一条)规定的,人民法院应予受理:(一)公司持续两年以上无法召开股东会或者股东大会,公司经营管理发生严重困难的;(二)股东表决时无法达到法定或者公司章程规定的比例,持续两年以上不能做出有效的股东会或者股东大会决议,公司经营管理发生严重困难的;(三)公司董事长期冲突,且无法通过股东会或者股东大会解决,公司经营管理发生严重困难的;(四)经营管理发生其他严重困难,公司继续存续会使股东利益受到重大损失的情形。(第二款)股东以知情权、利润分配请求权等权益受到损害,或者公司亏损、财产不足以偿还全部债务,以及公司被吊销企业法人营业执照未进行清算等为由,提起解散公司诉讼的,人民法院不予受理。
② 《中华人民共和国公司法》(2023 年修订)第二百三十二条:(第三款)清算义务人未及时履行清算义务,给公司或者债权人造成损失的,应当承担赔偿责任。

财产承担公司债务。因此，公司解散也是一个高风险的操作。①

综上所述，股东退群，公司解散，都会伤及企业。老板投资企业，如何顺利全身而退，如何让股东的出资"出入方便"，从而为股东和合、公司长治久安铺平道路，这都需要早做预案，专业规划。

总结

1. 误区与盲区提示

（1）股东"退群"不易，股东"除名"也不易。

（2）股东退出公司，不得抽走出资。

2. 企业主必知

（1）股权转让，要满足其他股东的优先购买权。

（2）公司解散，不是股东的解放，而是责任的清算，要小心引发个人承担公司债务的风险。

建议

1. 对于创业者来说，专业规划要打好三大基础

第一，持股架构是基础。可选择有限合伙、股权信托等方式，隔离退出风险。相关专业策略和制度方案，我们将在第十章中进一步呈现。

第二，退出机制是保障。既要保护股东退出的主动性，还要防范股权换手的风险，避免公司内讧。

第三，回购基金是底气。解决股权对价和费用支出，高效回收股权，避免纷争隐患。

2. 对于已有公司的企业主来说，重点完成三项工作

第一，专业诊断。进行专业风险排查和评估，及早完善方案。

---

① 关于清算的风险和责任，参见第七章。

第二，完善公司章程。对股权转让、解散等重大事项进行专业的制度规划。

第三，调整持股架构。通过有限合伙、股权信托等专业架构设计，构建股东进退路径，让企业主有掌控权，公司也能隔离风险。相关专业策略和制度方案，我们将在第十章中进一步呈现。

超话

以终为始，以人为本，是公司久长的基础。人性化的股东进入通道和人文化的股东退出机制同样重要。公司不是目的，长治久安的公司才是目的；人才不是工具，股东和合、进退有序才是公司所向。

第三部分
运营不触雷

公司运营，债责难免；为山九仞，功亏一篑。企业主不知险从何来，堤建何方，一旦涉债涉刑，容易引发多米诺骨牌效应，不可不慎。

本部分重点关注企业主的债务责任和刑事责任，通过系统梳理企业主常发、多发且不知又无力的风险，并提出防范、隔离、转移以及化解方案，警醒企业主认知风险，帮助企业主清楚地知道风险在哪里，协力企业主远离风险，并能高效预防和处理风险以及危机，切实实现人身安全和财产安全，让企业主人安、财安、心安、神安。

第六章　无债不商业，利益最大化的"救急"规划

无债务，不商业。经营公司，有债务是必然的。公司债务应当由公司偿还，而不应当由股东个人承担。但家有企业者，却大量出现个人承担企业债务的情形，只不过有的是必需之债，有的是无妄之债，有的是咎由自取之债。本章我们主要探讨必需之债，包括担保之债和对赌之债。从融资角度而言，无论是担保之债，还是对赌之债，都是追求利益之下的主动之债。既能获得融资利益最大化，又能防范债务风险以遭受最小伤害，是一种商业智慧。

个人担保，一个不容回避的风险科目

担保是直接引债入家的"快捷模式"。人人都知道担保的法律后果和责任，可为什么偏偏要做这个动作呢？不做企业当家人，确实是不在其位不知其由。

有些担保是商业的必然选择

现金流短缺，是民营企业的常态，而民营企业贷款难，也是不争的事实。借贷提供担保，是商业规则，也是企业主的必然选择。一般而言，公司向银行贷款，银行都会要求控股股东以股权提供质押担保，同时以个人名义并连同配偶一起提供连带责任担保。公司不能如约偿

还债务的，担保人就要承担连带责任。欠债还钱，天经地义。担保人承担担保责任，也是法律的本来之意。逃避责任固不可取，但是，如果因为担保而致家庭乃至家族遭受不应有的财富损失，却也是绝对不值得的。

有些担保是逼不得已

家有企业，急用现金总是难免的。而一旦现金需求迫在眉睫，金融机构贷款又难又慢，就只好选择民间借贷。于是，连带责任担保是必不可少的。民间借贷利息高，风险大，有时候因为用钱紧迫还容易遭遇高利贷甚至"套路贷"。对于这种迫不得已之下的负债，如果出借方没有底线，自己又没有风险隔离，一旦陷入套路，很有可能万劫不复。厦门有一家知名的家族企业，由于出现资金危机，父子两代人、两个家庭相互担保从民间多个渠道借贷向企业输血，前后高达2亿元。由于无法按时还款，只好继续借高利贷，"拆东墙补西墙"，进行资金腾挪，利息越来越高，形成无法填补的债务黑洞。最终，资金链断裂，偌大的家业濒于破产，企业主举家逃往菲律宾。不幸的是，由于压力过大，企业主客死他乡，妻子离家出走不知所终，儿子当临时司机维持生计。其间，家产被债权人瓜分干净，儿子最终也被警方跨国追捕归案。尽管此案看似极端，可极端的风险每天都在上演，只是不被每一个人所见罢了。

有些担保不可拒绝

这种担保多发生于亲朋好友或者合作伙伴之间，因由朴素至简。其一，感恩报答。在中国这个人情社会里，每一个优秀企业主的成长发展，都离不开方方面面的助力和赋能。自己艰难创业时有贵人相助，一旦贵人遭困，自是全力相帮。其二，天然相信。对被担保人盲目信任，自认为不会发生偿债困难。其三，亲友难拒。人生中总有那么几个人是你无法拒绝的，亲戚、知己、旧友等，都可能成为无法拒绝的那个人。

那些显见的风险

不管哪种情形的担保，都是以个人甚至是家庭财产承担担保责任。为他人担保，就是用自己的身家为别人承担债务；为企业担保，就是将企业的债务直接导入家庭。

"融资难""融资贵"是全球中小企业面临的共同问题。囊中羞涩、资本乏力，"病急"之下，难的不是融资渠道，也不是贵贱荣辱，而是不得不"搭上整个家当"的不动产抵押、股权质押以及夫妻无限连带责任担保。企业主需要清楚的是，担保的核心是为了公司的发展，以创造更多的财富，于是，延续商业生命，减轻还债压力，以及最大化地守住已有的财富，才是重中之重。因此，对于担保这类债务风险，企业主要考虑有无足够的实力以担当、有无灵活变现的资产以应对。治业维艰，防范风险也要承担风险，更要对冲风险和转移风险。

总结

1. 误区与盲区提示
（1）担保不要以牺牲财富为代价，要以承担能力为底线。
（2）担保不是认命，对冲风险和转移风险也是理所当然。
2. 企业主必知
（1）个人为公司担保，公司债务转嫁为家庭债务。
（2）个人为他人担保，导致家人为他人债务背锅。

建议

1. 应对担保风险，重点规划三项基础建设。具体内容我们将在第十章中进一步呈现第一，设立家庭财产安全岛，专业隔离企业主个人风险对家庭财产的冲击。

第二，设立人寿保险规划，架构性隔离风险。

第三，设立家族信托架构，制度性隔离风险。

2. 对于已经提供担保的企业主，建议尽早进行风险管理

第一，梳理检视家族财产风险，隔离安全性财产。

第二，适时构建人寿保险、家族信托架构，隔离企业主风险。具体内容我们将在第十章中进一步呈现。

第三，紧急避险行动，建立与被担保方补救反担保等风险对冲机制。

| 超话 |

无负债不企业，无担保不老板。如约偿债，也是一种信用积累。有债应还尽还，信誉就是金钱。

股权融资对赌，一个别无选择的选择

民营企业解决资金需求的通道基本是两条，一条是债权融资，另一条是股权融资。资本谋利是本业，资本安全是基础。债权融资需要企业主提供担保，股权融资则需要企业主对赌。

对赌，本是一场多赢的资本游戏

以让渡股权获得投资的股权融资方式中，由于投资人与融资方股东的立场不同，对目标公司的风险难以掌控，公司未来的盈利不确定，投资回报不确定，因此，投资人为保护自己的利益，降低投资风险，往往会要求融资方股东签订对赌协议。

而所谓对赌，就是投资人向目标公司投入一定的资本、持有一定比例的股权从而成为公司股东，同时融资方股东要向投资人作出相应

的承诺，比如在约定的限期内完成经营指标、利润指标、分红指标以及首次公开发行等，如果没有实现承诺，就要向投资人进行补偿，可以是金钱补偿、股权补偿、股权回购。

对赌协议固然是最大限度地保护投资人利益，但如果被投资项目成功，最大的受益者自然是融资方股东。资本寻求收益的同时，也要规避风险；融资方获得资本的同时，也要承担风险。

对赌协议在融资方与投资方之间应当是平等的，风险和收益应当是公平的。这样，融资方既获得资金，也获得激励，努力实现对赌目的，而投资方也将获得投资收益，实现投资目的。如此，就实现了目标公司、融资方和投资人多方共赢。

对赌，也有企业主的难言之隐

融资毕竟是伸手要钱，心态和底气，决定了企业主对赌风险的大与小。

（一）估值，不要太高

高估值带来高对价。企业主都希望把公司价值估得很高，并更愿意选择与出价最高的投资者合作。但是，公司估值是建立在对公司未来的发展与业绩评估的基础之上的，越高的估值必然带来越高的业绩指标和更为严苛的对赌条件。有些企业主容易执迷于高对价和高额出资，忽视公司价值与对赌条件的相关性，对未来的不确定性疏于长远而全面的考虑，对风险缺乏敬畏，签下不切实际的对赌条约，从而埋下隐患。

（二）代价，不要太大

在民营企业融资难、融资贵的背景下，很多企业主在面对资本时处于弱势地位，于是，签订不平等的对赌协议在所难免。从多年来服务客户的大量对赌案例中我们发现，对赌协议大多数都是"单向对赌"，也就是仅约定融资方股东对投资人的补偿或者回购，却没有约定投资人对融资方股东的补偿，资本的优势地位可见一斑。在免除投资人风险的同时却赋予了投资人股权投资潜在的高收益，有违"高风险高收益"的市场投资规则。甚至，投资方为了资金的安全，还会让融资方股东附加股权质押、个人连带保证和家庭资产抵押等多重保护措施。即便如此，企业主或者因为急于获得投资，或者受制于谈判对手，或者迫不得已，最终还是签下了对赌协议。

对于企业主而言，财弱气短。对赌协议的签署，既有客观所需的一面，也有主观上不得已而为之的一面。协议一签，企业主就开始面临对赌失败的巨大风险，于个人于家庭都是埋下了极大的隐患。

（三）失败，不要太惨

对赌固然有利于融资，表面上看只是让渡部分股权，是一种低成本、低杠杆的融资方式，可一旦对赌失败，企业主就要付出巨大的代价，甚至遭受灭顶之灾。

当年，有一家公司为实现上市计划，企业主引入 7300 万美元投资。对赌协议约定，在前 3 年内，如果业绩增长超过 50%，就降低投资人的股权；如完不成 30% 的增长，企业主就失去控股权。鉴于彼时目标公司连续 10 年利好，企业主底气十足，借助融资资金疯狂扩张，使公司陷入严重的债务危机。为挽救危机，投资人以再注资的承诺要求企业主交出所持 61.6% 的股权。后来，企业主的股权又经托管、质押等措施，仍未能救活负债累累的公司。在资金链趋于断裂、销售业绩急剧下降的双重压力下，对赌协议被迫提前履行，企业主不得不将自己持有的股权全部出让，彻底失去控制权。而此后连续引发种种危机，致使企业主锒铛入狱，待回归社会时，原有的商业帝国早已不在。这个案例说明，对赌不仅让企业主失去了对公司的控制权，而且最终连公司都可能化为乌有。

当年，还是一家准备上市的公司，风头正劲，投资趋之若鹜。企业主等三位创始人股东融资 4.5 亿元，与投资人对赌约定，如果公司未能在某年 12 月 31 日之前实现合格上市，则融资方股东应一次性回购其股权，并约定了巨额回购价格。遗憾的是公司没能在约定日期之前上市，而企业主又在之后两日骤然离世。接下来投资人股东之间纷争迭起，高管出走，公司一路败落。于是，投资人启动对赌条款，致使企业主的遗孀承担 2 亿元债务，而遗孀却对此毫不知情。这个案例给企业主两点启示：第一，以具体上市日期作为对赌条件，是一大败笔，毕竟，上市不可控的因素太多，以"定时"定乾坤的做法，实际上是把自己绑在了"定时炸弹"上；第二，现金回购条件是融资人潜在且巨大的财务负担，一旦对赌失败，对个人和家庭来说都是不可想象的债务黑洞。

对赌，也要有赌得起的底气

对赌是一种风险极高的融资方式，对赌成功与失败的落差，就像是一脚天堂一脚地狱。

股权融资计划，是一项非常专业且实操性很强的工作。为防范企业主的对赌风险，重点提示以下五点内容：（1）企业估值不是越高越好，不能盲目乐观，科学估值，量力而行；（2）对于企业的盈利能力或上市计划要科学客观地把握，审慎承诺业绩指标；（3）企业主个人的回购责任必须限制在可控的范围内，提前制定和规划对赌失败的防范预案与救济方案；（4）风险评估比价值评估更重要，选择合适的投资人比选择优越的投资条件更重要；（5）企业主要提前做好个人财产与家庭财产以及家庭财产与企业财产的风险隔离措施，运用持股架构设计、有限合伙制度、保险架构设计以及家族信托制度等，进行多维度保护。

总结

1. 误区与盲区提示

（1）融资对赌，融的是确定的资金，赌的是不确定的债务黑洞。

(2) 对赌条件一旦错误设定,就是安放了一枚"定时炸弹"。

2. 企业主必知

(1) 对赌失败,轻则失去公司控制权,重则失去一手打造的事业。

(2) 对赌条款一旦触发,将引发巨额个人债务。

(3) 对赌债务常常波及配偶和家庭,造成家企双双陷入困局。

建议

1. 对赌前的策略

第一,科学估值,量力而行。审慎承诺业绩指标,拒绝承诺上市时间。

第二,提前聘请专业律师构建风险隔离制度。相关专业策略和制度方案,我们将在第十章中进一步呈现。

2. 对赌后的应对

第一,审查对赌协议,区隔安全财产和风险财产。

第二,分散财产来源渠道,锁定已有的财富。

第三,法律架构搭建、制度隔离,任何时候都不晚。

超话

对赌是基于底气的共生共好之路,而不是孤注一掷的绝命豪赌。锁定边界,锁定留余,方得基业长青、家人久康。

第七章　无妄之债不该有，风险最小化的"预防与救济"规划

第六章集中探讨的担保之债和对赌之债，都是企业主的自主选择之债。显然，这两类债务的发生，企业主是有不得已之处的，但一定不冤。然而，企业主在投资、运营、管理企业的过程中，还会有意料之外的债务找上门来。

这些"无妄之债"常常出现，却始终被忽视。这通常是因为企业主法律意识不够、心存侥幸，或者是不知道法律规定、对法律变化不了解，于是要么对风险毫不知晓，自觉安好无恙；要么听人片面之词以讹传讹，无端恐惧，盲目跟风。在简单的认知和行为惯性之下，隐藏了太多的风险黑洞，因此，有必要一一梳理认清。

本章系统梳理那些躲在法规角落里的债责风险，以供企业主和创业者检视、排查和防范，不然，他们可能都不知道债务是如何找上门的。

出资当股东却成了债务人

出资，固然是享有权利的，然而，所有出资的背后，都潜藏着风险。认缴出资没有按期足额缴纳，要承担债务责任；认缴出资期限没到，也会引发债务责任；对于以欺诈手段虚假出资设立公司的，责任更加严重。股权出资，是财富之源，也是债务之渊。

认缴出资不到位，个人家庭受连累

长久以来，人们习惯性地认为，认缴出资之后就会成为公司股东，实际缴付出资只是时间问题，甚至形成一个似是而非的结论："认缴即出资。"事实上，每个公司都有一部章程，章程中都有专门的条款，规定了每个股东认缴出资多少以及出资的期限。写在章程中的这些规定，就是股东的义务，必须照章履行。① 但是，确实有许多企业主对公司章程没有概念，对公司出资没有概念，既不关注公司章程的具体规定，也不按照章程的规定履行相应的义务，那么出资设立公司就成为一场极其危险的游戏。在原《公司法》的出资制度之下，对于普通公司并没有明确规定股东实际出资的期限，主要是尊重股东自己的承诺，也就是尊重股东自行认缴的出资数额和期限。但在新《公司法》之下，由于明确规定了自公司成立之日起 5 年内缴足，以及未能按期足额缴纳的责任，这就使得股东出资的风险更大，不可不知。

（一）企业主易犯的出资错误

企业主需要清楚的是，作为股东，既要按期足额缴纳出资，也要实际缴纳出资。前者说的是，缴纳的期限要及时，缴纳的数额要充足；后者说的是，股东承诺缴纳的资产要实际足额进入公司的账户。简言之，就是要求期限满足、数额足额、标的到位。

企业主未能按期足额履行出资义务的，大致有以下几种情况：（1）企业主不知道自己出资的期限，没有按时出资到位；（2）企业主按时出资了，但没有按照章程的规定足额出资到位；（3）企业主已经将真金白银投入公司运营了，但是没有履行出资程序，公司账面上对企业主出资并无记载；（4）以非货币资产出资的，仅仅将这些资产投

---

① 《中华人民共和国公司法》（2023 年修订）第四十九条：（第一款）股东应当按期足额缴纳公司章程规定的各自所认缴的出资额。

入公司用于经营使用，却没有过户登记到公司名下，这种情况不能视为实现了对公司的出资，且如果这些非货币资产的实际价额显著低于公司章程所定价额的，还是属于出资不到位。

（二）股东的出资责任

企业主作为公司股东，没有按照公司章程的规定缴纳出资，需要承担三大责任。

1. 按照公司章程的规定继续向公司足额缴纳出资。如果存在差额的，需要补足其差额。显然，只要没有按期实缴出资，客观上就形成了股东个人对于公司的债务。

2. 如果因为没有按期足额出资而造成公司损失的，股东应当向公司承担赔偿责任。一旦产生赔偿责任，仍然是股东个人对公司的债务。①

3. 被行政机关处以高达未出资金额50%的罚款责任。所谓罚款责任，自然是要从私人财产账户支付这笔款项。②

显然，这三大责任都是股东个人的直接债务。当然，对于没有夫妻财产约定的一般家庭而言，即便股东个人的债务，也免不了要通过夫妻共有财产来承担。关于这一点，企业主需要特别注意。对于有家有业的企业主来说，风险从来都不是一个人的事儿。

---

① 《中华人民共和国公司法》（2023年修订）第四十九条：（第三款）股东未按期足额缴纳出资的，除应当向公司足额缴纳外，还应当对给公司造成的损失承担赔偿责任。第五十条：有限责任公司设立时，股东未按照公司章程规定实际缴纳出资，或者实际出资的非货币财产的实际价额显著低于所认缴的出资额的，设立时的其他股东与该股东在出资不足的范围内承担连带责任。

② 《中华人民共和国公司法》（2023年修订）第二百五十二条：公司的发起人、股东虚假出资，未交付或者未按期交付作为出资的货币或者非货币财产的，由公司登记机关责令改正，可以处以五万元以上二十万元以下的罚款；情节严重的，处以虚假出资或者未出资金额百分之五以上百分之十五以下的罚款；对直接负责的主管人员和其他直接责任人员处以一万元以上十万元以下的罚款。

（三）转让股权也不免除责任

那么，如果股东把股权转出去，抽身变现，是不是出资义务就成为受让方的义务，自己从此就隔离了继续出资的风险了呢？当然不是。股权转让并不是股权转让完成、现金落袋就彻底安稳了，转让股权变现后也不能一走了之，《公司法》对此作出了非常详细的规定，分两种情形。

1. 股东转让的股权还没有到出资期限的情形。比如认缴期限为 5 年，现在刚刚满 3 年就转让给受让人了，如果受让人在期限届满 5 年时也没有缴纳出资，那么转让人就要对此承担补充责任。

2. 股东转让的股权已经到了出资期限，但股东没有缴纳出资，或者缴纳的出资不足，这种情形下，股东需要与受让人承担连带责任。也就是说，股东没有出资或者没有足额出资就转让股权的，所欠缴的部分还是要继续出资的，并且与受让人共担出资义务。①

（四）责任往往直接连累家庭

在新《公司法》生效前，有这样一个案例。一家有限责任公司对银行负债 5000 万元，逾期两年未还，结果法院判决由股东偿还 2100 万元。一定有人感到诧异，说好的公司债务独立，说好的股东承担有限责任呢？这个案件的核心问题就在于股东出资没有如实到位。

下面我们从《公司法》规定及司法实践的角度来拆解细说此案。

首先，看本案的基本事实：公司设立之初，股东认缴出资为 3000 万元。其中，大股东认缴 2700 万元，小股东认缴 300 万元。认缴期限已经届满，但实收资本仅为 900 万元。公司在运营过程中，向银行贷款 5000 万元。债务到期后，公司迟延两年未履行还款义务，于是银行

---

① 《中华人民共和国公司法》（2023 年修订）第八十八条：（第一款）股东转让已认缴出资但未届出资期限的股权的，由受让人承担缴纳该出资的义务；受让人未按期足额缴纳出资的，转让人对受让人未按期缴纳的出资承担补充责任。（第二款）未按照公司章程规定的出资日期缴纳出资或者作为出资的非货币财产的实际价额显著低于所认缴的出资额的股东转让股权的，转让人与受让人在出资不足的范围内承担连带责任；受让人不知道且不应当知道存在上述情形的，由转让人承担责任。

起诉公司要求偿还 5000 万元贷款及利息（为求简洁明了，此处忽略利息），并要求两个股东承担公司的债务责任。

其次，看本案结果：法院不仅判决公司偿还 5000 万元的债务及利息，还判决大股东和小股东在未能出资的 2100 万元及其利息范围内对上述债务承担补充赔偿责任。由于公司不能偿还银行的债务，最终由两个股东支付 2100 万元及其迟延支付的利息。

再次，看本案的底层逻辑：这实际上就是按照当时的《公司法》及其司法解释的规定进行的判决和处理。也就是作为公司的股东，没有全面履行出资义务，两个股东均应在没有出资的本金 2100 万元和利息范围内对公司债务不能清偿的部分承担赔偿责任。因为认缴出资为 3000 万元，实缴出资为 900 万元，所以未缴出资为 2100 万元。

按照新《公司法》的规定，由于两个股东是公司设立时的发起股东，二人共认缴出资 3000 万元，实缴 900 万元，还差 2100 万元，因此二人已经构成对公司 2100 万元的负债，并且相互之间承担连带责任。二人不仅应当向公司足额缴纳，而且如果因为银行的起诉造成公司损失的，两位股东还要向公司承担赔偿责任。

最后，看本案的影响，这一点需要特别引起企业主的重视：尽管这一债务未必构成夫妻共同债务，但即便股东个人债务，也要从共有财产中进行分割偿付，这何尝不是一种家企风险共担呢？可见，股东认缴出资不到位，个人家庭受连累，确实不容忽视。

出资期限没到，也要对公司的债务履行相应的义务

前面我们谈到，股东认缴出资的期限到期而股东没有按期出资的，股东就成了公司的债务人以及损失赔偿责任人。那么，对于还没有达到出资期限的情况，显然并不构成股东对公司实际的欠款，是不是就可以高枕无忧，等到了日子再说呢？事实也并非如此。

在新《公司法》实施之前，按照《全国法院民商事审判工作会议

纪要》（2019）的规定，出资未到期的股东不对债权人的债务承担责任，这是一般性规定。但如果出现下面两种情形，股东就要承担责任。

1. 公司债务产生后，延长股东出资期限的。比如，原来的出资期限是 2 年，债务发生后，延长出资期限到 5 年。此时，尽管出资没有到期，股东也要承担责任。

2. 当公司作为被执行人时，公司无财产可供执行，已经具备破产原因但又不申请破产的。此时，尽管公司股东的出资期限没到，也要承担责任。这在法律上叫作股东出资加速到期责任。①

上述两种情形下，股东承担责任的范围限制在未出资的范围内，承担责任的形式是对公司不能清偿的部分承担补充赔偿责任。

随着新《公司法》的颁布，针对这种股东出资未到期的情形，在立法上有了明确的规定。那就是，如果发生公司不能清偿到期债务的情形，公司可以要求股东提前缴纳出资，债权人也有权要求股东提前缴纳出资。从此，股东出资加速到期成为一项法定刚性制度。②

这种股东出资加速到期的责任，实际上就是将股东未来的债务提前，也是为公司的债权人增加一层保护。可见，股东认缴出资已经不是一个可以躺平的温床，而是一种不可不知的家企风险。

出资不到位，股东也会被扫地出门

股东出资不到位，不仅承担前面提到的债务责任，还将直接影响

---

① 《全国法院民商事审判工作会议纪要》（2019）：6.【股东出资应否加速到期】在注册资本认缴制下，股东依法享有期限利益。债权人以公司不能清偿到期债务为由，请求未届出资期限的股东在未出资范围内对公司不能清偿的债务承担补充赔偿责任的，人民法院不予支持。但是，下列情形除外：（1）公司作为被执行人的案件，人民法院穷尽执行措施无财产可供执行，已具备破产原因，但不申请破产的；（2）在公司债务产生后，公司股东（大）会决议或以其他方式延长股东出资期限的。

② 《中华人民共和国公司法》（2023 年修订）第五十四条：公司不能清偿到期债务的，公司或者已到期债权的债权人有权要求已认缴出资但未届出资期限的股东提前缴纳出资。

股东资格，被扫地出门。而作为股东享有的财产权利也可能受到限制。

新《公司法》之下，股东圈里认缴却不出资的"老赖"将越来越没有生存空间。这是因为，除了股东个人承担种种出资瑕疵责任，公司的董事也面临责任风险，① 这将引发董事的积极关切。不仅如此，法律也提供了相应的路径，对于股东没有按期缴纳出资的，公司可以给一定的宽限期，宽限期届满仍未出资的，公司董事会就有权决议这个股东丧失股权，在丧失股权后，不再享有未出资的股东权利。② 如果股东全部没有出资，就会被彻底扫地出门。

在以往的司法实践中，对股东未履行出资义务的，股东会享有更为严厉的权利，那就是解除股东的资格。③

当然，从自治的角度看，公司还可以通过公司章程或者股东会议的形式，对于股东出资不到位的情形，在利润分配权、新股优先认购权、剩余财产分配权等股东权利方面进行合理的限制。④ 比如，对于未缴纳出资的相应部分不得分配利润、公司清算时不得参与分配、不享有新股优先认购权等。

---

① 《中华人民共和国公司法》（2023年修订）第五十一条：（第一款）有限责任公司成立后，董事会应当对股东的出资情况进行核查，发现股东未按期足额缴纳公司章程规定的出资的，应当由公司向该股东发出书面催缴书，催缴出资。（第二款）未及时履行前款规定的义务，给公司造成损失的，负有责任的董事应当承担赔偿责任。
② 《中华人民共和国公司法》（2023年修订）第五十二条：（第一款）股东未按公司章程规定的出资日期缴纳出资，公司依照前条第一款规定发出书面催缴书催缴出资的，可以载明缴纳出资的宽限期；宽限期自公司发出催缴书之日起，不得少于六十日。宽限期届满，股东仍未履行出资义务的，公司经董事会决议可以向该股东发出失权通知，通知应当以书面形式发出。自通知发出之日起，该股东丧失其未缴纳出资的股权。
③ 《最高人民法院关于适用〈中华人民共和国公司法〉若干问题的规定（三）》（2020年修正）第十七条：（第一款）有限责任公司的股东未履行出资义务或者抽逃全部出资，经公司催告缴纳或者返还，其在合理期间内仍未缴纳或者返还出资，公司以股东会决议解除该股东的股东资格，该股东请求确认该解除行为无效的，人民法院不予支持。
④ 《最高人民法院关于适用〈中华人民共和国公司法〉若干问题的规定（三）》（2020年修正）第十六条：股东未履行或者未全面履行出资义务或者抽逃出资，公司根据公司章程或者股东会决议对其利润分配请求权、新股优先认购权、剩余财产分配请求权等股东权利作出相应的合理限制，该股东请求认定该限制无效的，人民法院不予支持。

虚假出资以及欺诈设立公司的，罚款与刑责并重

虚假出资，指没有交付或者没有按期交付作为出资的货币或者非货币财产，这种现象在公司中普遍存在。前面我们谈及的出资瑕疵，只是承担补足和赔偿责任，而虚假出资的责任并不止于此。如果公司的实控人、股东虚假出资，情节严重的，将承担行政罚款责任；同时，如果是直接负责的主管人员，比如企业主本人，还会受到对其管理行为的罚款。① 虚假出资无小事，数额巨大、后果严重，构成犯罪的，还将面临高达 5 年的有期徒刑和罚金。如果是公司犯罪，企业主也将面临高达 5 年的有期徒刑。② 因此，出资不到位，不仅仅是钱的问题，还可能犯罪。

欺诈设立公司，指通过虚报注册资本等欺诈手段取得公司登记。这不仅要对公司处以罚款，情节严重的，吊销营业执照，而且对直接负责的企业主还要处以罚款。③ 如果虚报注册资本数额巨大、后果严重，构成犯罪的，涉事企业主将承担高达 3 年的有期徒刑以及罚金。如

---

① 《中华人民共和国公司法》（2023 年修订）第二百五十二条：公司的发起人、股东虚假出资，未交付或者未按期交付作为出资的货币或者非货币财产的，由公司登记机关责令改正，可以处以五万元以上二十万元以下的罚款；情节严重的，处以虚假出资或者未出资金额百分之五以上百分之十五以下的罚款；对直接负责的主管人员和其他直接责任人员处以一万元以上十万元以下的罚款。
② 《中华人民共和国刑法》（2023 年修正）第一百五十九条：（第一款）公司发起人、股东违反《公司法》的规定未交付货币、实物或者未转移财产权，虚假出资，或者在公司成立后又抽逃其出资，数额巨大、后果严重或者有其他严重情节的，处五年以下有期徒刑或者拘役，并处或者单处虚假出资金额或者抽逃出资金额百分之二以上百分之十以下罚金。（第二款）单位犯前款罪的，对单位判处罚金，并对其直接负责的主管人员和其他直接责任人员，处五年以下有期徒刑或者拘役。
③ 《中华人民共和国公司法》（2023 年修订）第二百五十条：违反本法规定，虚报注册资本、提交虚假材料或者采取其他欺诈手段隐瞒重要事实取得公司登记的，由公司登记机关责令改正，对虚报注册资本的公司，处以虚报注册资本金额百分之五以上百分之十五以下的罚款；对提交虚假材料或者采取其他欺诈手段隐瞒重要事实的公司，处以五万元以上二百万元以下的罚款；情节严重的，吊销营业执照；对直接负责的主管人员和其他直接责任人员处以三万元以上三十万元以下的罚款。

果是公司犯罪的，直接负责的企业主也将面临高达 3 年的有期徒刑。①

总之，股东出资是件大事。无论是丧失股权，还是财产权受到限制，对于股东而言都是有违出资的目的，直接影响财富的创造和积累。无论是行政罚款还是刑事处罚，后果不仅仅是造成财产的损失，更有对生意、事业甚至家庭的深远影响。因此，股东认缴出资不再是坐享其成，更有可能是一次机会损失，一场投资遗憾，甚至是一生的挫败。

总结

1. 误区与盲区提示

（1）认缴出资是债务，高额认缴就是高负债。

（2）出资不到位，会被扫地出门。

（3）股权转出去，但债务会留下来。

2. 企业主必知

（1）认缴出资不到位，不仅是对公司的负债，还要对公司的损失承担赔偿责任。

（2）出资不慎，也可能承担刑事责任。

（3）公司设立过程中也会产生债务和赔偿责任。②

---

① 《中华人民共和国刑法》（2023 年修正）第一百五十八条：（第一款）申请公司登记使用虚假证明文件或者采取其他欺诈手段虚报注册资本，欺骗公司登记主管部门，取得公司登记，虚报注册资本数额巨大、后果严重或者有其他严重情节的，处三年以下有期徒刑或者拘役，并处或者单处虚报注册资本金额百分之一以上百分之五以下罚金。（第二款）单位犯前款罪的，对单位判处罚金，并对其直接负责的主管人员和其他直接责任人员，处三年以下有期徒刑或者拘役。

② 《中华人民共和国公司法》（2023 年修订）第四十四条：（第一款）有限责任公司设立时的股东为设立公司从事的民事活动，其法律后果由公司承受。（第二款）公司未成立的，其法律后果由公司设立时的股东承受；设立时的股东为二人以上的，享有连带债权，承担连带债务。（第三款）设立时的股东为设立公司以自己的名义从事民事活动产生的民事责任，第三人有权选择请求公司或者公司设立时的股东承担。（第四款）设立时的股东因履行公司设立职责造成他人损害的，公司或者无过错的股东承担赔偿责任后，可以向有过错的股东追偿。

（4）个人责任直接影响家庭财富的安全稳定，甚至因此丧失获利机会。

建议

第一，审慎认缴出资数额，量力而行不任性。

第二，出资严格依法依章程，准时、足额、到位三个标准缺一不可。

超话

出资一诺千金，瑕疵并非小事。瑕疵出资，会引发五大财富风险：第一，欠缴债务；第二，赔偿责任；第三，股东失权除名；第四，财权受限；第五，连累家庭。所以瑕疵也致命。

合伙出资却成了背锅侠

股东自己没有按期足额履行出资义务，要为因此造成的公司损失承担赔偿责任，造成家企风险绵延，这至少是自担风险。但是，如果因为出资做股东，还要为其他人的过错承担责任，这就会大大超出创业者们的预期。而这一点，恰恰是不为企业主所认知的一大出资陷阱。

先看样例。A、B、C 三个自然人股东，共认缴注册资本 1000 万元，设立甲公司。其中，A 和 B 均已经实缴出资，只有 C 认缴的 500 万元一直未实缴到位。而 C 没有实缴到位的法律后果，就是已经出资到位的 A 和 B 作为公司设立时的股东，还要把 C 未出资的 500 万元一起承担下来，与 C 共同承担连带责任。

如果上述样例换一个股东，结果又将大不相同。仍然是 A、B、C 三人一起筹备设立甲公司，约定：A 和 B 以自然人身份出资，C 通过自己控制的乙公司出资。乙公司本身的注册资本为 50 万元，包括 C 在内的所有股东已经全部实缴到位。A、B 和乙公司三个股东共认缴注册资本 1000 万元。其中 A 和 B 均已经实缴出资，只有乙公司对甲公司认缴的 500 万元一直未实缴到位。这个情景下的法律后果包括两个层面：第一，如前所述，A 和 B 作为公司设立时的股东，要在乙公司未出资的 500 万元范围内与乙公司共同承担连带责任；第二，由于乙公司是有限责任公司，注册资本 50 万元已经全部到位，因此，如果乙公司无力支付对甲公司的 500 万元出资，C 不需要对此承担责任，而 A 和 B 却要承担连带责任。如此一来，同是出资创业，C 以乙公司出资，就隔离了个人的风险，而 A 和 B 作为自然人，尽管已经完成自己的出资义务，反倒还要为乙公司的出资瑕疵承担连带责任。

前述样例的结果，就是依据新《公司法》的规定，即公司设立时，股东如果没有按章程规定实际缴纳出资的，发起人股东之间要承担连带责任。[①] 简而言之，发起人股东之间互为保证人，在其他发起人股东没有实缴出资时，需要承担连带责任。

通常情况下，股东按时实缴出资就已经全面履行了出资义务。但是，发起人股东之间的连带责任，是本人实缴出资之外的"附加债务"。这种"无妄之债"对于那些认缴巨额出资而不到位的情形，或许就是投资中的不能承受之重。出资有风险，合伙需谨慎。这一点，确需企业主们重视，尤其是创业者们，一定要避免落入出资陷阱。

总结

1. 误区与盲区提示
（1）公司发起人要小心为其他发起人的出资背锅。

[①]《中华人民共和国公司法》（2023 年修订）第五十条：有限责任公司设立时，股东未按照公司章程规定实际缴纳出资，或者实际出资的非货币财产的实际价额显著低于所认缴的出资额的，设立时的其他股东与该股东在出资不足的范围内承担连带责任。

(2) 股东的有限责任，不适用于发起人之间的出资连带责任。

2. 企业主必知

(1) 发起股东之间就非货币出资不到位承担连带责任。

(2) 发起股东之间就未缴足出资承担连带责任。

建议

1. 对于创业者的建议

第一，发起股东严格自律，按期足额出资。

第二，关注和督促其他发起人股东按期足额实缴出资。

第三，在公司章程中规定，发起股东的出资造成其他股东损失的，要承担赔偿责任。

2. 对于公司已经存在出资未到位情形的建议

第一，企业主和董事会按照法律及公司章程的规定，积极催缴。

第二，适时启动失权程序和解除股东资格程序。

第三，积极采取减资等救济措施。

超话

投资千万条，安全第一条；出资不到位，股东都受累。合伙宜珍惜，瑕疵零容忍；事业如雕玉，成器当琢磨。

购买股权却买了债务黑洞

避免目标公司存在债务黑洞，是股权交易中的一般性、常识性认知。因此股权转让合同中都会有"承诺和保证条款"，要求股权卖方和目标公司对风险作出承诺与保证。比如：（1）公司没有未披露债务、没有需要提前偿还的借款；（2）没有未披露的对外保证、抵押、质押等担保行为；（3）没有参与诉讼、仲裁、行政或刑事程序或被通知作为诉讼的对象。这些承诺都是为了保证股权购买方的利益，避免目标公司存在潜在债务和其他法律风险，避免股权收购陷阱。

然而，股权购买的直接标的不是公司，而是股权本身。因此，购买股权需要考虑的是双重风险，除了目标公司的风险外，还有股权本身的风险。

股权出资不到位的风险

股权出资不到位，买股权也可能买了一个债务黑洞，怎么办？

以案示法：有甲公司股东 A 和 B，A 认缴出资 300 万元，持有公司 60% 的股权；B 认缴出资 200 万元，持有公司 40% 的股权。之后，A 将股权转让给 C，C 向 A 支付了 300 万元转让款。如果甲公司对外负债 500 万元，公司无以偿还，那么 C 要不要承担责任呢？

显然，C 是从 A 手中获得的股权，并且向 A 支付了与出资等额的转让款，按照一般理解，C 不应当承担责任。然而，事实上未必如此。C 不承担责任的唯一前提是，原始股东 A 的 300 万元出资已经按期足额实缴到位。而在实际股权转让过程中，卖方出资不到位的情况大量存在。尤其在新《公司法》生效之前的存量公司，在完全认缴制之下，出资不到位是普遍现象，如此一来，股权转让中对于卖方而言，就存在着巨大的风险。

下面，我们拆解来看 C 购买股权所面临的债务风险。

在出资责任承担方面：[1]

首先，如果 A 转让的股权还没有到出资期限，那么 A 认缴的 300

---

[1] 《中华人民共和国公司法》（2023 年修订）第八十八条：（第一款）股东转让已认缴出资但未届出资期限的股权的，由受让人承担缴纳该出资的义务；受让人未按期足额缴纳出资的，转让人对受让人未按期缴纳的出资承担补充责任。（第二款）未按照公司章程规定的出资日期缴纳出资或者作为出资的非货币财产的实际价额显著低于所认缴的出资额的股东转让股权的，转让人与受让人在出资不足的范围内承担连带责任；受让人不知道且不应当知道存在上述情形的，由转让人承担责任。

万元出资就要由 C 承担。此时，C 既支付了股权转让费 300 万元，还要承担出资 300 万元。当然，A 也不能彻底脱离干系，如果 C 接手后没有按期足额缴纳出资，A 要承担补充责任。

其次，如果 A 转让的股权已过出资期限，300 万元认缴出资没有按期足额实缴到位，那么，C 需要与 A 对 300 万元承担连带责任。此时，C 既支付了股权转让费 300 万元，还要对 A 认缴的 300 万元出资承担连带责任。当然，如果 C 不知道或者不应当知道 A 出资的情况的，则 C 不承担责任，由 A 承担责任。但是，这一点 C 很难成功证明。

最后，在上述情形下，无论是 A 承担缴纳出资的义务，还是 C 承担缴纳出资的义务，只要是没有按期足额缴纳出资的，不仅要承担继续出资的义务，还要对因此造成的公司损失承担赔偿责任。

通过以上案例可见，在购买股权中，卖方的股权出资是否按期足额实缴何其重要。在现实的股权交易中，很多企业主并未关注股权的出资情况，以为自己已经支付对价了，股权就落袋为安了。其实，企业主认为的此"出资"并非彼"出资"。企业主的出资是购买股权的出资，是支付给卖方作为交易对价的，但股权本身的出资是支付给公司作为注册资本的。关于这一点，企业主要高度重视，避免给自己造成既要出资买股权，又要补足出资，还要担债务的风险。

股权被质押的风险

有些企业主在购买股权的过程中对尽职调查不够重视，以致忽略了股权可能被质押、被冻结等情形的存在，等支付了巨额转让费后才发现股权无法过户，甚至股权被强制执行偿债，就会造成自己的巨大损失。

因此，在收购股权的过程中，专业的尽职调查必不可少，股权转让合同中卖方的承诺和保证更是极其重要而不可或缺的，例如：（1）卖方应当无任何负担地持有公司的注册资本并且已完成实缴；（2）卖方没有设置与其拟转让的股权有关的任何抵押、质押、留置、担保权益、费用负担、监管、选择权、代理权、信托、任何种类的担保协议；(3)卖方没有任何债务负担、指控、优先转让权、优先购买权，任何审判庭或法院的裁定、指令或判决，及任何其他形式的障碍，还有与本次股权转让有关的任何第三方权利；(4)约定卖方的违约责任，比如违约金、赔偿金等。如此，才能最大限度地防范卖方的风险和保障买方的权利。

股权登记的风险

股权转让何时生效，也就是买方何时取得股权获得股东资格，是股权转让中常常产生争议的焦点。由于卖方获得全部转让款与买方获得股权很难同步完成，卖方希望获得款项后股权转让生效，买方则希望获得股权后再支付款项。合同生效、款项支付、变更登记，到底以哪个为生效条件？由此引发诸多诉讼，也造成很多股权转让失败。而一旦买卖失败，恢复原状又困难重重。

新《公司法》对股权转让生效进行了明确的界定，即股权转让以股东名册变更为生效条件。也就是说，买方的名字自记载于股东名册时，即获得股东资格并享有股东权利。[1]

这样一来，带来两点好处。第一，区分了股权转让合同生效与股权权属变更。转让合同生效，决定的是转让股权与获得转让款的权利义务；股权权属变更，解决的是权属属于买方的节点。第二，区分了股东名册记载与公司登记机关记载的效力。股东名册记载，是买方取

---

[1] 《中华人民共和国公司法》(2023年修订)第八十六条：(第一款)股东转让股权的，应当书面通知公司，请求变更股东名册；需要办理变更登记的，并请求公司向公司登记机关办理变更登记。公司拒绝或者在合理期限内不予答复的，转让人、受让人可以依法向人民法院提起诉讼。(第二款)股权转让的，受让人自记载于股东名册时起可以向公司主张行使股东权利。

得股权的标志，是否向公司登记机关办理股权变更登记，不影响买方取得股权，而经公司登记机关办理变更登记后，买方持有的股权就具有了对外公示效力。这样，就兼顾了卖方、买方的利益以及对公司债权人和不特定相对人的保护。

但是，实践中有的公司管理不规范，有的股东名册形同虚设，有的干脆就没有股东名册。因此，企业主购买股权，要关注股东名册记载这一程序的完善，以保护自己的股权得到公司的正式认可。至于已经转让又没有规范的股东名册的情况，要保存好有关的公司文件，如公司章程、会议纪要等，以证明公司认可买方为新股东的事实，避免花了钱却得不到股东权利。

总结

1. 误区与盲区提示

（1）购买股权也会买来债务黑洞。

（2）交付了购买款项也可能无法获得股东资格。

2. 企业主必知

（1）卖方认缴出资有瑕疵，买方被迫连连背锅。

（2）卖方股权有权属障碍或者司法措施，股权将无法过户。

（3）股东未记载于股东名册，对内无法获得股东资格；股东未经变更登记，对外不被认可。

建议

1. 对于购买股权的建议

第一，必须进行专业的尽职调查，并以此作为议价基础。

第二，尽量购买已经按期足额实缴出资的股权。

第三，约定瑕疵出资、抽逃出资的违约责任。

第四，要求出售方提供足够的担保。

2. 对于已经购买股权的建议

第一，核实公司出资认缴及实缴情况，发现出资瑕疵，迅速补救。

第二，及时变更股东名册，完成变更登记。

> **超话**
>
> 股权换手，债不换手。退出江湖，远走天涯，也不是债责两清。股权江湖，三十六计"走为上"委实走不通。

被动当股东，也要承担债务

天下没有免费的午餐，白来的股权带来的可能不是财富，而是债务。

在商业生态中，有很多股东持有的股权并不是自己实际出资所获得的，而是因为自身商业资源、社会关系、核心管理、商业信息甚至情感等非资本因素，为大股东或者其他股东所认可，从而无偿获赠一部分股权，俗称"干股"。所谓干股，就是不出资，也不以股东身份参与公司重要事务的决策，不介入公司的控制和运营，但是可以实实在在地参与公司的利润分配。大家普遍认为，干股持有人一般也不会承担股东的风险。如果公司资不抵债，或者出现了需要由股东对外承担责任的情形，干股持有人一般都是不直接对外承担责任的。"不出钱、正常分红、当甩手掌柜"，这是干股具有吸引力的地方。

但是，也有公司为表示诚意，确保干股股东踏实为公司做出贡献，对干股股东进行登记，成为对外公示的股东。而一旦对外公示，就有了对外的法律责任，即使公司内部有证据证明干股持有人不对外承担责任，也不能免除责任。只要公开登记了股东信息，不管是否为干股持有人，都需要对外承担责任。

股权不同于其他实物财产，并不是落袋即所得，而是一种特殊资产，其本身就自带风险因子。

有案例可证。A 在商圈内信用好，人脉广泛。甲公司大股东为了让 A 能够持续给公司带来业务，在公司设立之时就给 A 安排了 10% 的股权，并在公司登记机关登记。A 对此也很乐意，轻轻松松帮人做做业务，股权能分红自是好事，自己既无须参与公司事务，也不用操心公司盈亏，但一年后，A 却收到了法院的传票。原来，甲公司对外负债无力偿还，债权人把所有的股东告到法院，理由是所有股东出资不到位，应当共同连带承担公司债务的补偿责任。由于其他股东没有资产可供执行，反倒是 A 有财产，独独自己一个"编外"股东被执行了财产偿付。如此持有干股，却莫名为其他股东承担了债务，是令 A 始料不及的。

大股东送 A 股权以期长久得到支持，A 接受股权于情于理也是应得应分，但股权背后的风险，却是双方从未考虑的。尤其对于 A 而言，着实是得不偿失。

可见，接受一家公司的股权与购买一家公司的股权，风险是一样的。第一，接受的干股所对应的出资没有实缴到位是风险；第二，没有按照认缴期限出资是风险；第三，其他股东没有出资或者出资没有到位是风险；第四，公司未经清算不规范注销是风险。凡此种种，都不是干股股东自己的原因造成的，而是来自自身之外的风险。一旦公司或者债权人追责，干股股东也会与其他股东一样，依法承担责任。很多人在获得干股的情况下，只关心分红情况，并不会关心公司的财务和运营状况等，待到风险发生，再想脱身就比较困难了。干股不出资，责任不免除，财富不安全，这是很多干股股东少有认知的。因此，在接受他人许以的股权时，还是要慎之又慎。

总结

1. 误区与盲区提示

（1）天下没有免费的午餐，受赠的股东也有义务和责任。

（2）受赠的股权也是股权，股权风险一个也不少。

2. 企业主必知

（1）原始出资有瑕疵，干股股东要承担债务风险和赔偿责任。

（2）创始人股东出资有瑕疵，干股股东要承担连带责任和债务风险。

（3）公司不当注销，干股股东要为公司的债务承担责任。

建议

1. 对拟持干股股东的建议

第一，审慎调查原始出资是否如期实缴到位。

第二，不要接受瑕疵出资的干股。

第三，非必要，不显名。

2. 对已持干股股东的建议

第一，确保股权出资实缴到位。

第二，确保股东名册已经记载。

第三，全面参加股东会议，行使股东权利。

第四，如有潜在风险，尽早修正或改变股权持有方式。

超话

"干股"是一种友好的表示，但并不是完美的馈赠。善意的背后，是股权的风险逻辑。股权有风险，受让须谨慎。

退出江湖，退成了债务缠身[①]

公司存续，股东面临种种债务责任风险。那么，解散公司、股东

[①] 本小节部分内容架构参考《财富跨世代》（尚祖安、于永超、季亨卡著，清华大学出版社2023年版）一书。鉴于新《公司法》的新规定，相关内容亦有较大调整。

退出公司不再持有股权,是不是就可以安全上岸了呢?

公司的解散有多种原因,① 但都要经过清算程序。并不是所有的清算都是资不抵债,但凡经清算后有剩余财产,股东均有权获得分配。财务状况良好的公司,股东通过清算可以获得理想的投资回报。从某种角度而言,清算是企业主的企业资产彻底私有化为个人资产的终极途径。

然而,公司解散清算并不是一了百了,所有的公司都是设立容易解散难。清算,是一个严格的法律程序,其中有太多的法律风险和责任不为企业主所深知。清算不当,不仅不能实现公司财产落袋为安的初衷,还有可能承担不应承担的公司债务,造成不必要的家族财富损失。清算的风险,不可不知。

逾期不清算,要承担损失赔偿责任

现实中存在大量的僵尸公司,这些公司既不实际运营,也不依法注销,也不清算,殊不知这里面隐藏着极大的个人风险。

比如有这样一家公司,一度召开股东会决定注销,并于同日由股东成立清算组,但清算组并没有开展清算工作。相反,公司继续进行生产、对外销售产品、对外支付货款、对外无偿提供担保等与清算无关的活动,这些都证明股东并没有依法履行清算义务。如果这时公司有对外债务而未得清偿,就会被法院推定为因为股东没有及时履行清算义务所造成的损失,股东就应对公司不能清偿的债务部分承担赔偿责任。

再有,现实中有很多公司出于种种原因被吊销营业执照而被弃,以为可以任其自生自灭,可这无疑是埋了一颗大雷。有一家公司被吊

---

① 《中华人民共和国公司法》(2023 年修订)第二百二十九条:(第一款)公司因下列原因解散:(一)公司章程规定的营业期限届满或者公司章程规定的其他解散事由出现;(二)股东会决议解散;(三)因公司合并或者分立需要解散;(四)依法被吊销营业执照、责令关闭或者被撤销;(五)人民法院依照本法第二百三十一条的规定予以解散。

销营业执照后搁置，股东于两年后刊登了注销公告，并向债权人寄送了债权申报通知书，开始清算。尽管走完了清算程序，也并不能免除股东承担公司债务的责任。因为，按照法律规定，这个公司应当自被吊销营业执照之日起15日内成立清算组开始清算，但公司股东开始刊登公告进行清算工作的时间已经远远超出法律所规定的期限，就应当为公司债务承担责任。可见，执照被吊销，责任不吊销。

根据法律规定，成立清算组是公司解散中的法定义务。[①] 如果在公司解散事由出现15日之内没有成立清算组，或者成立了清算组但没有开始清算，导致公司的财产出现了贬值、流失、毁损或者灭失的情况，给公司造成了损失，或者给债权人造成损失的，清算义务人是需要承担赔偿责任的。如果这种情形是由实控人原因造成，那么实控人就要承担相应的赔偿责任。[②]

按照新《公司法》的规定，董事是公司的清算义务人，但是，如果公司章程另有规定的，或者股东会决议另选他人的，都优先于法定。因此，根据各个公司的不同安排，清算义务人可能是董事，也可能是股东，还可能是实控人。在此要提醒企业主特别关注公司章程的规定，避免被列为清算义务人而不知承担风险。尤其是新《公司法》生效前

[①] 《中华人民共和国公司法》（2023年修订）第二百三十二条：（第一款）公司因本法第二百二十九条第一款第一项、第二项、第四项、第五项规定而解散的，应当清算。董事为公司清算义务人，应当在解散事由出现之日起十五日内组成清算组进行清算。（第二款）清算组由董事组成，但是公司章程另有规定或者股东会决议另选他人的除外。（第三款）清算义务人未及时履行清算义务，给公司或者债权人造成损失的，应当承担赔偿责任。

[②] 《中华人民共和国民法典》第七十条：（第三款）清算义务人未及时履行清算义务，造成损害的，应当承担民事责任；主管机关或者利害关系人可以申请人民法院指定有关人员组成清算组进行清算。《最高人民法院关于适用〈中华人民共和国公司法〉若干问题的规定（二）》（2020年修正）第十八条：（第一款）有限责任公司的股东、股份有限公司的董事和控股股东未在法定期限内成立清算组开始清算，导致公司财产贬值、流失、毁损或者灭失，债权人主张其在造成损失范围内对公司债务承担赔偿责任的，人民法院应依法予以支持。（第三款）上述情形系实际控制人原因造成，债权人主张实际控制人对公司债务承担相应民事责任的，人民法院应依法予以支持。

第七章　无妄之债不该有，风险最小化的"预防与救济"规划

的存量公司，如果公司章程未修改，这个风险很大。

怠于履行清算职责，要承担损失赔偿责任

清算组成员履行清算职责，负有忠实义务和勤勉义务。清算组成员怠于履行清算职责，给公司造成损失的，应当承担赔偿责任。因故意或者重大过失给债权人造成损失的，应当承担赔偿责任。①

在清算中，一个较为典型的情形是，公司无法提供完整的财务会计资料。其中，有公司管理不善确实不能提供的，有因为客观原因毁损灭失的，也有主观不提供或者故意毁损灭失的。无论哪种情形，在客观上都会使公司处于无法清算的状态。这种情形下，如果造成公司或者债权人损失，清算义务人就可能背负赔偿责任。

除此以外，清算义务人故意拖延、拒绝履行清算义务，或者因过失导致无法进行清算的消极行为，都是需要承担责任的情形。如果这些情形是由实控人原因造成，则实控人也要承担相应的责任。②

公司未经清算即注销的，清算义务人和实控人要承担责任

根据法律规定，清算是注销的前置程序。理论上，公司未经清算是无法注销登记的，但是实践中，出于历史形成、管理失职等原因，客观上存在部分已注销但未清算的企业。公司未经清算即办理注销登

---

① 《中华人民共和国公司法》（2023年修订）第二百三十八条：（第一款）清算组成员履行清算职责，负有忠实义务和勤勉义务。（第二款）清算组成员怠于履行清算职责，给公司造成损失的，应当承担赔偿责任；因故意或者重大过失给债权人造成损失的，应当承担赔偿责任。
② 《最高人民法院关于适用〈中华人民共和国公司法〉若干问题的规定（二）》（2020年修正）第十八条：（第二款）有限责任公司的股东、股份有限公司的董事和控股股东因怠于履行义务，导致公司主要财产、账册、重要文件等灭失，无法进行清算，债权人主张其对公司债务承担连带清偿责任的，人民法院应依法予以支持。（第三款）上述情形系实际控制人原因造成，债权人主张实际控制人对公司债务承担相应民事责任的，人民法院应依法予以支持。

记，导致公司无法进行清算，清算义务人以及公司的实控人都要承担相应的责任。①

清算组成员过错要承担责任

在清算程序中，清算组是核心机构。作为清算组成员，要严格按照法律规定履行职责。如果清算组成员在清算过程中出现过错，就要承担相应的法律责任。

（一）清算时未通知公司债权人

向债权人进行公告和通知，是清算的必经程序。② 很多公司在清算过程中，只向债权人公告通知而不定向通知，使通知债权人申报债权这一关键清算流程流于形式。清算义务人已向当地报纸刊登公司解散清算公告后，并没有书面通知债权人，不算是履行了通知义务。在明知债务尚未清偿，能够书面通知债权人的情况下而未通知，应当对债权人承担责任。有限责任公司解散，不是浪漫的"再别康桥"，股东可以"悄悄地来"，但不可以"悄悄地走"。凡未依法履行通知、告知义务，导致债权人未及时申报债权而造成损失的，股东或清算组要依法承担债权人的损失赔偿责任。③ 清算中的沉默，是债务"永远的

---

① 《最高人民法院关于适用〈中华人民共和国公司法〉若干问题的规定（二）》（2020年修正）第二十条：（第一款）公司解散应当在依法清算完毕后，申请办理注销登记。公司未经清算即办理注销登记，导致公司无法进行清算，债权人主张有限责任公司的股东、股份有限公司的董事和控股股东，以及公司的实际控制人对公司债务承担清偿责任的，人民法院应依法予以支持。

② 《中华人民共和国公司法》（2023年修订）第二百三十五条：（第一款）清算组应当自成立之日起十日内通知债权人，并于六十日内在报纸上或者国家企业信用信息公示系统公告。债权人应当自接到通知之日起三十日内，未接到通知的自公告之日起四十五日内，向清算组申报其债权。

③ 《最高人民法院关于适用〈中华人民共和国公司法〉若干问题的规定（二）》（2020年修正）第十一条：（第二款）清算组未按照前款规定履行通知和公告义务，导致债权人未及时申报债权而未获清偿，债权人主张清算组成员对因此造成的损失承担赔偿责任的，人民法院应依法予以支持。

凝视"。

（二）执行未经确认的清算方案

清算方案未经确认不得执行。公司自行清算的，清算方案应当报股东会决议确认；人民法院组织清算的，清算方案应当报人民法院确认。未经确认的清算方案，清算组不得执行，否则，给公司或者债权人造成损失的，应当承担赔偿责任。①

执行未经确认的清算方案给公司或者债权人造成损失的，清算义务人要承担赔偿责任。

有这样一个判例，A和B代持C和D的股权，代持人A和B没有经实际股东C和D同意并确认的情况下，清算并注销了公司。法院认为，A和B召开股东会作出决议，确定了清算组成员为A和B，A为清算组组长，在清算注销该公司时，作为公司股东的C和D并不知情，也未将清算方案交C和D予以确认。因此，A和B的违法清算行为，不仅损害了公司的利益，也损害了股东合法权益，现因公司已经注销，故A和B作为清算组成员应当向股东C和D承担赔偿责任。

针对名义股东作为清算组成员办理清算事宜时不征求实际股东的意见，导致实际股东利益受损的问题，法院在本案例中保护了实际股东的利益，对于代持股权的名义股东而言应当引起警惕。

（三）违背承诺

新《公司法》规定了简易注销程序。经全体股东承诺，通过国家企业信用信息公示系统予以公告，公告期限届满后，没有异议的，公

---

① 《最高人民法院关于适用〈中华人民共和国公司法〉若干问题的规定（二）》（2020年修正）第十五条：（第一款）公司自行清算的，清算方案应当报股东会或者股东大会决议确认；人民法院组织清算的，清算方案应报人民法院确认。未经确认的清算方案，清算组不得执行。（第二款）执行未经确认的清算方案给公司或者债权人造成损失，公司、股东、董事、公司其他利害关系人或者债权人主张清算组成员承担赔偿责任的，人民法院应依法予以支持。

司就可以向公司登记机关申请注销公司登记。① 这一规定有利于提高公司的退出效率，降低退出成本，减少僵尸企业数量，提高社会资源利用效率。

简易注销程序适用于没有债务的公司，也就是在存续期间没有产生债务，或者债务已经全部清偿。但现实场景中，仍然会有公司出于规避风险的考虑，匆忙注销公司的情形。比如在公司诉讼过程中，尚未有生效判决认定公司承担责任，但股东明知公司尚有未决诉讼，仍然在诉讼期间注销公司。由于登记机关无法就清算事宜的合法性进行实质性审查，为防范违法注销情形的发生，新《公司法》规定，公司通过简易程序注销公司登记，股东的内容承诺不实的，应当对注销登记前的债务承担连带责任。新《公司法》颁布之前，也有强制承诺的简易注销程序。对于在公司登记机关办理注销登记时承诺对公司债务承担责任的股东，对公司债务也要承担相应的民事责任。②

（四）强制注销

现实中，被吊销营业执照、责令关闭或者被撤销而没有清算的僵尸公司大量存在，很多企业主以为这样就可以任其自生自灭。新《公司法》实施后，对于满3年没有向公司登记机关申请注销公司登记的，公司登记机关可以强制注销这些公司的登记。重点是，被强制注销公

---

① 《中华人民共和国公司法》（2023年修订）第二百四十条：（第一款）公司在存续期间未产生债务，或者已清偿全部债务的，经全体股东承诺，可以按照规定通过简易程序注销公司登记。（第二款）通过简易程序注销公司登记，应当通过国家企业信用信息公示系统予以公告，公告期限不少于二十日。公告期限届满后，未有异议的，公司可以在二十日内向公司登记机关申请注销公司登记。（第三款）公司通过简易程序注销公司登记，股东对本条第一款规定的内容承诺不实的，应当对注销登记前的债务承担连带责任。
② 《最高人民法院关于适用〈中华人民共和国公司法〉若干问题的规定（二）》（2020年修正）第二十条：（第二款）公司未经依法清算即办理注销登记，股东或者第三人在公司登记机关办理注销登记时承诺对公司债务承担责任，债权人主张其对公司债务承担相应民事责任的，人民法院应依法予以支持。

司登记的，原公司的股东以及清算义务人的责任不受影响。① 这又给企业主敲响了新的警钟。

如何合法合规清算，让财富落袋为安？

合法合规清算，是终结公司债务、剥离企业主责任的重要环节。在法律语境下，公开是应有之义，通知是诚信之需，公告则是程序之要。

第一，最重要的工作之一就是成立清算组。公司应当在解散事由出现之日起15日内成立清算组，有限责任公司的清算组由董事组成，如果公司章程另有规定或者股东会决议另有选任的除外。清算组行使清算职权。②

第二，清理公司财产。清算组应当全面清理公司的全部财产，包括但不限于债权、股权、实物等财产权利。这个环节琐碎而复杂，但不能因急于取得注销文件而简单化处理，草草了事。否则，公司虽然注销了，但仍有潜在的责任风险，或有未获清偿的债权，这些都将增加清算义务人包括企业主的责任风险。

第三，通知和公告。这是最容易出现问题的环节，如果操作不当，就会产生清算义务人责任。清算组应当自成立之日起10日内通知债权人，并于60日内在报纸上公告。债权人应当在规定的期限内向清算组

---

① 《中华人民共和国公司法》（2023年修订）第二百四十一条：（第一款）公司被吊销营业执照、责令关闭或者被撤销，满三年未向公司登记机关申请注销公司登记的，公司登记机关可以通过国家企业信用信息公示系统予以公告，公告期限不少于六十日。公告期限届满后，未有异议的，公司登记机关可以注销公司登记。（第二款）依照前款规定注销公司登记的，原公司股东、清算义务人的责任不受影响。

② 《中华人民共和国公司法》（2023年修订）第二百三十四条：清算组在清算期间行使下列职权：（一）清理公司财产，分别编制资产负债表和财产清单；（二）通知、公告债权人；（三）处理与清算有关的公司未了结的业务；（四）清缴所欠税款以及清算过程中产生的税款；（五）清理债权、债务；（六）分配公司清偿债务后的剩余财产；（七）代表公司参与民事诉讼活动。

申报其债权。需要特别注意的是，登报公告并不免除对债务人的通知，还需要实际通知到债权人，避免公司注销后债权人主张损害赔偿，否则责任将追及清算义务人，包括企业主。①

第四，制订实施清算方案。制订清算方案要详细编制资产负债表和财产清单。确定的清算方案须报股东会确认后方可实施。实施清算方案过程中，就公司剩余财产的分配要切记按照法律规定的如下顺序分配：支付清算费用、职工的工资、社会保险费用和法定补偿金，缴纳所欠税款，清偿公司债务后的剩余财产，有限责任公司按照股东的出资比例分配。②

第五，申请注销。公司清算结束后，清算组制作清算报告，报股东会确认，并报送公司登记机关，申请注销公司登记。③ 申请注销包括申请税务注销和申请工商注销。申请税务注销是公司注销环节中至关重要也尤为艰难的一步。只有税务部门出具了《税务事项通知书》同意公司注销的，才能申请工商注销。工商注销较为简单，只要提交相应的文件，工商部门出具《注销登记核准通知书》，公司的解散清算流程即宣告结束。

以上内容集中梳理了公司解散、清算、注销程序中的法律风险。最后，要特别强调的是，作为企业人，我们需要明白：自然人生命的

---

① 《中华人民共和国公司法》（2023年修订）第二百三十五条：（第一款）清算组应当自成立之日起十日内通知债权人，并于六十日内在报纸上或者国家企业信用信息公示系统公告。债权人应当自接到通知之日起三十日内，未接到通知的自公告之日起四十五日内，向清算组申报其债权。
② 《中华人民共和国公司法》（2023年修订）第二百三十六条：（第一款）清算组在清理公司财产、编制资产负债表和财产清单后，应当制订清算方案，并报股东会或者人民法院确认。（第二款）公司财产在分别支付清算费用、职工的工资、社会保险费用和法定补偿金，缴纳所欠税款，清偿公司债务后的剩余财产，有限责任公司按照股东的出资比例分配，股份有限公司按照股东持有的股份比例分配。（第三款）清算期间，公司存续，但不得开展与清算无关的经营活动。公司财产在未依照前款规定清偿前，不得分配给股东。
③ 《中华人民共和国公司法》（2023年修订）第二百三十九条：公司清算结束后，清算组应当制作清算报告，报股东会或者人民法院确认，并报送公司登记机关，申请注销公司登记。

终结，并不必然带走债务，只要有人继承财产，就要先承担债务。而公司生命的终结以注销登记为标志，以此宣告终结公司对外债务，股东对公司过往的债务亦不承担责任。但是，在公司诞生期和生存期，存在瑕疵出资、抽逃转移出资、公司关联、股东混同、未依法清算、放任公司自生自灭等"前世债缘"的，股东都有责任为公司的前世债务承担责任。这是一种穿透责任，甚至突破了"有限责任"这道防火墙而成为"无限责任"，外加股东之间的"连带责任"！因此，我们需要在公司整个生命周期内关注、分析、管理和隔离风险，避免和减少公司债务追及个人，也为家庭和家族财富守护一方安好。

总结

1. 误区与盲区提示

（1）公司设立容易注销难。

（2）清算，是公司债务的终止，也是股东承担公司债务的开始。

2. 企业主必知

（1）逾期不清算，要承担赔偿责任。

（2）无法清算，要承担赔偿责任。

（3）恶意处置财产、虚假清算，要承担赔偿责任。

（4）未经清算即注销的，股东及实控人要承担连带责任。

建议

1. 对于尚未启动清算程序的建议

第一，明确界定清算义务人，完善公司章程中关于清算的制度。

第二，一旦出现清算情形，及时成立清算组，及时完成清算，避免逾期。

第三，严格履行通知债权人程序，拒绝心存侥幸。

第四，不得恶意处置财产和虚假清算。

2. 对于公司已经注销的建议

第一，严格复盘注销程序是否合法合规。

第二，完善和补救有瑕疵的清算程序。

第三，对于已知和已发现的风险进行补救。

超话

身为股东，没有胜利大逃亡。公司注销，债务不灭，风险相行相伴。

持股三戒律：其一，出资，勿贪高大慕虚荣，股东出资认缴当量力守约；其二，合伙，当认知人性有不足，做好自己仍须督促他人，守约仍须关注他人履约，一人在岸难免被拖下水，大家好才是真的好；其三，不破不立，勇于接受法律赋予的失败的权利，对于资不抵债的公司，应当及时破产清算，避免夜长梦多，殃及家人亲友。

持股如对弈，勿奢望胜天半子，但求进退自如。

第八章　家企不分，公司债务直抵家庭

前面我们探讨了出资瑕疵的法律责任，但这毕竟是认缴出资范围内的责任，是一种有限责任。对于企业主而言，最大的家企风险不是出资瑕疵，而是家企不分、财产混同。

公司具有独立的法人人格，对外独立承担责任。股东享有在认缴出资范围内的有限责任。一般情况下，股东按期足额实缴出资，对公司的债务就不承担责任。即使公司财产不足以偿还公司的债务，股东也不受公司债权人的追索。即便公司破产，也只是以公司的财产为限对债务承担责任。哪怕公司资产全部赔光仍不足以清偿全部债务，也算不到股东头上，股东不用对剩余未清偿的债务负责。那么，为什么现实中却常常发生股东倾家荡产承担无限责任的事情呢？这就是家企不分造成的结果。

不是企业主没有财富智慧，而是在家企关系上存在着严重的认知偏差和路径依赖。所以，一路走来的企业主，在企业财富、个人财富和家庭财富的路径上惊人地相似。

纵观中国的家族企业，通常以个人或者家庭为创业肇始，公司的创业资金往往来源于家庭或者家族，公司的控股股东也大都是由创始人全部持有或者由家族绝对控股。在资本逻辑之下，控制权自然要掌握在所有者手中。于是，家族企业的所有者和经营者都是企业主本人，或者绝对的控制人是企业主本人，同时，家族企业必然存在家族和企业重叠的客观现象，这样就导致家族企业中家企不分，企业主个人、家庭和企业财产混为一谈。企业主角色重叠，家企财产混同，带来的必然结果就是，一旦公司发生债务，就会导致企业主本人承担连带责任，甚至裹挟整个家庭。

"有限责任"是一种权利，滥用就会变为"无限责任"，法律上形象地称之为"刺破公司的面纱"。在这个方面，常见的有"四大剪刀"刺破有限责任的庇护。第一，家企资金互用；第二，用个人账户收取经营款项；第三，一人公司、夫妻公司财务不清；第四，关联公司、母子公司混为一谈。这也是企业主经常面临的四大风险爆点。

家企资金互用，风险游走于家企财富之间

对于很多企业主而言，家企资金互用，貌似理所当然，实则风险连连。

从企业主个人角度而言，个人使用公司款项，将造成公司债务穿透到家庭

在一些家族企业中，企业主创业时自掏腰包，甚至还要不断向公司输血，盈利时就开始消费公司资产。很多人想当然地认为"公司是我出资设立的，公司就是我生的孩子，公司的财产自然也是我的，所以公司的钱就是我的钱，两个口袋之间可以随便腾挪交换"，"公司需要我时我全力以赴、倾家荡产，我有需要时公司自然应当为我服务"毋庸置疑。于是企业主理所当然地动用公司款项用于个人消费的情形普遍存在，而个人不当使用公司款项的最大风险就是构成家企混同。

对此，企业主要高度认知家企不分的法律责任和后果。《公司法》规定，股东滥用公司法人独立地位和股东有限责任，逃避债务，严重

损害公司债权人利益的，应当对公司债务承担连带责任。① 也就是说，这种情形下，承担责任不受限于认缴出资额的范围，而是直接承担公司的债务，责任范围成为无限责任。家企不分，财产混同，会直接造成债务穿透、责任无限的后果。

有判例显示，一位家族企业主作为公司的控股股东，挪用公司巨额财产用于清偿个人债务。法院认定这构成了公司和股东之间的财产混同，企业主行为属于滥用控制权，利用公司人格独立及财产混同来逃避债务。由于公司无法清偿债务，法院判令企业主直接对公司的债务承担连带清偿责任。

在司法实践中，为判断是否存在家企混同，《全国法院民商事审判工作会议纪要》（以下称《九民纪要》）明列了需要考虑的5个方面的因素，非常值得企业主用来一一对照检查：（1）股东无偿使用公司资金或者财产，不作财务记载；（2）股东用公司的资金偿还股东的债务，或者将公司的资金供关联公司无偿使用，不作财务记载；（3）公司账簿与股东账簿不分，致使公司财产与股东财产无法区分；（4）股东自身收益与公司盈利不加区分，致使双方利益不清；（5）公司的财产记载于股东名下，由股东占有、使用。② 这些行为使得公司财产与企业主的个人财产混同，违反了《公司法》的规定，使股东有限责任

---

① 《中华人民共和国公司法》（2023年修订）第二十三条：（第一款）公司股东滥用公司法人独立地位和股东有限责任，逃避债务，严重损害公司债权人利益的，应当对公司债务承担连带责任。
② 《全国法院民商事审判工作会议纪要》（2019年）：10.【人格混同】认定公司人格与股东人格是否存在混同，最根本的判断标准是公司是否具有独立意思和独立财产，最主要的表现是公司的财产与股东的财产是否混同且无法区分。在认定是否构成人格混同时，应当综合考虑以下因素：（1）股东无偿使用公司资金或者财产，不作财务记载的；（2）股东用公司的资金偿还股东的债务，或者将公司的资金供关联公司无偿使用，不作财务记载的；（3）公司账簿与股东账簿不分，致使公司财产与股东财产无法区分的；（4）股东自身收益与公司盈利不加区分，致使双方利益不清的；（5）公司的财产记载于股东名下，由股东占有、使用的；（6）人格混同的其他情形。

的屏障形同虚设。因此，需要撕开公司的面纱，股东不再受有限责任保护，而是由股东自掏腰包，对公司的债务承担无限连带责任，公司的风险也就传导给了企业主个人。于是，家企混同，也成了债务混同。

对此，家有企业的企业主一定要清楚，在家企财产处理上，公司的财产独立于股东，公司的资金就是公司的，不能与股东财产有任何混同，不能用公司的资金为股东个人购置资产或者牟利，更不能将公司资产占为股东个人所有。

当然，家企混同造成公司与企业主一体化，财产不分，收益不分，公司的财产和收益被随意转化为企业主的个人财产，这不仅造成债务混同和穿透，还极易导致公司财产被隐匿、私吞、挪作他用和非法转移，从而给企业造成损失，也直接造成家族成员利益受损，引发家族成员纷争，家企双双受损，甚至企业主会因此面临刑事责任风险。

从公司角度而言，个人向公司提供资金支持不断输血的，一旦公司出现风险，将直接造成家庭财产的损失

公司的资金混同到家里，将带来债务风险。那么，家里的资产支持到公司里，是不是就没有问题了呢？很多企业主对公司爱惜如子，一旦公司现金流不足，则从个人或者家庭账户里为公司提供资金，为公司增资输血。这也是家族企业互通的常见模式。曾有一位企业主急需资金投入新项目，考虑到银行贷款困难，民间借贷成本高，于是将家庭存款3000万元全数输送给了公司。但新项目上马后遇上国际贸易冲突，市场订单锐减，成本激增，银行催贷，公司陷入恶性循环，最终公司清算，家庭输送出的3000万元资金有去无回，使家庭资产受到重创，生活品质严重下降，同时也失去了再创业的资本和机会。

现金流是公司的生命线，缺钱是永恒的主题。在家族企业中家企一体的认知和经营模式之下，一旦公司缺钱或者负债，企业主就会寻求家庭资产注资，如果注资方式简单粗放，没有设置合法合理的防火

墙，公司一旦遭遇危机，资金很难回归家庭，最终企业主和家族成员都会遭受巨大的财产损失。

家企混同，税责相随

家企混同，对于企业主而言，不仅是债务责任的穿透、私人财富的受损，更少不了税务的责任。

企业主都清楚，公司获利落袋为私人财产，就必须在缴纳企业所得税之后，再缴纳个人所得税，但税负成本始终是许多企业主的纠结之处。所以很多企业主不分红，反而穷尽各种方法从公司支出或者提现。

这些企业主不清楚的是：第一，对于用公司资金为本人或家庭成员支付消费性支出或者购买汽车、住房等财产性支出的，都视为对企业主的分红，对此要计征个人所得税；第二，企业主以股东借款名义从公司提现，以为可以规避税负责任，其实不然，对于股东借款，在该纳税年度终了后不归还的，可视为分红，也要计征个人所得税；[①]第三，如果上述行为构成偷逃税，还要承担补缴税款、支付滞纳金和

[①] 《财政部 国家税务总局关于规范个人投资者个人所得税征收管理的通知》（财税〔2003〕158号）：一、（第一款）关于个人投资者以企业（包括个人独资企业、合伙企业和其他企业）资金为本人、家庭成员及其相关人员支付消费性支出及购买家庭财产的处理问题。个人独资企业、合伙企业的个人投资者以企业资金为本人、家庭成员及其相关人员支付与企业生产经营无关的消费性支出及购买汽车、住房等财产性支出，视为企业对个人投资者的利润分配，并入投资者个人的生产经营所得，依照"个体工商户的生产经营所得"项目计征个人所得税。（第二款）除个人独资企业、合伙企业以外的其他企业的个人投资者，以企业资金为本人、家庭成员及其相关人员支付与企业生产经营无关的消费性支出及购买汽车、住房等财产性支出，视为企业对个人投资者的红利分配，依照"利息、股息、红利所得"项目计征个人所得税。（第三款）企业的上述支出不允许在所得税前扣除。二、关于个人投资者从其投资的企业（个人独资企业、合伙企业除外）借款长期不还的处理问题。纳税年度内个人投资者从其投资企业（个人独资企业、合伙企业除外）借款，在该纳税年度终了后既不归还，又未用于企业生产经营的，其未归还的借款可视为企业对个人投资者的红利分配，依照"利息、股息、红利所得"项目计征个人所得税。

高达 5 倍税款的罚款,① 构成犯罪的还要承担刑事责任;② 第四，家企之间的资金任性大挪移，账目混乱，造成未完税财产与完税财产的混同，不清不楚，待税务局核定时，这更是一种隐患。

家企混同，企业主的另一种"自杀"行为

传统企业主的商业逻辑大多以企为家，企为家用、家企不分、公私财产混同的现象在民营企业尤其是家族企业中普遍存在。最典型的表现就是企业从不分红，但家里也从不差钱。于是屡见这一逻辑的尴尬：享受利益时，家企一体，其乐融融；风险临门时，又奢望互不相干，力求家产平安。那些叱咤风云的企业主栽在家企混同的阴沟里，现实中并不鲜见。这些失误都不是战略性失误，而是显而易见的常识性错误，却最终决定了家企生死。不客气地说，家企混同，就是自己给自己埋雷。

"出来混总是要还的"。股东不易，毁在一个"滥用"，难在一个"畏"上。企业主与公司之间，边界与距离才是最美的风景。

总结

1. 误区与盲区提示

（1）公司资金专属于企业财产，私人动用面临三大风险：违规、

---

① 《中华人民共和国税收征收管理法》（2015 年修正）第六十三条：（第一款）纳税人伪造、变造、隐匿、擅自销毁账簿、记账凭证，或者在账簿上多列支出或者不列、少列收入，或者经税务机关通知申报而拒不申报或者进行虚假的纳税申报，不缴或者少缴应纳税款的，是偷税。对纳税人偷税的，由税务机关追缴其不缴或者少缴的税款、滞纳金，并处不缴或者少缴的税款百分之五十以上五倍以下的罚款；构成犯罪的，依法追究刑事责任。（第二款）扣缴义务人采取前款所列手段，不缴或者少缴已扣、已收税款，由税务机关追缴其不缴或者少缴的税款、滞纳金，并处不缴或者少缴的税款百分之五十以上五倍以下的罚款；构成犯罪的，依法追究刑事责任。
② 《中华人民共和国刑法》（2023 年修正）第二百零一条：（第一款）纳税人采取欺骗、隐瞒手段进行虚假纳税申报或者不申报，逃避缴纳税款数额较大并且占应纳税额百分之十以上的，处三年以下有期徒刑或者拘役，并处罚金；数额巨大并且占应纳税额百分之三十以上的，处三年以上七年以下有期徒刑，并处罚金。

违法、犯罪。

（2）家企资金互用，企业主的有限责任变无限责任。

2. 企业主必知

（1）个人使用公司款项，造成公司债务穿透到家庭。

（2）个人向公司输血，造成家庭的直接财产损失。

（3）家企混同，总有税务和刑责的影子。

（4）公私混同，债务就穿透；私用公财，责任就上门。

> 建议

第一，依法分红，依法纳税。公司盈利与个人获利不混淆。

第二，完善公司财务制度，严格履行法律手续，企业主遵守为要。

第三，严格合规管理，防范税责风险和刑责风险。

第五，规划家族信托、保险金信托、人寿保险等法律架构，建立家庭风险防火墙，隔离家企债务风险。有关专业策略和制度方案，我们将在第十章进一步呈现。

> 超话

就法律关系而言，企业家、企业、家三者本非一体。让公司的归公司，私人的归私人，这才是企业与家的基本关系。公司股东分红，财产落袋为安，"公产"与"私财"依法隔离。切莫患得患失于分红的"个税"，要知道这是财产私人化的必要通道，也是法律赋予私财的安全标签。

个人账户收公款，债责刑责并存

钱从公司到个人，有债务、税务风险，有挪用资金、抽逃出资的法律责任，这都是通过公司走账惹的祸。那么，公司经营款不入公司账，直接通过私户收取，既免去了税负，也规避了财务风险，还可以自由支配，一举多得，岂不更好？其实，现实中的很多企业都在这样操作，似是心照不宣的常态。但是，并不是所有的常态都正常，也并不是所有的存在都合法。

债责连连

有判例显示，企业主以个人账户收取公司款项的，最终被认定为财产混同而对公司债务承担连带责任。

甲公司股东为兄弟二人，其中兄长担任公司法定代表人。甲公司承接了乙公司的项目。根据兄长的指示，乙公司将结算款项汇至兄长个人账户，兄长个人出具了"收条"。后甲公司在项目执行过程中发生事故，造成乙公司巨大损失。法院判令甲公司赔偿乙公司600万元的损失。在执行过程中，甲公司没有财产可供执行。于是，乙公司再诉，请求判令兄长和弟弟两人股东对甲公司的600万元债务承担连带责任，获得法院支持。理由就是，乙公司将项目款汇至甲公司法定代表人及控股股东兄长的个人账户，但兄长不能说明收取的项目款最终是否进入公司账户并用于公司的经营开支，无法证明甲公司的财产独立于股东个人财产。并且，甲公司财务账簿缺失、财务管理混乱、公司资产流向不明，存在家企混同的事实，股东的行为构成对公司法人独立地位和股东有限责任的滥用，损害了公司债权人利益，故兄弟二人对公司债务承担连带责任。

由此案可见，作为家族企业大股东和实控人的企业主，万不可误以为没有其他人的监督和约束，就可以将公司收入或财产直接转入个人账户，否则很可能被认定为个人财产未与公司财产独立，因而股东个人需对公司债务承担连带责任，从而将连累家族财富一起受到损害。

刑责隐隐

个人账户收取公司款项，不仅为个人和家族带来债务风险，更有税务和刑事责任风险如影相随。

有这样一个案例：一个家族企业拥有一幢商铺大楼，出租上百个店铺，每月都有不菲的现金流。为规避税负，企业主就用女儿的银行账户收取租金，几年累积下来，女儿账户内沉淀租金几千万元。但令企业主意想不到的是，由于女儿女婿离婚诉讼，女婿主张自己妻子名下在银行的千万存款属于夫妻共同财产，要求分割。此时女儿面临两难选择：如果认可是夫妻共同财产，几千万元现金就会被分走一半；如果不认可是夫妻共同财产，而是公司收取的房租款，那么企业主借用女儿账户收取公司款项的行为就被曝光，一旦被举报，企业主将面临税法责任甚至刑事责任。[1]

公款私存，个人账户收取公司经营款，通过自己和家人的账户接收与支出公司的往来账款，等等，这些普遍存在的公私款项混乱现象，不仅造成家企财产的混同，债务穿透，还有可能带来税务风险，甚至涉嫌刑事犯罪。凡此种种，不可不慎。

> **总结**
>
> 1. 误区及盲区提示
> （1）私户收取公司经营款，免不了税，也逃不了责。
> （2）智能时代，资金流转再不可能神不知鬼不觉。
> 2. 企业主必知
> （1）私户收取公款，家企混同，个人承担公司债务。
> （2）私户收取公款，涉嫌偷逃税，重则涉罪。

---

[1] 关于税务责任，本书将在第十一章集中探讨。

> 【建议】

第一，全面遵守会计准则，杜绝私户收公款。
第二，企业账户与个人账户严格独立。
第三，跳出幸存者偏差，杜绝侥幸心理。

> 【超话】

风险常在，最大的风险是"你不知道你不知道"。如果企业主对法律的边界有所不知且习以为常，违法就会成为"理所当然"。

抽逃出资，逃不出的惩罚

实缴到公司里的出资不可以抽回来，这是法律常识，然而现实中抽逃出资的行为却是很常见。

企业主应知的行为检视

抽逃出资，就是在公司成立后，在不符合法定条件、没有经法定程序的情况下，股东将其已经缴付到公司名下的出资财产抽回，却仍保留股东身份和原有出资数额，并且损害公司权益的行为。

有这样一个判例。甲公司设立时有 A 公司、B 公司和 C 公司三个股东，其中，A 公司另有一家全资子公司 D 公司。甲公司的董事长也是 A 公司和 D 公司的法定代表人。甲公司注册资本为 5000 万元，其中 A 公司出资并实缴 2000 万元，B 公司出资并实缴 1800 万元，C 公司出资并实缴 1200 万元。公司设立后一个月，董事长通过甲公司向 D 公司汇入 2000 万元，资金转出未经过甲公司的任何决策程序。此后，有一个生效判决，判决甲公司赔偿乙公司 3000 万元及相应违约金，经过强制执行后仍未得到履行。乙公司遂提起诉讼，要求认定 A 公司存在抽逃出资行为，并在 2000 万元范围内对执行款项承担补充赔偿责任。法院认为，A 公司利用其与甲公司的股东关系，在出资后一个月内即将甲公司注册资本的 2000 万元汇至 D 公司，这种大额、无正当理由地转出，侵害了甲公司及债权人的利益，构成抽逃出资，判决 A 公司在抽逃出资的 2000 万元及相应利息范围内，承担补充赔偿责任。①

从上述案例可见，甲公司董事长同时又是 A 公司和 D 公司的法定代表人，该董事长将 A 公司实缴的 2000 万元转到 D 公司，路径有些曲折，尽管不是原路转回，但 D 公司也为董事长所掌控，因此被法院认定为抽逃出资。这种现象在现实中并不少见，抽逃出资的情形隐秘而复杂。根据相关法律法规的规定，② 并总结我们多年的司法实践和实操案例，以下情形颇为典型，在此也提醒企业主对照检视：

1. 制作虚假财务会计报表虚增利润进行分配。
2. 通过伪造虚假的基础交易，虚构债权债务关系将出资转出。
3. 利用关联交易，假借合同名义将出资转出。
4. 将出资款项转入公司账户验资后，未经法定程序将款项转出。③
5. 将出资的非货币部分，如建筑物、厂房、机器设备、工业产权、专有技术、场地使用权在验资完毕后，部分或全部抽走。
6. 公司向外借款，通过验资后归还，实际上股东并没有履行出资义务。
7. 股东与公司约定，将股东投入的出资款作为借款资金投入并每

---

① 参考判例：最高人民法院（2018）最高法民申 790 号。
② 《最高人民法院关于适用〈中华人民共和国公司法〉若干问题的规定（三）》（2020 年修正）第十二条：公司成立后，公司、股东或者公司债权人以相关股东的行为符合下列情形之一且损害公司权益为由，请求认定该股东抽逃出资的，人民法院应予支持：（一）制作虚假财务会计报表虚增利润进行分配；（二）通过虚构债权债务关系将其出资转出；（三）利用关联交易将出资转出；（四）其他未经法定程序将出资抽回的行为。
③ 参考判例：最高人民法院（2017）最高法民申 4576 号。

年支付利息。①

8. 股东出资后将资金从公司借出且长期不归还。②

9. 公司回购股东的股权但未办理减资手续。

10. 通过对股东提供抵押担保而变相抽回出资。

11. 股东通过虚假诉讼的形式，抽逃公司资产。

司法实践中，在认定股东行为是否构成抽逃出资时，一般遵循以下认定标准：（1）股东曾向公司实际投入所认缴的投资；（2）股东有将投入公司的资本全部或者部分转出的行为；（3）该行为发生的时间点是在公司成立之后；（4）该行为未经法定的程序；（5）该行为损害了公司及其他相关权利人的权益。

企业主必知的风险责任

出资义务是股东最基本的法律义务，股东缴纳出资之后，出资就转化为公司资本，而公司资本是公司得以正常运作的关键，也是公司对外承担责任的基础，是不可以抽回的。抽逃出资，不仅损害了公司的利益，同时损害了公司其他股东和债权人的利益。对此，法律规定了股东抽逃出资的法律责任，企业主当知且引以为戒：

1. 返还抽逃的出资，造成公司损失的，还应当承担赔偿责任。这将形成个人债务，并影响家庭财富安全。③

2. 承担连带赔偿责任。对于抽逃出资造成公司损失的，负有责任的高管或者实控人要与抽逃出资的股东一起承担连带责任。

3. 承担行政罚款的责任。对抽逃出资行为缴纳罚款，行政责任与

---

① 参考判例：山东省青岛市中级人民法院（2015）青民四初字第63号。
② 参考判例：北京市第二中级人民法院（2017）京02民终4337号。
③ 《中华人民共和国公司法》（2023年修订）第五十三条：（第一款）公司成立后，股东不得抽逃出资。（第二款）违反前款规定的，股东应当返还抽逃的出资；给公司造成损失的，负有责任的董事、监事、高级管理人员应当与该股东承担连带赔偿责任。

财务责任并行。股东的行为受公司登记机关的监管，公司登记机关可以对抽逃出资的股东作出责令改正和抽逃出资金额5%以上15%以下的罚款的处罚。[①]

4. 承担刑事责任。抽逃出资构成犯罪的，可判处5年以下有期徒刑或者拘役，并处或者单处罚金。[②]

抽逃出资风险防范策略

为避免和防范抽逃出资风险，企业主需要做到以下四点：

第一，不得制作虚假财务会计报表虚增利润进行分配；不得虚构债权债务关系将出资转出；不得利用关联关系，假借合同名义将出资转出；不得没有合法前提、未经法定程序将款项转出。

第二，对于已经实缴出资的股东，应当通过合法途径收回资金。比如，通过公司股权转让、减资程序、公司分红、异议股东行使股份收购请求权等方式回收资金。

第三，股东从公司获得款项时，必须具备合法的基础法律关系，比如借款、正常的商业交易、分红等。

第四，股东要收集并保存合法提款的证据，以证明合法关系的存在，从而为不构成抽逃出资进行有效抗辩。有关证据主要包括：财务报表、明细等文件；产生相关法律关系的文件依据（如借款合同、商业交易资料、有关分红的决议等）；有关款项的流动情况（付款时间、金额、支付方式等）与最终去向等。

[①] 《中华人民共和国公司法》（2023年修订）第二百五十三条：公司的发起人、股东在公司成立后，抽逃其出资的，由公司登记机关责令改正，处以所抽逃出资金额百分之五以上百分之十五以下的罚款；对直接负责的主管人员和其他直接责任人员处以三万元以上三十万元以下的罚款。

[②] 关于抽逃出资的刑事责任，参见第十一章。

> **总结**

1. 误区与盲区提示

(1) 抽逃出资模糊隐蔽,时有发生,却少有自知。

(2) 抽逃出资引发连带责任。

2. 企业主必知

(1) 抽逃出资要向公司承担返还责任和损失赔偿责任。

(2) 实控人和高管也会为抽逃出资背锅。

(3) 在特殊行业,抽逃出资还可能承担刑事责任。

> **建议**

第一,转出资金不得利用虚假手段,不得没有合法前提,不得未经法定程序。

第二,出资回笼要合法变现,通过股权转让、减资等合法程序实现。

> **超话**

公司不是提款机,企业主不是存款人。股权是投资,公司是独立法人,都由不得企业主任性。

关联公司,关联责任

组织交错,班底混同,是家族企业的典型特点。通过公开查询系统查询可见,大多数企业主名下都有着错综复杂的投资关系和任职关系,母子公司、总分公司、关联公司盘根错节,人员混同、场所混同、业务混同、财务混同比比皆是。这样的关联关系带来的最直接的法律后果就是,如果任何一个公司出现债务风险,都或将连带其他公司共同承担责任,甚至股东也难逃其责。

关于关联关系的风险，我们先以案例示之。甲公司与乙公司是关联企业，企业主 W 先生是两家公司的控股股东。两家公司之间股东、经营地址、联系电话以及管理人员完全相同，经营范围互有交叉，实际上就是一套人马两块牌子，导致两家公司缺乏独立意志而一切听从于 W。在经营中，两家公司的账目也都由甲公司会计人员负责制作，银行贷款也未加区分，两家公司的财产和财务持续混同。同时，乙公司的厂房、土地由甲公司无偿使用，日常费用由甲公司支付，这使得甲公司徒具空壳，造成甲公司无力偿还巨额到期债务，而乙公司账上却积累数百万元财产。这种情形下，法院认定 W 操纵并利用关联公司之间的财产转移逃避合同义务和法律责任。鉴于企业主 W 滥用控制权，利用人格及财产混同来逃避债务，以致相对人无法分清其相互间的人格和财产，违反诚实信用原则，判令作为股东的企业主 W 及相关联的两家公司三者共同对债务承担连带清偿责任。

这个案例很好地阐释了关联公司的关联法律责任，并体现了对股东有限责任的否定，判决股东也要承担公司的债务。

法律规定，股东滥用公司法人独立地位和股东有限责任，逃避债务，严重损害债权人利益的，应当对公司债务承担连带责任。[①] 也就是在某些情况下要否定股东的有限责任，允许公司债权人直接向股东追偿，让股东承担无限责任，这就是"否认法人人格"制度、"揭开公司面纱"制度。

母子公司、兄弟公司等关联公司混同的情形在民营企业和家族企业中屡见不鲜，风险也普遍存在。根据司法实践、相关规定和实操案例，我们总结了值得企业主高度关注的典型情形，这些情形的背后，

[①] 《中华人民共和国公司法》（2023 年修订）第二十三条：（第一款）公司股东滥用公司法人独立地位和股东有限责任，逃避债务，严重损害公司债权人利益的，应当对公司债务承担连带责任。

都是股东和关联公司之间承担连带责任的法律风险。

第一,彼此混同,债务穿透。具体包括4种情况:(1)人员混同,关联公司之间在组织机构和人员上存在严重的交叉、重叠,"一套人马,多块牌子";(2)业务混同,关联公司经营相同的业务,彼此不分;(3)财务混同,关联公司之间账簿、账户混同,相互不当冲账;(4)财产混同,财产归属不明,难以区分。这些情况使得股东与关联公司、关联公司与关联公司之间难分彼此,一旦任何一方发生债务,都将彼此承担连带责任。

第二,纵向滥用控制权,债务穿透。下列情形由滥用控制权的股东对公司债务承担连带责任:(1)母子公司间或子公司间利益输送;(2)母子公司或子公司间交易,收益归一方,损失由另一方承担;(3)抽走原公司资金,再成立经营目的相同或者类似的公司,脱壳经营,逃避原公司债务;(4)先解散公司,再以原公司场所、设备、人员及相同或相似的经营目的另设公司,逃避原公司债务。

第三,横向过度支配,债务穿透。① 常见情形如下:(1)控制股东或实控人控制多个子公司或者关联公司;(2)控制股东滥用控制权使多个子公司或关联公司财产边界不清、财务混同,利益相互输送。在此情形下,这些公司沦为控制股东逃避债务、非法经营,甚至违法犯罪的工具,因此要由控股股东承担连带责任。② 关于这一点,新

---

① 《中华人民共和国民法典》第八十四条:营利法人的控股出资人、实际控制人、董事、监事、高级管理人员不得利用其关联关系损害法人的利益;利用关联关系造成法人损失的,应当承担赔偿责任。
② 《全国法院民商事审判工作会议纪要》(2019年):11.【过度支配与控制】(第一款)公司控制股东对公司过度支配与控制,操纵公司的决策过程,使公司完全丧失独立性,沦为控制股东的工具或躯壳,严重损害公司债权人利益,应当否认公司人格,由滥用控制权的股东对公司债务承担连带责任。实践中常见的情形包括:(1)母子公司之间或者子公司之间进行利益输送的;(2)母子公司或者子公司之间进行交易,收益归一方,损失却由另一方承担的;(3)先从原公司抽走资金,然后再成立经营目的相同或者类似的公司,逃避

《公司法》专门规定了更为严格的责任，就是股东利用其控制的两个以上公司滥用法人独立地位和有限责任的，各公司应当对任一公司的债务承担连带责任。①

比如有一个家族企业，实控人是父亲，直接持有甲公司，又通过甲公司控股乙公司和丙公司。日常管理中，甲、乙、丙公司财产往来混乱，权属不清。经营中，甲公司向银行贷款1000万元，迟迟未能偿还。父亲为避免乙公司受到牵连，将乙公司股权转为儿子持有。如果甲公司违约不能偿还贷款，那么甲公司、乙公司、丙公司以及父亲和儿子，都将连带承担偿还债务的责任。原因是，父亲既是甲公司的股东，又是乙公司和丙公司的实控人，甲、乙、丙公司人员财产边界不清，父子在公司运营中与公司也存在公私财产不分的情形，利益相互输送。这个案例就是多个公司横向穿透的结果。一个公司的债务由其控制的多个公司承担，实控人和股东也一并承担连带责任，直接造成了父子两代人、两个家庭的财产损失。

以上种种关联关系，都是对公司人格独立和股东有限责任的滥用，公司将丧失独立法人资格，而股东也将丧失有限责任的"屏障"。结果就是，一方面由股东对公司债务承担连带责任，另一方面股东控制的关联公司之间相互承担连带责任。

原公司债务的；(4) 先解散公司，再以原公司场所、设备、人员及相同或者相似的经营目的另设公司，逃避原公司债务的；(5) 过度支配与控制的其他情形。(第二款) 控制股东或实际控制人控制多个子公司或者关联公司，滥用控制权使多个子公司或者关联公司财产边界不清、财务混同，利益相互输送，丧失人格独立性，沦为控制股东逃避债务、非法经营，甚至违法犯罪工具的，可以综合案件事实，否认子公司或者关联公司法人人格，判令承担连带责任。

① 《中华人民共和国公司法》(2023年修订) 第二十三条：(第二款) 股东利用其控制的两个以上公司实施前款规定行为的，各公司应当对任一公司的债务承担连带责任。

> 总结

1. 误区与盲区提示

企业主利用控制的母子公司、关联公司逃避债务的，各公司都要对任一公司的债务承担连带责任。

2. 企业主必知

下列操作都将给企业主和公司带来连带责任风险：

（1）关联公司之间人员、财产、财务、业务混同。

（2）利用关联公司关联交易、利益输送、抽走资金、脱壳经营、转移业务以逃避债务。

> 建议

第一，避免人企合一，避免一套人马多块牌子。

第二，股东个人、母子公司、关联公司之间要严格划分人员、财产和运营界限。

第三，企业主要厘清实控权、股权与经营权的关系，保持边界。

第四，企业主要规划企业与企业之间、家庭与企业之间的风险隔离制度。相关专业策略和制度方案，我们将在第十章进一步呈现。

> 超话

家族企业需要凝心聚力，但"一套人马多块牌子"的模式，在法律层面，不是力量的合集，而是风险的叠加。

家族公司，穿透的风险

家族企业为追求股东纯粹，常常是一人出资、夫妻出资或者父子兄弟共同出资。这样的股东结构，免除了与外人的沟通成本，简单高效。但这种公司形式，对于家族财富也有其风险的一面。

一人有限责任公司[①]

只有一个股东的有限责任公司为一人有限责任公司，也称为"一人公司"。这样的公司，企业主集股东、董事、经理、法定代表人等公司身份与自然人身份和家庭身份于一身，在决策和经营管理上高效快捷，又有非常大的自由度，省力省心。

一人公司，一人持股，一人主政，权力独揽，可谓一己之天下。但天下没有彻底的自由，在法律层面，"一己"并非"天下（公司）"，"天下（公司）"亦不等同于"一己"。在一人公司情形下，股东单一，缺少内部制约，公司财产与股东财产易混同，企业主要避免不小心构成滥用公司独立法人人格，造成债务穿透。

法律要求，一人公司的股东要将公司财产与个人财产严格独立分离。这有别于普通公司的风险在于，在涉及公司债务的场景下，普通公司适用"谁主张谁举证"的原则，而一人公司则相反，企业主得自己证明公司财产独立于个人财产，如不能证明，就应当对公司债务承担连带责任。然而，在如何证明财产独立这一点上，法律的规定是严苛的，证明是困难的，这才是一人公司的致命风险。因此，一人有限责任公司并不适用于家族企业。

一个人的公司，不是一家人的公司，但一人公司的债务，却难免成为一家人的债务，所以一人公司当"慎独"。

夫妻、父子型公司

在家族公司中，股东为夫妻二人或者控股股东为夫妻的并不少见。

如前所述，一人公司要求股东自证清白，这给企业主带来巨大的

[①] 关于一人有限责任公司的法律风险，参见第四章。

举证责任和债务风险。那么,由夫妻二人设立公司,不是一人公司,是不是就规避了风险呢?

以案示法。企业主和太太两人成立了一家有限责任公司,出资全部实缴到位。公司盈利,太太通过个人账户收入经营款近500万元。后来公司发生债务300万元,债权人将公司以及企业主和太太诉至法院。按法按理,公司负债公司偿还,企业主夫妇出资已经实缴,不应承担公司的债务。但法院不仅判决公司支付欠款,而且还判决企业主和太太一并就公司的300万元负债承担连带责任。

这个判决理由在于,尽管企业主和太太是各自独立的自然人,但由于二人夫妻关系的存在,因此公司出资人的财产实际为夫妻共同财产,公司的出资体是单一的,实质上为一人公司。而企业主夫妇无法证明公司财产独立于夫妻财产,因此应当对公司债务承担连带责任。

在夫妻型家族企业的经营管理中,常常留下家企债务穿透的漏洞。一如该案中,企业主和太太既是夫妻又是股东,二人的投资款没有相互独立;而公司的经营款打到太太的个人账户上,家企财产存在混同;夫妻二人的家庭财务进出与公司财务混同,无法区分。所有这一切,都证明公司与股东之间财务的混同。这种夫妻型公司,本质上是个人与公司不分,个人家庭财产与公司财产不分,因此夫妻二人要对公司的债务共同承担连带责任。

在司法实务中,由于夫妻财产的混同性、利益的统一性,法院更倾向于将夫妻公司认定为实质上的一人公司。最高人民法院有判例显示:夫妻双方作为股东以夫妻共同财产出资,那么全部股权实质上来源于同一财产权,并为一个所有权共同享有和支配;同时,夫妻双方均参与公司治理,双方具有利益的一致性,因此,这种名义上有两名股东的有限责任公司,是实质意义上的一人公司。[①]

---

① 参考判例:最高人民法院(2019)最高法民再372号。

当然，司法实践中也有对夫妻公司不视为一人公司的判例。但是，鉴于某一家夫妻型公司是否会被法院视同一人公司，存在一定的不确定性，因此其风险还是应当引起足够的重视。

另有一个父子型公司判例显示，父子二人出资的财产为家庭成员共同财产，在设立公司时，没有向登记部门提交分割财产的证明，因此其出资体是单一的，实质为一人公司，且父子二人无法证明公司的财产独立于父子个人财产，因此应当对公司债务承担连带责任。还有一个叔侄二人组合型公司，由于侄子既没有投资也没有参与经营，公司实际由叔叔一人控制和经营，被认定为实质上是一人公司。由于在履行合同中公司身份和个人身份相互混同，在财务管理上不能证明公司的财产独立于个人财产，据此，判决公司和叔叔对公司债务承担连带责任。

"夫妻档""兄弟团""父子兵"类型的有限责任公司，非常容易被认定为一人有限公司，风险如影相随。不同的形式，相同的后果，连带责任侵蚀家庭家族财富。企业主设立公司时，必须考虑隔离风险。为此，我们向企业主重点建议如下五点：

第一，尽量避免设立一人公司和夫妻型公司。家庭成员出资设立公司的，要提前进行财产分割，在注册公司时备案夫妻、兄弟共同财产分割证明或协议。作为公司股东，夫妻、兄弟、父子也要明算账，出资相互独立。家庭成员必须以各自的财产作为注册资本，并各自承担相应的责任。

第二，形式很重要，预先完善公司决策机制，杜绝一言堂。股东不能直接支配公司财产，只能通过股东会、董事会决策程序，形成公司意志，作出公司决议。

第三，公私账户必须独立，切割明晰，杜绝个人与公司混用账户，严格划清个人财产和公司财产的界限，保证公司财产与股东个人及家庭财产相独立，严格做到公司财务与个人财务绝对独立。

第四，必须建立健全严格独立规范的财务会计制度，并严格遵照执行。规范收付款模式，做到个人与公司资金往来清晰明了，保留相关全部财务原始凭证，杜绝公款走私人账户。

第五，公私财务独立明晰，每年编制财务会计报告并经审计。

总结

1. 误区与盲区提示

一人公司、夫妻型公司、父子型公司、兄弟型公司，虽然信任度高、效率高，但风险也同样高。

2. 企业主必知

（1）"一家亲"型的公司，企业债务容易穿透成为企业主个人债务，影响家庭财务安全。

（2）企业主一人债务也可能对公司中其他亲属家庭带来连锁影响。

建议

第一，家庭成员出资设立公司，要提前做好专业规划，做到财产各自独立，出资相互独立，责任各自承担。

第二，杜绝企业主一言堂，通过股东会、董事会决策形成公司意志再执行。

第三，公私账户必须独立，公司财产与企业主个人家庭财产必须独立。

第四，"一家亲"型的公司必须提前规划好个人以及家庭的财富防火墙，防止公司负债一家人躺枪。相关专业策略和制度方案，我们将在第十章进一步呈现。

超话

公司法律人格独立，方能安身于江湖、立命于未来，债不追及自己，责不连累他人。

法定代表人，无法规避的责任

法定代表人是在法律上对外代表公司行使职权的自然人，并且这个自然人也只有代表公司从事民事活动才具有这种身份，[①] 而法人就是公司本身。[②] 一方面，法定代表人对外的职务行为即为公司的法人行为，其后果由公司法人承担。[③] 另一方面，法定代表人也承担着一定的公司责任，比如公司作为被执行人的，法定代表人被列为黑名单；公司偷逃税的，法定代表人要承担相应的行政法律责任；公司犯罪的，法定代表人还会承担刑事责任。[④]

本部分聚焦于法定代表人的债务风险。法定代表人在代表公司法人进行商事活动时，一方面是公司职务身份，另一方面又是自然人个人身份，这种重叠身份，容易造成交易对手的混淆，甚至法定代表人本身也不清楚，给公司、个人和家庭都带来诸多困扰、风险和伤害。本部分意在为企业主厘清个人和公司之间的法律关系，避免因个人行为造成公司损失，也避免因公司债务而由企业主个人和家庭承担责任。

法定代表人签字产生的债务，是公司承担，还是法定代表人自己承担？

作为法定代表人的企业主的签字，到底是代表公司的企业行为，还是代表自己的个人行为，决定着因企业主一笔签字而引发的债务，到底是公司债务，还是个人债务。在我们为家族企业服务的案例中，

[①] 《中华人民共和国公司法》（2023 年修订）第十条：（第一款）公司的法定代表人按照公司章程的规定，由代表公司执行公司事务的董事或者经理担任。
[②] 《中华人民共和国公司法》（2023 年修订）第三条：（第一款）公司是企业法人，有独立的法人财产，享有法人财产权。公司以其全部财产对公司的债务承担责任。
[③] 《中华人民共和国公司法》（2023 年修订）第十一条：（第一款）法定代表人以公司名义从事的民事活动，其法律后果由公司承受。
[④] 关于法定代表人的刑事责任，参见第十一章。

有这样两种典型情形，值得企业主们重视。

（一）公司为法定代表人背锅

法定代表人签字给公司带来债务风险。我们代理过这样一个案例：A、B两位企业主都是家族企业的法定代表人，二人多年相互帮携，互信笃深。A因个人急用钱向B借款，B当场就安排财务从自己公司中转账1000万元到A公司的账户。为表示诚信，A用自己公司抬头的纸写了一张欠条："今收到B 1000万元，利率按年10%计算，每年支付一次。"A签字并写明日期。双方心里都清楚，这是个人对个人的借款。在此后的两年间，A如约用私人账户向B私人账户支付利息，共计200万元。再之后，A一再拖延偿付本息，遂起纷争。此时，B发现，A名下房产易主，夫妻离婚，公司股权98%转到太太名下。B面临诉讼的两难困境：一方面，由于A名下并无价值财产，如果起诉个人，执行的希望不大；另一方面，如果起诉公司，可本质上又是私人借款。这桩讼案最终B获得胜诉，法院判决由A及其公司共同承担连带偿还本息的责任。执行中，对A及其前妻名下的股权进行了强制执行，B获得了本息偿付。本案胜诉的关键就在于：第一，款项是公对公转账；第二，在诉前顾问阶段，律师安排所有的催款法律文件都以公对公名义发给A个人，得到多次签字确认；第三，A亲笔签署了借条，又身为法定代表人，无法区分是个人行为还是公司行为；第四，A存在家企混同的事实，这1000万元用款本身就是例证；第五，A离婚在债务发生且纷争之后。通过这个案例，足见法定代表人签字的重要性，也足见其风险不容小觑。

（二）法定代表人为企业背锅

相似的场景，不同的结果。同样是两个公司的法定代表人，同样是一个签字借钱一个给钱，最终结果是由借款方法定代表人个人承担了责任。案情是这样的：借款方甲公司的法定代表人A是甲公司的总经理，既不是公司股东，也不是实控人。出借方乙公司的法定代表人

B 是乙公司的实控人。两位法定代表人达成合意，甲公司向乙公司借款 100 万元。B 安排财务当面将 100 万元现金交予 A，A 手写欠条"收到现金 100 万元"，并签字注明日期。当天，A 将这笔借款提回公司用于企业经营。不久之后，A 离开甲公司另谋他就。多年以后，B 起诉 A 偿还 100 万元借款本息。A 辩称款项是公司借款，自己只是公司法定代表人签字，并不是个人借款，不应承担责任。但最终法院还是判决由 A 个人承担责任。本案的关键在于：其一，因为公司管理不规范，当时 A 是甲公司法定代表人，现金交付公司并未履行手续，多年之后无人为其证明，于是，A 无法证明这 100 万元现金给了公司；其二，尽管当时 A 是甲公司法定代表人，但 A 的手写欠条和签字无法证明是公司行为。于是，这位曾经的法定代表人就只有自食其果了。

法定代表人要不要承担公司的债务？

前述两个案例，是阐述法定代表人与个人身份不清导致的债务风险。另一个容易引起混淆，也是企业主常常担心的问题，就是如果公司负债，法定代表人要不要为公司偿还债务？

回答是肯定的：不用。法定代表人只是代表公司行事，并不是债务主体，公司的债务不需要法定代表人偿付。

但是，人们也常常看到法院的公告中，公司被强制执行的同时，法定代表人也会被列入失信被执行人黑名单，并被采取限制消费措施，这又是为什么呢？这里有三种情况，值得企业主关注。

第一，法定代表人所在的公司是被执行人，当公司被法院列入失信被执行人名单时，法定代表人也同时被列入。① 当企业被采取限制

---

① 《最高人民法院关于公布失信被执行人名单信息的若干规定》（2017 年修正）第六条：记载和公布的失信被执行人名单信息应当包括：（一）作为被执行人的法人或者其他组织的名称、统一社会信用代码（或组织机构代码）、法定代表人或者负责人姓名。

消费措施后，法定代表人也要被采取同样的措施。① 比如有公司被判承担债务责任，在对公司采取执行措施过程中，法定代表人一并被列为失信被执行人，被限制消费，导致商务出行、投保大额保单受到严格限制，孩子就读国际学校也受到影响，丧失了享受优质教育资源的机会。关于这一点，企业主要清楚，这并不是说法定代表人需要承担企业债务责任，而是因为法定代表人的职责而承担被执行人的责任。

第二，法定代表人作为公司的股东或者高管时，因股东身份或高管身份而承担债务，一旦这些债务经诉讼进入执行程序，这些股东和高管也会成为被执行人，被列入黑名单，限制消费。但这种情况与法定代表人的身份没有关系。

第三，特殊情况下，法定代表人因公私混同而对公司债务承担责任。比如，法定代表人控制公司财务，通过他人设立多个个人账户，循环使用公司借得的资金，使用情况混乱，无法区分个人使用与公司使用的具体金额，致公司资产显著减损，偿债能力显著降低，严重侵害债权人的合法利益，法院判令法定代表人对公司债务承担连带给付责任。② 在这种情形下，法定代表人就会成为被执行人，被列入失信被执行人名单，采取限制消费措施。

法定代表人要不要替公司背锅？

照理来说，法定代表人的职责就是对外代表公司，后果由公司承担，而不由法定代表人承担。那么，是不是法定代表人就没有了后顾

---

① 《最高人民法院关于限制被执行人高消费及有关消费的若干规定》（2015年修正）第三条（第二款）被执行人为单位的，被采取限制消费措施后，被执行人及其法定代表人、主要负责人、影响债务履行的直接责任人员、实际控制人不得实施前款规定的行为。因私消费以个人财产实施前款规定行为的，可以向执行法院提出申请。执行法院审查属实的，应予准许。
② 参考判例：最高人民法院（2022）最高法民申411号。

之忧，可以大胆行事了呢？

从公司治理的角度看，大胆是必要的，否则公司无效率。但是，法定代表人的行为也要有边界。在此，有如下三点风险要特别提示企业主。

第一，如果法定代表人由于过错履行职责造成公司损失的，要向公司承担赔偿责任。[1] 比如签署重大合同时，没有进行严格审核公司履行能力和履行期间，造成违约赔偿，损失巨大。这种情形下，作为法定代表人就要赔偿公司的损失。现实中，法定代表人对公司承担赔偿责任的报道比较少见，这并不是因为法定代表人的责任少，而是因为很多法定代表人本身就是公司的实控人，即便法定代表人造成公司损失，也不会对自己开刀。但企业主也不要窃喜，责任在，就不排除有人主张。堡垒往往是从内部攻破的，在这一点上企业主还是要有足够的风险意识。

第二，在破产程序中，如果破产公司实施了不合理处分企业财产、个别清偿、隐匿转移财产、虚构债务等行为，可能导致破产企业财产减少，损害债权人利益的，那么法定代表人就应承担赔偿责任。[2]

---

[1] 《中华人民共和国公司法》（2023年修订）第十一条：（第三款）法定代表人因执行职务造成他人损害的，由公司承担民事责任。公司承担民事责任后，依照法律或者公司章程的规定，可以向有过错的法定代表人追偿。

[2] 《中华人民共和国企业破产法》（2006年）第三十一条：人民法院受理破产申请前一年内，涉及债务人财产的下列行为，管理人有权请求人民法院予以撤销：（一）无偿转让财产的；（二）以明显不合理的价格进行交易的；（三）对没有财产担保的债务提供财产担保的；（四）对未到期的债务提前清偿的；（五）放弃债权的。第三十二条：人民法院受理破产申请前六个月内，债务人有本法第二条第一款规定的情形，仍对个别债权人进行清偿的，管理人有权请求人民法院予以撤销。但是，个别清偿使债务人财产受益的除外。第三十三条：涉及债务人财产的下列行为无效：（一）为逃避债务而隐匿、转移财产的；（二）虚构债务或者承认不真实的债务的。第一百二十八条：债务人有本法第三十一条、第三十二条、第三十三条规定的行为，损害债权人利益的，债务人的法定代表人和其他直接责任人员依法承担赔偿责任。

第三，法定代表人有严格的资格要求，也有严格的义务和责任。法定代表人必须依法履职，否则也会被依法解除职务。[①] 欲戴其冠必承其重，身兼数职的企业主，纵使公司是自己的，也要严格依法依规行事。

总结

1. 误区与盲区提示

（1）作为法定代表人，不承担公司债务。

（2）作为法定代表人，公司上诚信黑名单，企业主也同时上诚信黑名单。

2. 企业主必知

（1）法定代表人身份与个人身份不清，存在个人承担企业债务的风险。

（2）法定代表人的个人行为不慎，也会造成企业债务风险。

（3）法定代表人身份特殊，角色复杂，风险高，责任重。

建议

第一，我是谁。法定代表人角色具有重叠性和多面性，要分清和

[①] 《中华人民共和国公司法》（2023年修订）第一百七十八条：（第一款）有下列情形之一的，不得担任公司的董事、监事、高级管理人员：（一）无民事行为能力或者限制民事行为能力；（二）因贪污、贿赂、侵占财产、挪用财产或者破坏社会主义市场经济秩序，被判处刑罚，或者因犯罪被剥夺政治权利，执行期满未逾五年，被宣告缓刑的，自缓刑考验期满之日起未逾二年；（三）担任破产清算的公司、企业的董事或者厂长、经理，对该公司、企业的破产负有个人责任的，自该公司、企业破产清算完结之日起未逾三年；（四）担任因违法被吊销营业执照、责令关闭的公司、企业的法定代表人，并负有个人责任的，自该公司、企业被吊销营业执照、责令关闭之日起未逾三年；（五）个人因所负数额较大债务到期未清偿被人民法院列为失信被执行人。（第二款）违反前款规定选举、委派董事、监事或者聘任高级管理人员，该选举、委派或者聘任无效。（第三款）董事、监事、高级管理人员在任职期间出现本条第一款所列情形的，公司应当解除其职务。

处理好公事角色和私事角色的不同定位。

第二，我做谁。在商事活动中，要分清每一个选择和决定是代表公司行为还是自己的个人行为。

第三，我如何做。如果是公司行为，要严格依法照章履行职责，完善手续，避免公事引发私财风险；如果是个人行为，要表明身份，避免私事造成公司损失。

第四，我不做什么。切忌传统企业主思维，避免个人意志混同公司意志，避免个人行为混同公司行为。杜绝以公谋私，严防风险穿透。

第五，建立法定代表人财富风险防范体系，依法保全个人合法财产。相关专业策略和制度方案，我们将在第十章进一步呈现。

> 超话
>
> 大道行思，取则行远。仰望星空太久容易忘记出发时迈步的方向。投资获利、税负就业、家庭责任、社会责任、愿景使命……企业家无不在价值取向中取舍平衡。财富恒久远，基业永长青，家企一脉，不可"赢得了战争却失去了和平"。

公司高管，新的高危群体

公司高管，不止于听命于企业主。在新《公司法》之下，公司高管不仅要承担管理职责，还有很多的义务，风险也与之相随。

公司高管，各有角色

公司高管是公司架构中的重要角色。作为董事，通过董事会执行股东会决议，行使公司运营的重大决策和管理职能，比如公司经营、投资、分配等；① 作为经理（通常称之为总经理），按照董事会的意思行事，执行董事会的决策；② 作为公司的其他高级管理人员，一般是在总经理的领导之下，履行相应的部门职责或者专业职责，比如财务负责人、技术负责人、法务负责人等；作为监事，则是公司治理中极为重要且不可或缺的一环，其核心职责就是监督，比如，监事有权检查公司财务，有权对董事、高级管理人员执行职务的行为进行监督，有权提议解任董事、总经理等高级管理人员，有权要求对损害公司利益的行为进行纠正，需要特别强调的一项权利就是，有权对董事和总经理等高级管理人员提起诉讼。③

权利不受制约就会滋生腐败，在公司里也是一样。然而，在很多企业主眼里，监事似乎可有可无。我们服务的很多民营企业，尤其是家族企业，往往都是因为法律有要求必须设置监事或者监事会，才不得不设监事一职，实际上常常就是随便安排一个人凑个数。其实，监事是公司治理中不可或缺的重要角色，一方面，可以帮助企业主监督董事、总经理和公司高管依法履职，制约权力，避免公司和股东权益

---

① 《中华人民共和国公司法》（2023 年修订）第六十七条：（第二款）董事会行使下列职权：（一）召集股东会会议，并向股东会报告工作；（二）执行股东会的决议；（三）决定公司的经营计划和投资方案；（四）制订公司的利润分配方案和弥补亏损方案；（五）制订公司增加或者减少注册资本以及发行公司债券的方案；（六）制订公司合并、分立、解散或者变更公司形式的方案；（七）决定公司内部管理机构的设置；（八）决定聘任或者解聘公司经理及其报酬事项，并根据经理的提名决定聘任或者解聘公司副经理、财务负责人及其报酬事项；（九）制定公司的基本管理制度；（十）公司章程规定或者股东会授予的其他职权。
② 《中华人民共和国公司法》（2023 年修订）第七十四条：（第一款）有限责任公司可以设经理，由董事会决定聘任或者解聘。（第二款）经理对董事会负责，根据公司章程的规定或者董事会的授权行使职权。经理列席董事会会议。
③ 《中华人民共和国公司法》（2023 年修订）第七十八条：监事会行使下列职权：（一）检查公司财务；（二）对董事、高级管理人员执行职务的行为进行监督，对违反法律、行政法规、公司章程或者股东会决议的董事、高级管理人员提出解任的建议；（三）当董事、高级管理人员的行为损害公司的利益时，要求董事、高级管理人员予以纠正；（四）提议召开临时股东会会议，在董事会不履行本法规定的召集和主持股东会会议职责时召集和主持股东会会议；（五）向股东会会议提出提案；（六）依照本法第一百八十九条的规定，对董事、高级管理人员提起诉讼；（七）公司章程规定的其他职权。

受到侵害；另一方面，监事所特有的权利，对企业主也是一种制衡，当然，在极端情形下，也会给企业主制造困扰，即所谓一刀双刃。

公司高管风险揭底

董事、监事和高级管理人员作为公司的高管，共同形成公司治理中相互制约又不可或缺的生态关系。对于公司高管，一方面法律赋予了相应的权利，另一方面也要求其承担相应的义务。《公司法》中明确规定了一系列高管责任，《刑法》也对高管背信犯罪专门出台修正案进行规范惩治。新《公司法》在修订的过程中，一个典型的趋势就是强化高管的责任，无形中使公司高管成为新的高危群体。

通过总结众多公司高管风险案例，聚焦民营企业主在公司高管中承担不同角色的事实，特别是高管的法律责任被严重忽视甚至被无视的现状，我们认为有必要为公司高管专门着墨一笔，透析高管背后的风险暗影。

一句话，《公司法》之下，公司高管要小心那些被忽视的风险和责任。这里有两大类风险值得关注：一类是《公司法》之下的赔偿责任，另一类是《刑法》之下的刑事责任。关于刑事责任，我们会在第十一章中专门阐述，接下来我们重点关注《公司法》之下的风险和责任。根据风险的缘起不同，且从便于高管识别的角度出发，分为如下两种：第一种源于他人，我们称之为"他人之过的风险"；第二种源于自身，公司高管应知明知却心存侥幸，我们称之为"侥幸之过的风险"。

（一）他人之过的风险

第一，小心股东出资的关联责任。照理说，出资是股东的义务，出资瑕疵责任应当由股东自行承担。但是，公司董事并不是出资的认缴人和责任人，却也要对股东没有按期足额实缴出资承担责任。《公司法》规定董事会对股东出资有核查催缴义务。如果没有发现和催缴，给公司造成损失，就要承担赔偿责任。[①] 比如，公司董事长同时也是公司股东，自己已经按期足额实缴出资，但是，由于另外两个股东并没有按期足额出资，使公司负债，造成损失，董事长因为没有敦促两个股东出资，对此要承担责任。这种高管之责最终也会影响家庭财富，高管们不可不知。

第二，小心股东抽逃出资的关联责任。这是高管不小心背锅的又一大风险。显然，股东抽逃出资不可能自行从公司账户提现，往往都是高管协助抽逃，对此，公司高管负有相应的责任。如果因此造成公司损失，就要承担赔偿责任。[②]

第三，小心违法分配利润的关联风险。公司分配利润有严格的法律规定，其中公司弥补亏损和提取公积金是刚性要求，只有完成以上动作还有剩余的税后利润，才可以向股东分红。而很多公司都是企业主说了算，不问法定的各种提留是否完成，任意分配利润，这样难免给公司造成损失。对此，负有责任的高管就要承担赔偿责任。[③]

第四，小心股东减资的关联风险。减资不可以随意，要依法操作。比如需要经代表2/3以上表决权的股东通过、编制资产负债表及财产清单、通知债权人、进行公告等。如有违反，不仅股东要退还资金，给公司造成损失的，负有责任的公司高管还要承担赔偿责任。[④]

[①] 《中华人民共和国公司法》（2023年修订）第五十一条：（第一款）有限责任公司成立后，董事会应当对股东的出资情况进行核查，发现股东未按期足额缴纳公司章程规定的出资的，应当由公司向该股东发出书面催缴书，催缴出资。（第二款）未及时履行前款规定的义务，给公司造成损失的，负有责任的董事应当承担赔偿责任。

[②] 《中华人民共和国公司法》（2023年修订）第五十三条：（第一款）公司成立后，股东不得抽逃出资。（第二款）违反前款规定的，股东应当返还抽逃的出资；给公司造成损失的，负有责任的董事、监事、高级管理人员应当与该股东承担连带赔偿责任。

[③] 《中华人民共和国公司法》（2023年修订）第二百一十一条：公司违反本法规定向股东分配利润的，股东应当将违反规定分配的利润退还公司；给公司造成损失的，股东及负有责任的董事、监事、高级管理人员应当承担赔偿责任。

[④] 《中华人民共和国公司法》（2023年修订）第二百二十六条：违反本法规定减少注册资本的，股东应当退还其收到的资金，减免股东出资的应当恢复原状；给公司造成损失的，股东及负有责任的董事、监事、高级管理人员应当承担赔偿责任。

（二）侥幸之过的风险

第一，小心违背忠实义务的责任。忠实义务是一个法律概念，通俗讲就是公司利益至上，高管的行为不能侵害公司利益。[①] 比如，有的高管侵占公司财产、挪用公司资金，有的高管开立私户收取公款，也有的高管利用职权贿赂或者收受贿赂，接受佣金归为己有，擅自披露公司秘密等。[②] 例如，有一个金融公司的总经理在未经公司董事会同意的情况下，擅自将公司资金用于个人投资，这不仅违反了公司章程，也触犯了相关法律规定。最终，该总经理被追究刑事责任，并受到行业的禁入和排斥。

在高管与本公司进行商业交易、谋取属于公司的商业机会以及同业竞争方面，都有严格的规定。如有违反，所得收益归公司所有，也就是要让那些违背忠实义务的行为最终都是为公司打工，获得的所有收益都是对公司的债务。[③] 如果造成公司损失的，还要承担赔偿责任。

[①]《中华人民共和国公司法》（2023年修订）第一百八十条：（第一款）董事、监事、高级管理人员对公司负有忠实义务，应当采取措施避免自身利益与公司利益冲突，不得利用职权牟取不正当利益。（第二款）董事、监事、高级管理人员对公司负有勤勉义务，执行职务应当为公司的最大利益尽到管理者通常应有的合理注意。

[②]《中华人民共和国公司法》（2023年修订）第一百八十一条：董事、监事、高级管理人员不得有下列行为：（一）侵占公司财产、挪用公司资金；（二）将公司资金以其个人名义或者以其他个人名义开立账户存储；（三）利用职权贿赂或者收受其他非法收入；（四）接受他人与公司交易的佣金归为己有；（五）擅自披露公司秘密；（六）违反对公司忠实义务的其他行为。

[③]《中华人民共和国公司法》（2023年修订）第一百八十二条：（第一款）董事、监事、高级管理人员，直接或者间接与本公司订立合同或者进行交易，应当就与订立合同或者进行交易有关的事项向董事会或者股东会报告，并按照公司章程的规定经董事会或者股东会决议通过。（第二款）董事、监事、高级管理人员的近亲属，董事、监事、高级管理人员或者其近亲属直接或者间接控制的企业，以及与董事、监事、高级管理人员有其他关联关系的关联人，与公司订立合同或者进行交易，适用前款规定。第一百八十三条：董事、监事、高级管理人员，不得利用职务便利为自己或者他人谋取属于公司的商业机会。但是，有下列情形之一的除外：（一）向董事会或者股东会报告，并按照公司章程的规定经董事会或者股东会决议通过；（二）根据法律、行政法规或者公司章程的规定，公司不能利用该商业机会。第一百八十四条：董事、监事、高级管理人员未向董事会或者股东会报告，并按照公司章程的规定经董事会或者股东会决议通过，不得自营或者为他人经营与其任职公司同类的业务。第一百八十六条：董事、监事、高级管理人员违反本法第一百八十一条至第一百八十四条规定所得的收入应当归公司所有。

第二,小心关联关系的风险。有的公司高管自己在外设立公司,或者通过亲友设立公司,利用这些公司与本公司交易,不仅从中获利,还给本公司增加高额成本。这种利用关联关系损害公司利益的,就应当承担赔偿责任。①

第三,小心损害赔偿的风险。公司高管在履行职务的过程中,不小心就会发生违反法律、法规或者公司章程的情形,从而有可能给公司、股东或者他人造成损害。如此,就要对公司、股东和他人承担赔偿责任。②

第四,小心董事清算的责任。在清算程序中,法律规定董事是清算义务人,除非公司章程另有规定,或者股东会另选他人。如果董事没有及时履行清算义务,给公司或者债权人造成损失的,那么董事应当承担赔偿责任。这是新《公司法》中对董事要求的新责任,值得企业主们特别关注。③

在此,特别提醒企业主:说到高管责任,并不简简单单只是董监高的责任。要知道,法定代表人必是公司高管。④ 因为,很多企业主既是公司大股东,又是公司董事长、总经理,并担任公司法定代表人。于是,除了前文所述的法定代表人特有的责任外,公司高管责任同样

---

① 《中华人民共和国公司法》(2023年修订)第二十二条:(第一款)公司的控股股东、实际控制人、董事、监事、高级管理人员不得利用关联关系损害公司利益。(第二款)违反前款规定,给公司造成损失的,应当承担赔偿责任。
② 《中华人民共和国公司法》(2023年修订)第一百八十八条:董事、监事、高级管理人员执行职务违反法律、行政法规或者公司章程的规定,给公司造成损失的,应当承担赔偿责任。第一百九十条:董事、高级管理人员违反法律、行政法规或者公司章程的规定,损害股东利益的,股东可以向人民法院提起诉讼。第一百九十一条:董事、高级管理人员执行职务,给他人造成损害的,公司应当承担赔偿责任;董事、高级管理人员存在故意或者重大过失的,也应当承担赔偿责任。
③ 《中华人民共和国公司法》(2023年修订)第二百三十二条:(第二款)清算组由董事组成,但是公司章程另有规定或者股东会决议另选他人的除外。(第三款)清算义务人未及时履行清算义务,给公司或者债权人造成损失的,应当承担赔偿责任。
④ 《中华人民共和国公司法》(2023年修订)第十条:(第一款)公司的法定代表人按照公司章程的规定,由代表公司执行公司事务的董事或者经理担任。

适用于企业主。作为企业主，权责相适，自当如是。

总结以上风险，不难发现，公司高管违反忠实义务或勤勉义务造成公司、股东或者债权人损害的，都要承担赔偿责任。这也正是《公司法》的立法目的所在。① 一方面，从公司高管的角色而言，受人之托，忠人之事，守法守规是当然之事。另一方面，公司高管承担赔偿责任的结果，就是要用自己的甚至家庭的账户去偿付，结果是影响家庭财务的稳定和安全。因此，清晰认识法律风险边界，时刻保持诚信和谨慎，依法依公司章程的规定行事，是非常必要的。然而，确实有很多公司高管对风险无意识，对责任不了解，不能正确处理个人利益与公司利益的关系。现实中凭感觉、凭想象甚至心怀侥幸做事者，都不在少数。如此，风险的发生是迟早的事情，实在不可取。

公司高管的风险管理

公司高管的风险管理，既要有认知与策略，也要有方案与工具。

（一）公司高管风险管理的认知与策略

第一，要有清晰的职业认知。受聘为高管，就是接受公司委以的责任。公司高管的职责和使命，就是凡职务行为都要以公司利益最大化为原则，正确处理个人利益与公司利益的关系，避免冲突，认真履行忠实义务和勤勉义务。

第二，要有准确的职业定位。公司高管并非普通的公司员工，打一份工挣一份钱，高薪匹配高责任。公司高管的职责就是对公司、股东、债权人以及员工全面负责，履职有瑕疵，就可能承担赔偿责任。

第三，要有依法履职的能力。作为高管，要有认知法律风险的能

---

① 《中华人民共和国公司法》（2023 年修订）第一条：为了规范公司的组织和行为，保护公司、股东、职工和债权人的合法权益，完善中国特色现代企业制度，弘扬企业家精神，维护社会经济秩序，促进社会主义市场经济的发展，根据宪法，制定本法。

力，以及控制人性私欲的能力，要清楚自己的行为受到法律、法规和公司章程以及职业道德的多重约束。

第四，主动行使权利。《公司法》和公司章程规定了公司高管的职责范围，尤其是董事、监事都有法律赋予的权利，要学会运用和行使，在公司建立健全内部控制机制和确保决策合规高效方面主动作为。这样，一方面有利于公司高效治理，另一方面有利于高管的职业安全。并不是强调保护公司、股东、债权人和职工利益，就不保护自己的利益，而是保护自己利益才能尽职尽责。

第五，要建立风险对冲的机制。公司高管的现实风险就是承担赔偿责任带来的财务风险。因此，应智慧使用和规划风险对冲机制，在防范风险的同时，也为自己和家庭构建安全的财富生态。

（二）公司高管风险管理的方案与工具

公司高管的风险管理，不仅仅是高管个人的事情，也是需要企业主高度关注和管理的内容。毕竟，公司由高管管理，因此，高管实际上决定着公司的稳定和发展，甚至影响着公司的百年传承。

1. 从公司高管个人角度看，公司高管的自我风险管理，可以采取两个法律架构。第一，通过人寿保险架构。比如以父母或者成年子女为投保人、以自己为被保险人、以父母子女为受益人的保单架构，就可以在一定程度上实现财产风险隔离和财产保值增值，甚至有一定的杠杆功能。当然，这里的资金安排、架构设计以及未来投保人、受益人的应时应势调整，是需要专业的尽调、评估和与当事人深度探讨才可以落地实施的。第二，通过信托架构。首先需要澄清两个错误认知。第一个错误认知，这里的信托不是资金集合信托，不是金融产品，而是管理信托。第二个错误认知，这里的信托并不必须是家族信托。公司高管需要清楚，并不是家族信托只适用于企业家或者富豪，也并不是所有的信托架构都是家族信托，家庭信托也在逐渐普及。况且，前述家族信托、家庭信托，也是基于金融监管规定的定义。《信托法》

下的信托架构，有着更为广泛的适用群体。回到主题，公司高管通过设立信托架构，就会很好地隔离个人职业生涯中的财务风险，为家人和家庭守护一方财富安稳。

2. 从企业主角度看，企业主应有这样的认知：公司高管是否尽职尽责，或将决定公司生死。因此，善待高管，固然是不错的。

一个特别想分享给企业主的全新视角是，公司高管的风险管理，尤其是核心职业经理人的保护与厚待，将为家族企业的传承铺就一条安稳通畅之路。

我们在走近企业家和陪跑家族企业的过程中，一再发现和确认中国的家族企业不仅面临着接班断代的严峻考验，更苦于职业经理人群体和生态远远不能满足企业主的要求。企业主对职业经理人从信任到放手，将是一个极其漫长的过程，而且最终也未必顺遂如愿。借鉴海外家族企业的传承经验，很多成功的家族企业更愿意卖掉股权，获得现金，而将品牌和职业经理人一并交付于新东家。其中的一个重要因素，就是优秀职业经理人的价值会大大加持家族企业的价值。对于那些接班困难的家族企业，企业主只需通过出售股权即可实现家族企业的价值变现。这样，职业经理人尽责履行忠实义务和勤勉义务，不断提升和精进家族企业管理能力，不仅为企业主实现企业价值增值，也会得到更多其他企业主的认可和接纳。而企业主给予职业经理人更多的保护与激励，将更好地维护家族企业的长治久安，更有利于企业主的财富落袋为安，顺畅完成财富传承，实现多方共赢。如此一来，家族企业在职业经理人赋能之下的整体出售也许将成为一种全新的传承模式。未来的家族企业CEO（首席执行官）或将是一片值得期待的星辰大海。

无论是公司的稳定发展，还是家族企业的新式传承，公司高管尽职尽责才是基础保障，而对于公司高管的激励与保护，则是应有之义。"有恒产者有恒心"，这一点对公司高管同样适用。因此，在高管身上花该花的钱，企业主一定不要吝啬。

然而，高薪未必养廉，甚至有可能成为高管躺平的诱因。而严苛的戒律和惩罚，也难以留住优秀的人。智慧的企业主要学会用强激励软约束的方式实现高管的养成与留下。针对公司高管，经典的方案就是股权激励、董责险以及要员保险。

第一，股权激励。从专业规划的角度而言，股权激励是一套系统工程，不同的行业、不同的公司、不同的阶段甚至不同的激励对象，都需要不同的激励方案。从效用的角度而言，股权激励只要起到激励和约束并举的作用，就是最好的规划。于是，从实务和实用的角度而言，也没有那么复杂。

仅就有限责任公司而言，企业主可以自由处分自己的股权，灵活性大。比如，有的公司在设立之初就直接把股权分配到高管名下，使高管成为公司的登记股东；有的公司在成立后由原始股东让渡部分股权给公司高管，经过变更使高管成为登记股东；有的公司在设立之初就预留部分用于激励员工的股权，由企业主代持，在公司成立后根据股东会决议进行分配；还有的公司给高管设立虚拟股权，就是高管实际上不持有股权，但享有相应份额的分红权等。在实务中，比较成熟的做法是，被激励的公司高管并不直接持有公司股权，而是通过有限合伙企业作为持股平台持有公司股权，被激励的公司高管在有限合伙架构中作为有限合伙人，企业主作为普通合伙人和执行事务合伙人。这样，公司高管有明确的法律身份，依法享有公司的分红收益，风险确定有限，清楚无争议，高管心里踏实，才会持续服务公司并做出贡献，而企业主掌握持股平台的控制决策权，并承担持股平台的风险责任。这对高管是保护，对公司也是安全稳定的保障。

然而，企业主设立股权激励也需要智慧。股权激励本身是一种激励机制，激励作为一种"机制"本就不应当只有激励而没有约束。因此，要把激励和约束联系起来。当然，这种说法过于俗套，但道理是不错的，关键是如何设计和把握细节。

根据过往的实践经验，我们认为企业主在股权激励的过程中，应注意如下五忌：

一忌简单轻率。我们遇到很多企业主初心很好，但是一旦与高管谈方案，反倒遭到高管的不满甚至排斥，原本凝心聚力、和谐向上的公司，却遭遇了危机。也许是企业主考虑不周，也许是人性使然。毕竟，没有股权激励，大家未必会认真思考自己价值几何。一旦涉及激励涉及价值评估涉及获得多少股权受到多少约束，就会引发方方面面的思考。因此，企业主实施股权激励，要多方考察，综合评估，逐一交流，审慎出手。

二忌一次用尽。激励股权一次全部分配完毕，对于没有得到股权的高管而言就没有了希望，从而也就失去了激励作用。因此，要预留股权，而且要足够多，对没有获得股权的高管以及未来招募的高管形成足够的吸引力。同时，对于股权分配也要适当拉大内部差距，以提高激励效果，真正实现激励的目的。

三忌全权授尽。对于实际持有股权的激励模式，如果高管一次性全部获得股权，就成为登记股东。此时对于高管而言没有任何约束，高管自然可以持股自由去留。因此，为防止"赔了夫人又折兵"的尴尬事情发生，只授予高管分红权而没有表决权，或者工作满一定期限后、业绩达到一定标准后再获得完整的股权，或者暂不进行变更登记，或者约定离开公司时无条件将股权退回公司等，都是可以考虑的有效措施。当然，优选的方案还是有限合伙持股平台。

四忌无偿分配。没有对价的权利不会被珍惜。人性的特点是更关注直接付出的回报。因此，股权激励不宜轻易给与，而最好让高管不多不少"出点血"，在其能够承受的范围内以一定的代价获得颇有牵挂的更大权利，这样他才会更珍惜。

五忌割裂权责。有的企业主推行股权激励计划考虑欠周全，一厢情愿地考虑股权激励的积极一面，却忽视了高管业绩考核、忠诚度建立、持股离职、竞业禁止等多方面问题。授之以股权，就应当设定相应的义务，不履行义务就应当承担相应的责任。股权激励权责相宜，不可不慎。

第二，董责险。 如前所述，董事因执行公司职务会面临诸多赔偿责任。而重大责任的发生，或许就是董事生命中不能承受之重。比如巨额赔偿就是个人债务，对于家庭而言也许就是倾家荡产、影响家人安稳幸福生活的灾难。除了董事自己进行风险防范和对冲安排外，根据新《公司法》的规定，公司还可以为董事投保责任保险。① 这样，一旦董事因履职发生赔偿责任，就由保险公司承担约定的赔偿金额。这是首次在《公司法》中鼓励公司投保董事责任保险。

第三，要员保险。 公司要员保险在海外是一个颇受高管欢迎的法律架构。所谓要员，就是公司的核心重要人员，包括高管以及具有特殊能力或特殊贡献的人员。要员保险的一般模式，就是通过公司投保，以高管为被保险人。生存金由高管领取，身故受益金由高管安排家人领取，可以是配偶、父母、子女。同时，由公司与高管签署要员保单激励协议，约定高管对公司的义务和责任，以及违约责任。这样，一方面，对于高管而言，未来获得确定的资金，无论对自己还是对家人来说，都是妥妥的获得感；另一方面，对于企业主和公司而言，避免股权激励的烦琐，尤其是份额分配上的人性挑战。这样，可谓两全其美。

对于国内企业和企业主而言，公司为要员购买保险，目前并无普遍适用的产品。可喜的是，已经有公司突破这一现状，先由高管缴纳首期保费完成保单投保，再将投保人变更为公司，后续由公司支付保费，从而实现保险激励的作用。

---

① 《中华人民共和国公司法》（2023年修订）第一百九十三条：（第一款）公司可以在董事任职期间为董事因执行公司职务承担的赔偿责任投保责任保险。

综上所述，公司高管的风险管理，既是高管个人的责任，也是企业主的责任。

对于公司高管而言，要做到：第一，厘清边界。公司高管任职第一要务是厘清职责边界，根据《公司法》以及公司章程和聘用合同的规定，检视风险点，划定职责边界，不越雷池一步。第二，敬畏有底线。严格把握个人利益与公司利益关系的边界，心怀敬畏，有所为有所不为。要知道身居要位，诱惑当前，便是一念天堂一念地狱。第三，守住家财。身为高管不比企业主，家财安全稳定是根本，用智慧和制度锁定财富，是比事业更刚性的需求。

对于企业主而言，要做到：第一，厚待高管。高管是公司的管理者，也是公司的守护者。高管也是公司的重要财富，企业主需要好好呵护。第二，制度规范。高管也是介于建设与破坏两者之间，约束与激励并重，需要企业主的智慧。一方面，完善公司治理机制和制度规约；另一方面，该花的钱要花到位，比如股权激励、保单激励和董责险，都是四两拨千斤的智慧安排。

总结

1. 误区与盲区提示

（1）赚的是打工的钱，担的是堪比老板的责。

（2）对于股东出资责任，公司高管要承担连带责任。

（3）企业主任职高管的，公司高管的责任也是企业主的风险。

2. 企业主和高管必知

（1）对职业风险缺乏认知和对职责缺乏敬畏，是公司高管的第一大"职业杀手"。

（2）公司高管的风险后果，终归是要由公司直接承受的。

建议

1. 对公司高管

第一，厘清职责边界。准确掌握所在岗位职责规定，依法履职，不错过，不越过。

第二，敬畏有底线。严格把握个人利益与公司利益边界。

第三，守住家财。为个人和家庭做好财富积累和财富保全规划，防止职业风险伤及家庭。相关专业策略和制度方案，我们将在第十章进一步呈现。

2. 对企业主

第一，厚待高管。构建健康的企业文化，培养充满创造活力的高管团队，成就高管就是成就基业长青。

第二，制度规范。一方面完善公司治理机制和制度规约，另一方面规划股权激励、保单激励和董责险等财务激励和风险对冲计划。

超话

公司，不能成为人性的赌场，股东、实控人、董事、监事、高管都需要相互制衡，更需要相互平衡，彼此赋能。和合才能共好。

第九章　夫妻债务困境之解

在债务这个问题上，企业主的风险不仅仅是公司债务，也不仅仅是个人债务，还有夫妻共债的风险。无论是企业主个人负债，还是发生夫妻共债，都不仅会影响家庭财产的稳定，而且会影响配偶财产的安全。

个人债务风险浸染家庭财产

在一般认知之下，企业主个人负债，就应当由企业主个人承担偿债责任。但是，企业主常常忽略一点，那就是企业主的个人债务也会直接影响夫妻财产的安全。

由于绝大多数企业主在婚姻中都是共同财产制，① 这就使得财产在夫妻之间没有明确的界限，当执行企业主个人财产时，必然要触动、分割夫妻共同财产。

比如，有这样一个判例：② 丈夫作为被执行人，名下无可供执行的财产，经查询妻子名下银行账户仍有存款，法院遂冻结妻子名下部

---

① 《中华人民共和国民法典》第一千零六十二条：（第一款）夫妻在婚姻关系存续期间所得的下列财产，为夫妻的共同财产，归夫妻共同所有：（一）工资、奖金、劳务报酬；（二）生产、经营、投资的收益；（三）知识产权的收益；（四）继承或者受赠的财产，但是本法第一千零六十三条第三项规定的除外；（五）其他应当归共同所有的财产。
② 参考判例：山东省济宁高新技术产业开发区人民法院（2022）鲁0891民初722号民事判决，（2022）鲁0891执1367号执行裁定。

分银行存款。妻子向法院提交异议申请，认为该账户存款系其与丈夫共同经营收入，并非丈夫个人所有。法院裁判认为，被执行人名下无可供执行财产时，法院应充分调查被执行人是否与他人拥有共同财产。被执行人配偶名下银行存款虽以个人名义所存，但不能提供证据证明案涉存款系其个人财产，法院可以查封、扣押、冻结被执行人配偶名下夫妻共同财产并通知其配偶，如其无异议，法院可直接执行相关财产。[1]

如案所示，尽管执行时不会执行属于配偶的部分，但一定是通过处分共同财产才能实现执行。而问题就在于，不同类别的财产有不同的执行措施。对于可以自由分割、分别持有的财产而言，可以通过"切割"的方式只执行属于被执行人的那部分，比如现金资产。但是，对于变现困难或者市场变动较大或者估值不易确定的财产，就很可能伤及共同财产。比如，房地产无法变现，司法拍卖会大大贬值；比如证券、基金或者另类投资，市场波动大、风险高，在低位执行就会造成财产损失；再比如著作权、商标、专利、专有技术，尤其是近年来以各种形式出现的虚拟财产的执行，其评估标准、价值判断都有很大空间。这些不确定性，都难免伤及配偶的财产。

当然，现实中不排除有的家庭采取分别财产制的，也就是说约定了财产分别归夫妻各自所有，甚至约定了各自的债务由各自承担。[2]但这也难以避免配偶一方财产受到影响和伤害的可能。因为这个约定

---

[1] 《最高人民法院关于人民法院民事执行中查封、扣押、冻结财产的规定》（2020年修正）第十二条：（第一款）对被执行人与其他人共有的财产，人民法院可以查封、扣押、冻结，并及时通知共有人。

[2] 《中华人民共和国民法典》第一千零六十五条：（第一款）男女双方可以约定婚姻关系存续期间所得的财产以及婚前财产归各自所有、共同所有或者部分各自所有、部分共同所有。约定应当采用书面形式。没有约定或者约定不明确的，适用本法第一千零六十二条、第一千零六十三条的规定。（第二款）夫妻对婚姻关系存续期间所得的财产以及婚前财产的约定，对双方具有法律约束力。（第三款）夫妻对婚姻关系存续期间所得的财产约定归各自所有，夫或者妻一方对外所负的债务，相对人知道该约定的，以夫或者妻一方的个人财产清偿。

只在夫妻之间有效，不能对抗第三人。也就是说，夫妻之间的约定，对债权人无效，债权人仍然可以向夫妻双方主张清偿。对此，当事人抗辩的理由可以是，债权人知道这个约定，但是，对于企业主及其配偶而言，要证明这点是一件相当困难的事情。

总结

1. 误区与盲区提示

（1）企业主个人财产被执行，必然要触动、分割夫妻共同财产。

（2）夫妻之间债务各担的约定，不能对抗债权人的追索和法院的执行。

2. 企业主必知

在债务风险上，夫妻关系是最难以厘清责任的法律关系。

建议

第一，以制度和架构隔离个人财产与家庭财产，比如规划保险架构和家族信托架构，确保家财安全。对此，本书第十章有进一步的阐述。

第二，夫妻约定财产分别制、债务各担，但务必向债权人告知并保存证据。

超话

债务亦如情感。对于企业主夫妻而言，无论聚散离合，债务的万般纠缠都是严肃的考验。琴瑟和谐时，夫妻共债，风雨同舟；情虽已尽，仍是债务难舍又难分，纵使劳燕分飞，也是藕断丝连。

夫妻共债面面观

企业主个人债务对夫妻财产的影响，只是对配偶造成困扰，但不至于让配偶失去财产。如果企业主的债务成为夫妻共同债务，配偶的风险就是责任共担、财产共损。

我们在前面系统梳理了企业主承担债务的种种风险。如果这些债务止于企业主个人，由企业主个人承担自不必说，但是，在现实和司法实践中，企业主的个人债务穿透或者混同而成为夫妻共同债务，进而造成家庭财产的巨大损失的案例和教训也是屡见不鲜。

有一位企业主创业，独自经营公司，太太全职带孩子，偶尔协助企业主处理公司事务。由于不善投资也不敢冒险，太太以自己和孩子的名义在银行开户买了理财产品，为孩子未来的教育做储备。夫妻二人决定，企业再苦再难、无论什么情况都不能动用这笔家财。然而让他们意想不到的是，企业主经营负债被认定为夫妻共同债务，太太和孩子名下的财产被认定为家庭财产，最终被法院执行。

夫妻共债是每一个企业主都要面对的风险。

曾经的一概而论

司法实践中，确实存在过一概而论的历史，就是在婚姻关系存续期间，夫妻一方以个人名义所负的债务，按夫妻共同债务处理。[1] 对此，曾一度引起了"全职"太太的恐慌和异议。这一司法实践后来被修订，并最终以《民法典》形式对夫妻共同债务进行了界定，在很大程度上避免了企业主配偶承担企业主债务的风险。如此一来，企业主和企业主配偶至少有一点是可以放心的，那就是，并不是企业主的任何一笔债务都是夫妻共同债务。

---

[1] 《最高人民法院关于适用〈中华人民共和国婚姻法〉若干问题的解释（二）》（2003年发布，已失效）第二十四条：债权人就婚姻关系存续期间夫妻一方以个人名义所负债务主张权利的，应当按夫妻共同债务处理。但夫妻一方能够证明债权人与债务人明确约定为个人债务，或者能够证明属于婚姻法第十九条第三款规定情形的除外。

如今的法典界定[1]

那么，到底哪些债务属于夫妻共同债务？对此，依据《民法典》的规定以及司法实践，我们总结如下：第一，夫妻双方共同签名的债务；第二，夫妻一方事后追认的债务；第三，以个人名义为家庭日常生活需要所负的债务；第四，用于夫妻共同生活的债务；第五，共同生产经营所负的债务；第六，其他有共同意思表示的债务。

这样的界定虽然明晰了很多，但也存在很多误区与盲区。那些成为夫妻共同债务的"深水炸弹"，往往不为企业主所知，一不小心就会引发家庭债务危机。因此，需要进一步进行法律拆解和明晰。

总结

1. 令人欣慰的是，并不是企业主的所有债务都是夫妻共同债务。

2. 令人遗憾的是，并不是所有的人都知道如何区分和界定夫妻共同债务。

建议

第一，家有企业，需要系统掌握夫妻共债的法律边界。

第二，经营中，要防范和杜绝产生夫妻共债的行为，比如共同签字、事后确认、共同经营等。对此，贴心的专业顾问就显得尤为重要。

---

[1] 《中华人民共和国民法典》第一千零六十四条：（第一款）夫妻双方共同签名或者夫妻一方事后追认等共同意思表示所负的债务，以及夫妻一方在婚姻关系存续期间以个人名义为家庭日常生活需要所负的债务，属于夫妻共同债务。（第二款）夫妻一方在婚姻关系存续期间以个人名义超出家庭日常生活需要所负的债务，不属于夫妻共同债务；但是，债权人能够证明该债务用于夫妻共同生活、共同生产经营或者基于夫妻双方共同意思表示的除外。

> 超话
>
> 夫妻连理，债务共栖。法律有明文，践行有盲区。

夫妻共债的法律拆解

夫妻共债，是困扰企业主及其配偶的大事。认清源头、厘清边界、知晓后果，是企业主及其配偶都需要进修的财富功课。

源于个人的夫妻共债

企业主夫妻共债基本有两个源头，一个来源于个人，另一个来源于企业。对于企业主而言，每一个源头都有认知误区和专业盲区。

就来源于个人的角度而言，企业主所负债务用于夫妻的"共同生活"，这是夫妻共债的风险点。所谓用于夫妻共同生活的债务，是指为了维持正常的家庭生活、家庭支出所负的债务。主要包括：（1）一方从事生产经营活动（注意，这种情形区别于夫妻"共同经营"），经营收入用于家庭生活所负的债务；（2）婚前一方借款购置的财产已转化为夫妻共同财产，为购置这些财产所负的债务；（3）购置共同生活用品所负债务；（4）购买、装修共同居住的住房所负的债务；（5）夫妻一方或者双方为治病支付医疗费用所负的债务；（6）抚养子女、赡养老人所负的债务；（6）为支付夫妻一方或双方的教育、培训费用以及文娱体育活动所负的债务；（7）夫妻协议约定为共同债务的债务。

源于企业的夫妻共债

就来源于企业的角度而言，企业主的债务属于夫妻"共同经营"所负的债务，是夫妻共债的风险点。

具体而言，共同经营所负的债务包括：（1）夫妻共同从事工商业或承包经营所负的债务；（2）购买生产经营所需资料所负的债务；（3）共同从事投资或者其他金融活动所负的债务；（4）共同从事生产、经营活动所欠缴的税款。

共同经营所负债务，一般缘于夫妻共同经营费用的不足。不论债务最初是由谁借的，以谁的名义借的，只要所生债务是因夫妻共同经营所致，就是夫妻共同债务，就应共同偿还。夫妻共同经营之债，只问其用途，而不究其形式。

夫妻共债，理论认知容易，实操防范很难。综合司法实践中企业主遭遇的夫妻共债风险，我们整理了以下"四大要害"，主要是针对企业主不知道或者不小心招致共债风险的情形，提示给企业主，希望企业主高度重视并予以有效防范。

（一）共债共签

双方共同签名的债务是典型的夫妻共同债务。在企业主因企业经营所产生的债务中，配偶直接参与签字的情形并不常见。但如果配偶参与公司的商业活动，比如参加商务谈判，在形成债务的会议纪要上的签名，就有可能成为共债共签的依据。当然，在保证合同、担保函等文件上的签字，虽然不是主债务的共债共签，但是形成了担保责任，也就构成了对企业主债务的承担。

（二）代为还债

配偶为企业主的债务支付了还款，也是一种确认行为。比如从配偶的银行账户支付还款到债权人的账户，就会被认定为对企业主债务的确认，从而承担夫妻共同债务的责任。

（三）事后追认

配偶对企业主债务的事后确认，通过语言等交流方式，更容易成为证据。现代通信方式的发达和灵活，信息数据留痕，成为便捷的证据来源。比如，配偶的一句话"欠你的钱早晚会还的，不用这么没完没了地催促"，本意是一种应付和推搪，但事实上就可能构成对企业主债务的认可以及偿还债务的意愿，从而成为夫妻共债的证据。

（四）共同经营

夫妻共同经营是一个大概念，包含太多情形。这里就其中典型的、常发的情形，以及企业主的误区盲区情形，择其要者，举例如下：（1）配偶在公司中持有股权，或担任公司董事、监事、经理、财务负责人，这是典型的共同经营；（2）公司设立之初，为应付公司登记，将配偶列为监事；（3）为了增加公司成本减少税负，为配偶发放工资、缴纳社保；（4）公司开会，配偶参与讨论，在会议纪要上签字；（5）财务报销时企业主不在，请配偶签字批准。上述这些行为，有的貌似根本不是"共同经营"，但实质上都有可能成为认定夫妻共同债务的事实依据。比如，某企业主个人持股100%，属于一人公司，企业主为公司董事、经理、法定代表人，太太为公司监事。因为企业主有挪用公司经营款用于支付家庭消费的事实，且未证明公司财产独立于自己的财产，被判决对公司债务承担连带责任。并且，因为太太作为公司监事，负责监督公司经营管理，视为夫妻二人共同经营公司，太太未证明夫妻关系存续期间二人财产与公司财产独立，因此企业主夫妇应对公司债务承担连带责任。在这个案件中，如果太太不是监事，公司债务穿透也只由企业主个人承担，而正是由于太太在公司任监事这一事实，这一债务就变成了夫妻共债。

个人债务的边界

以上我们努力阐明什么是夫妻共同债务，以及如何界定夫妻共同债务。但由于涉及"家庭日常生活所需""夫妻共同生活""夫妻共同经营"等法律概念，仍需在司法实践中进行判断，对于企业主而言无疑是困难的。为了让企业主更进一步辨识共同债务和个人债务，我们从个人债务的视角，再帮企业主做进一步框定。

根据《民法典》以及相关法律的规定，下列情形应属于个人债务：（1）夫妻一方的婚前债务，如一方为购置房屋等财产负债，但该房屋没有用于婚后共同生活，这笔债务应当认定为个人债务；（2）夫妻一方未经对方同意，独自筹资从事生产或者投资经营活动所负债务，且其收入没有用于共同生活；（3）遗嘱或赠与协议中确定只归夫或妻一方的财产为一方个人财产，附随这份遗嘱或赠与合同而来的债务也应由接受遗嘱或赠与的一方单独承担，他方无清偿责任；（4）未经夫妻协商一致，擅自资助与其没有抚养、赡养义务的亲朋所负的债务；（5）夫妻双方依法约定由个人负担的债务，但以此逃避债务的除外，需要注意的是，这种约定不能当然的及于债权人，对债权人没有对抗效力，除非债权人事先知道或者事后追认该约定；（6）夫妻一方因个人不合理的开支，如赌博、吸毒、酗酒所负债务；（7）其他依法应由个人承担的债务，包括夫妻一方实施违法犯罪行为、侵权行为所负的债务。① 夫妻一方的个人债务，无论在婚姻关系存续期间还是离婚后，或者是负债方失踪、死亡，均由其个人承担，另一方没有偿还义务。

司法实践中的复杂性

尽管我们前面谈到如何界定夫妻共同债务，也尽最大努力厘清个人债务与共同债务，但在司法实践中，夫妻债务的区分和界定都不是单一因素所能决定的，夫妻债务从来就没那么简单。在最高人民法院的很多司法判例中，对个人发生的债务认定为夫妻共同债务的，多是多重因素决定的。比如有判例记载：企业主经营粮食生意，妻子经营火锅店生意，二者的收入均用于家庭共同生活。企业主将自己公司借贷来的款项部分用于经营自己的粮食生意，部分用于二人的共同生活和其他经营。据此，判决认定案涉债务发生在夫妻关系存续期间，判

---

① 《中华人民共和国民法典》第五十六条：（第一款）个体工商户的债务，个人经营的，以个人财产承担；家庭经营的，以家庭财产承担；无法区分的，以家庭财产承担。

令太太对相关债务承担连带责任。[①] 这个判例非常清晰地代表了这样一个现实，就是对于家有企业的企业主而言，发生在企业主个人身上的债务，因为夫妻之间的共同生活、共同经营行为，都有可能成为夫妻共同债务。从这个维度而言，企业主持有股权，也就持有了债务通道。家有企业，不可不慎。

个人财产也要承担共同债务

如果说夫妻共同债务"在劫难逃"，配偶仅仅以属于自己那部分的财产承担债务，倒也在可以理解的情理范围。但是，从法律角度而言，债务的尽头并未就此止步。配偶承担夫妻共同债务的财产范围，并不止于共同财产，而是包括属于配偶个人的所有财产，这既包括夫妻双方约定属于个人的财产，也包括配偶婚前的个人财产。

以案明法。有一家公司的银行贷款到期不能偿还，公司和企业主同时被银行起诉到法院。基于企业主将贷款挪出用于购买家具和奢侈消费，又基于企业主配偶列名为公司监事，最终法院判决公司、企业主和配偶共同承担连带责任。基本理由就是，家企混同债务穿透，由企业主对企业债务承担连带责任，而企业主配偶担任公司监事，尽管只是列虚名，也是经营行为，而且贷款用于夫妻共同生活，因此属于夫妻共同债务。在执行过程中，企业财产和夫妻共有财产不足以偿还债务，最终，企业主妻子的一套婚前父母赠送的房产被拍卖执行。这个夫妻共同债务的案件，就直接伤害了配偶的个人财产，而且是婚前父母赠与的财产。这不仅是对妻子财产的伤害，也会深深伤害妻子的父母。可见，风险不光是法律上的义务和责任，还有因为承担义务和责任所带来的次生伤害。

[①] 参考判例：最高人民法院（2022）最高法民申411号。

夫妻共债风险隔离策略

夫妻是情感幸福的共同体，也是财富与风险的共同体。对于企业主而言，夫妻更是家企财富安全的共同体。企业负债是常态，企业主负债在所难免。但是，如果因为认知不到位，管理不善，造成企业主个人债务伤害到夫妻共同财产甚至由配偶来承担本不属于自己的债务，以至于用个人婚前财产承担债务，也就太不值当了。这不仅会影响家庭财产、配偶个人财产的安全，也会影响家庭稳定和情感稳定。因此，谨慎处理企业主个人与家庭的财务关系，厘清夫妻共同债务的边界，避免造成交错复杂的财务和债务关系，对于企业主家庭财产安全和情感安稳非常重要。

所以，在企业主个人财产与公司财产隔离的基础上，还要对企业主与配偶之间的风险进行再次隔离，综合规划，做到防范、保全和储备全方位保护。

第一，风险防范要做到：（1）不签字，配偶避免在涉及债务的文件上签字，避免以任何方式对担保债务表示认可；（2）不参与，配偶如果不参与公司经营，则避免登记为公司的股东，避免在公司任职、领薪，避免参与会议决策管理或以其他形式参与公司经营；（3）不使用，企业主避免将负债资产用于家庭生活。

第二，风险隔离要做到：以法律和制度方法隔离夫妻债务，保护家庭财产和配偶不受债务伤害，让配偶放心。这包括：（1）制度完善，规范财务管理，适时完成财务会计报告、审计报告；（2）财产独立，保持个人财产与公司财产独立，固定和保留证明财产独立的证据；（3）法律规划，运用夫妻协议隔离、保单隔离和信托隔离，相关专业的方案和制度，我们将在第十章中进一步呈现。

第三，财富储备要做到：锁定已有的创造，在安全的前提下保值增值，建好财富压舱石。这样，在债务发生时可以救急救济，有备无患。

总结

1. 误区与盲区提示

（1）家有股权，是夫妻共同债务的天然通道。

（2）一旦夫妻共债发生，配偶婚前的个人财产也不能幸免偿债。

2. 企业主必知

（1）构成企业主夫妻共债的重点风险是"共同生活"和"共同经营"。

（2）企业主的债务风险将直接侵蚀夫妻共有财产，影响配偶财产安全稳定。

建议

第一，风险防范要做到：文件不签字，经营不参与，财产不使用。

第二，风险隔离要做到：制度完善，财产独立，法律规划。

第三，财富储备要做到：锁定已有的创造。

超话

股权是一条债务通道。企业家因持股负债的，应防患于债务共有而殃及配偶。财富源于股权，也会败于股权。无论治业与持家，涉"股"当谨慎。

第十章　债务难免，取舍谋篇

家有企业，企业主是天然的易负债人群。正如我们在前面几章中所进行的详细分析，企业主负债基本包括这样几个方面：第一，企业主因设立公司出资瑕疵而承担债务责任；第二，企业主因家企混同而承担连带债务责任；第三，企业主因企业自身融资担保或者对外担保而承担债务责任；第四，企业主因股权融资对赌失败而承担债务责任；第五，企业主因身为企业实控人、法定代表人、董事（长）、总经理等身份而承担债务责任。不仅如此，企业主负债还常常成为夫妻共同债务，不小心就伤及家庭和配偶的财产。欠债还钱，天经地义，如果拒不履行债务就要承担法律责任。前面几章我们探讨了如何避免和减少债务发生风险的策略要点。那么，如果债务难以避免，又如何能够将债务风险减到最小，尤其是避免企业主的债务伤及家庭和配偶，就成为企业主财富规划中不可或缺的环节。

拒不履行债务，代价比债务更昂贵

欠了债就要还钱，这是义务。如果这笔债务经过生效的法院判决、裁定确认，债务人就必须履行。[①] 然而，欠债不还也是现实中的顽疾，

---

① 《中华人民共和国民事诉讼法》（2023 年修正）第二百四十七条：（第一款）发生法律效力的民事判决、裁定，当事人必须履行。一方拒绝履行的，对方当事人可以向人民法院申请执行，也可以由审判员移送执行员执行。

有判决不执行,想尽各种办法避债逃债的,大有人在。隐匿财产、恶意清偿、虚构债务、虚假破产等,这些方法甚至成为欠债人津津乐道、自以为是的避债"秘籍"。但"秘籍"未必有效,甚至会弄巧成拙。

自以为是的避债"秘籍"

避债哪有什么秘籍,那些自以为是的"经典"操作,无论是隐藏转移财产,还是注销清算,甚至离婚、死亡,都是交智商税,给自己挖更大的坑。

(一) 隐藏转移财产

为了逃避债务,很多人用种种方法将财产进行隐身、消灭或者毁损处理,试图实现"胜利大逃亡"。这包括将财产隐藏起来,将财产进行转移,将财产无偿转让给他人,[1] 以明显不合理的低价转让财产,[2] 等等。以为只要财产不在自己名下,就不会被执行,这完全是债务人视角的想当然。这些操作尽管将财产脱离了自身,但如果债权人请求法院撤销,[3] 其仍然逃不过法律的执行,甚至因此为自己带来除了偿债之外的更重的法律责任。

比如,将财产转移给家人。显然,将财产转移给配偶,由于存在夫妻财产共有的属性,这种转移不够安全。于是,有人就会将财产转移给自己的子女,以为这样就可以高枕无忧。但这种安排在司法实践中仍然会被认定为家庭共有财产,从而最终还是要用于偿还债务。比

---

[1] 《中华人民共和国民法典》第五百三十八条:债务人以放弃其债权、放弃债权担保、无偿转让财产等方式无偿处分财产权益,或者恶意延长其到期债权的履行期限,影响债权人的债权实现的,债权人可以请求人民法院撤销债务人的行为。

[2] 《中华人民共和国民法典》第五百三十九条:债务人以明显不合理的低价转让财产、以明显不合理的高价受让他人财产或者为他人的债务提供担保,影响债权人的债权实现,债务人的相对人知道或者应当知道该情形的,债权人可以请求人民法院撤销债务人的行为。

[3] 《中华人民共和国民法典》第五百四十一条:撤销权自债权人知道或者应当知道撤销事由之日起一年内行使。自债务人的行为发生之日起五年内没有行使撤销权的,该撤销权消灭。

第十章 债务难免,取舍谋篇

如某企业主使用公司的对外借款支付购房款,以女儿的名义买房。购房时,女儿未成年,属于无民事行为能力人,不具有独立取得经济收入的能力。因此,所购房屋应作为家庭共有财产对家庭对外债务承担责任。①

显然,将财产转移给自家人太过明显。那么,转让给第三人是不是就安全了?答案是否定的。如果是与第三人共同商议,为规避债务而进行的财产转让,那会被认定为无效。②

(二) 虚假诉讼

考虑到隐藏转移财产容易被发现,更有"聪明人"为了使财产转移显得更加"真实",或者逃避债务追偿,设计和操作虚假诉讼、仲裁、调解等法律程序,获得可执行的法律文书,然后通过执行程序实现非法转移财产和逃债的目的。

比如,一对夫妻对外负债,被法院判决后经原告申请进入强制执行程序。在执行中,原告发现,另有两名债权人持与被告的民事调解书参与执行分配,而这两名债权人竟然是被告的亲兄弟。后经检察院抗诉,确认被告与自家兄弟的民事调解书所确认的基本事实属虚假。被告与自己兄弟进行虚假诉讼,达成虚假调解,让自家兄弟参与执行,这样就可以少承担债务而多分得财产,从而逃避债务。这个案件最终撤销了被告与兄弟之间的民事调解书,同时相关人员也受到了处罚。③另有一案,被告因结欠银行债务,被诉至法院。案件审理期间,被告串通亲属进行虚假诉讼。在执行过程中,亲属申请参与分配。在拍卖过程中,亲属参与竞买房产。经过被告与亲属的操作,银行实际受偿

---

① 参考案例:最高人民法院(2022)最高法民申411号。
② 《中华人民共和国民法典》第一百五十四条:行为人与相对人恶意串通,损害他人合法权益的民事法律行为无效。第一百五十五条:无效的或者被撤销的民事法律行为自始没有法律约束力。
③ 付碧强,袁小燕,叶肖萍.为逃避债务虚假诉讼3人被罚20万元[EB/OL].新浪网,2019-08-19. https://news.sina.com.cn/s/2019-08-19-doc-ihytcitn0218094.shtml.

金额远远不足。事发后，因虚构债务、虚假抵押、虚假诉讼实施规避执行行为，执行法院对被告及其亲属等人予以罚款，并将犯罪线索移送公安机关，该人等均被追究刑事责任。①

虚假诉讼的方式不一而足。常见情形包括：（1）与夫妻一方恶意串通，捏造夫妻共同债务；（2）与他人恶意串通，捏造债权债务关系和以物抵债协议；（3）与公司、企业的法定代表人、董监高人员恶意串通，捏造公司、企业债务或者担保义务，向他人承担偿还赔偿责任；（4）捏造侵犯知识产权或者不正当竞争关系，向他人承担侵权责任；（5）与被执行人恶意串通，捏造债权或者对查封、扣押、冻结财产的优先权、担保物权；（6）单方或者与他人恶意串通，捏造身份、合同、侵权、继承等民事法律关系的其他行为。②通过捏造债务关系，虚构事实启动诉讼，将自己应当偿还合法债务的财产转移至虚假诉讼的对方手里，达到逃避债务的目的。

然而，假的永远真不了。这种虚假诉讼一旦被揭底，不仅不能逃

---

① 江苏高院. 高院发布抗拒、规避执行十大典型案例, 虚构债务稀释债权构成拒执罪｜保全与执行［EB/OL］. 网易, 2022-01-11. https：//www.163.com/dy/article/GTFGPROB0521BAA5.html.

② 《最高人民法院 最高人民检察院关于办理虚假诉讼刑事案件适用法律若干问题的解释》（2018年）第一条：（第一款）采取伪造证据、虚假陈述等手段，实施下列行为之一，捏造民事法律关系，虚构民事纠纷，向人民法院提起民事诉讼的，应当认定为刑法第三百零七条之一第一款规定的"以捏造的事实提起民事诉讼"：（一）与夫妻一方恶意串通，捏造夫妻共同债务的；（二）与他人恶意串通，捏造债权债务关系和以物抵债协议的；（三）与公司、企业的法定代表人、董事、监事、经理或者其他管理人员恶意串通，捏造公司、企业债务或者担保义务的；（四）捏造知识产权侵权关系或者不正当竞争关系的；（五）在破产案件审理过程中申报捏造的债权的；（六）与被执行人恶意串通，捏造债权或者对查封、扣押、冻结财产的优先权、担保物权的；（七）单方或者与他人恶意串通，捏造身份、合同、侵权、继承等民事法律关系的其他行为。（第二款）隐瞒债务已经全部清偿的事实，向人民法院提起民事诉讼，要求他人履行债务的，以"以捏造的事实提起民事诉讼"论。（第三款）向人民法院申请执行基于捏造的事实作出的仲裁裁决、公证债权文书，或者在民事执行过程中以捏造的事实对执行标的提出异议、申请参与执行财产分配的，属于刑法第三百零七条之一第一款规定的"以捏造的事实提起民事诉讼"。

避债务的履行，还将根据情节轻重被处以罚款、拘留；① 构成犯罪的，依法追究刑事责任，受到最高可达 7 年的有期徒刑，同时还要被处以罚金。②

（三）注销公司③

利用公司的终止程序逃避债务也是常见方式。（1）有计划地转移资产后申请破产。主要表现在：破产宣告前突击清偿关联公司或者个人的到期债权，对于第三人的债务则不予清偿。（2）利用清算注销程序恶意逃债。然而，法律规定，清算注销公司必须通知债权人，否则，作为清算义务人的企业主以及股东仍然要承担公司未清偿的债务，债务是逃不掉的。更为严重的后果是，本来属于公司的债务，通过这种操作，反而变成了个人债务，并进而影响家庭财富的安稳。

（四）财产代持

有的企业主为避免风险发生追及自己的财产，将财产放在他人名下代持。但代持风险或许并不比债务风险小。④ 因为，债务风险只是偿还债务，是本就应该从资产中减除的，一旦债务发生，最多就是资产的减少，而代持的风险，或许就是财产彻底归零。

（五）夫妻离婚

假离婚是企业主逃避债务的常用手段之一。然而，假离婚并不能隔离债务，甚至真正的离婚也不能免除债务承担。假离婚反而还会潜

---

① 《中华人民共和国民事诉讼法》（2023 年修正）第一百一十六条：被执行人与他人恶意串通，通过诉讼、仲裁、调解等方式逃避履行法律文书确定的义务的，人民法院应当根据情节轻重予以罚款、拘留；构成犯罪的，依法追究刑事责任。
② 《中华人民共和国刑法》（2023 年修正）第三百零七条之一：（第一款）以捏造的事实提起民事诉讼，妨害司法秩序或者严重侵害他人合法权益的，处三年以下有期徒刑、拘役或者管制，并处或者单处罚金；情节严重的，处三年以上七年以下有期徒刑，并处罚金。（第二款）单位犯前款罪的，对单位判处罚金，并对其直接负责的主管人员和其他直接责任人员，依照前款的规定处罚。
③ 关于注销公司的法律风险和责任，参见第七章。
④ 关于股权代持的风险，参见第四章。

藏道德风险和刑事责任。

第一，在夫妻共债的情形下，即便解除了婚姻关系，债务还是要共同承担的。（1）离婚时共同债务无论共同发生在二人身上，还是单独发生在一人身上，离异后双方都要以自己的财产偿还共同债务；（2）离婚时双方约定由一方承担全部共同债务的，对外也不能对抗债权人，债权人仍有权向任何一方追索债务。

一般而言，离婚只能解决离婚之后债务的隔离。离婚之前的债务如果属于共同债务，那么离婚也不能隔离债务。都说分手之后总是藕断丝连，其实对于企业主而言，债务才是真正的藕断丝连。

第二，如果假离婚被证实，确认夫妻双方恶意串通，以不合理的分配方式分割夫妻财产或财产转移，以逃避债务和执行的，那么，就有可能被债权人行使撤销权，击穿假离婚中关于财产分割的约定。① 识别以恶意转移财产为目的的假离婚并不难，有下列特点的离婚协议都要小心：第一，离婚协议不真实，双方虽然登记离婚，但离婚不离家，仍然共同居住共同生活；第二，离婚协议未实际履行，如未按照协议约定进行变更登记，或者仍由双方实际使用支配；第三，财产分割严重不公，比如共同财产和婚前个人财产全部归一方所有，另一方净身出户还要承担债务；第四，离婚协议签订时间在债务发生之后、债权人提起诉讼之后或申请强制执行之后。

第三，假离婚在法律上也是真离婚，具有不可逆的特点，因此，假离婚的双方都是自由身，任何一方都不可避免也无法阻止另一方重新选择伴侣组成新的家庭。由于债务都由企业主承担，而主要财产大多都由配偶享有，一个值得关注的潜在风险就是，如果配偶一方不再

---

① 《中华人民共和国民法典》第五百三十八条：债务人以放弃其债权、放弃债权担保、无偿转让财产等方式无偿处分财产权益，或者恶意延长其到期债权的履行期限，影响债权人的债权实现的，债权人可以请求人民法院撤销债务人的行为。

配合复婚，或者配偶一方在这个法律空窗期产生了新的感情而与他人再婚，企业主又无法证明其所持财产是共有财产，那么就只有眼睁睁看着巨额财产走入另一个家庭了。这种情况的发生，有的是因为假离婚后人生有了新的发现、诱惑或者思考，有的是因为一开始就在设局。

第四，如果通过假离婚逃避债务，度过风险期之后再复婚，也存在着风险。婚姻复原，财产并不复原。原来分配给配偶的财产，仍属于配偶的婚前财产，在复婚后仍属于个人财产，不会自动恢复到离婚前的状态。

第五，假离婚后，如果配偶发生身故，由于相互之间不存在继承权，此时企业主无法以配偶的身份取得法定继承人资格，无法获得配偶名下的遗产，离婚分配到配偶名下的财产将在配偶的父母和子女间分配。这时企业主自己创造的家族财富，只能落在配偶名下继承。

第六，假离婚不仅无法达到转移财产逃避执行的目的，如果以假离婚的方式转移财产、逃避债务、规避执行，那么一旦被认定属实，还可能被追究刑事责任。①

（六）死亡

有的债务人负债累累，走投无路，选择自杀，以图一了百了。其实，死亡并不能终结债务，仍然逃避不了偿债的义务。因为，一旦死亡发生，就必然进入继承程序。而继承中分割财产，首先就要偿还被继承人的债务。② 如果被继承人是被执行人，那么就要用遗产偿还债务。③

---

① 《中华人民共和国刑法》（2023年修正）第三百一十三条，《最高人民法院 最高人民检察院关于办理拒不执行判决、裁定刑事案件适用法律若干问题的解释》（2024年）、《最高人民法院关于深入开展虚假诉讼整治工作的意见》（2021年）。
② 《中华人民共和国民法典》第一千一百五十九条：分割遗产，应当清偿被继承人依法应当缴纳的税款和债务；但是，应当为缺乏劳动能力又没有生活来源的继承人保留必要的遗产。
③ 《中华人民共和国民事诉讼法》（2023年修正）第二百四十三条：作为被执行人的公民死亡的，以其遗产偿还债务。作为被执行人的法人或者其他组织终止的，由其权利义务承受人履行义务。

自食其果的法律责任

所有债务人能想到的避债策略，法律都标好了代价。然而，总是有人试图突破法律的底线，躲债、避债、逃债，甚至拒不履行生效的判决裁定。但法律从不纵容逃债者，对于拒不履行债务的，法律也规定了一系列的措施进行约束和惩戒，被执行人任性就要受到法律的制裁。对此，许多人只知道强制执行等一些概念，对于不履行债务的系统风险和责任欠缺全面系统的认知。而企业主不能无知无畏，任性妄为。

（一）在执行程序方面，被执行人受到多重约束

在与被执行人的博弈过程中，法院的执行程序越来越完善。（1）在执行中，债务人应当提供财产情况报告，自主报告财产情况。不要拒绝报告，也不要提供虚假报告，否则就会遭到罚款和拘留处罚。① （2）对被执行人的住所、财产情况和财产隐匿地，法院都有权查询。这一点在信息共享、大数据、云计算及人工智能背景下，将变得越来越容易。② （3）法院有权对财产采取查封、扣押、冻结、划拨、变价、变卖、拍卖等执行措施。③ （4）对被执行人的收入，比如企业主的高额薪资和年终

---

① 《中华人民共和国民事诉讼法》（2023年修正）第二百五十二条：被执行人未按执行通知履行法律文书确定的义务，应当报告当前以及收到执行通知之日前一年的财产情况。被执行人拒绝报告或者虚假报告的，人民法院可以根据情节轻重对被执行人或者其法定代理人、有关单位的主要负责人或者直接责任人员予以罚款、拘留。
② 《中华人民共和国民事诉讼法》（2023年修正）第二百五十九条：（第一款）被执行人不履行法律文书确定的义务，并隐匿财产的，人民法院有权发出搜查令，对被执行人及其住所或者财产隐匿地进行搜查。
③ 《中华人民共和国民事诉讼法》（2023年修正）第二百五十三条：（第一款）被执行人未按执行通知履行法律文书确定的义务，人民法院有权向有关单位查询被执行人的存款、债券、股票、基金份额等财产情况。人民法院有权根据不同情形扣押、冻结、划拨、变价被执行人的财产。人民法院查询、扣押、冻结、划拨、变价的财产不得超出被执行人应当履行义务的范围。（第二款）人民法院决定扣押、冻结、划拨、变价财产，应当作出裁定，并发出协助执行通知书，有关单位必须办理。第二百五十五条：（第一款）被执行人未按执行通知履行法律文书确定的义务，人民法院有权查封、扣押、冻结、拍卖、变卖被执行人应当履行义务部分的财产。但应当保留被执行人及其所扶养家属的生活必需品。

奖，法院有权扣留、提取。① （5）对于拒不履行人民法院已经发生法律效力的判决、裁定的，对于已被查封、冻结、扣押的财产进行隐藏、转移、变卖、毁损的，将受到罚款、拘留的处罚，严重的还要承担刑事责任。②

（二）在财产、信用、消费、行为自由方面，被执行人受到多方位惩治

被执行人不按法院判决裁定履行债务的，将受到多方面惩罚和限制。

1. 多方位惩治包括：

（1）财产惩罚。加倍支付债务利息或迟延履行金，履行时间越迟，负担越重。③

（2）限制出境。这对于有国际商事活动、有海外身份或者配偶儿女在海外的企业主而言，将会造成非常大的麻烦。④

（3）公布信息。通过各种媒体公布被执行人的信息，⑤ 包括公司

---

① 《中华人民共和国民事诉讼法》（2023年修正）第二百五十四条：（第一款）被执行人未按执行通知履行法律文书确定的义务，人民法院有权扣留、提取被执行人应当履行义务部分的收入。但应当保留被执行人及其所扶养家属的生活必需费用。（第二款）人民法院扣留、提取收入时，应当作出裁定，并发出协助执行通知书，被执行人所在单位、银行、信用合作社和其他有储蓄业务的单位必须办理。

② 《中华人民共和国民事诉讼法》（2023年修正）第一百一十四条：（第一款）诉讼参与人或者其他人有下列行为之一的，人民法院可以根据情节轻重予以罚款、拘留；构成犯罪的，依法追究刑事责任：……（三）隐藏、转移、变卖、毁损已被查封、扣押的财产，或者已被清点并责令其保管的财产，转移已被冻结的财产的；……（六）拒不履行人民法院已经发生法律效力的判决、裁定的。（第二款）人民法院对前款规定的行为之一的单位，可以对其主要负责人或者直接责任人员予以罚款、拘留；构成犯罪的，依法追究刑事责任。

③ 《中华人民共和国民事诉讼法》（2023年修正）第二百六十四条：被执行人未按判决、裁定和其他法律文书指定的期间履行给付金钱义务的，应当加倍支付迟延履行期间的债务利息。被执行人未按判决、裁定和其他法律文书指定的期间履行其他义务的，应当支付迟延履行金。

④ 《中华人民共和国民事诉讼法》（2023年修正）第二百六十六条：被执行人不履行法律文书确定的义务的，人民法院可以对其采取或者通知有关单位协助采取限制出境，在征信系统记录、通过媒体会公布不履行义务信息以及法律规定的其他措施。

⑤ 《最高人民法院关于公布失信被执行人名单信息的若干规定》（2017年修正）第七条：（第一款）各级人民法院应当将失信被执行人名单信息录入最高人民法院失信被执行人名单库，并通过该名单库统一向社会公布。（第二款）各级人民法院可以根据各地实际情况，将失信被执行人名单通过报纸、广播、电视、网络、法院公告栏等其他方式予以公布，并可以采取新闻发布会或者其他方式对本院及辖区法院实施失信被执行人名单制度的情况定期向社会公布。

名称、法定代表人姓名，个人姓名、身份证号码，① 纳入失信被执行人"黑名单"。②

（4）通报信息。向政府、金融机构通报，在政府采购、招标投标、行政审批、政府扶持、融资信贷、市场准入、资质认定等方面予以信用惩戒。

（5）征信通报。记录于征信系统。

（6）向主管部门通报。对于有人大代表、政协委员身份的，通报至相关单位和部门。③

2. 限制消费包括：

（1）全面限制消费，不仅有高消费限制，还扩展至非生活消费或者经营所必需的有关消费。④

---

① 《最高人民法院关于公布失信被执行人名单信息的若干规定》（2017 年修正）第六条：记载和公布的失信被执行人名单信息应当包括：（一）作为被执行人的法人或者其他组织的名称、统一社会信用代码（或组织机构代码）、法定代表人或者负责人姓名；（二）作为被执行人的自然人的姓名、性别、年龄、身份证号码。
② 《最高人民法院关于公布失信被执行人名单信息的若干规定》（2017 年修正）第一条：被执行人未履行生效法律文书确定的义务，并具有下列情形之一的，人民法院应当将其纳入失信被执行人名单，依法对其进行信用惩戒：（一）有履行能力而拒不履行生效法律文书确定义务的；（二）以伪造证据、暴力、威胁等方法妨碍、抗拒执行的；（三）以虚假诉讼、虚假仲裁或者以隐匿、转移财产等方法规避执行的；（四）违反财产报告制度的；（五）违反限制消费令的；（六）无正当理由拒不履行执行和解协议的。
③ 《最高人民法院关于公布失信被执行人名单信息的若干规定》（2017 年修正）第八条：（第一款）人民法院应当将失信被执行人名单信息，向政府相关部门、金融监管机构、金融机构、承担行政职能的事业单位及行业协会等通报，供相关单位依照法律、法规和有关规定，在政府采购、招标投标、行政审批、政府扶持、融资信贷、市场准入、资质认定等方面，对失信被执行人予以信用惩戒。（第二款）人民法院应当将失信被执行人名单信息向征信机构通报，并由征信机构在其征信系统中记录。（第三款）国家工作人员、人大代表、政协委员等被纳入失信被执行人名单的，人民法院应当将失信情况通报其所在单位和相关部门。（第四款）国家机关、事业单位、国有企业等被纳入失信被执行人名单的，人民法院应当将失信情况通报其上级单位、主管部门或者履行出资人职责的机构。
④ 《最高人民法院关于限制被执行人高消费及有关消费的若干规定》（2015 年修正）第一条：（第一款）被执行人未按执行通知书指定的期间履行生效法律文书确定的给付义务的，人民法院可以采取限制消费措施，限制其高消费及非生活或者经营必需的有关消费。（第二款）纳入失信被执行人名单的被执行人，人民法院应当对其采取限制消费措施。

第十章　债务难免，取舍谋篇

（2）不能选乘飞机、列车软卧，乘坐 G 字头动车组列车全部座位、其他动车组列车一等以上座位、轮船二等以上舱位。

（3）不得在星级以上宾馆、酒店、夜总会、高尔夫球场等场所进行高消费。

（4）不得购买不动产或者新建、扩建、高档装修房屋。

（5）不得租赁高档写字楼、宾馆、公寓等场所办公。

（6）不得购买非经营必需车辆。

（7）不得旅游、度假。

（8）限制子女就读高收费私立学校。

（9）限制支付高额保费购买保险理财产品。

（10）公司作为被执行人的，其法定代表人、实控人也被限制消费。[①]

如果违反限制消费令，还将受到拘留、罚款的处罚；情节严重，构成犯罪的，还要追究其刑事责任。这对于被执行人而言，构成了多维度的约束和惩戒。

无论上述哪种情形，一旦企业主被列入失信被执行人名单，其影响不仅仅是限制消费带来的公务私务不便，更为重要的是，企业主的信息向社会公布和向相关机构通报，将给本企业、本人征信，以及社

[①] 《最高人民法院关于限制被执行人高消费及有关消费的若干规定》（2015 年修正）第三条：（第一款）被执行人为自然人的，被采取限制消费措施后，不得有以下高消费及非生活和工作必需的消费行为：（一）乘坐交通工具时，选择飞机、列车软卧、轮船二等以上舱位；（二）在星级以上宾馆、酒店、夜总会、高尔夫球场等场所进行高消费；（三）购买不动产或者新建、扩建、高档装修房屋；（四）租赁高档写字楼、宾馆、公寓等场所办公；（五）购买非经营必需车辆；（六）旅游、度假；（七）子女就读高收费私立学校；（八）支付高额保费购买保险理财产品；（九）乘坐 G 字头动车组列车全部座位、其他动车组列车一等以上座位等其他非生活和工作必需的消费行为。（第二款）被执行人为单位的，被采取限制消费措施后，被执行人及其法定代表人、主要负责人、影响债务履行的直接责任人员、实际控制人不得实施前款规定的行为。因私消费以个人财产实施前款规定行为的，可以向执行法院提出申请。执行法院审查属实的，应予准许。

会声誉、社会资源带来深远的负面影响。

（三）联合惩治，及时恢复

国家推行守信联合激励和失信联合惩戒，①让失信主体"一处失信、处处受限"，强化对失信被执行人的信用惩戒力度。

不过，企业主也不用过于悲观，被惩戒之后，也有信用恢复机制。（1）对已经履行义务的，及时恢复企业主信用，保护企业的正常生产经营活动；（2）对经营失败无偿债能力但无逃避执行情形的企业主，及时从失信被执行人名单中删除，营造鼓励创新、宽容失败的社会氛围。对此，企业主应当有所了解和准确运用，避免造成长久深远的不良影响。②

（四）对于拒不执行法院生效判决裁定的，刑事责任不可避免

对于那些有能力执行而拒不执行的被执行人，不可以一边负债不还，一边享受荣华富贵，始终逍遥法外。拒不执行法院生效判决裁定，情节严重的，要承担刑事责任，招致最高可达 7 年的有期徒刑以及罚金。如果是公司犯罪的，企业主也会受到同样的处罚。③这被称为"拒执罪"。

那么，具体有哪些行为会构成拒执罪呢？对此，我们梳理和总结了十大法律红线，望企业主引以为戒。

1. 隐藏、转移、故意毁损财产或者无偿转让财产，实施以明显不合理的低价转让财产、以明显不合理的高价受让他人财产、为他人的债务

---

① 《中共中央 国务院关于营造企业家健康成长环境弘扬优秀企业家精神更好发挥企业家作用的意见》（2017 年）。
② 《最高人民法院关于充分发挥审判职能作用为企业家创新创业营造良好法治环境的通知》（2018 年）：六、努力实现企业家的胜诉权益。综合运用各种强制执行措施，加快企业债权实现。强化对失信被执行人的信用惩戒力度，推动完善让失信主体"一处失信、处处受限"的信用惩戒大格局。同时，营造鼓励创新、宽容失败的社会氛围。对已经履行生效裁判文书义务或者申请人滥用失信被执行人名单的，要及时恢复企业家信用。对经营失败无偿债能力但无故意规避执行情形的企业家，要及时从失信被执行人名单中删除。
③ 《中华人民共和国刑法》（2023 年修正）第三百一十三条：（第一款）对人民法院的判决、裁定有能力执行而拒不执行，情节严重的，处三年以下有期徒刑、拘役或者罚金；情节特别严重的，处三年以上七年以下有期徒刑，并处罚金。（第二款）单位犯前款罪的，对单位判处罚金，并对其直接负责的主管人员和其他直接责任人员，依照前款的规定处罚。

提供担保等恶意减损责任财产的行为，致使判决、裁定无法执行的。

2. 隐藏、转移、故意毁损或者转让已向法院提供担保的财产，致使判决、裁定无法执行的。①

3. 拒绝报告或者虚假报告财产情况、违反法院限制消费令，经采取罚款、拘留等强制措施后仍拒不执行的。

4. 伪造、毁灭、隐匿有关履行能力的重要证据，以暴力、威胁、贿买方法阻止他人作证或者指使、贿买、胁迫他人作伪证，妨碍法院查明被执行人财产情况，致使判决、裁定无法执行的。

5. 经采取罚款、拘留等强制措施后仍拒不交付法律文书指定交付的财物、票证或者拒不迁出房屋、退出土地，致使判决、裁定无法执行的。

6. 以放弃债权、放弃债权担保等方式恶意无偿处分财产权益，或者恶意延长到期债权的履行期限，或者以虚假和解、虚假转让等方式处分财产权益，致使判决、裁定无法执行的。

7. 与他人串通、通过虚假诉讼、虚假仲裁等方式妨害执行，致使判决、裁定无法执行的。

8. 以恐吓、辱骂、聚众哄闹、威胁等方法或者以拉拽、推搡等消极抗拒行为，阻碍执行人员进入执行现场，致使执行工作无法进行，情节恶劣的。

9. 毁损、抢夺执行案件材料、执行公务车辆和其他执行器械、执行人员服装以及执行公务证件，致使执行工作无法进行的。

---

① 《全国人民代表大会常务委员会关于〈中华人民共和国刑法〉第三百一十三条的解释》（2002年）：下列情形属于刑法第三百一十三条规定的"有能力执行而拒不执行，情节严重"的情形：（一）被执行人隐藏、转移、故意毁损财产或者无偿转让财产、以明显不合理的低价转让财产，致使判决、裁定无法执行的；（二）担保人或者被执行人隐藏、转移、故意毁损或者转让已向人民法院提供担保的财产，致使判决、裁定无法执行的；（三）协助执行义务人接到人民法院协助执行通知书后，拒不协助执行，致使判决、裁定无法执行的；（四）被执行人、担保人、协助执行义务人与国家机关工作人员通谋，利用国家机关工作人员的职权妨害执行，致使判决、裁定无法执行的；（五）其他有能力执行而拒不执行，情节严重的情形。

10. 拒不执行法院判决、裁定，致使债权人遭受重大损失的。①

凡负债，不可逃。欠债还钱是为最坏的结果负责任。否则，一旦被执行，那么不仅钱要还，还可能遭受生产生活消费限制，声誉遭受贬损，甚至触犯《刑法》，面临牢狱之灾。那些逃债避债的小伎俩，都是拿自己的财产、自由和信誉在赌博，而所有与信誉、法律的赌博，迟早要付出代价。

总结

1. 误区与盲区提示

自以为是的避债"秘籍"，代价都远超债务本身。

2. 企业主必知

（1）拒不履行债务，在财产、信用、消费和行为自由方面将受到

---

① 《最高人民法院 最高人民检察院关于办理拒不执行判决、裁定刑事案件适用法律若干问题的解释》（2024年）第一条：（第一款）被执行人、协助执行义务人、担保人等负有执行义务的人，对人民法院的判决、裁定有能力执行而拒不执行，情节严重的，应当依照刑法第三百一十三条的规定，以拒不执行判决、裁定罪处罚。第三条：负有执行义务的人有能力执行而拒不执行，且具有下列情形之一，应当认定为全国人民代表大会常务委员会关于刑法第三百一十三条的解释中规定的"其他有能力执行而拒不执行，情节严重的情形"：（一）以放弃债权、放弃债权担保等方式恶意无偿处分财产权益，或者恶意延长到期债权的履行期限，或者以虚假和解、虚假转让等方式处分财产权益，致使判决、裁定无法执行的；（二）实施以明显不合理的高价受让他人财产、为他人的债务提供担保等恶意减损责任财产的行为，致使判决、裁定无法执行的；（三）伪造、毁灭、隐匿有履行能力的重要证据，以暴力、威胁、贿买方法阻止他人作证或者指使、贿买、胁迫他人作伪证，妨碍人民法院查明负有执行义务的人财产情况，致使判决、裁定无法执行的；（四）具有拒绝报告或者虚假报告财产情况、违反人民法院限制消费令等拒不执行行为，经采取罚款、拘留等强制措施后仍拒不执行的；（五）经采取罚款、拘留等强制措施后仍拒不交付法律文书指定交付的财物、票证或者拒不迁出房屋、退出土地，致使判决、裁定无法执行的；（六）经采取罚款、拘留等强制措施后仍拒不履行协助使人身权益等作为义务，致使判决、裁定无法执行，情节恶劣的；（七）经采取罚款、拘留等强制措施后仍违反人身安全保护令、禁止从事相关职业决定等不作为义务，造成被害人轻微伤以上伤害或者严重影响被害人正常的工作生活的；（八）以恐吓、辱骂、聚众哄闹、威胁等方法或者以拉拽、推搡等消极抗拒行为，阻碍执行人员进入执行现场，致使执行工作无法进行，情节恶劣的；（九）毁损、抢夺执行案件材料、执行公务车辆和其他执行器械、执行人员服装以及执行公务证件，致使执行工作无法进行的；（十）其他有能力执行而拒不执行，情节严重的情形。

全方位惩罚和限制。

（2）避债一旦操作不当，债不仅要还回去，人可能还要"进去"。

> 建议

第一，慎用"江湖秘籍"，避免债务临门的盲目自救，"专业救援"实属必要。

第二，不放弃执行程序中的权利，但凡争取，机会总是有的。

> 超话

财富的历程，往往是残酷的。没有踩过坑的，难以"入围"高净值；没有经历九死一生的，不谓成熟的企业家。学费总是昂贵的，有的成为沉没成本，有的百炼成金。财不自久，富不自安，未雨绸缪，唯守是真。

债务不可逃，隔离有方略

债务难免，责任自担，但债务带来的衍生风险所造成的次生灾害是需要防范的。债务不可逃，隔离需要大谋略。

债务也有哲学

债务并不是洪水猛兽，欠债还钱也没有什么可置疑的。况且，合理的积极债务结构（比如银行贷款）既可以获得杠杆效应，撬动资产价值，还可以积累商业信用，当然，前提是如约偿债。我曾与一位企业家交流，获悉如果经常在银行贷款，如期还款，既解决了现金流的问题，也为自己和企业积累了良好的诚信记录。多年下来，不仅积累了很高的授信额度，而且无须提供担保，更不需要被迫拉上配偶提供连带担保。所谓一活百活，正是由于这种信誉带来的流动资金充裕，即便有债务也都能如期周转偿还。不可否认，作为企业主，负债也是信用积累，有还债才有立足江湖。经营负债是常态，负债经营是策略，与债务相处是企业的一种生存方式。

显然，负债也是一种哲学，要在利与害之间进行权衡，检视得与失的意义。

债务也要管理

关于债务风险的管理，我们的观点是，恶意逃债避债的种种操作终究无效，并会受到法律的制裁，这不在债务风险管理的范围之内。真正的债务风险管理，是解决以下四个方面的问题：防范、隔离、救济、留富。

所谓防范，就是在商事活动中合法合规地运营和管理，避免因操作不当而惹债上身。关于这一点，我们在前面就如何避免和绕开债务陷阱，已有重点提示和要点建议，此处不再赘述。

所谓隔离，就是隔离那些无妄之债，包括不应有的债务，以及因为企业主的正常债务而衍生的"次生灾害"，比如股东出资不到位产生的连带责任，又如企业主债务对配偶和家庭财产的影响等。这就需要为家庭财产设立防火墙。设立防火墙并不是为了"欠债不还"，而是"谁的孩子谁抱走"，在企业和企业主之间、在企业和家之间隔离风险，避免"企业生病，家人吃药"。

所谓救济，就是遇到危机时要有足够的现金流可以及时到位，这包括两方面的价值。第一，救急。要知道，压死骆驼的最后一根稻草何其致命，而撑起这根稻草的现金流又是何其魔幻。这笔钱数字不大，但很急迫。有债，未必要命；缺钱，有时是要命的。因此，能够灵活变现的资产储备就成为必需。第二，生机。现金流及时到位可以转危为机，让企业主和企业绝地重生，甚至弯道超车。现实中有太多公司被动陷入债务危机，比如为他人担保、共同出资、跟投对赌等，一旦债务出现，都需要现金流解决应急之需，缓解危机，以便渡过难关，从头再来。

所谓留富，不是通过逃避债务致富，而是即便有债务，也能够守住财富。这就是如何通过方案策划和制度规划，一方面隔离债务风险，另一方面即使偿还债务，也能将损失降到最小，保存实力，实现家族财富安全永续。

债务的风险管理，既要有识别和发现风险的能力、完善夯实的风控制度和及时有效的救济策略，又要有足够的承担实力和灵活变现的资产。有能力进退有度，是企业主家业长青最需要的治业素养。

世界之大，风险不可完全屏蔽。企业主有债，无须逃避。过去是必须承受的，当下才是有所作为的。过往，混同、负债、担保、对赌、违法等，无论有过多少擦伤甚至重创，从现在起区隔公司财产与个人财产、隔离合法财产与违法财产，构筑法律架构与制度屏障，以守住过去的创造、锁定当下的积累。

财产智慧安放，债务安全隔离

对于债务风险要未雨绸缪，科学规划，不要一味围追堵截，要多元策划、殊途同归，做到既承担应然之债，又规避无妄之债；既能救济债务风险，又能守护家财安稳。

如何进行财富的债务风险管理？企业主需要做好两个维度的规划，一个是财产处分维度的规划，另一个是制度架构维度的规划。接下来我们重点探讨财产处分维度的规划。

隔离，是最基础的债务风险防范。在财产处分方面，企业主需要实现这样三个隔离：第一，企业与家庭的隔离；第二，企业主与配偶的隔离；第三，人与债的隔离。

（一）企业与家庭的隔离

在企业与家庭隔离方面，主要针对两种风险。一种风险是，企不分红，企业主创造的财富沉淀在企业中。这样，一旦企业有债务，财富就会一并用于偿债，本该落袋为安的家庭财富没有落袋。另外一种风险是，家企财产不分，企业债务穿透到个人和家庭，造成的结果是，已经落袋到家的财产又被用于偿还企业债务。①

企业与家庭的隔离，目的就是保障属于家庭的财产从企业中分离出来，并且能够与企业资产明确区隔开，既避免应当落袋的家财被企业消耗，也避免家企混同债务穿透。因此，企业主要转换"肉要烂在锅里"的传统思维，把锅里的肉捞出来放在自己的盘子里。企业创造的利润及时分红，分红所得就是合法的私有财产，这是最基础的动作。同时，建立家庭财产独立账户，也就是说，家庭的私人账户要独立清洁，不要与公司的资金有交叉混同。比如，不得用私户收取经营款，公户私户之间不得交叉反复转账等。

（二）企业主与配偶的隔离

这并不是一件容易实现的事情，企业主一般不会考虑或者接受夫妻财产隔离的方案。在这一点上，企业主需要非常清楚夫妻财产在法律上的底层逻辑，以及隔离方案的作用和价值。

首先，认知通透：配偶才是家族财富保险箱。

对于大多数企业主家庭而言，夫妻财产共有是普遍现象。尽管夫妻共有财产都在一个池子中，但配偶所有的部分不得因企业主的个人债务而受到追偿。即便对企业主个人债务采取强制执行措施，也只能执行共有财产中属于企业主个人的部分，而不能执行属于配偶的部分。从这个角度而言，共有财产中属于配偶的部分无形中就得以最大限度地受到保护。配偶得到保护，当然是夫妻共同受益。如此，基于配偶身份的那部分财产显然是一个相对安全的隔离池。另外，当企业主急需救急现金流时，配偶账户无疑是无条件、足额及时到位的"绿色生

---

① 关于家企不分的风险及责任，参见第八章。

命通道"。因此，基于法律上的夫妻关系，配偶的财产共有账户本身就是一种看守账户、救急账户，是家庭的压舱石账户。对于企业主而言，财富从公司回归家庭，看似失去了灵活性和自由度，实则是一种安全守护。可见，法律上的夫妻财产共有，实际上是悄悄建立了"配偶保险箱"，对此，大多数企业主似乎并未认识到。企业主创富是一个客观现实，但太太"藏富"却少有人知。这个"藏"并非隐藏起来不被人发现，而是依据法律归属于太太的财产，对于企业主而言，其具有隐形的对抗风险的价值和功能。

其次，方法完善：夫妻财产约定要专业。

企业主与配偶的风险隔离，可以采取夫妻财产约定的方式。不管是婚前的个人财产，还是婚姻存续期间的共同财产，都可以约定归各自所有、共同所有，或者部分各自所有、部分共同所有。但是，简单的约定只是分离了财产，并不隔离债务。因此，还需要专业的操作才能实现目的。按照法律规定，当企业主负债时，只有债权人知道这个约定，才以企业主一方的个人财产清偿债务。因此，让债权人知道，并且有证据证明债权人知道，才是夫妻财产约定起到债务隔离作用的关键。①

当然，夫妻还可以约定，个人负担的债务由负债一方负担，甚至约定夫妻双方的共同债务由一方负担。但是，这种"债务属于企业主，财产属于配偶"的约定，只是在夫妻双方之间有效，不能当然地及于债权人，不能对抗债权人。

有案示法。② A 和 B 是夫妻关系，签订了《婚前协议》，并约定

---

① 《中华人民共和国民法典》第一千零六十五条：（第一款）男女双方可以约定婚姻关系存续期间所得的财产以及婚前财产归各自所有、共同所有或者部分各自所有、部分共同所有。约定应当采用书面形式。没有约定或者约定不明确的，适用本法第一千零六十二条、第一千零六十三条的规定。（第二款）夫妻对婚姻关系存续期间所得的财产以及婚前财产的约定，对双方具有法律约束力。（第三款）夫妻对婚姻关系存续期间所得的财产约定归各自所有，夫或妻一方对外所负的债务，相对人知道该约定的，以夫或者妻一方的个人财产清偿。
② 参考判例：广州市中级人民法院（2017）粤 01 民终 17740 号判决。

"债务自担"。B欠甲公司债务，甲公司以AB夫妻关系为由，起诉A主张债权，A以《婚前协议》有约为由，拒绝承担债务。法院认为，该协议未进行公示，未向甲公司披露或者告知，也没有证据证明甲公司知晓二人所约定的内容，故A以《婚前协议》为由拒绝承担夫妻关系存续期间的共同债务，理据不足，最终判决A对B的债务向甲公司承担还款责任。

可见，以夫妻财产约定排除债务承担，只在三种情况下有效：（1）债权人认可接受这个约定；（2）有证据证明债权人知道这个约定；（3）债权人事后追认这个约定。显然，这有点"法律童话"的味道。

最后，预案早行：个人财产公证在婚前。

通过婚前财产公证，可以有效区隔婚前个人财产与婚后共同财产。尽管不能隔离夫妻共债，但至少当企业主发生个人债务时，不至于影响配偶的个人财产。

综上所述，夫妻财产隔离的价值有三个方面：第一个方面，避免企业主个人债务追及配偶；第二个方面，保住了配偶财产也就保住了至少一半的家产；第三个方面，配偶是最靠谱的家财安全垫。

（三）人与债的隔离

人与债的隔离，目的是解决债务与个人财产的关系。企业主也是各有各的方法，有的通过人隔离，比如代持；有的通过地域隔离，比如海外规划；有的通过法律隔离，比如破产。

关于代持。很多企业主将个人股权、不动产甚至现金资产交由他人代持，以此隔离自己的债务，保护个人财产。代持风险不容小觑，代持的规划也有策略。①

关于海外规划。这不是彻底隔离的好办法，有时甚至涉嫌违规违法犯罪。首先，对于财产已经合法合规在海外的，也并不必然隔离债务。因为，中国法院判决在与我国有司法协助的国家和地区，同样是可

---

① 关于代持的风险及责任，参见第四章。

以得到执行的，只是程序复杂、周期长，也存在一定的不确定性和困难。当然，如果没有司法协助条约的国家，跨国追债确实困难重重。其次，对于为了逃债避债，将国内财产非法转移出境的，在大数据、云计算、AI 技术不断迭代升级的当下及未来，尤其是国家及国际反洗钱、反避税的背景下，这种方法恐怕不仅是困难的问题，更是违法犯罪承担责任的问题。而这种违法成本和偿债比较起来，利弊自然是一目了然。

（四）破产隔离

关于人与债的隔离，我们重点探讨破产隔离的方式。

1. 企业破产终结债务。破产隔离，就是通过破产程序，免除债务人未能清偿的债务，但这并不是一个准确的表达。通常我们所说的破产，是指债务人不能清偿到期债务，并且丧失清偿债务能力或者资产不足以清偿全部债务的，①要通过破产清算、重整或者和解这三种方式进行债务清理。②程序完成后，免除债务人未清偿的债务。狭义的破产是专指破产清算，由破产财产偿还债务。债务人无财产可供分配的，法院裁定终结破产程序，宣告破产，完成清算、注销登记，公司终止。③余下债务不再偿还。

企业主需要清楚的是，这里的破产是指企业的破产。企业依法破产

---

① 《中华人民共和国企业破产法》（2006 年）第二条：（第一款）企业法人不能清偿到期债务，并且资产不足以清偿全部债务或者明显缺乏清偿能力的，依照本法规定清理债务。（第二款）企业法人有前款规定情形，或者有明显丧失清偿能力可能的，可以依照本法规定进行重整。
② 《中华人民共和国企业破产法》（2006 年）第七条：（第一款）债务人有本法第二条规定的情形，可以向人民法院提出重整、和解或者破产清算申请。（第二款）债务人不能清偿到期债务，债权人可以向人民法院提出对债务人进行重整或者破产清算的申请。（第三款）企业法人已解散但未清算或者未清算完毕，资产不足以清偿债务的，依法负有清算责任的人应当向人民法院申请破产清算。
③ 《中华人民共和国民法典》第六十八条：（第一款）有下列原因之一并依法完成清算、注销登记的，法人终止：（一）法人解散；（二）法人被宣告破产；（三）法律规定的其他原因。《中华人民共和国企业破产法》（2006 年）第一百二十一条：管理人应当自破产程序终结之日起十日内，持人民法院终结破产程序的裁定，向破产人的原登记机关办理注销登记。

清算后，企业的债务归于消灭。但这个程序并不免除企业主个人的债务，这里有两个情形需要特别说明。其一，企业的债务是企业的，个人的债务是个人的。因此，企业的债务免除，并不免除企业主的个人债务。其二，在企业破产过程中，企业主个人还可能面临新的债务风险：

第一，承担企业债务。一如本书前面所阐述的，因为出资瑕疵、家企混同等原因产生的个人债务，企业主都要在破产程序中一并承担和解决。

第二，承担经营管理责任。如果破产是由企业主违反忠实义务和勤勉义务造成的，那么企业主就要承担相应的民事责任。[①]

第三，承担赔偿责任。在破产过程中，如果公司擅自处分财产和债务，损害债权人利益，企业主要依法承担赔偿责任。[②] 以下这些行为，都是企业主承担责任的情形，需要注意：（1）无偿转让财产，以明显不合理的价格进行交易，对没有财产担保的债务提供财产担保，对未到期的债务提前清偿，放弃债权；[③]（2）对于已经出现破产条件情形的，仍对个别债权人进行清偿；[④]（3）为逃避债务而隐匿、转移

[①] 《中华人民共和国企业破产法》（2006年）第一百二十五条：（第一款）企业董事、监事或者高级管理人员违反忠实义务、勤勉义务，致使所在企业破产的，依法承担民事责任。（第二款）有前款规定情形的人员，自破产程序终结之日起三年内不得担任任何企业的董事、监事、高级管理人员。

[②] 《中华人民共和国企业破产法》（2006年）第一百二十八条：债务人有本法第三十一条、第三十二条、第三十三条规定的行为，损害债权人利益的，债务人的法定代表人和其他直接责任人员依法承担赔偿责任。《最高人民法院关于适用〈中华人民共和国企业破产法〉若干问题的规定（二）》（2020年修正）第十八条：管理人代表债务人依据企业破产法第一百二十八条的规定，以债务人的法定代表人和其他直接责任人员对所涉债务人财产的相关行为存在故意或者重大过失，造成债务人财产损失为由提起诉讼，主张上述责任人员承担相应赔偿责任的，人民法院应予支持。

[③] 《中华人民共和国企业破产法》（2006年）第三十一条：人民法院受理破产申请前一年内，涉及债务人财产的下列行为，管理人有权请求人民法院予以撤销：（一）无偿转让财产的；（二）以明显不合理的价格进行交易的；（三）对没有财产担保的债务提供财产担保的；（四）对未到期的债务提前清偿的；（五）放弃债权的。

[④] 《中华人民共和国企业破产法》（2006年）第三十二条：人民法院受理破产申请前六个月内，债务人有本法第二条第一款规定的情形，仍对个别债权人进行清偿的，管理人有权请求人民法院予以撤销。但是，个别清偿使债务人财产受益的除外。

财产，或者虚构债务或者承认不真实的债务的。① 上述这些行为貌似高明，实则不仅不能解决避债的问题，反而还会被追回财产，② 企业主也要承担赔偿责任。

第四，承担返还责任。企业主如果有认缴期限还未到期的出资，要提前到期，全部实缴所欠缴的出资；③ 企业主有侵占公司的财产或者利用职权获得的非正常收入，要如实返还。④

除了上述风险外，企业主还可能被限制担任其他公司的董事、监事、高级管理人员，⑤ 构成犯罪的，还要承担刑事责任。⑥ 可见企业破

---

① 《中华人民共和国企业破产法》（2006年）第三十三条：涉及债务人财产的下列行为无效：（一）为逃避债务而隐匿、转移财产的；（二）虚构债务或者承认不真实的债务的。
② 《中华人民共和国企业破产法》（2006年）第三十四条：因本法第三十一条、第三十二条或者第三十三条规定的行为而取得的债务人的财产，管理人有权追回。
③ 《中华人民共和国企业破产法》（2006年）第三十五条：人民法院受理破产申请后，债务人的出资人尚未完全履行出资义务的，管理人应当要求该出资人缴纳所认缴的出资，而不受出资期限的限制。《最高人民法院关于适用〈中华人民共和国企业破产法〉若干问题的规定（二）》（2020年修正）第二十条：（第一款）管理人代表债务人提起诉讼，主张出资人向债务人依法缴付未履行的出资或者返还抽逃的出资本息，出资人以认缴出资尚未届至公司章程规定的缴纳期限或者违反出资义务已经超过诉讼时效为由抗辩的，人民法院不予支持。（第二款）管理人依据公司法的相关规定代表债务人提起诉讼，主张公司的发起人和负有监督股东履行出资义务的董事、高级管理人员，或者协助抽逃出资的其他股东、董事、高级管理人员、实际控制人等，对股东违反出资义务或者抽逃出资承担相应责任，并将财产归入债务人财产的，人民法院应予支持。
④ 《中华人民共和国企业破产法》（2006年）第三十六条：债务人的董事、监事和高级管理人员利用职权从企业获取的非正常收入和侵占的企业财产，管理人应当追回。《最高人民法院关于适用〈中华人民共和国企业破产法〉若干问题的规定（二）》（2020年修正）第二十四条：（第一款）债务人有企业破产法第二条第一款规定的情形时，债务人的董事、监事和高级管理人员利用职权获取的以下收入，人民法院应当认定为企业破产法第三十六条规定的非正常收入：（一）绩效奖金；（二）普遍拖欠职工工资情况下获取的工资性收入；（三）其他非正常收入。
⑤ 《中华人民共和国公司法》（2023年修订）第一百七十八条：（第一款）有下列情形之一的，不得担任公司的董事、监事、高级管理人员：……（三）担任破产清算的公司、企业的董事或者厂长、经理，对该公司、企业的破产负有个人责任的，自该公司、企业破产清算完结之日起未逾三年；……
⑥ 《中华人民共和国企业破产法》（2006年）第一百三十一条：违反本法规定，构成犯罪的，依法追究刑事责任。

产前，是企业主风险的高峰期，企业主的行为要审慎合规。否则，企业的债务免不掉，还会给自己带来不必要的责任。

总之，企业破产，终结的是企业的债务，而并不是企业主个人的债务。不仅如此，还可能因为企业主个人的原因而产生个人的债务风险。企业主需要清楚的是，一旦企业通过合法合规程序破产，终结了债务，那么企业的债务也就不会再追及个人。从这个角度而言，也可以说企业破产隔离了个人债务，但这是有条件的，并不是必然的结果。

2. 个人破产终结债务。企业破产免除企业债务，从而间接地、有条件地隔离了企业主的部分债务。但是，如果企业主因生产经营、生活消费、意外事件以及不可抗力的发生，导致丧失清偿债务能力，或者资产不足以清偿全部债务，那么企业主就无法解决个人的债务危机。比如，大地震中房屋倒塌的房贷者，就无法通过个人破产而核销债务。

在海外，很多国家和地区都建立了个人破产制度。在我国的香港特别行政区，对个人破产也有详细规定：个人在破产 4 年后，可以重新建立信用，享受其他人应享有的一切。目前，我国在国家层面尚无免除个人债务的破产制度，而没有个人破产的破产制度是不完整的破产制度。2006 年讨论和通过《破产法》时，并没有将个人破产纳入其中，公开信息显示，这是因为没有较完备的个人财产登记制度和良好的社会信用环境，时机尚不成熟。但随着不动产登记等财产登记制度的不断完善，以及金税信息共享机制建立和越来越规范的个人信用体系的完善，这些问题都会逐步得到解决，在国家层面的立法也有望实现。

其实，我国在个人破产制度方面的探索和尝试从未止步。我们注意到，深圳经济特区最早通过了个人破产条例。根据这个条例，在深圳的企业主就可以通过破产清算、重整或者和解后免除其未清偿的债务。①

---

① 《深圳经济特区个人破产条例》（2020 年）第四条：自然人债务人（以下简称债务人）经过破产清算、重整或者和解后，依照本条例规定免除其未清偿债务。

个人破产不同于企业破产，企业破产清算后要终结公司，但个人破产显然不能终止生命。个人破产的基本结果是免除未清偿的债务，也就是个人破产程序完成后，没有清偿的债务不再清偿。但个人破产的目的又不止于此，更重要的意义在于，合理调整债务人、债权人以及其他利害关系人的权利义务关系，促进诚信债务人经济再生，而不是让债务人在债务里"一辈子逃亡"。① 对于企业主而言，个人债务是难免的，如果通过个人破产的方式免除未清偿的债务，就能挽救和延续企业主的经济生命，这无论对于企业主的家庭还是给企业主机会实现经济再生，甚至对社会经济的稳定和发展，都具有特别重要的意义。

但目前个人破产制度毕竟是深圳经济特区的地方性制度，只限定于特定区域的特定人。具体而言，只有在深圳经济特区居住，且参加深圳社会保险连续满3年的自然人，才有资格破产。② 尽管如此，至少有开端，就有未来。

3. 破产隔离的警示。虽然个人破产制度最终会免除未清偿的债务，但如果以为可以自由消费财产或者提前对财产进行处分，然后通过破产就可以避债逃债，那么这多少有些幼稚了。《深圳经济特区个人破产条例》规定，一旦进入破产程序，就受到破产制度的约束。比如，不得出境，不得进行高消费，不得向个别债务人清偿债务，等等。③ 而对于提前不适当处分财产的，比如提前处分、低价交易、为他人提

---

① 《深圳经济特区个人破产条例》（2020年）第一条：为了规范个人破产程序，合理调整债务人、债权人以及其他利害关系人的权利义务关系，促进诚信债务人经济再生，完善社会主义市场经济体制，根据法律、行政法规的基本原则，结合深圳经济特区实际，制定本条例。

② 《深圳经济特区个人破产条例》（2020年）第二条：在深圳经济特区居住，且参加深圳社会保险连续满三年的自然人，因生产经营、生活消费导致丧失清偿债务能力或者资产不足以清偿全部债务的，可以依照本条例进行破产清算、重整或者和解。

③ 《深圳经济特区个人破产条例》（2020年）第二十一条：自人民法院裁定受理破产申请之日起至依照本条例裁定免除债务人未清偿债务之日止，债务人应当承担下列义务：（一）按照人民法院、破产事务管理部门、管理人要求提交或者补充相关材料，并配合调查；（二）列席债权人会议并接受询问；（三）当债务人的姓名、联系方式、住址等个人

供担保、提前清偿未到期债务、虚构债务、隐匿转移财产等,都有严格的限制,期限起点将溯及破产申请前两年。① 而在破产后,还有3年的考察期,每个月申报个人收入、支出和财产状况。② 对于违反相关规定的,不得免除未清偿的债务。③ 不仅如此,对于故意和恶意破坏

信息发生变动或者需要离开居住地时,及时向破产事务管理部门、管理人报告;(四)未经人民法院同意,不得出境;(五)按时向人民法院、破产事务管理部门登记申报个人破产重大事项,包括破产申请、财产以及债务状况、重整计划或者和解协议、破产期间的收入和消费情况等;(六)借款一千元以上或者申请等额信用额度时,应当向出借人或者授信人声明本人破产状况;(七)配合人民法院、破产事务管理部门和管理人开展与破产程序有关的其他工作。第二十三条:自人民法院作出限制债务人行为的决定之日起至作出解除限制债务人行为的决定之日止,除确因生活和工作需要,经人民法院同意外,债务人不得有下列消费行为:(一)乘坐交通工具时,选择飞机商务舱或者头等舱、列车软卧、轮船二等以上舱位、高铁以及其他动车组列车一等以上座位;(二)在夜总会、高尔夫球场以及三星级以上宾馆、酒店等场所消费;(三)购买不动产、机动车辆;(四)新建、扩建、装修房屋;(五)供子女就读高收费私立学校;(六)租赁高档写字楼、宾馆、公寓等场所办公;(七)支付高额保费购买保险理财产品;(八)其他非生活或者工作必需的消费行为。第二十四条:人民法院裁定受理破产申请后,债务人不得向个别债权人清偿债务。但是,个别清偿使债务人财产受益或者属于债务人正常生活、工作所必需的除外。

① 《深圳经济特区个人破产条例》(2020年)第四十条:破产申请提出前二年内,涉及债务人财产的下列处分行为,管理人有权请求人民法院予以撤销:(一)无偿处分财产或者财产权益;(二)以明显不合理的条件进行交易;(三)为无财产担保的债务追加设立财产担保;(四)以自有房产为他人设立居住权;(五)提前清偿未到期的债务;(六)豁免债务或者恶意延长到期债权的履行期限;(七)为亲属和利害关系人以外的第三人提供担保。第四十一条:破产申请提出前六个月内,债务人对个别债权人进行清偿的,或者破产申请提出前二年内,债务人向其亲属和利害关系人进行个别清偿的,管理人有权请求人民法院予以撤销,但个别清偿使债务人财产受益或者属于债务人正常生活所必需的除外。第四十二条:涉及债务人财产的下列行为无效:(一)为逃避债务而隐匿、转移、不当处分财产和财产权益的;(二)虚构债务或者承认不真实债务的。

② 《深圳经济特区个人破产条例》(2020年)第九十五条:自人民法院宣告债务人破产之日起三年,为免除债务人未清偿债务的考察期限(以下简称考察期)。第九十六条:(第一款)债务人在考察期内应当继续履行人民法院作出的限制行为决定规定的义务,并履行本条例规定的债务人其他义务。(第二款)债务人违反前款规定的,人民法院可以决定延长考察期,但延长期限不超过二年。

③ 《深圳经济特区个人破产条例》(2020年)第九十八条:债务人存在下列情形之一的,不得免除未清偿债务:(一)故意违反本条例第二十三条、第八十六条关于债务人行为限制的规定;(二)故意违反本条例第二十一条关于债务人应当遵守的义务,以及第三十三至第三十五条关于债务人财产申报义务的规定;(三)因奢侈消费、赌博等行为承担重大债

破产程序的行为，还会处以训诫、拘传、罚款、拘留，构成犯罪的，依法追究刑事责任。① 这些责任也会延及配偶以及近亲属。② 因此，如果有意通过破产免除债务而进行所谓的"提前规划"，或者通过破产逃避债务事后还享受富裕生活，是没那么容易的。

目前，尽管大多数人并不具备个人破产的资格，但是作为企业主，了解这个制度的细节，尤其是关于债务人的义务和责任，对于自己在债务风险认知和防范方面仍然是有价值的。

总结

1. 科学负债，也是一种信用积累。

2. 债务需要管理，通过防范、隔离、救济、留富，实现与债共处，守住已有的创造。

务或者引起财产显著减少；（四）隐匿、毁弃、伪造或者变造财务凭证、印章、信函文书、电子文档等资料物件；（五）隐匿、转移、毁损财产，不当处分财产权益或者不当减少财产价值；（六）法律规定不得免除的其他情形。第九十九条：（第一款）在考察期内，债务人应当每月在破产事务管理部门的破产信息系统登记申报个人收入、支出和财产状况等信息。（第三款）破产事务管理部门应当对债务人的收入、支出、财产等的变动情况以及管理人履行职责行为进行检查监督，并依法予以公开。

① 《深圳经济特区个人破产条例》（2020年）第一百六十七条：债务人违反本条例规定，有下列行为之一的，由人民法院依法予以训诫、拘传、罚款、拘留；构成犯罪的，依法追究刑事责任：（一）拒不配合调查，拒不回答询问，或者拒不提交相关资料的；（二）提供虚假、变造资料，作虚假陈述或者误导性陈述的；（三）故意隐匿、转移、毁损、不当处分财产或者财产权益，或者其他不当减少财产价值的；（四）虚构债务，或者承认不真实债务的；（五）隐匿、毁弃、伪造，或者变造财务凭证、印章、信函文书、电子文件等资料物件的；（六）无正当理由拒不执行重整计划或者和解协议，损害债权人利益的；（七）其他妨害破产程序的行为。

② 《深圳经济特区个人破产条例》（2020年）第一百六十八条：债务人的配偶、共同生活的近亲属等利害关系人违反本条例规定，有下列行为之一的，由人民法院依法予以训诫、拘传、罚款、拘留；构成犯罪的，依法追究刑事责任：（一）拒不协助人民法院或者管理人调查债务人的财产及收入状况，或者提供虚假资料、作虚假陈述的；（二）帮助、包庇债务人故意隐匿、转移、毁损、不当处分财产或者财产权益，或者其他不当减少财产价值的；（三）帮助、包庇债务人虚构债务或者承认不真实债务的；（四）帮助、包庇债务人违反本条例关于债务人义务规定和限制债务人行为决定的；（五）其他妨害破产程序的行为。

3. 肉不能烂在锅里，配偶是最靠谱的家财安全垫。

4. 破产，终结了企业债务，解放了股东和企业主，但合法合规是前提。

【建议】

第一，家企要隔离。企业利润分红落袋，家庭专属账户独立收支。

第二，夫妻要隔离。建立"配偶保险箱"，匹配法律架构和制度方案。

第三，个人要隔离。以破产隔离公司与个人债务，要基于客观所需，严禁破产逃债。

【超话】

不是所有的负债都是伤害，站在财务的角度要趋避它，站在策略的角度要拥抱它，站在哲学的角度要敬畏它。在规划中获得保护，在偿债中获得救赎，在信誉中获得馈赠，在取舍中实现自由。

制度架构下的债责谋篇

不要用金钱考验人性，也不要奢望人性可以守望财富。规则与制度之所以比人可靠，那是因为守望者的"无人性"，但这并不妨碍用人性的光辉去照耀，让规划有良善，让财富有温度。因此，要以法律和金融制度去守护财富，而不是将财富放手给人性。

所谓制度架构维度，我们强调的是，法律上已经成熟稳定的制度和架构，具有合法合规、稳定可靠、受人为因素干扰少等优点，我们称之为"法律上已经备好的锦囊"。债务风险隔离的架构制度，主要包括有限责任间接持股架构、大额保单架构和信托架构。

设立家族公司控股，间接持有股权

股权架构设计，一方面谋效率，避免股东均权造成僵局，另一方面谋安全，避免公司债务风险直击股东和家人。前面我们用了大量篇幅阐明，企业主作为实控人以自己的名义直接持股，直接参与公司的经营管理，这样的模式存在着承担公司债务的风险（见图10-1）。

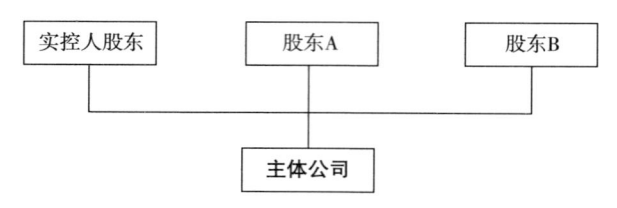

图 10-1 实控人直接持股模式

那么，如何避免企业主个人承担公司债务呢？那就是企业主不要直接持有风险公司的股权，把企业主从风险位置上换下来。一个可行的方案是设立分层架构，在企业主和风险之间建立防火墙。

如图10-2所示，在家族公司中，生产经营创造利润的公司为主体公司，债务多，风险高。在主体公司与企业主个人之间，设立一个夹层公司作为控股公司，用于家庭或者家族持股。再由企业主个人通过持有控股公司的股权，间接持有主体公司的股权。在这个架构中，

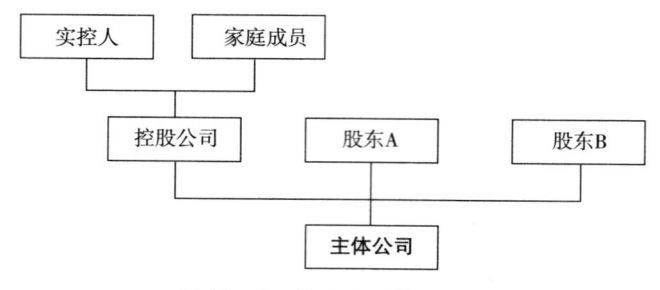

图 10-2 控股公司持股模式

主体公司是创造财富的公司，控股公司是防火墙公司，防止主体公司的债务风险追及企业主个人。因为控股公司对主体公司承担有限责任，即便控股公司承担债务风险，最多就是破产清算，而不至于侵害到企业主的个人财产。

比如，在股权融资中，投资人大多是和目标公司的股东签署对赌协议。如果企业主是主体公司（即目标公司）的股东，就要和投资人签署对赌协议，风险就是个人的。如果通过控股公司持有主体公司的股权，就是投资人和控股公司签署对赌协议，风险就是控股公司的。如果对赌失败，风险也止于控股公司，不能追及企业主。这就实现了企业主与主体公司之间的债务隔离。但是，这里有一个大前提，就是企业主对控股公司的持股，需要专业设计和管理，在主体公司、控股公司与企业主和家庭成员之间建构一个安全生态圈。

然而，在融资对赌模式中，投资人也不会轻易放弃对企业主及其团队的约束和锁定，因为公司的实控人和核心团队才是创造财富的核心。在我们服务过的企业中，股权融资过程中投资人不仅要求企业主和团队签署对赌协议，还要求签署一致行动人协议，约定服务期限、竞业禁止、商业秘密保护、连带担保、股权质押等一系列责任。任何个人的违约，都视为所有人的违约；任何一个团队成员的过错，都视为所有人的过错。对此，实控人企业主就要承担全部责任。那么，是不是夹层架构就没有意义了呢？这显然是因噎废食了。首先，夹层架构的目的是隔离来自主体公司的风险，而不是隔离企业主个人的风险。其次，并不是所有的融资对赌都要接受如此严苛的条件。上述企业主和团队之所以接受这种严苛的约定，大多是由于实力不够，或者公司面临重大危机，从而不得不向资本让步的结果。而对于公司实力雄厚、待价而沽、投资人趋之若鹜的项目，企业主有很大的谈判空间，此时，获得投资人对夹层架构的认可，企业主的风险自然也就得以隔离。资本和商业，无非是博弈，认清这一点，就没必要苛求每一个规划都是万能和完美的。

需要提醒企业主的是，在企业主和主体公司之间的隔离层必须是有限责任公司，而不是有限合伙企业。

有些企业主选择有限合伙持股的方式控股主体公司，目的是既隔离自己的风险，又享有税务筹划上的优势。确实，有限合伙没有企业所得税，有一定的好处，但有限合伙并不能有效隔离债务。

在有限合伙的架构中，有普通合伙人，也就是 GP，对合伙企业承担无限责任；也有有限合伙人，也就是 LP，对合伙企业承担有限责任。一般情况下，为掌握控制权，都由企业主担任普通合伙人，这样一来，企业主就会承担无限责任，这与企业主直接持股没有区别，因此无法起到隔离债务的作用（见图 10-3）。

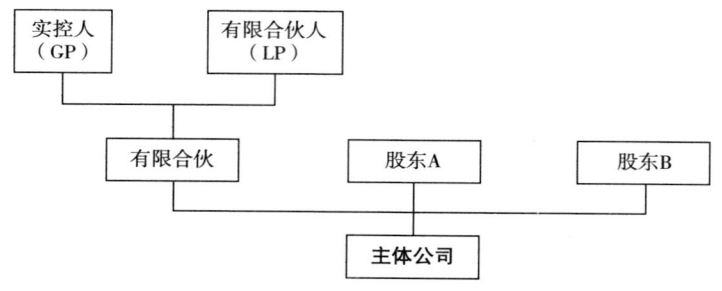

图 10-3 有限合伙持股模式

以有限责任公司作为主体公司的控股公司，不仅可以隔离企业主的债务，而且控股公司还可以作为企业主家族的钱袋子公司。由于控股公司只为持股而存在，不发生风险性交易，将风险降到最小，如此一来，控股公司不仅可以储存家族财富，还可以用于规划股权信托，实现家族企业和财富的世代传承。关于此内容，我们将在第十四章中进一步阐述。

当然，在这里也要特别提醒企业主，控股公司隔离了主体公司的债务风险，但不能以此放任自身行为。作为控股公司的直接股东和实控人，要特别注意公私分明，财产独立，严禁公私财产混同，否则，将对公司债务承担连带责任。[①] 如果是这样，就失去了夹层架构隔离风险的意义。

人寿保险架构

人寿保险到底能不能避债？沸沸扬扬多年的"欠债不还，保单不被执行"的说法到底是不是真的？司法实践中确有企业主的保单被执行，而"保险避债"的说法也一再受到挑战。我们认为，"保险避债"的表达本身就存在着价值观偏差和功能性误导。欠债还钱，于法于理，都是应有之义，逃债避债自然不在法律保护范围之内。然而，债务风险确实要正视，也需要防范和救济。因此，正确的观念应该是：债务风险需要管理，而不是逃避。其实，人寿保险在债务风险管理方面具有独到的功能和优势，保险规划是一个必不可少的解决方案，这一点确实需要正本清源。这就要求我们了解保险真相，走出"保险避债"的误区，揭示底层逻辑，发挥保险真正的价值。

在这里，需要解决两个问题：第一个问题就是保险为什么被执行了？第二个问题就是保险是如何化解债务风险的？

（一）保险为什么被执行了

债务人的保单被执行，是因为债务人在保单上享有财产权益。那么，保单上到底有哪些财产权益呢？

保单不同于财产权益单一的其他金融资产。保单是一个法律架构，权利主体包括投保人、被保险人和受益人。不同的主体享有不同的财产权益。以年金险为例，如图10-4所示。（1）就投保人而言，享有保单的现金价值和保单分红的权利。一般情况下，年金险还会匹配一个万能账户，用于投保人对返还的年金（也就是生存保险金）以及追

[①] 关于实控人的法律责任，参见第八章。

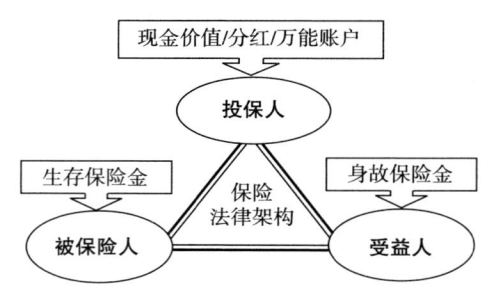

图 10-4　年金险的法律架构

加资金的保值增值。（2）就被保险人而言，享有返还的年金的财产权利，因此被保险人也称为生存保险金受益人。保险合同一般会约定，如果被保险人不领取年金，那么年金就进入万能账户，由投保人享有和打理。（3）就受益人而言，受益人专指当被保险人身故之后，享有保险公司支付的身故保险金的人。在年金的法律架构中，当被保险人身故，保险公司会按照保险合同的约定向受益人支付身故保险金，这部分身故保险金一般还会包括万能账户里的价值财产。一般情况下，我们谈及受益人，也会称其为身故受益人。于是，当我们持有一张保单，也就持有了一个法律架构。这里有了三个权利主体，即投保人、被保险人和受益人；同时产生五笔财产，即现金价值、分红、万能账户财产、生存保险金以及身故保险金。正是这三个主体与五笔财产的对应关系，决定了保险被执行的可行性和客观存在，也正是这种关系的时空管理和法律属性运用，决定了通过保险进行债务风险管理的价值和意义所在。

"保单被执行"其实是一个模糊的说法，所有的保单都是"不被冻结、欠债不还"，更是一个不小的误区，这些都引起了很多歧义和误读，甚至是混乱。事实上，但凡发生财产被执行，一定是债务人名下有财产，并且这些财产是现实可以执行的。换句话说，就是只要债务人名下有财产，就有被执行的可能。如图 10-5 所示，在保险架构中，只要债务人名下有保单的五笔财产中的任何一笔，那么，这个财产就会被执行以偿债。但是，因为五笔财产分属于三个主体，所以不同的主体发生债务，只会执行该主体的财产，不会执行其他主体的财产。①

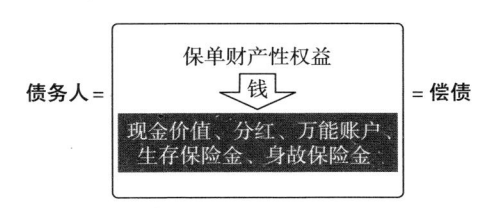

```
                   保单财产性权益
                        ↓
债务人 =         钱            = 偿债
          现金价值、分红、万能账户、
          生存保险金、身故保险金
```

图 10-5　保单在什么情形下被执行

因此，言及"保险被执行"，就要说清楚：是谁有债？有债的这个人，在这张保单上享有什么财产，这个财产此时此刻是不是可执行的财产？只有债务人在保单上享有可执行的财产，才可以说保单可以被执行。如前所述，如果债务人是保单的身故受益人，而保单的被保险人并未发生身故，那么即使受益人是身故保险金的权利人，而这笔理赔并未发生，法院也是无法执行的。

(二) 保险是如何化解债务风险的

保险化解债务，要根据债务的来源和性质，运用不同的逻辑，采取不同的应对方案。

---

① 参考：浙江省高级人民法院 2015 年曾发布《关于加强和规范对被执行人拥有的人身保险产品财产利益执行的通知》，规定：一、投保人购买传统型、分红型、投资连接型、万能型人身保险产品，依保单约定可获得的生存保险金、或以现金方式支付的保单红利、或退保后保单的现金价值，均属于投保人、被保险人或受益人的财产权。当投保人、被保险人或受益人作为被执行人时，该财产权属于责任财产，人民法院可以执行。同时参考：江苏省高级人民法院 2018 年曾发布《关于加强和规范被执行人所有的人身保险产品财产性权益执行的通知》，规定：一、保险合同存续期间，人身保险产品财产性权益依照法律、法规规定，或依照保险合同约定归属于被执行人的，人民法院可以执行。人身保险产品财产性权益包括依保险合同约定可领取的生存保险金、现金红利、退保可获得的现金价值（账户价值、未到期保费），依保险合同可确认但尚未完成支付的保险金，及其他权属明确的财产性权益。

1. 债务有不同，就要用不同的方法进行管理。企业主面临的债务，有的是"必须有"的，有的是"难免有"的，有的是"不该有"的。

所谓"必须有"，是因为创业与发展的过程中，对现金的需求往往刚性且迫切，因此就会发生借贷、担保甚至融资对赌。这些直接产生债务的行为，都是企业主知晓而且是积极拥抱的，是主动需求，属于"自找之债"。

所谓"难免有"则不同。这类债务一般属于企业主的认知范围，经营发展，债务难免，尽管企业主也有不悦，但能够理性认知，属于"自知之债"。

所谓"不该有"的债务，对企业主伤害最大。这往往源自企业主的惯性认知、专业盲区和侥幸心理。大多都是因为企业之债穿透殃及企业主、他人之债连带企业主，又通过企业主伤及家庭，这些衍生风险所造成的"次生灾害"，无疑都是无妄之债，其中也不乏"自作之债"。

2. 如何面对和解决债务风险？对于"必须有"的债务，这是企业主的主动选择，属于积极债务，并不是法律风险，欠债还钱天经地义。欠债不怕，还债才能在江湖立足。

对于"难免有"的债务，是商事行为中的或有事件。或有一旦发生，债务就成为必然，偿债就成为应然。无论企业主个人还是企业，都要生存和发展，都要在社会上立足，逃债是愚者之选。此种情形下，走出债务，不为债务所累，不影响商业发展，才是商之正道。这就需要企业主有预案，当遇到债务时有足够的现金流可以周转，做到家里有粮，船里有压舱石。策略就是要拥抱债务，化解风险。如果既能解决债务压力，又能保住优质财产，便是最好。此时，一张保单就能解决问题。比如，企业主持有一张保单，一旦有债务被执行，就可以运用保单介入权的功能和价值，以保单当下较低的现金价值偿付债务，而保留保单未来几十年的增值成长。但如果企业主持有的是其他资产，比如股票，就会被直接执行偿债了。

对于"不该有"的债务，我们的观点是，不义之财不可得，无妄之债不宜担。对于这类债务，要进行彻底隔离。经典的保单架构就是终身寿。如果有一张终身寿保单，投保人是父母，被保险人是债务人企业主，受益人是父母、配偶、子女都可以，那么，这张保单在法律上是属于父母的财产，未来理赔金的身故保险金也是由父母、配偶、子女受益。由于企业主作为被保险人并不享有任何财产权益（这一点不同于年金险，在年金险中，被保险人享有年金返还的权益），所以这张保单就不会受到企业主的债权人的追索，也不会因此受到法院的执行。企业主只是保险架构中的一个支点，但财产权仍然掌控在手中，因为另外一个法律架构在支撑这个掌控，那就是企业主和父母之间的法律关系。从财富管理的角度而言，这不仅仅是法律上的血缘关系，还是另一个保护机制。

3. 为什么保险架构是锦囊秘籍？保险架构的独特功能就在于，灵活实现财产与人的时间转化、空间转化和时空交互转化，从而实现债务风险的管理。其底层逻辑就在于，保险不是一个简单的金融产品，而是一个法律架构，一套解决方案。

那么，保险架构是如何实现这种时空转换的呢？

首先，实现主体的空间转化。一笔钱在进入保险架构后，这笔钱就从一个主体（存款人）变成了三个主体（投保人、被保险人和受益人）。在保险架构中，三个主体各自持有不同的财产权益，实现了财产在三个主体之间的流转，也就是从投保人到被保险人、再到受益人的流转，从而实现了这笔钱主体身份的转化。依据保险架构的这一特性，就可以规划不同的主体进行债务风险的防范。比如，以父母的安全主体作为投保人，企业主的风险主体作为被保险人，以子女的安全主体作为受益人，利用钱在主体之间的转化，实现了企业主债务风险的隔离。

其次，实现钱的性质转化。投保人的一笔钱，进入保险架构后，就转化成投保人账户的现金价值，又转化成被保险人账户的生存金

（如果是年金），再转化成受益人账户的身故保险金。随着不同账户性质的变化，也带来了债务风险隔离的功效。比如，一个500万元保费的终身寿保险架构，当被保险人去世，保险公司支付身故保险金1500万元给受益人。这时，对于被保险人的债务，受益人是无须偿付的，因为这笔钱的性质已经转化为保险赔偿金，而不是遗产。① 如果这笔500万元的款项不在保险架构中，而是一笔存款，那么就是过世者的遗产，就要先偿还过世者生前的债务，如有剩余再继承。这就是保险架构中由于钱的性质变化所带来的债务隔离功能。

最后，实现时间的转化。保费一般不需要一次性交付，常规做法是分年分次交付，这样就将成本降到最低。但这张保单是从生效日就开始由小长大，并且债务管理功能强大。如果短期内发生风险，有高出保费的保额予以赔偿；如果长期持有保单，有持续的保值增值功能；如果投保人发生债务，还可以运用介入权，以小成本锁定大财产。用时间的转化管理债务，是只有保险架构才具有的独到功能。

综上所述，保险在债务管理方面独到的功能，就是三个转换，即空间转换、时间转换和时空交互转换。空间转换解决人的风险，时间转换解决价值的风险，时空转换是解决债务的风险，这是其他金融资产所不具备的功能。因此，从这个角度而言，说保险无竞品也不为过。

4. 如何设计规划保单的风险管理模型？在实际规划方面，从现实需求出发，可以使用三个基本模型。

（1）第一个模型：他人隔离型。通过他人身份隔离债务，谓之

---

① 《中华人民共和国保险法》（2015年修正）第四十二条：（第一款）被保险人死亡后，有下列情形之一的，保险金作为被保险人的遗产，由保险人依照《中华人民共和国继承法》的规定履行给付保险金的义务：（一）没有指定受益人，或者受益人指定不明无法确定的；（二）受益人先于被保险人死亡，没有其他受益人的；（三）受益人依法丧失受益权或者放弃受益权，没有其他受益人的。
说明：2020年5月28日，十三届全国人大三次会议通过《中华人民共和国民法典》，自2021年1月1日起施行，《中华人民共和国继承法》同时废止。

"转变身份"。在企业主无债务风险、财务状况良好的情况下,将现金资产留给父母或者成年子女。只要这种给予没有恶意逃债,就是合法有效的。① 然后,由父母或者成年子女作为投保人投保,由父母或者成年子女作为被保险人,并且尽量避免企业主自己出现在保单中。这样,通过钱的主体身份的变化,就切割了与企业主的关系,也就隔离了企业主债务的风险。

在这个架构中,也可以将企业主规划为受益人。这样,只要被保险人健在,就不会发生理赔,企业主也不会获得财产,也就不用担心用以偿还债务。待未来度过风险期,企业主就可以变更为投保人,成为保单的所有人。这个方案存在两次变身,第一次是钱变身,第二次是投保人的变身(见图10-6)。

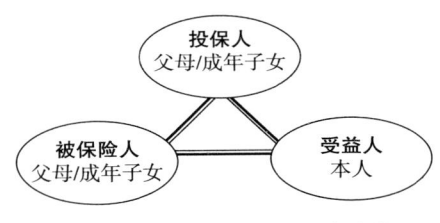

图10-6 他人隔离型(转变身份)

当然,在这个模型中,也要考虑父母、成年子女的风险情况,比如投保人本身发生债务、投保人发生身故等情形对于保单的风险。

---

① 《中华人民共和国民法典》第一百五十四条:行为人与相对人恶意串通,损害他人合法权益的民事法律行为无效。第一百五十五条:无效的或者被撤销的民事法律行为自始没有法律约束力。第五百三十八条:债务人以放弃其债权、放弃债权担保、无偿转让财产等方式无偿处分财产权益,或者恶意延长其到期债权的履行期限,影响债权人的债权实现的,债权人可以请求人民法院撤销债务人的行为。第五百四十一条:撤销权自债权人知道或者应当知道撤销事由之日起一年内行使。自债务人的行为发生之日起五年内没有行使撤销权的,该撤销权消灭。
说明:"过了三年保单就安全了,不被追索",这个说法是否成立要看投保行为是无效还是可撤销。无效诉讼时效是3年,从债权人知道或者应当知道权利被侵害以及义务人之日起算;撤销权的最长期限是5年。

（2）第二个模型：本人隔离型。以本人为媒介，将资产由偿债资产转变为无债资产，改变资产的性质，谓之"转变性质"。这个模型适用于终身寿型的保险（见图10-7）。在这个保险架构中，本人作为被保险人，指定父母、配偶或子女为受益人。这个模型分两种情形，第一种是本人是投保人的情形。本人健在时，不能隔离债务。但当本人身故时，因为身故保险金作为理赔款不属于遗产，因此不能用于清偿本人的债务。第二种是本人不是投保人的情形。首先，由于本人是被保险人但没有财产权益，本人负债也不会追及这张保单。其次，当本人身故，由于身故保险金不属于遗产，也不能用于清偿本人的债务。这种本人隔离型，就是不管本人是否健在，都会隔离本人的债务。不难发现，当身故事件发生时，保险架构的法律功能就开始起作用，将偿债资产转变为无债资产，财产属性发生了转变。

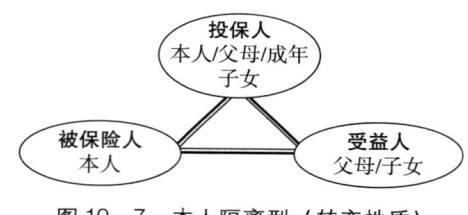

图 10-7 本人隔离型（转变性质）

社会上一度纷纷扰扰的"保险能避债"的说法大概就是起源于此。但这个说法一度被市场泛化、夸大、功利化，而当出现了保单被执行的案例后，又一度被黑化、妖魔化，于是，混乱就产生了。

为避免混淆，这里提炼以下专业表达，以澄清真相："如果投保人和被保险人不是同一个人，在指定且确定受益人的情况下，当被保险人去世之后，指定受益人所获得的身故保险金不用于偿还被保险人生前所负的债务。"也就是说，本人隔离型的保险架构，是受益人获得的身故保险金隔离了被保险人的债务，而不是隔离了受益人本人的债务。

（3）第三个模型：救济救急型。通过对保单权利的行使，改变财产原有的状态，谓之"转变状态"（见图 10-8）。正是运用保单财产状态的改变，才实现了保险的救济和救急功能，体现了保险在债务管理方面特殊的价值。

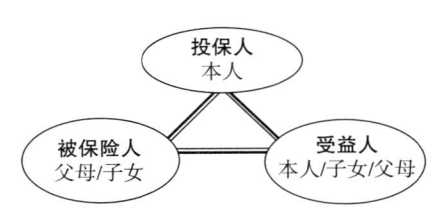

```
         投保人
         本人
        /    \
       /      \
    被保险人 ── 受益人
    父母/子女    本人/子女/父母
```

图 10-8　救济救急型（转变状态）

第一，保单贷款救急。压死骆驼的最后一根稻草才是最贵的债！如果债务临近偿还节点，偿还不上就会影响企业生存甚至家庭财务安危，这压死骆驼的最后一根稻草，就需要一笔救急的现金流来解决。此时，保单贷款就是绝佳选择之一。

在人人都缺钱的周期里，债务又来得突然，企业主常常面临的最现实的困境就是，固定资产难以及时变现，金融资产多数套牢，借贷更是难上加难。于是，谁有随时灵活变现的资产，谁就能渡过难关，谁就是赢家。此时，如果企业主手里有一张大额保单，就可以用保单的现金价值贷款，顺利渡过难关。因此，企业主持有保单，就相当于给自己储存了干细胞和速效救心丸，关键时刻能救命，幸存者会东山再起，在艰难时刻跑赢同行，甚至弯道超车。救急救命的钱最有价值。留余救急，是企业主不可缺少的抗风险储备。不仅如此，即使这张保单被用以贷款，但保险合同所承诺的年金返还、分红以及身故保险金的赔偿，不因贷款而受到任何影响，保险公司仍然按照保险合同和法律的规定支付和赔偿，一个都不能少，贷保两不误。

第二，保单介入权救济。假设有一个企业主有一张保单，年交保费 100 万元，分 5 年期缴，500 万元保费已缴完。突然企业主有一个 100 万元的债务进入强制执行程序，一旦对保单进行强制执行，退保之后的变现一定不值 500 万元，当下的损失立现。不仅如此，最大的损失是未来几十年后确定可见的千万元资产从此不再。区区 100 万元的债务，造成这么大的损失，确实不值当。如何挽救财富的损失？保单介入权的行使，就是通过保险架构进行风险管理的一大独有优势。

所谓介入权的行使，发生于这样的场景：如果企业主有一张保单面临法院的执行，此时法院并不直接把钱划走，而是会通知企业主，同时向保险公司送达协助执行通知。此时，如果不解除保险合同，企业主就可以同被保险人和受益人协商，如果他们愿意把保单的现金价值赎回，那么对应的现金就交付给法院，由法院执行给债权人。而这张保单就由赎回人持有，企业主退出不再持有保单。这样一来，就既解决了债务的偿付问题，也保下了保单使之持续有效。① 在司法实践中，有的法院会在执行裁定当中对保单介入权的行使进行明确安排。②

---

① 《最高人民法院关于适用〈中华人民共和国保险法〉若干问题的解释（三）》（2020 年修正）第十七条：投保人解除保险合同，当事人以其解除合同未经被保险人或者受益人同意为由主张解除行为无效的，人民法院不予支持，但被保险人或者受益人已向投保人支付相当于保险单现金价值的款项并通知保险人的除外。《江苏省高级人民法院关于加强和规范被执行人所有的人身保险产品财产性权益执行的通知》（2018 年）：五、投保人为被执行人，且投保人与被保险人、受益人不一致的，人民法院扣划保险产品退保后可得财产利益时，应当通知被保险人、受益人。被保险人、受益人同意承受投保人的合同地位、维系保险合同的效力，并向人民法院交付了相当于退保后保单现金价值的财产替代履行的，人民法院不得再执行保单的现金价值。《重庆市高级人民法院关于保险合同纠纷法律适用问题的解答》（2017 年）：2. 被保险人或者受益人向投保人支付相当于保险单现金价值的款项并通知保险人后，保险合同当事人如何确定？答：《最高人民法院关于适用〈中华人民共和国保险法〉若干问题的解释（三）》第十七条赋予了被保险人、受益人保险合同介入权，被保险人、受益人向投保人支付保险单现金价值并通知保险人后，即受让了保险合同的相关权利义务而取得了保险合同当事人地位，故应将已支付保单现金价值的被保险人、受益人确定为投保人。

② 参考判例：山东省高级人民法院（2015）鲁执复字第 107 号："本院认为：……在作为投保人的被执行人不能偿还债务，又不自行解除保险合同、提取保险单的现金价值以偿还债务的情况下，人民法院在执行程序中有权强制代替被执行人对该保险单的现金价值予以提取。但是，在投保人与保险合同的被保险人、受益人不一致时，考虑到被保险人或者受益人的利益维护，如果受益人或被保险人愿意承受投保人的合同地位、维系保险合同效力，并向执行法院交付了相当于保险单现金价值的货币以替代履行的，人民法院应对保险单的现金价值不再执行。"

显然，如果保单被执行，保单变现金，保单便不复存在。而且，保单变现一定有保费损失，不仅如此，还将损失一个确定的持续长大的未来的资产。通过保单介入权的行使，以当下低成本、低价值的现金价值偿付债务，解决当下的风险，同时，保单得以保住，持续有效。这样，就守住了一笔未来持续成长的、确定的、高价值的财产。这种特殊的救济功能，是其他金融资产所不具备的。

关于保险债务管理的最佳实践，有很多模型可供选择。前面例示的三个最基本的模型，仅展示保险在法律功能上的特殊价值。显然，并不是简单地买一份保险就能理想隔离债务，专业的规划和多维度的策略都是必不可少的。

5. 如何运用保单合法保全资产？运用保单进行债务风险管理，要坚持三个原则，才能合法保全资产。（1）资金处分要合法。这包括两个方面：其一，资金来源要合法，违法犯罪所得的资金属于赃款，依法是要被没收的；其二，通过父母和成年子女投保的，资金的流转要在没有风险的时点进行，不能为规避执行和逃避债务而转移资产。（2）投保时机要趁早。因为越早越安全，越早越能沉淀更多抗风险的资产。（3）身份分配要科学。投保人、被保险人和受益人要合理安排，投保后要持续关注家族成员变化和债务风险变化，适时调整投保人和受益人，确保财富安全。

综上所述，在债务管理策略方面，保单是一种"无用乃大用"的智慧财产。第一，保险的核心功能不在于避债，但是，如果一定要考虑债务风险的防范和救济，那么与其他金融资产相比，则非保险莫属。第二，在金融资产配置中，如果既要安全稳定，又要保全救急，那么除了人寿保险，没有其他更好的选项。第三，保险的债务风险管理功能，是通过特殊的法律架构设计，在满足特定条件的情况下，使得财产在投保人、被保险人和受益人之间进行合理合法的分配和流转，时空交错，实现财产保全的目的。

最后，我们想说：保险之于"债务"，一度被过分"自作多情"地解读，又被过分"满怀期待"地误读。正本清源，保险之核心在"保"，重在对风险所致损失的对冲、填补与平衡，而不是对风险的直接屏蔽、躲避与逃避（匹配法律架构者除外）。凡以"避债"为核心诉求的投保，一定程度上都是误读；凡以"保单终将被执行"为因由的排斥和恐忧，注定是一种"因噎废食"的鲁莽。

信托架构

债务风险管理的模型之一就是"变身"，通过身份和财产在空间上的转换，实现防范和隔离债务的目的。在这一点上，信托架构有着不可替代的作用。鉴于财富管理服务中的信托有着多种分类，本书聚焦于家族信托，探讨其在债务风险管理中的功能和价值。

（一）家族信托风险隔离的底层逻辑

一个标准的家族信托架构中，由委托人与受托人签署信托合同，将财产委托给受托人。受托人按照委托人的意愿，为受益人的利益或者特殊目的，对财产进行管理或者处分，主要是对财产进行保值增值和传承安排。① 在这个架构中，一个典型之处就是，受托人以自己名义对财产进行管理处分，而委托人则退出财产持有。

家族信托的法律架构并不复杂（见图10-9）。首先，由委托人将合法的个人财产委托给受托人。在国内，受托人一般是持牌的信托公司。财产进入为委托人开立的独立的信托账户，就成为信托财产。其次，信托财产需要经营打理，以便保值增值。这时，委托人可以全权委托信托机构进行打理，也可以选任被授权人进行打理。再次，由委

---

① 《中华人民共和国信托法》（2001年）第二条：本法所称信托，是指委托人基于对受托人的信任，将其财产权委托给受托人，由受托人按委托人的意愿以自己的名义，为受益人的利益或者特定目的，进行管理或者处分的行为。

托人指定信托受益人。信托机构按照委托人在信托合同中的约定，就信托财产向受益人分配。最后，为切实保护受益人能够按照信托合同的规定实现受益权，家族信托中还可以根据需要设定保护人或者被授权人。我们在作为家族信托保护人与家族同行的过程中，一路见证了中国家族的成长与沉淀，也一路见证了家族信托为家族带来的财产专业管理、财富安全保护以及家族如愿传承的价值与意义。

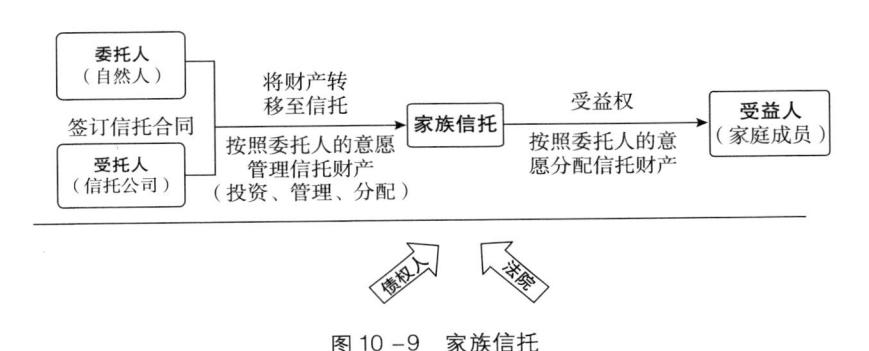

图 10-9　家族信托

家族信托底层逻辑的核心就是两个字——独立。唯有独立，信托财产才有了风险防火墙的功能；唯有独立，信托财产才是自由而不受外界干预的，于是财富传承才能遂心如愿。

信托财产的独立性，正是家族信托在债务风险隔离方面的法律基础所在。关于信托架构的债务风险管理功能，主要体现在以下四个方面：第一，信托财产与委托人的其他财产相区别，信托财产不用于偿还委托人的债务；① 第二，信托财产与受托人自有的财产相区别，信托财产不得用于偿还受托人的债务；② 第三，通过信托架构的设计，

---

① 《中华人民共和国信托法》（2001 年）第十五条：信托财产与委托人未设立信托的其他财产相区别……
② 《中华人民共和国信托法》（2001 年）第十六条：（第一款）信托财产与属于受托人所有的财产（以下简称固有财产）相区别，不得归入受托人的固有财产或者成为固有财产的一部分。

亦可以防范受益人的受益权用于偿还债务；① 第四，除法律另有规定外，信托财产不得强制执行。② 基于家族信托的这些功能，企业主依法设立家族信托后，企业主本来直接持有财产的模式，就通过空间转换，变成了由信托架构持有的模式，而企业主则退出财产所有权关系。如此一来，一旦企业主面临债务风险甚至遭遇执行风险时，就起到了隔离的作用，这样就构建了家庭、家族财富安全的护城河。

简言之，家族信托的风险隔离功能，就是委托人的财产进入家族信托后，便与委托人的其他财产相互独立，不用于偿还委托人的债务，从而起到财产保护、风险隔离的作用。

（二）家族信托在债务隔离方面的经典功能

企业主不易，越是困难越是现金断流、债务频发，企业步履艰难。财富安全是企业主的重大课题之一。举重若轻，我们先从企业主财富安全的三大硬伤谈起。

越多越深入地走近企业主，我们越发现，企业主财富安全最高发、最敏感的问题大多集中在三个方面：第一是连带担保责任，第二是家企财产混同，第三是财产隐名代持。连带责任，大多是企业主因主动提供担保而产生的，这一点容易理解。家企财产混同，则大多是因为没有法律意识和缺乏企业财务常识而无意造成的。家庭财产和企业财产隔离不清的直接结果，就是企业债务直接穿透公司而由个人和家庭承担。于是，基于对债务连带责任和债务穿透的担忧，一些企业主干脆采取"隐身"的方式，通过隐名代持退居幕后，谋求一隅之安。其

---

① 《中华人民共和国信托法》（2001年）第四十七条：受益人不能清偿到期债务的，其信托受益权可以用于清偿债务，但法律、行政法规以及信托文件有限制性规定的除外。
② 《中华人民共和国信托法》（2001年）第十七条：（第一款）除因下列情形之一外，对信托财产不得强制执行：（一）设立信托前债权人已对该信托财产享有优先受偿的权利，并依法行使该权利的；（二）受托人处理信托事务所产生债务，债权人要求清偿该债务的；（三）信托财产本身应担负的税款；（四）法律规定的其他情形。（第二款）对于违反前款规定而强制执行信托财产，委托人、受托人或者受益人有权向人民法院提出异议。

实,这样的安排反而会带来更多的风险。那么,如何安全、低成本且长远而高效地隔离风险呢?在这里,我们拣选重点,探讨和展示信托架构在这方面的功能,以点带面,以期举一反三。

第一,信托锁定:保障家财不偿担保之债。企业缺钱是永恒的主题,民营企业的现金流问题是始终困扰大多数企业主的头等大事。于是,"无负债不企业,无担保不企业主"成为现实写照。一般而言,无论是向银行贷款,还是民间借贷,企业主都得提供三重担保。其一,以自己持有的股权提供质押担保;其二,以个人信用提供连带责任的保证担保;其三,配偶也要同时提供连带责任担保。夫妻二人的连带责任担保实际上是以全部家庭财产对公司的债务承担了无限责任,这就给家庭引入了巨大风险。不贷款,则无风险,但无资金,企业就无发展。"世间难得双全法,富贵唯有险中求。"现实中,连带责任担保常常也是不得已而为之。

那么,家族信托如何隔离担保所带来的家庭财富风险呢?

具体而言,企业主在财务状况良好、没有债务风险时,经配偶同意和确认,把家庭财产中需要隔离的部分委托给信托公司设立家族信托,受益人设定为子女。于是,这笔信托财产就与企业主的其他风险财产相隔离,从而不会被用于偿债。从受益人这端而言,信托财产在分配到受益人账户之前,不属于子女个人所有的财产,因此,信托财产不能用于偿债。这时子女享有的只是受益权而不是财产所有权。而对于受益权,只要企业主在信托文件中限制将信托受益权用于清偿债务,法律就会保护受益权不得偿债。如此一来,就隔离了企业主及配偶对外担保的连带责任风险。

当然,信托之设立须合法且不得有恶意。如果企业主在贷款提供担保之前、财富安妥之时就已经善意地规划了家族信托,那么,即便企业主夫妇因承担责任而被法院执行,法院也只能执行信托财产以外的家庭财产,在信托架构中被圈定的财产则依旧受到特殊保护而不被偿债和执行。一个依法合规设立的家族信托，具有锁定财产、保护财富的功能。

第二，信托隔离：保障家财不偿企业之债。家族信托是一种有力、持续的风险隔离方式。前面我们用了不少笔墨阐述了家企不分、公私财产混同的风险，其最直接的法律风险就是公司的债务穿透成为家庭的债务。如果企业主在财产状况良好且家企财产权属清晰的状况下规划了家族信托，那这个问题便迎刃而解了。因为，家族信托一旦合法设立，那么信托财产便不得被强制执行，债权人也不能直接对信托财产主张权利。这样，无论企业负债是否穿透到家庭，也无论夫妻任何一方负债，都不会伤及信托财产，也不会影响受益人获得信托财产分配，如此便彻底保障了家财不偿企业之债。

第三，信托"代持"：保障特殊身份财产合法安全。许多企业主对于财产安全抱有诸多担忧，于是纷纷以代持方式持有财产。但代持只是以一种表象的安全掩盖了背后更深的风险。代持或许情非得已，但代持带来的以下八个方面的风险却不可不知：其一，代持因违反法律强制性规定而无效；其二，权利人无法证明财产代持的存在；其三，代持财产被代持人恶意变卖或对外提供担保；其四，因代持人个人债务或违法犯罪，造成代持财产被偿债、被强制执行或被罚没；其五，因代持人离婚，造成代持财产被作为共有财产分割；其六，因代持人过世，造成代持财产被法定继承；其七，代持财产难以过户，权利人无法享有和行使财产权利；其八，代持被击穿，也要承担法律责任。[①]

无论哪一个风险，对于企业主的财产而言都是无妄之灾。如何既能安全合法锁定财产，又能起到"代持"作用呢？

从某种角度而言，家族信托就是一种财产"代持"架构。根据法律规定，受托人持有信托财产，并不是形成财产所有权关系，而只是

---

① 关于股权代持的风险，在本书第四章第四节有详细阐述。

名义持有。① 于是，在信托架构中，受托人是信托财产的名义持有人，而受益人则是信托财产的实际享有人。在受益人的规划中，企业主、配偶、子女以及其他家庭成员，都可以成为受益人。这样一来，财产仍然归企业主和家族享有，而风险又隔离于信托架构外，还满足了企业主关于代持的种种需求。

综上所述，企业主一旦合法合规将财产规划到信托架构中，这部分财产就不再属于企业主，从此便与企业主的其他财产及债务相隔离。对于受托人而言，尽管财产为受托人所持有，但财产所有权也不属于受托人，受托人不能随意处置这笔财产，更不能用于偿还自身债务。对于受益人而言，只有满足信托合同约定的条件，受益人才能获得信托财产受益。在受益财产落袋到受益人账户之前，这部分财产仍然是信托财产，债权人无权就此主张偿债，而受益人的受益权也可以通过信托文件排除偿债。可见，信托财产与委托人、受托人和受益人的债务均有法律上的隔离，这就是信托架构财产隔离的价值，也是风险隔离的价值。家族信托的底层逻辑与价值，就是安全。

安全是企业生死存亡之本。家有企业，唯谋安全方得久长。财产安全，信托常青。

（三）家族信托也能被击穿？

家族信托具有风险隔离功能，但也绝不是法外之地，更不是任何人逃避债务或者侵害他人合法权益的工具。信托设立之初，就要秉持初心尚善，坚持合法合规合乎情理的基本价值，严格遵守法律规定和行业规范。

一度冲上热搜的 Z 女士家族信托被击穿，曾经引起人们对家族信

---

① 《中华人民共和国信托法》第十六条：(第一款) 信托财产与属于受托人所有的财产（以下简称固有财产）相区别，不得归入受托人的固有财产或者成为固有财产的一部分。(第二款) 受托人死亡或者依法解散、被依法撤销、被宣告破产而终止，信托财产不属于其遗产或者清算财产。

托的隔离功能的质疑。其核心就是 Z 女士为家族信托项下资金的实际权利人，以此法院裁定对家族信托予以击穿。

根据新加坡高等法院的判决书内容，法院认定 Z 女士为家族信托项下资金的实际权利人主要基于以下理由：（1）该家族信托设立后，Z 女士仍可自由使用家族信托项下银行账户内资金用于自身购房等事宜；（2）在法院作出的对 Z 女士的财产冻结令后，Z 女士急于转移该家族信托项下资金；（3）Z 女士曾通过其代理人向家族信托项下资金所在银行发送邮件，其中提到家族信托项下有关银行账户为 Z 女士所有。

据此，新加坡高等法院认为，虽然有关资金在家族信托名下，但 Z 女士为该等资金的实际权利人，其设立该家族信托的目的在于规避债权人对其名下财产的执行和索赔，该等资金作为 Z 女士个人财产，是可以用于清偿其所负债务的。

Z 女士的离岸家族信托被击穿，核心原因就是：对信托的财产有无限控制权、任意取回和处分权，把信托的财产用于满足自己的利益，而受托人和其他受益人没有任何的干预能力。家族信托下的财产被认定为 Z 女士的个人财产，实际权利人为 Z 女士，而不是受托人。在离岸信托中，这种情况通常会被认为是虚假信托安排。所以，在遇到对外债务时，极有可能会被穿透。

委托人设立家族信托并将财产交给受托人后，财产的所有权便发生了转移，而不再属于委托人所有，信托财产与委托人其他财产相互独立。此时，委托人便不可按照自己的意愿随意支配信托财产。另外，受托人对于委托人超出信托文件约定的有关指令，应当拒绝执行。如果委托人无视信托文件约定，仍然任意调度使用信托内的资产，对信托内的资产拥有无限控制权、任意取回和处分权，那么就可能被认为从来没想过真正交出资产所有权设立信托。同时，家族信托必须在合法的范围内使用，绝不可用于非法目的。具有非法目的的家族信托，自始无效，相关主体可以主张无效或可撤销。如果设立信托的目的是规避个人债务等，损害他人利益，导致家族信托被击穿，那么就让信托失去了它应有的资产保护和风险隔离功能。

（四）家族信托风险隔离最关键的动作

为保障家族信托资产隔离的有效性，在家族信托设立运作过程中，企业主应当对以下问题重点关注：

1. 信托目的合法。不得存在恶意串通损害他人利益或损害社会公共利益等情形。

2. 信托财产合法。企业主应以其自有、合法财产设立信托。

3. 委托人权限边界清晰。企业主对家族信托的控制权应当在合理范围内且符合家族信托的信托目的，不应赋予企业主任意支配家族信托项下财产的权利；家族信托设立后，企业主应当仅能根据信托合同等信托文件的约定行使相关权利。

4. 充分把握信托设立窗口期。如企业主确有计划设立家族信托的，建议及早设立，避免在出现偿债风险后设立的家族信托被债权人申请撤销。

保险金信托架构

前面我们谈到保险在债务风险管理中的功能和价值。其中，在"他人隔离型"的架构中，需要先完成现金赠与，再进行投保，其中多有不便，比如现金的转账、投保人的选任、未来保单财产的走向等。而在家族信托的债务风险隔离中，尽管实现了债务的隔离，但较之保险而言，信托财产又欠缺持续的保值增值和杠杆功能。保险金信托基于保险的独到功能，结合了信托架构，二者优势互补，使得这种独到功能的张力得以更加完美地呈现。

保险金信托的基础架构有两种，业内称之为1.0版和2.0版。保险金信托1.0版见图10-10，是将保险架构中的保险金受益权作为信托财产装入信托架构之中,由信托受托人作为保险金受益人,享有保险金受益权,并对保险金进行管理和分配。保险金信托 2.0 版见图 10-11,是在保险金信托 1.0 版基础之上,将保单作为信托财产装入信托架构之中,由信托受托人同时作为保单持有人和保险金受益人,享有和行使相应的权益。此时的投保人就彻底退出了保险架构,不再是保单持有人。

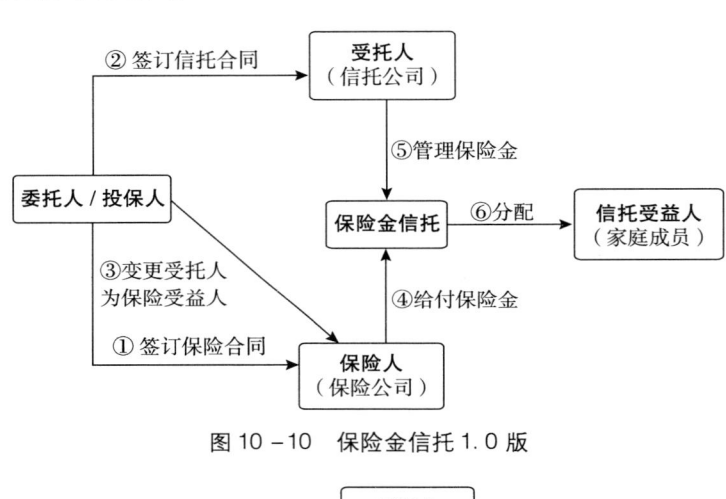

图 10-10 保险金信托 1.0 版

图 10-11 保险金信托 2.0 版

在保险金信托 1.0 版架构之下，由于保单的身故保险金或者生存保险金进入信托，这样，既隔离了被保险人（年金类保险的生存金受益人）的债务风险，又隔离了身故受益人的债务风险。而在保险金信托 2.0 版架构下，因为投保人退出保单而由信托持有，较之 1.0 版架构，又隔离了投保人的债务风险。如此一来，投保人、生存保险金受益人、身故保险金受益人都得到了保护。这对于我们大多数企业主而言，极大地解决了自身投保带来的债务风险。因此，在保险金信托架构之下，既隔离了外部的债务风险，又使得这张保单在未来长周期内安全保值增值并且有杠杆，很好地实现了空间转换、时间转换和时空转换的功能，这也是保险独有的债务管理功能的升级版。

债务风险管理的案例演示

企业主的债务风险管理是一套系统工程，既可以通过设立家族控股公司等股权架构方式，也可以通过设立金融法律架构方式，还可以根据不同情况和需求规划多种方式的组合策略。下面，我们通过一个模拟案例，演示保险架构、家族信托架构以及保险金信托架构在企业主债务风险管理中的功能和价值。

（一）场景及背景

企业主 A，53 岁，与妻子生育一子。儿子 22 岁，在海外留学。母亲 78 岁，独自生活。A 经营一家电子加工企业。由于市场不景气，客户拖欠货款，公司利润明显下滑。为维持公司正常运转，A 只好与妻子商量，用自家积蓄为企业输血。后来，一个同行因为债务问题失联，这对 A 警醒不小，担心万一企业经营陷入困境，或者自己出现意外，将给家人带来重大影响。于是，A 开始考虑家庭财富保障的合理方案。

（二）基本需求

（1）家企资产隔离：避免因企业经营不善而导致家庭生活窘迫；避免企业债务追及家庭。（2）家庭成员的生活品质保障：包括企业主自己和妻子未来的品质养老，子女的优质教育、独自创业和家庭生活保障，母亲的终老照护等。

(三) 方案规划

1. 保险方案（见图10-12）。

投保人选择：从家企资产隔离的角度考虑，负债可能性较大的人不宜做投保人，所以投保人的选择有两个方案：（1）A将自己的合法收入赠与母亲或儿子，由母亲或儿子作为投保人。（2）先由A自己作为投保人投保，待保费缴齐后，再变更投保人为自己的母亲或儿子。这样，A不是保单的投保人，但保单财产又在A家人名下，于是，就可以通过这张保单隔离A的债务风险，包括来自公司的债务风险。在这个规划中，有两点需要明确：一是无论A的母亲还是儿子作为投保人，都要确保其没有债务风险或者风险概率极小，这样才能保证保单的相对安全。二是A的太太不适合作为投保人，因为存在夫妻财产共有、债务共有的风险，如果妻子作为投保人，保单就是A与妻子的共有财产，一旦A负债，妻子名下的保单同样可被追及；如果A的债务被认定为夫妻共同债务，妻子名下的保单同样会被追及。

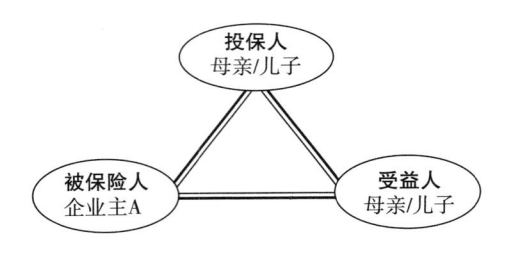

图10-12 保险方案

被保险人的选择：被保险人不具有财产权，一般选择风险较高、收入较高的人，所以A作为被保险人比较合适。

受益人的选择：母亲和儿子为受益人，解决家庭成员的后顾之忧。

缴费期间：如果A判断未来几年企业经营平稳，不会出现大的风险，可选择 3 年或 5 年期交，减少一次性大额保险费支出的压力；如果 A 对未来不甚乐观，或有风险，可以选择趸交，提前做好资产隔离，保全财富。

功能效果：在一定程度上隔离债务风险，并为家族和亲人储备现金，解决未来之需。

2. 家族信托方案（见图 10-13）。

委托人选择：A 作为委托人，设立家族信托。

受益人安排：（1）企业主 A、妻子——安排养老生活和特殊意外发生时的现金支付；（2）母亲——安排终老养护以及临终关怀；（3）儿子——安排留学费用、创业基金和未来婚姻家庭以及第三代呵护。

功能效果：隔离企业和个人债务风险，提前安排财富分配方案，后顾无忧。

提示注意：需要企业主 A 财务状况良好，没有恶意逃债等情形。

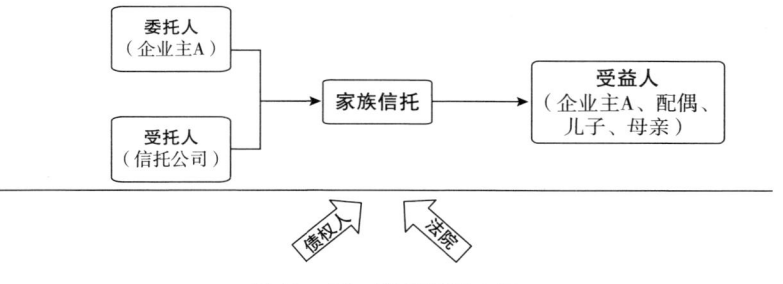

图 10-13　家族信托方案

3. 保险金信托方案。

（1）模式选择：保险金信托 2.0。

（2）保险端（见图 10-14）：

投保人选择：A 作为投保人。

被保险人选择：A 作为被保险人。

受益人选择：信托机构作为受益人，将来保险金直接进入家族信托，通过家族信托分配，而不是给个人。避免分配到个人手上的风险，比如缩水、挥霍、被骗、离婚分割、继承碎片化等。

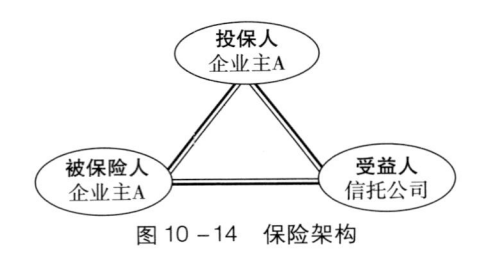

图 10－14　保险架构

（3）信托端（见图 10－15）：

委托人选择：企业主 A。

受托人选择：信托机构。

保单受益人选择：信托机构。

信托受益人选择：企业主 A、配偶、儿子、母亲。规定信托分配的用途和使用方式，比如养老、照护、教育、创业、婚姻等，确保财富独立安全，分配如愿。

提示注意：在企业主 A 和企业财务状态及健康状态安全良好的时点落地。

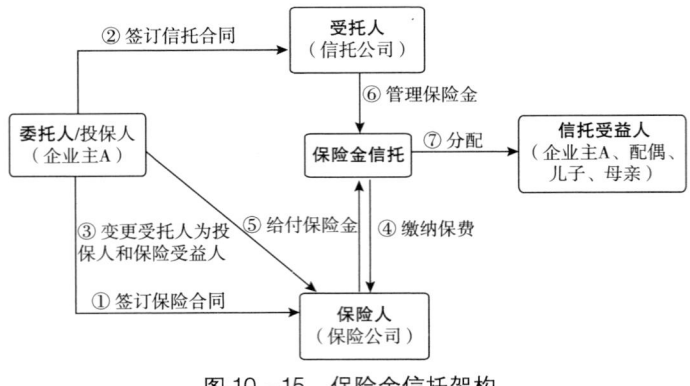

图 10－15　保险金信托架构

（4）功能效果：保险架构实现财富安全保值增值和杠杆效应；家

族信托架构实现财产独立，风险隔离；同时实现家庭成员多维度的健康、财富和人生规划需求。

总结

1. 以控股公司持有主体公司股权，可以隔离企业主与主体公司之间的债务。

2. 以不同的保险架构管理债务风险，具有债务隔离、债务救急以及债务风险转移的价值。

3. 以家族信托架构管理债务风险，具有隔离企业主风险、家庭风险以及家族成员风险的价值。

建议

第一，设立家庭控股公司间接持股，要确保出资到位，杜绝债务风险。此项需要专业的财富管理律师规划。

第二，设立保险架构，要综合评估和专业搭建，拒绝盲目购买。此项需要专业的律师、保险规划师或财富管理师综合规划。

第三，设立家族信托架构，要综合匹配财产安全、资产配置与财富传承需求，高度关注合法合规设立，避免击穿风险。此项需要专业的律师、信托规划师或财富管理师综合规划。

超话

家有股权，一边是期待的锦绣"钱"程，另一边是负债的虎视眈眈。

无论是侥幸贪婪咎由自取，还是身不由己被裹挟抑或被殃及，欠债还钱毕竟是天经地义。尽管如此，厘清和区隔合法财产与非法财产、企业财产与家庭财产以及家庭财产与个人财产，以建立家企安全的"防火墙"，实属必要。

不忽视风险，不侥幸意外，不逃避责任，不放弃守护。

第十一章　罪罚不测，留得青山在，敬畏不碰线

市场经济体中，企业家是最具有活力与创新性的市场要素。然而，企业家也无时无刻不面临社会环境、政商环境、法律环境、金融环境、人文环境等多重财富生态因素不断变化所带来的复合性影响与压力，此中个人的法律瑕疵，将撕开家企安全最疼痛的一道伤口，无论涉税遭受严罚，还是涉刑失去自由，在法律的强制力面前，人终究是脆弱的。

民间流传着这样的话："所有暴富的方法都写在了《刑法》里"，"企业家不是在监狱里，就是走在通往监狱的路上"。这些说法未免过于极端，有危言耸听之嫌，对于众多优秀的民营企业家而言确实不公。但从另一个角度看，这些话却也充分揭示了企业家的投资和经营行为有着极高的法律风险。

客观上，确实也有人自觉或不自觉地踩踏法律红线。其中原因，有的是不知道，有的是知之有限，有的是明知而心存侥幸，也有的是明知故犯。刑事责任风险，往往是企业主的成功陷阱所致。

民营企业主犯罪主要涉及三类：融资类犯罪、经营类犯罪及腐败类犯罪。本章主要聚焦于企业主与钱有关的刑事责任，比如出资、融资、用钱、税务等。

经济犯罪对企业主的影响是深远的，失去人身自由，财产被罚没，公司瞬间瘫痪，几十年打拼的财富帝国崩塌，凡此种种，令人惋惜和痛心。创业不易，莫因违法犯罪葬送宏图大业。针对企业家的钱与罪的问题，如何做到不碰底线不惹麻烦，是需要一定的风险认知和法律

常识的。对于企业主而言,那些不知道、不小心的犯罪陷阱,特别需要谨慎防范。为便于企业主全面认知,我们研究整理了民营企业主在资金管理运用方面和对内对外获得利益方面常发的法律风险,在本章中进行集中梳理和分析。前事不忘后事之师,希望企业主以此为鉴,始终走在平安幸福的大道上。

出资不慎触犯法律,花钱买罪

前面阐述了出资不当引发的民事责任和行政责任,很多企业主不知道的是,出资也可能犯罪,抽逃出资就是典型案例。①

了解什么样的行为是法律意义上的抽逃出资,应当承担什么样的法律责任,有利于企业主远离出资风险,防范触发刑责。

不得抽逃出资是股东的基本义务,但并不是所有的抽逃出资都承担刑事责任。抽逃出资是否构成犯罪,与公司的注册资本登记制度相关。根据原《公司法》的规定,一般公司采取注册资本认缴制,特殊行业公司采取注册资本实缴制。在认缴制下,注册资本由股东自由认缴数额并自行约定实缴比例以及实缴的时间。在实缴制下,股东在公司设立时必须将全部注册资本实缴到位。这一般是针对银行、保险、信托、担保、融资租赁、小贷等金融类公司的特殊要求。② 构成抽逃

---

① 关于抽逃出资的民事行政责任,参见第四章和第七章。
② 根据《国务院关于印发注册资本登记制度改革方案的通知》(国发〔2014〕7号),暂不实行注册资本认缴登记制的行业包括:(1)采取募集方式设立的股份有限公司;(2)商业银行;(3)外资银行;(4)金融资产管理公司;(5)信托公司;(6)财务公司;(7)金融租赁公司;(8)汽车金融公司;(9)消费金融公司;(10)货币经纪公司;(11)村镇银行;(12)贷款公司;(13)农村信用合作联社;(14)农村资金互助社;(15)证券公司;(16)期货公司;(17)基金管理公司;(18)保险公司;(19)保险专业代理机构、保险经纪人;(20)外资保险公司;(21)直销企业;(22)对外劳务合作企业;(23)融资性担保公司;(24)劳务派遣企业;(25)典当行;(26)保险资产管理公司;(27)小额贷款公司。

出资犯罪的，只适用于实行注册资本实缴制的公司。

按照法律规定，当公司的发起人、股东违反《公司法》的规定，在公司成立后又抽逃其出资，数额巨大、后果严重或者有其他严重情节的，即构成抽逃出资罪。[①]

有案示例。A、B、C 三人拟设立投资担保公司，注册资本 5000 万元。遂向 Z 借款 5000 万元，Z 通过账户转入 B 账户 1000 万元，转入 C 账户 1000 万元，转入 A 账户 3000 万元，该款项于当日由三人各自以投资款名义转入验资账户设立投资担保公司（系融资性担保公司，属实行注册资本实缴登记制行业），A 为法定代表人。不久，A 安排公司财务人员将 5000 万元予以抽逃并返还 Z。法院经审理认为，A 作为公司的股东，在该公司成立后又抽逃其出资，数额巨大、后果严重，其行为已构成抽逃出资罪，判处有期徒刑一年，并处罚金 100 万元。

企业主因虚假出资、抽逃出资罪落马的情形也时有发生。有这样一个案例，甲公司实控人 Q，以甲公司名义与 L、M、N 三人一起，在明知无资金注册的情况下，向外借款合计 1 亿元用于注册验资，获准注册登记设立了小贷公司。小贷公司股东为甲公司以及 L、M 和 N，Q 为法定代表人和实控人。公司设立后，Q 与 L、M、N 使用他人居民身份证，采取向小贷公司假贷款的形式，从小贷公司转出注册资金归还出借人，实际抽逃注册资金 8500 万元，造成公司停业，被行政主管机构处罚终止小贷公司的经营资格。法院认为，甲公司、L、M、N 作为小贷公司的股东，在公司成立后抽逃出资，数额巨大，Q 作为被告单位抽逃出资的直接负责的主管人员，其行为均已构成抽逃出资罪，对甲公司判处罚金，对 Q、L、M、N 则分别判处有期徒刑并处罚金。

---

① 《全国人民代表大会常务委员会关于〈中华人民共和国刑法〉第一百五十八条、第一百五十九条的解释》（2014 年）：刑法第一百五十八条、第一百五十九条的规定，只适用于依法实行注册资本实缴登记制的公司。

按照法律规定，如果股东构成抽逃出资罪，可以判处 5 年以下有期徒刑或者拘役，还将被处以抽逃出资金额 2% 以上 10% 以下的罚金。如果是公司犯罪，就要对企业判处罚金。对此，需要特别提醒企业主的是，公司直接负责的主管人员和其他直接责任人员此时也要承担个人刑事责任，将被处以 5 年以下有期徒刑或者拘役。① 而企业主大多就是这里的"主管人员"或者"直接责任人员"，因此要多加注意。

综上所述，在实行注册资本实缴制的公司里，抽逃出资存在构成刑事犯罪的风险。许多企业主在传统行业赚到钱以后，总有投身金融市场以期获得更大回报的惯性。对于进军金融领域的企业主而言，在注册公司以及资金调配运作方面需要量力而行，依法依规使用资金，避免出资后再抽逃而造成"花钱买罪"的后果。

总结

1. 抽逃出资入罪，经营金融类公司、注册资本实缴制行业的企业主要小心。

2. 构成抽逃出资犯罪的，不仅抽逃出资的本人承担责任，公司犯罪的，企业主也要承担刑责。

3. 构成抽逃出资犯罪，既失去人身自由，又有罚金处罚。

建议

第一，拒绝违法。

第二，远离犯罪。

---

① 《中华人民共和国刑法》（2023 年修正）第一百五十九条：（第一款）公司发起人、股东违反公司法的规定未交付货币、实物或者未转移财产权，虚假出资，或者在公司成立后又抽逃其出资，数额巨大、后果严重或者有其他严重情节的，处五年以下有期徒刑或者拘役，并处或者单处虚假出资金额或者抽逃出资金额百分之二以上百分之十以下罚金。（第二款）单位犯前款罪的，对单位判处罚金，并对其直接负责的主管人员和其他直接责任人员，处五年以下有期徒刑或者拘役。

> 超话
>
> 出资有风险,抽逃有深渊,远离"花钱买罪"。

融资不慎触犯法律,融钱买罪

民营企业合法融资渠道狭窄,资金需求缺口巨大,融资难,融资贵。企业主在制度性融资受阻后,便会转向民间非制度性融资,然而,一不小心又可能导致非法吸收公众存款以及集资诈骗类犯罪。

非法吸收公众存款

非法吸收公众存款罪,是企业主在融资活动中最易触犯的罪名,民间称之为"非吸"。

由于民营企业融资难,融资途径不畅,企业主不得不运用各种方法为企业筹钱谋发展。有企业内部员工集资的、有民间借贷的、有亲朋好友东拼西凑的,也有直接向社会吸纳资金的。用钱就要给回报,这也是理所当然。但认知不足,方法不当,就可能触犯法律,构成犯罪。非法吸收公众存款罪已经成为企业主犯罪的高频罪名,是企业主主要的刑事法律风险来源之一。

身为企业主,融资是重要的职责之一,因此有必要高度关注:什么是非法吸收公众存款罪?在什么情况下构成犯罪?如何做到既合法融资又不触碰法律红线?

1. 在行为上。"非法吸收公众存款"在法律上有严格的界定,就是"没有经过主管机关的批准,公开向社会上的不特定对象吸收资金,承诺在一定期限内还本付息"的行为。具体而言,非法吸收公众存款表现为以下四种行为:(1)没有经过批准、没有资格从事吸收公众存款业务而吸收资金,或者借用合法经营的形式吸收资金;(2)通过媒体、推介会、传单、手机短信等途径，向社会公开宣传；（3）承诺在一定期限内还本付息或者给付回报，还本付息和回报方式不仅仅是货币，还包括实物、股权等；（4）向社会上的不特定对象吸收资金。以上四种行为统一构成了"非法吸收公众存款"的行为要件。① 为避免触碰法律红线，这一法律界定值得企业主一一对比参照。

2. 在主观上。构成非法吸收公众存款罪只能是故意，但不要求具有非法占有为目的。如果具有非法占有目的，就不是非法吸收公众存

---

① 《最高人民法院关于审理非法集资刑事案件具体应用法律若干问题的解释》（2021年修正）第一条：（第一款）违反国家金融管理法律规定，向社会公众（包括单位和个人）吸收资金的行为，同时具备下列四个条件的，除刑法另有规定的以外，应当认定为刑法第一百七十六条规定的"非法吸收公众存款或者变相吸收公众存款"：（一）未经有关部门依法许可或者借用合法经营的形式吸收资金；（二）通过网络、媒体、推介会、传单、手机信息等途径向社会公开宣传；（三）承诺在一定期限内以货币、实物、股权等方式还本付息或者给付回报；（四）向社会公众即社会不特定对象吸收资金。（第二款）未向社会公开宣传，在亲友或者单位内部针对特定对象吸收资金的，不属于非法吸收或者变相吸收公众存款。第二条：实施下列行为之一，符合本解释第一条第一款规定的条件的，应当依照刑法第一百七十六条的规定，以非法吸收公众存款罪定罪处罚：（一）不具有房产销售的真实内容或者不以房产销售为主要目的，以返本销售、售后包租、约定回购、销售房产份额等方式非法吸收资金的；（二）以转让林权并代为管护等方式非法吸收资金的；（三）以代种植（养殖）、租种植（养殖）、联合种植（养殖）等方式非法吸收资金的；（四）不具有销售商品、提供服务的真实内容或者不以销售商品、提供服务为主要目的，以商品回购、寄存代售等方式非法吸收资金的；（五）不具有发行股票、债券的真实内容，以虚假转让股权、发售虚构债券等方式非法吸收资金的；（六）不具有募集基金的真实内容，以假借境外基金、发售虚构基金等方式非法吸收资金的；（七）不具有销售保险的真实内容，以假冒保险公司、伪造保险单据等方式非法吸收资金的；（八）以网络借贷、投资入股、虚拟币交易等方式非法吸收资金的；（九）以委托理财、融资租赁等方式非法吸收资金的；（十）以提供"养老服务"、投资"养老项目"、销售"老年产品"等方式非法吸收资金的；（十一）利用民间"会""社"等组织非法吸收资金的；（十二）其他非法吸收资金的行为。第三条：（第一款）非法吸收或者变相吸收公众存款，具有下列情形之一的，应当依法追究刑事责任：（一）非法吸收或者变相吸收公众存款数额在100万元以上的；（二）非法吸收或者变相吸收公众存款对象150人以上的；（三）非法吸收或者变相吸收公众存款，给存款人造成直接经济损失数额在50万元以上的。（第二款）非法吸收或者变相吸收公众存款数额在50万元以上或者给存款人造成直接经济损失数额在25万元以上，同时具有下列情节之一的，应当依法追究刑事责任：（一）曾因非法集资受过刑事追究的；（二）二年内曾因非法集资受过行政处罚的；（三）造成恶劣社会影响或者其他严重后果的。

款罪，而是构成集资诈骗罪。

企业主只要在主观上不存在非法吸收公众存款的故意，行为上没有前面提到的4种行为，就不用过于担心涉嫌这个罪名的犯罪。法无明文不定罪，并不是所有的吸收公众资金的行为都是犯罪，以下这些情形就不构成非法吸收公众存款罪：（1）如果存款人只是少数个人或者是特定的个体，而不是不特定的群体，就不能认为是吸收公众存款。因此，没有向社会公开宣传，仅仅是在亲友或者企业内部针对特定对象吸收资金的，不属于非法吸收公众存款。（2）如果行为人将非法吸收来的资金不是用于从事金融业务，而是用于正常的生产经营活动的，即便资金用途有所改变，也不应当构成非法吸收公众存款罪。

3. 在刑责上。如果是个人犯有非法吸收公众存款罪，最高可处10年以上有期徒刑，并处罚金。如果是公司犯罪，除了对单位判处罚金外，直接负责的企业主也要承担刑事责任，最高可处10年以上有期徒刑，并处罚金。①

比如某企业主因本公司开发项目缺少资金，另行成立了一家投资公司，通过委托理财的方式吸收公众存款800万元。在此过程中，偿还了160万元给投资人，另有一部分资金用于偿还个人债务。后来由于资金链断裂，导致不能如期如数兑付投资人款项而案发。案发后，虽然这位企业主积极筹集资金偿还本息，但依然不能如数兑付。企业主最终被法院以非法吸收公众存款罪判处有期徒刑4年。

---

① 《中华人民共和国刑法》（2023年修正）第一百七十六条：（第一款）非法吸收公众存款或者变相吸收公众存款，扰乱金融秩序的，处三年以下有期徒刑或者拘役，并处或者单处罚金；数额巨大或者有其他严重情节的，处三年以上十年以下有期徒刑，并处罚金；数额特别巨大或者有其他特别严重情节的，处十年以上有期徒刑，并处罚金。（第二款）单位犯前款罪的，对单位判处罚金，并对其直接负责的主管人员和其他直接责任人员，依照前款的规定处罚。

4. 在预防上。企业主融资有风险,不仅仅是债务混同和穿透的风险,更有刑事责任的风险。因此,要建立未雨绸缪的认知,也要学习远离风险的常识。

(1)选择合法合规的融资方式,避免触犯刑责,避免个人遭受刑罚,才能避免家庭幸福和财产受到创伤。

(2)选择特定的融资对象,避免向社会不特定对象筹集资金。

(3)选择内部定向说明方式,避免向社会公开宣传。目前法律明确禁止通过媒体、推介会、传单、手机短信等途径向社会公开宣传,这一点要严格把关。

(4)吸收的资金必须确实用于生产经营。用于生产经营的,属于企业客观所需,属于民间借贷行为,这是法律保护的融资方式。而吸收的资金仅仅用于生息返利的,属于以纯信贷为目的的非法吸收公众存款,就会涉嫌犯罪。据此,特别提示企业主:民间借贷行为与非法吸收公众存款最本质的区别就在于吸收资金的去向。去向不同,决定了罪与非罪的边界。

集资诈骗

企业主在为企业筹集资金的过程中,常常陷于迷茫:为什么有的公司肆意圈钱没事,而有的公司向外借贷就涉嫌犯罪呢?如何避免筹资过程中的刑事风险呢?这就需要区分集资诈骗与民间借贷和非法吸收公众存款,发现边界,防范风险。

(一)区分集资诈骗与民间借贷

集资诈骗的目的是非法占有他人款项。这里的非法占有不是指暂时占有,而是指意图永久性占有他人款项,没有还本付息和回报出资人的意图。而民间借贷则不同,一般是为了弥补生产、生活等方面出现的暂时性资金短缺,并在约定时间内偿还本息的行为。这种情形下,即使为获得集资款而夸大了收益回报,集资后因经营管理不善或市场因素变化等原因造成亏损而无力偿付集资本息的，也不构成集资诈骗罪。

（二）区分集资诈骗与非法吸收公众存款

集资诈骗罪与非法吸收公众存款罪同属于"非法集资"类的犯罪。尽管二者都是实施了非法集资的行为，但有着本质的区别。（1）在主观上，集资诈骗罪以"非法占有投资者的集资款"为目的，而非法吸收公众存款罪的目的则不是非法占有，而是非法从事信贷活动从中牟利。（2）在行为上，集资诈骗罪一般采用的是诈骗方法，而非法吸收公众存款罪不以使用诈骗方法为构成要件，并且一般也并不掩盖自己吸收资金用于牟利的意图。（3）在刑罚上，集资诈骗罪最高的刑罚是无期徒刑，而非法吸收公众存款罪的最高刑为10年以上有期徒刑。非法吸收公众存款罪具有基础性意义，属于非法集资犯罪的一般法规定；集资诈骗罪是非法集资犯罪的加重罪名，刑罚也是最严厉的。

（三）集资诈骗的罪与罚

企业主为企业融资，为了避免涉嫌集资诈骗犯罪，就要清楚哪些行为将构成犯罪。《刑法》规定，以非法占有为目的，使用诈骗方法非法集资，数额较大的，就构成集资诈骗罪。

所谓"诈骗方法"，就是指行为人采取虚构资金用途，以虚假的证明文件和高回报率为诱饵，或者其他骗取集资款的手段，包括：（1）集资后不用于生产经营活动或者用于生产经营活动与筹集资金规模明显不成比例，致使集资款不能返还的；（2）肆意挥霍集资款，致使集资款不能返还的；（3）携带集资款逃匿的；（4）将集资款用于违法犯罪活动的；（5）抽逃、转移资金，隐匿财产，逃避返还资金的；（6）隐匿、销毁账目，或者搞假破产、假倒闭，逃避返还资金的；（7）拒不交代资金去向，逃避返还资金的；（8）其他可以认定非法占有目的的情形。①

所谓"非法集资",就是指违反法律、法规有关集资的规定,以承诺回报为前提向社会公众募集资金的行为。

所谓"数额较大",一般情况下,个人集资诈骗数额在10万元以上的,单位集资诈骗数额在50万元以上的,应当认定为数额较大。

所谓罚则,就是使用诈骗方法非法集资数额较大的,处3年以上7年以下有期徒刑,并处罚金;数额巨大或者有其他严重情节的,处7年以上有期徒刑或者无期徒刑,并处罚金或者没收财产。

在此,要特别提醒企业主,如果是公司犯罪,除了对公司判处罚金外,对直接负责的企业主也要判处有期徒刑或者无期徒刑,并处罚金或者没收财产。② 这种严厉的刑罚,对于企业主而言不仅仅是个人失去自由和财产,也可能给家庭甚至整个家族带来毁灭性的打击。

(四)老板如何远离集资诈骗罪

显然,民间借贷、非法吸收公众存款与集资诈骗有着本质的区别。

---

① 《最高人民法院关于审理非法集资刑事案件具体应用法律若干问题的解释》(2021年修正)第七条:(第一款)以非法占有为目的,使用诈骗方法实施本解释第二条规定所列行为的,应当依照刑法第一百九十二条的规定,以集资诈骗罪定罪处罚。(第二款)使用诈骗方法非法集资,具有下列情形之一的,可以认定为"以非法占有为目的":(一)集资后不用于生产经营活动或者用于生产经营活动与筹集资金规模明显不成比例,致使集资款不能返还的;(二)肆意挥霍集资款,致使集资款不能返还的;(三)携带集资款逃匿的;(四)将集资款用于违法犯罪活动的;(五)抽逃、转移资金,隐匿财产,逃避返还资金的;(六)隐匿、销毁账目,或者搞假破产、假倒闭,逃避返还资金的;(七)拒不交代资金去向,逃避返还资金的;(八)其他可以认定非法占有目的的情形。(第三款)集资诈骗罪中的非法占有目的,应当区分情形进行具体认定。行为人部分非法集资行为具有非法占有目的的,对该部分非法集资行为所涉集资款以集资诈骗罪定罪处罚;非法集资共同犯罪中部分行为人具有非法占有目的,其他行为人没有非法占有集资款的共同故意和行为的,对具有非法占有目的的行为人以集资诈骗罪定罪处罚。

② 《中华人民共和国刑法》(2023年修正)第一百九十二条:(第一款)以非法占有为目的,使用诈骗方法非法集资,数额较大的,处三年以上七年以下有期徒刑,并处罚金;数额巨大或者有其他严重情节的,处七年以上有期徒刑或者无期徒刑,并处罚金或者没收财产。(第二款)单位犯前款罪的,对单位判处罚金,并对其直接负责的主管人员和其他直接责任人员,依照前款的规定处罚。

如果说民间借贷与非法吸收公众存款尚有容易混淆把握不准之处，那么集资诈骗与前两者相较就是无争的区别。企业主对于集资诈骗的风险，不是如何"规避"的问题，而是如何"拒绝"的问题。因为，主观上的"非法占有"是完全可以认知、能够掌控的。集资风险不可小觑，犯罪风险更不可心怀侥幸。

如何避免踩踏法律红线，掉入集资诈骗的陷阱？这在主观上完全可以掌控，不可以有侥幸心理。重点是在客观上不要因为方法不当而"误犯罪"。第一，选择合法合规的融资渠道；第二，内部集资要把握好分寸；第三，不得向不特定多数人宣传集资融资；第四，欠钱还钱，且莫跑路。

总结

1. 融资是刚需，法律是边界。谨防好事变坏事，合法变犯罪。

2. 防范非法吸收公众存款犯罪，融资远离四个边界：（1）未经法律许可；（2）向社会公开宣传；（3）承诺还本付息；（4）向社会不特定对象吸收资金。

3. 防范集资诈骗，融资要做到：（1）选择合法合规的融资渠道；（2）内部集资要把握好分寸；（3）不得向不特定多数人宣传集资融资；（4）欠钱还钱，且莫跑路。

建议

第一，拒绝违法。

第二，远离犯罪。

超话

用别人的钱，总是有代价的。如若巧用心机、非法占有，起心动念带着罪恶，那么融来的每一分钱，都将写着刑期。

财产使用任性，用钱获罪

在充满商机的市场经济条件下，一次短期的资金周转就有可能带来巨额利润，资金的使用权在相当程度上比资金的所有权更有价值。然而，企业主对公司资金的不当使用，也潜藏着法律的风险和责任。

挪用资金

在民营企业和家族企业中，企业主利用个人威望和控制权，以各种名义从公司提取款项用于私人使用或由其控制的企业之间拆借资金，这是常发现象，也许企业主不以为然。但即便自己是公司的控股股东、实控人，使用自己公司的钱，也可能构成挪用资金罪，一不小心就会身陷囹圄。

（一）在主体身份上

按照法律规定，公司的工作人员利用职务上的便利，挪用本公司资金归个人使用或者借贷给他人，即存在犯罪的风险。[1] 在这里，作为企业主，无论是公司的法定代表人、董事、监事还是高管，均属于公司的工作人员。企业主只要具备了利用职务上便利的条件，就具备了挪用资金罪的身份。

（二）在行为构成上

挪用资金"归个人使用"，在法律上包括以下三种情形：（1）将本公司资金供本人、亲友或者其他自然人使用；（2）以个人名义将本公司资金供其他单位使用；（3）个人决定以公司名义将本公司资金供

---

[1] 《中华人民共和国刑法》（2023年修正）第二百七十二条：（第一款）公司、企业或者其他单位的工作人员，利用职务上的便利，挪用本单位资金归个人使用或者借贷给他人，数额较大、超过三个月未还的，或者虽未超过三个月，但数额较大、进行营利活动的，或者进行非法活动的，处三年以下有期徒刑或者拘役；挪用本单位资金数额巨大的，处三年以上七年以下有期徒刑；数额特别巨大的，处七年以上有期徒刑。

其他单位使用，谋取个人利益。①

但并不是所有的挪用资金归自己使用都构成犯罪，也并不是挪用资金进行非法活动才构成犯罪，进行合法活动的也会构成犯罪。具体而言，挪用资金构成犯罪的，分为三种情形：（1）挪用公司资金进行合法活动的，要求10万元以上，而且超过3个月未还；（2）挪用公司资金进行营利活动的，要求10万元以上；（3）挪用公司资金进行非法活动的，要求6万元以上。②

当然，如果挪用资金后，由于某种原因主观上不愿意归还的，就不是涉嫌挪用资金罪了，而是转化为职务侵占罪。

依据上述标准，企业主确实有必要审慎回顾一下自己的资金使用情况，看看有没有不当使用资金的情形，尽早防范和纠正，避免刑责风险。

---

① 参见《全国人民代表大会常务委员会关于〈中华人民共和国刑法〉第三百八十四条第一款的解释》（2002年）以及《全国人民代表大会常务委员会法制工作委员会刑法室关于挪用资金罪有关问题的答复》（法工委刑发〔2004〕第28号）。
② 《最高人民法院、最高人民检察院关于办理贪污贿赂刑事案件适用法律若干问题的解释》（2016年）第五条：挪用公款归个人使用，进行非法活动，数额在三万元以上的，应当依照刑法第三百八十四条的规定以挪用公款罪追究刑事责任；数额在三百万元以上的，应当认定为刑法第三百八十四条第一款规定的"数额巨大"。具有下列情形之一的，应当认定为刑法第三百八十四条第一款规定的"情节严重"：（一）挪用公款数额在一百万元以上的；（二）挪用救灾、抢险、防汛、优抚、扶贫、移民、救济特定款物，数额在五十万元以上不满一百万元的；（三）挪用公款不退还，数额在五十万元以上不满一百万元的；（四）其他严重的情节。第六条：挪用公款归个人使用，进行营利活动或者超过三个月未还，数额在五万元以上的，应当认定为刑法第三百八十四条第一款规定的"数额较大"；数额在五百万元以上的，应当认定为刑法第三百八十四条第一款规定的"数额巨大"。具有下列情形之一的，应当认定为刑法第三百八十四条第一款规定的"情节严重"：（一）挪用公款数额在二百万元以上的；（二）挪用救灾、抢险、防汛、优抚、扶贫、移民、救济特定款物，数额在一百万元以上不满二百万元的；（三）挪用公款不退还，数额在一百万元以上不满二百万元的；（四）其他严重的情节。第十一条：（第二款）刑法第二百七十二条规定的挪用资金罪中的"数额较大""数额巨大"以及"进行非法活动"情形的数额起点，按照本解释关于挪用公款罪"数额较大""情节严重"以及"进行非法活动"的数额标准规定的二倍执行。

（三）在刑罚后果上

构成挪用资金罪的，轻则处 3 年以下有期徒刑或者拘役；数额巨大的，处 3 年以上 7 年以下有期徒刑；数额特别巨大的，处 7 年以上有期徒刑。

有这样一位企业主，在担任公司法定代表人期间，利用管理职务便利，未经其他股东的同意，私自将公司的资金 1.09 亿元挪走用于个人营利活动，包括与他人合资设立公司、购买土地、投资煤矿等，且一直未能归还，被法院判决。法院认为，这位企业主任公司法定代表人，利用职务便利，挪用公司资金归个人使用，数额巨大且不退还，严重侵犯了公司资金的使用收益权，构成挪用资金罪，判处有期徒刑 10 年。企业主要特别注意，即便自己是公司中的唯一股东，这种行为依然会构成挪用资金罪。

（四）企业主如何远离挪用资金罪

挪用资金罪是很多企业主不易察觉且非常危险的罪名。往往在发生股东纷争、企业控制权争夺、控制人婚姻危机时，挪用资金就成为要挟和控制的手段。因此，企业主使用公司资金不可不慎。

为更好地预防挪用资金犯罪，企业主应当有认知有方法。第一，在个人方面要做到：（1）增强法律风险防范意识，了解基本风险常识；（2）完善公司资金管理制度，加强公司资金收发、使用流程管理；（3）建立资金数额和占用使用时间预警制度，避免用资不慎滑向犯罪的边缘。第二，在资金拆借方面要做到：（1）控股股东、实控人利用公司资金在关联企业之间进行拆借，要严格做到合法合规；（2）资金流转必须有合法依据，诸如借贷、投资、预付款、业务往来关系等；（3）资金流转须有合法程序背书，比如经董事会乃至股东会表决，将其转化为公司意志；（4）严格按照公司财务管理制度完成流程。

侵占公司资产

每个企业主都必须了解的职务侵占罪，是企业主的高频犯罪之一。究其原因就在于，企业主家企混同现象普遍存在。

很多企业主想当然地认为，公司是自己出资创立的，公司的一切就都是自己的，于是公司的财产就可以甚至是应该随意支配、占有和使用。当公司资金短缺时，自己把个人资产无偿投入公司，帮助公司渡过难关；当自己遇到困难时，再从公司把钱提出来用于个人或家庭，认为这也合情合理。很多侵占行为都不为企业主所认知，且长期操作习以为常。但是企业主不了解的是，法律的底层逻辑是规则，而不是情理。公司财产具有独立性，公司对外具有公众性，企业主随意支配、占有和使用公司资产，将损害公司利益、股东利益、债权人利益以及国家利益。因此，法律对此予以严加约束和惩治。企业主一定要清楚地认识到，企业的资金是不可以随意挪用占有的，否则一不小心就可能游走于犯罪的边缘。

那么，职务侵占罪到底有多可怕呢？为什么企业主屡屡遭受职务侵占罪的惩罚？对此，我们只要拆解法律的底层逻辑，就一目了然了。

（一）在主体身份上

按照法律规定，公司的工作人员利用职务上的便利，将本公司财物非法占为己有，即存在犯罪的风险。[1] 与挪用资金罪一样，企业主只要具备了利用职务上便利的条件，就具备了职务侵占罪的身份。

（二）在行为构成上

构成职务侵占罪的行为要件就是"将本公司财物非法占为己有"。

---

[1] 《中华人民共和国刑法》（2023年修正）第二百七十一条：（第一款）公司、企业或者其他单位的工作人员，利用职务上的便利，将本单位财物非法占为己有，数额较大的，处三年以下有期徒刑或者拘役，并处罚金；数额巨大的，处三年以上十年以下有期徒刑，并处罚金；数额特别巨大的，处十年以上有期徒刑或者无期徒刑，并处罚金。

企业主可以回顾一下有没有将公司的财物据为己有的情形。比如直接从公司账户划款到个人账户用于个人和家庭消费，或者购置房产、汽车据为己有，或者伪造报销凭证并将报销所得据为己有，或者通过个人账户收取企业经营款项等。对于企业主的这些行为，轻则被税务机关以逃税漏税追责，也可能构成家企财产混同从而对公司债务承担连带责任，严重的就有可能被追究刑事责任了。

当然，并不是所有的"将公司的财物非法占为己有"的行为都构成犯罪，只有"数额较大的行为"才被追究侵占公司资产的犯罪责任。然而，企业主对此也不要过于乐观，因为构成犯罪的标准并不高。

（三）在刑罚后果上

按照法律规定，对于非法占为己有的数额较大的，处 3 年以下有期徒刑或者拘役，并处罚金；对于数额巨大的，处 3 年以上 10 年以下有期徒刑，并处罚金；对于数额特别巨大的，处 10 年以上有期徒刑或者无期徒刑，并处罚金。

按照目前相关司法解释的规定，侵占数额只要达到 6 万元人民币，就可以构成职务侵占罪。[①] 以这个条件作为标准去衡量，恐怕有很大一批企业主难以过关。

（四）企业主如何远离职务侵占罪

职务侵占罪是所有民营企业主都必须认知并应当予以防范的犯罪，理由很简单：第一，家企混同是民营企业和家族企业的普遍现象，而

---

① 《最高人民法院 最高人民检察院关于办理贪污贿赂刑事案件适用法律若干问题的解释》（2016 年）第一条：（第一款）贪污或者受贿数额在三万元以上不满二十万元的，应当认定为刑法第三百八十三条第一款规定的"数额较大"，依法判处三年以下有期徒刑或者拘役，并处罚金。第二条：（第一款）贪污或者受贿数额在二十万元以上不满三百万元的，应当认定为刑法第三百八十三条第一款规定的"数额巨大"，依法判处三年以上十年以下有期徒刑，并处罚金或者没收财产。第十一条：（第一款）刑法第一百六十三条规定的非国家工作人员受贿罪、第二百七十一条规定的职务侵占罪中的"数额较大""数额巨大"的数额起点，按照本解释关于受贿罪、贪污罪相对应的数额标准规定的二倍、五倍执行。

职务侵占罪的根源又大多集中在企业主对于家企财产界限以及公私财产界限的认知缺失上；第二，缺乏严格的企业内部财务监管和审计，为企业主侵占公司资产提供空间；第三，企业主动用公司资产的实际目的和用途有时难以明确判断，具有相当的隐蔽性，也是这类行为常常发生的重要原因；第四，这类行为还为公司内部争夺控制权、婚姻中的财产争夺提供了"契机"，往往成为相互攻击对方的"撒手锏"。因此，职务侵占罪要特别引起企业主的足够重视。

企业主远离职务侵占罪，要重点防范"利用职务便利"，聚焦于公司运营管理流程和企业主职权范围。这里列出以下三点，提示企业主重点关注。

第一，明确企业主在公司中的身份，厘清职务范围，区分职务行为。

第二，建立完整的风控制度，完善流程管理，尤其是财务使用流程，设立内部监督审计和预警机制，避免企业主因疏忽而形成侵占资产事实。

第三，杜绝家企混同，严格区分公司资产与个人家庭资产。杜绝随意占用、使用、处分公司资产。

总结

1. 企业主挪用资金归自己使用，小心涉嫌挪用资金罪。动用公司资金要合法合规，谨慎行事。

2. 企业主将公司财物占为己有，小心涉嫌职务侵占罪。管理使用公司资产要有敬畏之心，拒绝触碰法律底线。

建议

第一，拒绝违法。

第二，远离犯罪。

> 超话

公私财产混同，敲门的不过是债务。而公司资产被挪用侵占，敲门的就是手铐。

税责心存侥幸，偷逃获罪

家有企业，有经营，有所得，必有税负。国家对偷逃税违法犯罪行为始终是"零容忍"的态度和"出重拳"的决心。税责与风险，对于企业主来说是一道极其严格的必考题。

"避税"之路越来越危险

纳税是义务，偷逃有责，是人人尽知的常识。遗憾的是，现实中有些企业主总是心怀侥幸，希望通过种种自以为是的"策划""筹划"实现不缴税或者少缴税。偷逃行为的屡屡发生，皆因行为有惯性，心底无敬畏。殊不知，过往种种自以为是的"神机妙算"和"理所当然"，早已被暗暗标好了对价。

（一）税收洼地，屡屡决堤

实践中查实处罚的很多案例，都是利用地方核定征收及财政返还的相关税收优惠政策，采取设立个独企业、虚构业务的方式，玩转偷逃税的游戏。然而，愈发完善的智慧税务，能够分析出"洼地"是否具有真实业绩，是否与"洼地"外的其他公司有亲属关联关系，直接揭开偷逃税的面纱。税收优惠将再也不是避税天堂。

（二）私收公款，自挖陷阱

有些企业主为避免入公账缴税，利用个人账户收取营业款有之，利用员工的私人账户、微信、支付宝等渠道收取客户款项有之。这种隐匿收入、转换收入性质的行为，都构成偷逃税。曾有公开报道，一位企业主因私收公款逃税被判3年，并处罚金20万元。并且判刑也不免税责，税款还要继续补缴。

（三）公户转私户，自投罗网

用公户直接转款给股东私户，又长期不还的，可视为分红，须缴纳20%的个税。通过支付宝、微信转账支付工资款项的，存在漏报个税或偷逃个税的风险。这种为避税而采取的公户转私户的做法，在大数据、云计算、人工智能的新时代，实在是"倔强留痕"，显然责任是逃无可逃的。

（四）股权转让，难逃"法眼"

股权是企业主最具有潜在价值的财富。股权的转让，是财富裂变的一种常规模式，而其中的税务风险也不容小觑。有一位企业主持有公司4%的股权，作价720万元转让，但在市场监督管理局备案的股权转让协议却作价0元，未申报个人所得税。税务局对此作出处罚，补缴个人所得税144万元，按日加收万分之五的滞纳金，并处以1倍的罚款。在股权转让或者变现过程中，那些用阴阳合同隐瞒实际股权转让收入、以平价或低价转让股权、降低股权转让收入以及变相转让股权股份等"税务筹划"，在数字治税时代都难逃监管"法眼"。

（五）外籍身份，也不是法外之地

不要奢望："我是外籍身份，中国法律能奈我何？"有人利用外籍身份，将境内个人收入"包装"成境外企业收入，隐匿取得应税收入的事实，或转换收入的性质，但最终仍被查处。要知道，依照法律规定，虽然是外籍身份，但在一个纳税年度内，在中国境内停留时间超过183天的，应就其来自中国境内和境外的所有收入缴纳个人所得税。

偷逃税，想都别想

税是国家制度，必须执行；税也是法律义务，必须履行。企业主需要清楚的是，对偷税的，由税务机关追缴其不缴或者少缴的税款、滞纳金，并处不缴或者少缴的税款50%以上5倍以下的罚款；构成犯罪的，依法追究刑事责任。

（一）不是所有的偷逃税都追究刑事责任

根据现行《刑法》规定，逃税行为经税务机关依法下达追缴通知后，若能在规定期限内缴清税款、滞纳金和罚款，已受行政处罚的，便不追究刑事责任。也就是说，税务机关没有处理或者不处理的，司法机关不得直接追究行为人的刑事责任。只有行为人超过了税务机关的规定期限而不接受处理，司法机关才能追究刑事责任。①

曾轰动娱乐界的某艺人阴阳合同偷税案，属于首次被税务机关按偷税予以行政处罚，且此前未因逃避缴纳税款受过刑事处罚，在税务机关下达追缴通知后，在规定期限内缴纳了税款，从而依法不予追究刑事责任。如果超过规定期限不缴纳税款和滞纳金、不接受行政处罚的，税务机关就会依法移送司法机关追究刑事责任。

企业主要注意的是，并不是"不予追究刑事责任"就是安全着陆，要知道除了按日加收滞纳税款万分之五的滞纳金外，行政罚款金额仍可能高达不缴或者少缴税款的5倍。② 这对于企业发展和个人经济利益而言或将是沉重的负担。企业主更要注意的是，对于偷逃税行为，

---

① 《中华人民共和国刑法》（2023年修正）第二百零一条：（第四款）有第一款行为，经税务机关依法下达追缴通知后，补缴应纳税款，缴纳滞纳金，已受行政处罚的，不予追究刑事责任；但是，五年内因逃避缴纳税款受过刑事处罚或者被税务机关给予二次以上行政处罚的除外。

② 《中华人民共和国税收征收管理法》（2015年修正）第六十三条：（第一款）纳税人伪造、变造、隐匿、擅自销毁账簿、记账凭证，或者在账簿上多列支出或者不列、少列收入，或者经税务机关通知申报而拒不申报或者进行虚假的纳税申报，不缴或者少缴应纳税款的，是偷税。对纳税人偷税的，由税务机关追缴其不缴或者少缴的税款、滞纳金，并处不缴或者少缴的税款百分之五十以上五倍以下的罚款；构成犯罪的，依法追究刑事责任。（第二款）扣缴义务人采取前款所列手段，不缴或者少缴已扣、已收税款，由税务机关追缴其不缴或者少缴的税款、滞纳金，并处不缴或者少缴的税款百分之五十以上五倍以下的罚款；构成犯罪的，依法追究刑事责任。

法律还规定了倒查追责制度，而且没有期限限制。①

（二）逃税罪，都是明知故犯的侥幸

所有的逃税，都是明知自己的所作所为会发生逃避缴纳税款的结果，却希望、放任或者促成这种结果的发生。以下这些平常可见的操作，都是逃税的行为，企业主当引以为戒。（1）采取欺骗、隐瞒手段进行虚假纳税申报。比如隐匿账簿、记账凭证；或者私设小金库，以及在账簿上多列支出或者少列、不列收入；或者报送虚假的纳税申报材料，进行虚假的纳税申报。（2）不申报。税务机关已经通知申报后仍然不进行纳税申报。（3）缴纳税款后又以欺骗手段，骗取所缴纳的税款。对于逃避缴纳税款数额较大并且占应纳税额10%以上的，处3年以下有期徒刑或者拘役，并处罚金；数额巨大并且占应纳税额30%以上的，处3年以上7年以下有期徒刑，并处罚金。②

有判例显示，某公司为了偷逃税款，经股东会讨论，由总经理安排财务和销售人员，采用单独做账或者不进入公司大账等方式隐瞒销售收入，并每天将每日实际的总产量报表和隐瞒销售收入的报表报董事长、总经理审核，这就构成了逃税罪。法院除判处公司承担罚金外，董事长和总经理都被判处有期徒刑并处罚金。

需要说明的是，漏税不构成逃税罪。比如因工作粗心大意、错用税率、漏报应税项目等过失漏缴或少缴税款的，就不构成逃税罪。

（三）偷逃无小事，想想都是"犯罪"

税是一种哲学，其辩证性在于，既是负担，也是收益。依法纳税

---

① 《中华人民共和国税收征收管理法》（2015年修正）第五十二条：（第三款）对偷税、抗税、骗税的，税务机关追征其未缴或者少缴的税款、滞纳金或者所骗取的税款，不受前款规定期限的限制。

② 《中华人民共和国刑法》（2023年修正）第二百零一条：（第一款）纳税人采取欺骗、隐瞒手段进行虚假纳税申报或者不申报，逃避缴纳税款数额较大并且占应纳税额百分之十以上的，处三年以下有期徒刑或者拘役，并处罚金；数额巨大并且占应纳税额百分之三十以上的，处三年以上七年以下有期徒刑，并处罚金。

貌似承担了很重的财务负担，但一方面沉淀了社会信誉，另一方面也为财富贴上了合法的标签。税，也是一种信仰。"税你没商量"，要知道，税是一种逃无可逃的义务，也要深知，税负背后的底层逻辑是国泰民安的基础。美国经济学家本杰明·富兰克林曾经说过："这个世界上唯有死亡和税收不可避免。"税不可逃，要有敬畏心。

企业主偷逃税带来的行政责任可能导致倾家荡产，带来的刑事责任可能使人身陷囹圄。企业主要高度重视税务的合规性，采取有效行动以避免或控制风险发生。（1）企业主作为自然人，本身要积极切实履行纳税义务，严格按照法律规定，按时足额缴纳税款。（2）企业主作为公司实控人，应当督促公司履行纳税义务，杜绝任何方式的偷税漏税。（3）科学制定、持续完善、严格执行公司税务管理制度，严格按照法律法规的规定规范涉税业务的核算、申报、筹划等流程，有效防范、控制税务风险。（4）一旦被税务机关依法下达追缴通知，切记积极按时足额补缴应纳税款，缴纳滞纳金，接受税务机关相应的行政处罚，避免触犯刑法。

总结

1. 构成偷逃税的，刑责和行责一个都不会少。
2. 刑事责任：最高达7年的有期徒刑，并处罚金。
3. 行政责任：追缴不缴或者少缴的税款、滞纳金，并处最高可达税款5倍的罚款。

建议

第一，拒绝违法。

第二，远离犯罪。

超话

用犯罪的标准界定行为的底线，不是幼稚，而是愚蠢。税，从产生的那一刻起就是滚烫红线。任何偷逃的侥幸，想想都是"犯罪"。

生财之道脱轨，非法牟利获罪

君子守正，生财有道。然而在商业丛林里，诱惑常常大于理性，当欲望超出认知，能力就成为深渊的推手。在民营企业里，向外行贿、向内背信之事时有发生。这不仅会破坏商业生态环境，也会破坏企业的健康发展，对企业主个人的事业前程以及家庭家族财富更会造成不可逆的伤害和深远的不良影响。

远离外部行贿风险

获取暴利，行贿貌似是条捷径，这也是古今中外概莫能外的流弊。行贿不禁，受贿不止。为谋取不正当利益，行贿人"围猎"是营商环境的一个重要"污染源"。对于企业主而言，行贿的原因与后果不言自明，具体到刑事责任，着实需要引起高度重视。

第一，要敬畏。我国《刑法》中规定行贿罪的最高刑是无期徒刑，在法定刑上体现了严厉惩治。[1]

第二，要清楚。行贿行为，不只限于给予财物，也包括各种名义的回扣、手续费等。[2]

第三，要警觉。对于严重的行贿情形，要加大刑事追责力度，受

---

[1] 《中华人民共和国刑法》（2023年修正）第三百九十条：（第一款）对犯行贿罪的，处三年以下有期徒刑或者拘役，并处罚金；因行贿谋取不正当利益，情节严重的，或者使国家利益遭受重大损失的，处三年以上十年以下有期徒刑，并处罚金；情节特别严重的，或者使国家利益遭受特别重大损失的，处十年以上有期徒刑或者无期徒刑，并处罚金或者没收财产。

[2] 《中华人民共和国刑法》（2023年修正）第三百八十九条：（第一款）为谋取不正当利益，给予国家工作人员以财物的，是行贿罪。（第二款）在经济往来中，违反国家规定，给予国家工作人员以财物，数额较大的，或者违反国家规定，给予国家工作人员以各种名义的回扣、手续费的，以行贿论处。

贿行贿一起查，从重处罚。① 比如，多次行贿的，向多人行贿的，在国家重点工程、重大项目中行贿的，对监察、行政执法、司法工作人员行贿的，在生态环境、财政金融、安全生产、食品药品、防灾救灾、社会保障、教育、医疗等领域行贿，实施违法犯罪活动的，将违法所得用于行贿的，等等，都是从重处罚情节。②

第四，要小心。行贿对象不限于国家工作人员，还包括：（1）对有影响力的人行贿，这些人包括国家工作人员的近亲属或与其关系密切的人，离职的国家工作人员或者其近亲属以及与其关系密切的人；③（2）对单位行贿；④（3）对非国家工作人员行贿。⑤

---

① 2023年12月29日，十四届全国人大常委会第七次会议审议通过《中华人民共和国刑法修正案（十二）》，自2024年3月1日起施行。
② 《中华人民共和国刑法》（2023年修正）第三百九十条：（第二款）有下列情形之一的，从重处罚：（一）多次行贿或者向多人行贿的；（二）国家工作人员行贿的；（三）在国家重点工程、重大项目中行贿的；（四）为谋取职务、职级晋升、调整行贿的；（五）对监察、行政执法、司法工作人员行贿的；（六）在生态环境、财政金融、安全生产、食品药品、防灾救灾、社会保障、教育、医疗等领域行贿，实施违法犯罪活动的；（七）将违法所得用于行贿的。
③ 《中华人民共和国刑法》（2023年修正）第三百九十条之一：（第一款）为谋取不正当利益，向国家工作人员的近亲属或者其他与该国家工作人员关系密切的人，或者向离职的国家工作人员或者其近亲属以及其他与其关系密切的人行贿的，处三年以下有期徒刑或者拘役，并处罚金；情节严重的，或者使国家利益遭受重大损失的，处三年以上七年以下有期徒刑，并处罚金；情节特别严重的，或者使国家利益遭受特别重大损失的，处七年以上十年以下有期徒刑，并处罚金。（第二款）单位犯前款罪的，对单位判处罚金，并对其直接负责的主管人员和其他直接责任人员，处三年以下有期徒刑或者拘役，并处罚金。
④ 《中华人民共和国刑法》（2023年修正）第三百九十一条：（第一款）为谋取不正当利益，给予国家机关、国有公司、企业、事业单位、人民团体以财物的，或者在经济往来中，违反国家规定，给予各种名义的回扣、手续费的，处三年以下有期徒刑或者拘役，并处罚金；情节严重的，处三年以上七年以下有期徒刑，并处罚金。（第二款）单位犯前款罪的，对单位判处罚金，并对其直接负责的主管人员和其他直接责任人员，依照前款的规定处罚。
⑤ 《中华人民共和国刑法》（2023年修正）第一百六十四条：（第一款）为谋取不正当利益，给予公司、企业或者其他单位的工作人员以财物，数额较大的，处三年以下有期徒刑或者拘役，并处罚金；数额巨大的，处三年以上十年以下有期徒刑，并处罚金。（第三款）单位犯前两款罪的，对单位判处罚金，并对其直接负责的主管人员和其他直接责任人员，依照第一款的规定处罚。

第五，要认知。不要以为以单位名义行贿就可以规避处罚。单位行贿的，同样构成行贿罪，而且《刑法修正案（十二）》调整提高了单位行贿罪的刑罚。重点是，单位行贿的，企业主也要承担刑事责任。[①]

第六，要放心。当然，如果企业主确实有难言之隐，因被勒索而给予国家工作人员以财物，没有获得不正当利益的，则不构成行贿。[②]

远离内部腐败犯罪

有权有利就有腐败，民营企业也不例外。[③] 民营企业内部人员腐败问题多发、易发，董监高等关键岗位人员以权谋私、侵害企业利益的背信行为也日益突显，如"背信弃义"另起炉灶，"身在曹营心在汉"非法同业经营，"巧取豪夺"向亲友输送利益，公然侵犯商业秘密，转移或侵占企业资源，等等。这种"损企肥私"的行为，给企业造成巨大伤害。惩治内部人员侵害企业财产犯罪，切实保护企业产权和企业家合法权益，成为企业主的迫切需求。另外，惩治民营企业内部腐败犯罪，对企业主也是一种严厉的规范和约束，因为实践中有很多企业主明知、不知或者无视自己的行为侵害企业财产，却不知已经构成犯罪。

关于惩治企业内部腐败犯罪，《刑法修正案（十二）》新增了对民

[①] 《中华人民共和国刑法》（2023年修正）第三百九十三条：单位为谋取不正当利益而行贿，或者违反国家规定，给予国家工作人员以回扣、手续费，情节严重的，对单位判处罚金，并对其直接负责的主管人员和其他直接责任人员，处三年以下有期徒刑或者拘役，并处罚金；情节特别严重的，处三年以上十年以下有期徒刑，并处罚金。因行贿取得的违法所得归个人所有的，依照本法第三百八十九条、第三百九十条的规定定罪处罚。
注：同时参见第三百九十条之一和第一百六十四条。
[②] 《中华人民共和国刑法》（2023年修正）第三百八十九条：（第三款）因被勒索给予国家工作人员以财物，没有获得不正当利益的，不是行贿。
[③] 《中共中央 国务院关于促进民营经济发展壮大的意见》（2023年7月14日发布），对民营企业内部腐败的防范治理提出明确要求。

营企业保护的条款。在民营企业内,包括企业主、董监高等关键岗位的重要人员,如果有违反法律法规的腐败行为,实施背信行为,侵害企业、企业家权益,致使企业利益遭受重大损失,将不仅仅承担民事赔偿责任,还将面临刑事追责。

（一）非法经营同类营业罪

民营企业的董事、监事、高级管理人员,利用职务便利,自己经营或者为他人经营与其所任职企业同类的营业,致使企业利益遭受重大损失的,获取非法利益,数额巨大的,处3年以下有期徒刑或者拘役,并处或者单处罚金；数额特别巨大的,处3年以上7年以下有期徒刑,并处罚金。[①] 但是,符合法律法规规定的条件或者程序所进行的同类营业和有关关联交易不构成犯罪,比如经过企业同意的情形不宜作为犯罪处理。

（二）为亲友非法牟利罪

企业主、董监高等工作人员,利用职务便利,为亲友非法牟利,致使企业利益遭受重大损失的,处3年以下有期徒刑或者拘役,并处或者单处罚金；致使企业利益遭受特别重大损失的,处3年以上7年以下有期徒刑,并处罚金。以下这些行为,要严格禁止：（1）将本企业的盈利业务交由自己的亲友进行经营；（2）以明显高于市场的价格从自己的亲友经营管理的单位采购商品、接受服务或者以明显低于市场的价格向自己的亲友经营管理的单位销售商品、提供服务；（3）从自己的亲友经营

---

① 《中华人民共和国刑法》（2023年修正）第一百六十五条：（第一款）国有公司、企业的董事、监事、高级管理人员,利用职务便利,自己经营或者为他人经营与其所任职公司、企业同类的营业,获取非法利益,数额巨大的,处三年以下有期徒刑或者拘役,并处或者单处罚金；数额特别巨大的,处三年以上七年以下有期徒刑,并处罚金。
《刑法》修正案（十二）新增条款：其他公司、企业的董事、监事、高级管理人员违反法律、行政法规规定,实施前款行为,致使公司、企业利益遭受重大损失的,依照前款的规定处罚。

管理的单位采购、接受不合格商品、服务。① 企业主们需要特别关注的是，除了商品外，非法接受相关"服务"也是为亲友非法牟利的重要方式。家族企业的企业主要特别注意，为家谋利，也可能遭遇刑责。

（三）徇私舞弊低价折股、出售资产犯罪

企业主、董监高等直接负责的主管人员徇私舞弊，将企业资产低价折股或者低价出售，致使企业利益遭受重大损失的，处 3 年以下有期徒刑或者拘役；致使国家利益遭受特别重大损失的，处 3 年以上 7 年以下有期徒刑。② 就这一点而言，那些恶意出售资产、逃避债务或者在婚姻中恶意转移资产的行为，将面临严厉的刑事追责。

基于以上风险，又由于民营企业内部腐败问题涉及内部股东之间、家族成员之间的矛盾纠纷，企业主更要注意把握行为边界，避免无良之人利用民刑交叉的机会、借用刑事手段干涉企业正常生产经营活动。

总结

1. 行贿受贿一起查，对于严重行为会加大刑事追责力度，不可心存

---

① 《中华人民共和国刑法》（2023 年修正）第一百六十六条：（第一款）国有公司、企业、事业单位的工作人员，利用职务便利，有下列情形之一，致使国家利益遭受重大损失的，处三年以下有期徒刑或者拘役，并处或者单处罚金；致使国家利益遭受特别重大损失的，处三年以上七年以下有期徒刑，并处罚金：（一）将本单位的盈利业务交由自己的亲友进行经营的；（二）以明显高于市场的价格从自己的亲友经营管理的单位采购商品、接受服务或者以明显低于市场的价格向自己的亲友经营管理的单位销售商品、提供服务的；（三）从自己的亲友经营管理的单位采购、接受不合格商品、服务的。
《刑法修正案（十二）》新增条款：其他公司、企业的工作人员违反法律、行政法规规定，实施前款行为，致使公司、企业利益遭受重大损失的，依照前款的规定处罚。

② 《中华人民共和国刑法》（2023 年修正）第一百六十九条：国有公司、企业或者其上级主管部门直接负责的主管人员，徇私舞弊，将国有资产低价折股或者低价出售，致使国家利益遭受重大损失的，处三年以下有期徒刑或者拘役；致使国家利益遭受特别重大损失的，处三年以上七年以下有期徒刑。
《刑法修正案（十二）》新增条款：其他公司、企业直接负责的主管人员，徇私舞弊，将公司、企业资产低价折股或者低价出售，致使公司、企业利益遭受重大损失的，依照前款的规定处罚。

侥幸。

2. "损企肥私"入罪，企业内部腐败不再逍遥法外，不可背信弃义。

建议

第一，拒绝违法。
第二，远离犯罪。

超话

在金钱走向深渊的路上，哪有什么无辜的犯罪，所有的"误入歧途"，都是认知的缺陷、无视的必然。所有那些为了发财的异想天开的后果，都早已写在了《刑法》里。

企业当家人不可不知的风险及罪责

我们在第七章中系统阐述过企业主承担债务及赔偿的民事法律责任。然而，作为企业当家人，还会因为企业的行为而使自己受到行政以及刑事处罚。

企业在登记设立、经营管理、清算注销过程中，应当遵守相关法律法规规定。如果企业违反行业相关法律法规，未按照规定履行相关义务，企业主亦有可能受到行政处罚，包括罚款、拘留等。鉴于企业主的身份复杂，尤其以法定代表人为核心的行政责任散落于浩如烟海的各类法律法规中，此处不再一一详列。

接下来，我们重点阐述企业主被采取司法惩戒措施、限制行为以及刑事犯罪方面的责任。

公司被执行，企业主被惩戒

在公司被执行的案件中，企业主要一并受到司法限制和惩戒。（1）如果公司拒不履行生效的法律文书，法定代表人就会被采取限制消费措施和限制出境措施。①（2）如果公司不配合法院的调查和执行工作，拒绝报告、虚假报告或者无正当理由逾期报告的，法定代表人就会面临罚款、拘留等处罚，严重的甚至承担刑事责任。②（3）如果公司被纳入失信被执行人名单，法定代表人的相关信息也会一并向社会公布。

除此之外，以下情形的发生，也会对企业主采取限制措施。（1）如果公司存在未结清的税款、滞纳金，且又不提供担保，法定代表人就会被限制出境。③（2）如果公司在国内存在未了结的涉外商事纠纷，为了防止案涉公司恶意逃避诉讼或者履行法定义务，法院就可以对其法定代表人限制出境。④（3）如果公司进入破产程序，其法定代表人未

---

① 《最高人民法院关于限制被执行人高消费及有关消费的若干规定》（2015年修正）第三条：（第二款）被执行人为单位的，被采取限制消费措施后，被执行人及其法定代表人、主要负责人、影响债务履行的直接责任人员、实际控制人不得实施前款规定的行为。因私消费以个人财产实施前款规定行为的，可以向执行法院提出申请。执行法院审查属实的，应予准许。《最高人民法院关于适用〈中华人民共和国民事诉讼法〉执行程序若干问题的解释》（2020年修正）第二十四条：（第一款）被执行人为单位的，可以对其法定代表人、主要负责人或者影响债务履行的直接责任人员限制出境。
② 《最高人民法院关于民事执行中财产调查若干问题的规定》（2020年修正）第九条：（第一款）被执行人拒绝报告、虚假报告或者无正当理由逾期报告财产情况的，人民法院可以根据情节轻重对被执行人或者其法定代理人予以罚款、拘留；构成犯罪的，依法追究刑事责任。（第二款）人民法院对有前款规定行为之一的单位，可以对其主要负责人或者直接责任人员予以罚款、拘留；构成犯罪的，依法追究刑事责任。
③ 《中华人民共和国税收征收管理法》（2015年修正）第四十四条：欠缴税款的纳税人或者他的法定代表人需要出境的，应当在出境前向税务机关结清应纳税款、滞纳金或者提供担保。未结清税款、滞纳金，又不提供担保的，税务机关可以通知出境管理机关阻止其出境。
④ 《第二次全国涉外商事海事审判工作会议纪要》（2005年）：93.（第一款）人民法院在审理涉外商事纠纷案件中，对同时具备下列条件的有关人员，可以采取措施限制其出境：（1）在我国确有未了结的涉外商事纠纷案件；（2）被限制出境人员是未了结案件中的当事人或者当事人的法定代表人、负责人；（3）有逃避诉讼或者逃避履行法定义务的可能；（4）其出境可能造成案件难以审理、无法执行的。

经许可不得离开住所地。擅自离开的，法院可以对其予以训诫、拘留，并处罚款。①（4）为了维护市场交易的安全性，防止市场经营主体恶意逃避法律责任，如果曾担任破产清算企业或者被吊销营业执照、责令关闭的企业的法定代表人，并负有个人责任的，在一定期限内不得担任企业法人的法定代表人。②

公司犯罪，企业主担责

企业主不能自以为公司的违法犯罪与自己无关，也不能用公司作为挡箭牌行不法之事。作为企业的实控人、法定代表人以及主要负责人，企业主还会因为自己的企业犯法而承担个人刑事责任。甚至，尽管企业犯法并不是企业主个人行为所致，但仍要为企业的不法行为付出个人的代价。③

关于这些责任，《刑法》中都有明确的规定，我们全面整理了

---

① 《中华人民共和国企业破产法》（2006年）第十五条：（第一款）自人民法院受理破产申请的裁定送达债务人之日起至破产程序终结之日，债务人的有关人员承担下列义务：（一）妥善保管其占有和管理的财产、印章和账簿、文书等资料；（二）根据人民法院、管理人的要求进行工作，并如实回答询问；（三）列席债权人会议并如实回答债权人的询问；（四）未经人民法院许可，不得离开住所地；（五）不得新任其他企业的董事、监事、高级管理人员。（第二款）前款所称有关人员，是指企业的法定代表人；经人民法院决定，可以包括企业的财务管理人员和其他经营管理人员。第一百二十九条：债务人的有关人员违反本法规定，擅自离开住所地的，人民法院可以予以训诫、拘留，可以依法并处罚款。

② 《中华人民共和国市场主体登记管理条例》（2021年）第十二条：有下列情形之一的，不得担任公司、非公司企业法人的法定代表人：（一）无民事行为能力或者限制民事行为能力；（二）因贪污、贿赂、侵占财产、挪用财产或者破坏社会主义市场经济秩序被判处刑罚，执行期满未逾5年，或者因犯罪被剥夺政治权利，执行期满未逾5年；（三）担任破产清算的公司、非公司企业法人的法定代表人、董事或者厂长、经理，对破产负有个人责任的，自破产清算完结之日起未逾3年；（四）担任因违法被吊销营业执照、责令关闭的公司、非公司企业法人的法定代表人，并负有个人责任的，自被吊销营业执照之日起未逾3年；（五）个人所负数额较大的债务到期未清偿；（六）法律、行政法规规定的其他情形。

③ 《中华人民共和国刑法》（2023年修正）第三十一条：单位犯罪的，对单位判处罚金，并对其直接负责的主管人员和其他直接责任人员判处刑罚。本法分则和其他法律另有规定的，依照规定。

《刑法》（2023 年修正）中与企业主相关的 36 个罪名下的法律责任，并以最重责任的最高刑列明（见表 11-1），希望对企业主有所警示。

表 11-1 企业主因公司犯罪而承担的刑事责任

序号	罪名	公司行为 公司引发企业主承担刑责的犯罪行为	主刑刑罚 企业主最高可被判处的刑罚	附加刑刑罚 对企业主附加的财产刑
1	重大劳动安全事故罪①	生产型企业发生重大劳动安全事故	对企业主最高可处达 7 年的有期徒刑	—
2	生产、销售伪劣产品罪②	公司在产品中掺杂、掺假，以假充真，以次充好或者以不合格产品冒充合格产品，犯有生产、销售伪劣产品罪	对企业主最高可处无期徒刑	并处销售金额 50% 以上 2 倍以下罚金或者没收财产
3	走私罪③	公司犯有走私罪	有的犯罪对企业主的刑罚高达无期徒刑	罚金或者没收财产

---

① 《中华人民共和国刑法》（2023 年修正）第一百三十五条：安全生产设施或者安全生产条件不符合国家规定，因而发生重大伤亡事故或者造成其他严重后果的，对直接负责的主管人员和其他直接责任人员，处三年以下有期徒刑或者拘役；情节特别恶劣的，处三年以上七年以下有期徒刑。
② 《中华人民共和国刑法》（2023 年修正）第一百四十条：生产者、销售者在产品中掺杂、掺假，以假充真，以次充好或者以不合格产品冒充合格产品，销售金额五万元以上不满二十万元的，处二年以下有期徒刑或者拘役，并处或者单处销售金额百分之五十以上二倍以下罚金；销售金额二十万元以上不满五十万元的，处二年以上七年以下有期徒刑，并处销售金额百分之五十以上二倍以下罚金；销售金额五十万元以上不满二百万元的，处七年以上有期徒刑，并处销售金额百分之五十以上二倍以下罚金；销售金额二百万元以上的，处十五年有期徒刑或者无期徒刑，并处销售金额百分之五十以上二倍以下罚金或者没收财产。第一百五十条：单位犯本节第一百四十条至第一百四十八条规定之罪的，对单位判处罚金，并对其直接负责的主管人员和其他直接责任人员，依各该条的规定处罚。
③ 参见《中华人民共和国刑法》（2023 年修正）第一百五十一条至第一百五十四条。

（续表）

序号	罪名	公司行为 公司引发企业主承担刑责的犯罪行为	主刑刑罚 企业主最高可被判处的刑罚	附加刑刑罚 对企业主附加的财产刑
4	虚报注册资本罪①	公司犯有虚报注册资本罪	对企业主处3年以下有期徒刑或者拘役	—
5	虚假出资、抽逃出资罪②	公司未交付货币、实物或者未转移财产权，虚假出资，或者在公司成立后又抽逃其出资	对企业主处5年以下有期徒刑或者拘役	—
6	欺诈发行证券罪③	公司隐瞒重要事实或者编造重大虚假内容，发行股票或者其他证券	对企业主处5年以上有期徒刑	并处非法募集资金额20%以上1倍以下罚金

---

① 《中华人民共和国刑法》（2023年修正）第一百五十八条：（第一款）申请公司登记使用虚假证明文件或者采取其他欺诈手段虚报注册资本，欺骗公司登记主管部门，取得公司登记，虚报注册资本数额巨大、后果严重或者有其他严重情节的，处三年以下有期徒刑或者拘役，并处或者单处虚报注册资本金额百分之一以上百分之五以下罚金。（第二款）单位犯前款罪的，对单位判处罚金，并对其直接负责的主管人员和其他直接责任人员，处三年以下有期徒刑或者拘役。

② 《中华人民共和国刑法》（2023年修正）第一百五十九条：（第一款）公司发起人、股东违反公司法的规定未交付货币、实物或者未转移财产权，虚假出资，或者在公司成立后又抽逃其出资，数额巨大、后果严重或者有其他严重情节的，处五年以下有期徒刑或者拘役，并处或者单处虚假出资金额或者抽逃出资金额百分之二以上百分之十以下罚金。（第二款）单位犯前款罪的，对单位判处罚金，并对其直接负责的主管人员和其他直接责任人员，处五年以下有期徒刑或者拘役。

③ 《中华人民共和国刑法》（2023年修正）第一百六十条：（第一款）在招股说明书、认股书、公司、企业债券募集办法等发行文件中隐瞒重要事实或者编造重大虚假内容，发行股票或者公司、企业债券、存托凭证或者国务院依法认定的其他证券，数额巨大、后果严重或者有其他严重情节的，处五年以下有期徒刑或者拘役，并处或者单处罚金；数额特别巨大、后果特别严重或者有其他特别严重情节的，处五年以上有期徒刑，并处罚金。（第二款）控股股东、实际控制人组织、指使实施前款行为的，处五年以下有期徒刑或者拘役，并处或者单处非法募集资金金额百分之二十以上一倍以下罚金；数额特别巨大、后果特别严重或者有其他特别严重情节的，处五年以上有期徒刑，并处非法募集资金金额百分之二十以上一倍以下罚金。（第三款）单位犯前两款罪的，对单位判处非法募集资金金额百分之二十以上一倍以下罚金，并对其直接负责的主管人员和其他直接责任人员，依照第一款的规定处罚。

(续表)

序号	罪名	公司行为 公司引发企业主承担刑责的犯罪行为	主刑刑罚 企业主最高可被判处的刑罚	附加刑刑罚 对企业主附加的财产刑
7	妨害清算罪，隐匿、故意销毁会计凭证、会计账簿、财务会计报告罪，虚假破产罪[①]	公司清算时，隐匿财产，对资产或负债作虚伪记载，或者在未清偿债务前分配公司、企业财产；公司隐匿、故意销毁会计凭证、会计账簿、财务会计报告；公司隐匿财产、承担虚构的债务或者以其他方法转移、处分财产，实施虚假破产	对企业主处5年以下有期徒刑或者拘役	并处或者单处2万元以上20万元以下罚金
8	非国家工作人员受贿罪[②]	企业主利用职务上的便利，收受各种名义的回扣、手续费，归个人所有（注：此项犯罪为企业主个人犯罪）	对企业主处10年以上有期徒刑或者无期徒刑	并处罚金

---

① 《中华人民共和国刑法》（2023年修正）第一百六十二条：公司、企业进行清算时，隐匿财产，对资产负债表或者财产清单作虚伪记载或者在未清偿债务前分配公司、企业财产，严重损害债权人或者其他人利益的，对其直接负责的主管人员和其他直接责任人员，处五年以下有期徒刑或者拘役，并处或者单处二万元以上二十万元以下罚金。第一百六十二条之一：（第一款）隐匿或者故意销毁依法应当保存的会计凭证、会计账簿、财务会计报告，情节严重的，处五年以下有期徒刑或者拘役，并处或者单处二万元以上二十万元以下罚金。（第二款）单位犯前款罪的，对单位判处罚金，并对其直接负责的主管人员和其他直接责任人员，依照前款的规定处罚。第一百六十二条之二：公司、企业通过隐匿财产、承担虚构的债务或者以其他方法转移、处分财产，实施虚假破产，严重损害债权人或者其他人利益的，对其直接负责的主管人员和其他直接责任人员，处五年以下有期徒刑或者拘役，并处或者单处二万元以上二十万元以下罚金。

② 《中华人民共和国刑法》（2023年修正）第一百六十三条：（第一款）公司、企业或者其他单位的工作人员，利用职务上的便利，索取他人财物或者非法收受他人财物，为他人谋取利益，数额较大的，处三年以下有期徒刑或者拘役，并处罚金；数额巨大或者有其他严重情节的，处三年以上十年以下有期徒刑，并处罚金；数额特别巨大或者有其他特别严重情节的，处十年以上有期徒刑或者无期徒刑，并处罚金。（第二款）公司、企业或者其他单位的工作人员在经济往来中，利用职务上的便利，违反国家规定，收受各种名义的回扣、手续费，归个人所有的，依照前款的规定处罚。

(续表)

序号	罪名	公司行为 公司引发企业主承担刑责的犯罪行为	主刑刑罚 企业主最高可被判处的刑罚	附加刑刑罚 对企业主附加的财产刑
9	对非国家工作人员行贿罪，对外国公职人员、国际公共组织官员行贿罪①	公司犯行贿罪	对企业主处3年以上10年以下有期徒刑	并处罚金
10	骗取贷款罪②	公司以欺骗手段取得银行或者其他金融机构贷款	对企业主处3年以上7年以下有期徒刑	并处罚金
11	非法吸收公众存款罪③	公司犯非法吸收公众存款罪	对企业主处10年以上有期徒刑	并处罚金

---

① 《中华人民共和国刑法》（2023年修正）第一百六十四条：（第一款）为谋取不正当利益，给予公司、企业或者其他单位的工作人员以财物，数额较大的，处三年以下有期徒刑或者拘役，并处罚金；数额巨大的，处三年以上十年以下有期徒刑，并处罚金。（第二款）为谋取不正当商业利益，给予外国公职人员或国际公共组织官员以财物的，依照前款的规定处罚。（第三款）单位犯前两款罪的，对单位判处罚金，并对其直接负责的主管人员和其他直接责任人员，依照第一款的规定处罚。

② 《中华人民共和国刑法》（2023年修正）第一百七十五条之一：（第一款）以欺骗手段取得银行或者其他金融机构贷款、票据承兑、信用证、保函等，给银行或者其他金融机构造成重大损失的，处三年以下有期徒刑或者拘役，并处或者单处罚金；给银行或者其他金融机构造成特别重大损失或者有其他特别严重情节的，处三年以上七年以下有期徒刑，并处罚金。（第二款）单位犯前款罪的，对单位判处罚金，并对其直接负责的主管人员和其他直接责任人员，依照前款的规定处罚。

③ 《中华人民共和国刑法》（2023年修正）第一百七十六条：（第一款）非法吸收公众存款或者变相吸收公众存款，扰乱金融秩序的，处三年以下有期徒刑或者拘役，并处或者单处罚金；数额巨大或者有其他严重情节的，处三年以上十年以下有期徒刑，并处罚金；数额特别巨大或者有其他特别严重情节的，处十年以上有期徒刑，并处罚金。（第二款）单位犯前款罪的，对单位判处罚金，并对其直接负责的主管人员和其他直接责任人员，依照前款的规定处罚。

（续表）

序号	罪名	公司行为 公司引发企业主承担刑责的犯罪行为	主刑刑罚 企业主最高可被判处的刑罚	附加刑刑罚 对企业主附加的财产刑
12	洗钱罪①	公司为掩饰、隐瞒犯罪所得及其收益的来源和性质，提供资金账户、转移资金、跨境转移资产等方式进行洗钱	对企业主处5年以上10年以下有期徒刑	并处罚金
13	集资诈骗罪②	公司犯集资诈骗罪	对企业主处7年以上有期徒刑或者无期徒刑	并处罚金或者没收财产
14	逃税罪③	公司犯逃税罪	对企业主最高可处3年以上7年以下有期徒刑	并处罚金

---

① 《中华人民共和国刑法》（2023年修正）第一百九十一条：（第一款）为掩饰、隐瞒毒品犯罪、黑社会性质的组织犯罪、恐怖活动犯罪、走私犯罪、贪污贿赂犯罪、破坏金融管理秩序犯罪、金融诈骗犯罪的所得及其产生的收益的来源和性质，有下列行为之一的，没收实施以上犯罪的所得及其产生的收益，处五年以下有期徒刑或者拘役，并处或者单处罚金；情节严重的，处五年以上十年以下有期徒刑，并处罚金：（一）提供资金账户的；（二）将财产转换为现金、金融票据、有价证券的；（三）通过转账或者其他支付结算方式转移资金的；（四）跨境转移资产的；（五）以其他方法掩饰、隐瞒犯罪所得及其收益的来源和性质的。（第二款）单位犯前款罪的，对单位判处罚金，并对其直接负责的主管人员和其他直接责任人员，依照前款的规定处罚。

② 《中华人民共和国刑法》（2023年修正）第一百九十二条：（第一款）以非法占有为目的，使用诈骗方法非法集资，数额较大的，处三年以上七年以下有期徒刑，并处罚金；数额巨大或者有其他严重情节的，处七年以上有期徒刑或者无期徒刑，并处罚金或者没收财产。（第二款）单位犯前款罪的，对单位判处罚金，并对其直接负责的主管人员和其他直接责任人员，依照前款的规定处罚。

③ 《中华人民共和国刑法》（2023年修正）第二百零一条：（第一款）纳税人采取欺骗、隐瞒手段进行虚假纳税申报或者不申报，逃避缴纳税款数额较大并且占应纳税额百分之十以上的，处三年以下有期徒刑或者拘役，并处罚金；数额巨大并且占应纳税额百分之三十以上的，处三年以上七年以下有期徒刑，并处罚金。（第二款）扣缴义务人采取前款所列手段，不缴或者少缴已扣、已收税款，数额较大的，依照前款的规定处罚。（第三款）对多次实施前两款行为，未经处理的，按照累计数额计算。（第四款）有第一款行为，经税务机关依法下达追缴通知后，补缴应纳税款，缴纳滞纳金，已受行政处罚的，不予追究刑事责任；但是，五年内因逃避缴纳税款受过刑事处罚或者被税务机关给予二次以上行政处罚的除外。

（续表）

序号	罪名	公司行为	主刑刑罚	附加刑刑罚
		公司引发企业主承担刑责的犯罪行为	企业主最高可被判处的刑罚	对企业主附加的财产刑
15	抗税罪①	公司犯抗税罪	对企业主可处3年以上7年以下有期徒刑	并处拒缴税款1倍以上5倍以下罚金
16	虚开增值税专用发票、用于骗取出口退税、抵扣税款发票罪②	公司虚开增值税专用发票、虚开发票用于骗取出口退税抵扣税款	对企业主处10年以上有期徒刑或者无期徒刑	—
17	逃避追缴欠税罪③	公司转移或者隐匿财产犯有逃避追缴欠税罪，且数额在10万元以上	对企业主可处3年以上7年以下有期徒刑	并处欠缴税款1倍以上5倍以下罚金

---

① 《中华人民共和国刑法》（2023年修正）第二百零二条：以暴力、威胁方法拒不缴纳税款的，处三年以下有期徒刑或者拘役，并处拒缴税款一倍以上五倍以下罚金；情节严重的，处三年以上七年以下有期徒刑，并处拒缴税款一倍以上五倍以下罚金。

② 《中华人民共和国刑法》（2023年修正）第二百零五条：（第一款）虚开增值税专用发票或者虚开用于骗取出口退税、抵扣税款的其他发票的，处三年以下有期徒刑或者拘役，并处二万元以上二十万元以下罚金；虚开的税款数额较大或者有其他严重情节的，处三年以上十年以下有期徒刑，并处五万元以上五十万元以下罚金；虚开的税款数额巨大或者有其他特别严重情节的，处十年以上有期徒刑或者无期徒刑，并处五万元以上五十万元以下罚金或者没收财产。（第二款）单位犯本条规定之罪的，对单位判处罚金，并对其直接负责的主管人员和其他直接责任人员，处三年以下有期徒刑或者拘役；虚开的税款数额较大或者有其他严重情节的，处三年以上十年以下有期徒刑；虚开的税款数额巨大或者有其他特别严重情节的，处十年以上有期徒刑或者无期徒刑。

③ 《中华人民共和国刑法》（2023年修正）第二百零三条：纳税人欠缴应纳税款，采取转移或者隐匿财产的手段，致使税务机关无法追缴欠缴的税款，数额在一万元以上不满十万元的，处三年以下有期徒刑或者拘役，并处或者单处欠缴税款一倍以上五倍以下罚金；数额在十万元以上的，处三年以上七年以下有期徒刑，并处欠缴税款一倍以上五倍以下罚金。

（续表）

序号	罪名	公司行为 公司引发企业主承担刑责的犯罪行为	主刑刑罚 企业主最高可被判处的刑罚	附加刑刑罚 对企业主附加的财产刑
18	骗取出口退税罪、偷税罪①	公司犯有骗取出口退税罪、偷税罪的，数额特别巨大或者有其他特别严重情节的	对企业主可处10年以上有期徒刑或者无期徒刑	并处骗取税款1倍以上5倍以下罚金或者没收财产
19	非法购买增值税专用发票罪②	公司犯有非法购买增值税专用发票或者购买伪造的增值税专用发票的	对企业主可处5年以下有期徒刑或者拘役	并处或者单处2万元以上20万元以下罚金
20	假冒注册商标罪③	公司犯有假冒注册商标罪，情节特别严重的	企业主可被处3年以上10年以下有期徒刑	并处罚金
21	销售假冒注册商标的商品罪④	公司犯有销售假冒注册商标的商品罪，违法所得数额巨大或者有其他特别严重情节的	对企业主可处3年以上10年以下有期徒刑	并处罚金

---

① 《中华人民共和国刑法》（2023年修正）第二百零四条：（第一款）以假报出口或者其他欺骗手段，骗取国家出口退税款，数额较大的，处五年以下有期徒刑或者拘役，并处骗取税款一倍以上五倍以下罚金；数额巨大或者有其他严重情节的，处五年以上十年以下有期徒刑，并处骗取税款一倍以上五倍以下罚金；数额特别巨大或者有其他特别严重情节的，处十年以上有期徒刑或者无期徒刑，并处骗取税款一倍以上五倍以下罚金或者没收财产。

② 《中华人民共和国刑法》（2023年修正）第二百零八条：（第一款）非法购买增值税专用发票或者购买伪造的增值税专用发票的，处五年以下有期徒刑或者拘役，并处或者单处二万元以上二十万元以下罚金。第二百一十一条：单位犯本节第二百零一条、第二百零三条、第二百零四条、第二百零七条、第二百零八条、第二百零九条规定之罪的，对单位判处罚金，并对其直接负责的主管人员和其他直接责任人员，依照各该条的规定处罚。

③ 《中华人民共和国刑法》（2023年修正）第二百一十三条：未经注册商标所有人许可，在同一种商品、服务上使用与其注册商标相同的商标，情节严重的，处三年以下有期徒刑，并处或者单处罚金；情节特别严重的，处三年以上十年以下有期徒刑，并处罚金。

④ 《中华人民共和国刑法》（2023年修正）第二百一十四条：销售明知是假冒注册商标的商品，违法所得数额较大或者有其他严重情节的，处三年以下有期徒刑，并处或者单处罚金；违法所得数额巨大或者有其他特别严重情节的，处三年以上十年以下有期徒刑，并处罚金。

(续表)

序号	罪名	公司行为 公司引发企业主承担刑责的犯罪行为	主刑刑罚 企业主最高可被判处的刑罚	附加刑刑罚 对企业主附加的财产刑
22	非法制造、销售非法制造的注册商标标识罪①	公司犯有非法制造、销售非法制造的注册商标标识罪，情节特别严重的	对企业主处3年以上10年以下有期徒刑	并处罚金
23	假冒专利罪②	公司假冒他人专利，情节严重的	对企业主处3年以下有期徒刑或者拘役	并处或者单处罚金
24	侵犯著作权罪③	公司犯有侵犯著作权罪，情节特别严重的	对企业主处3年以上10年以下有期徒刑	并处罚金

---

① 《中华人民共和国刑法》（2023年修正）第二百一十五条：伪造、擅自制造他人注册商标标识或者销售伪造、擅自制造的注册商标标识，情节严重的，处三年以下有期徒刑，并处或者单处罚金；情节特别严重的，处三年以上十年以下有期徒刑，并处罚金。

② 《中华人民共和国刑法》（2023年修正）第二百一十六条：假冒他人专利，情节严重的，处三年以下有期徒刑或者拘役，并处或者单处罚金。

③ 《中华人民共和国刑法》（2023年修正）第二百一十七条：以营利为目的，有下列侵犯著作权或者与著作权有关的权利的情形之一，违法所得数额较大或者有其他严重情节的，处三年以下有期徒刑，并处或者单处罚金；违法所得数额巨大或者有其他特别严重情节的，处三年以上十年以下有期徒刑，并处罚金：（一）未经著作权人许可，复制发行、通过信息网络向公众传播其文字作品、音乐、美术、视听作品、计算机软件及法律、行政法规规定的其他作品的；（二）出版他人享有专有出版权的图书的；（三）未经录音录像制作者许可，复制发行、通过信息网络向公众传播其制作的录音录像的；（四）未经表演者许可，复制发行录有其表演的录音录像制品，或者通过信息网络向公众传播其表演的；（五）制作、出售假冒他人署名的美术作品的；（六）未经著作权人或者与著作权有关的权利人许可，故意避开或者破坏权利人为其作品、录音录像制品等采取的保护著作权或者与著作权有关的权利的技术措施的。

（续表）

序号	罪名	公司行为 公司引发企业主承担刑责的犯罪行为	主刑刑罚 企业主最高可被判处的刑罚	附加刑刑罚 对企业主附加的财产刑
25	侵犯商业秘密罪①	公司犯有侵犯商业秘密罪，情节特别严重的	对企业主可处3年以上10年以下有期徒刑	并处罚金
26	损害商业信誉、商品声誉罪②	公司捏造并散布虚伪事实，犯有损害商业信誉、商品声誉罪	对企业主可处2年以下有期徒刑或者拘役	并处或者单处罚金
27	虚假广告罪③	公司利用广告对商品或者服务作虚假宣传，犯有虚假广告罪	对企业主可处2年以下有期徒刑或者拘役	并处或者单处罚金
28	合同诈骗罪④	公司犯有合同诈骗罪	对企业主最高可处无期徒刑	并处罚金或者没收财产

① 《中华人民共和国刑法》（2023年修正）第二百一十九条：（第一款）有下列侵犯商业秘密行为之一，情节严重的，处三年以下有期徒刑，并处或者单处罚金；情节特别严重的，处三年以上十年以下有期徒刑，并处罚金：（一）以盗窃、贿赂、欺诈、胁迫、电子侵入或者其他不正当手段获取权利人的商业秘密的；（二）披露、使用或者允许他人使用以前项手段获取的权利人的商业秘密的；（三）违反保密义务或者违反权利人有关保守商业秘密的要求，披露、使用或者允许他人使用其所掌握的商业秘密的。（第二款）明知前款所列行为，获取、披露、使用或者允许他人使用该商业秘密的，以侵犯商业秘密论。第二百二十条：单位犯本节第二百一十三条至第二百一十九条之一规定之罪的，对单位判处罚金，并对其直接负责的主管人员和其他直接责任人员，依照本节各条的规定处罚。

② 《中华人民共和国刑法》（2023年修正）第二百二十一条：捏造并散布虚伪事实，损害他人的商业信誉、商品声誉，给他人造成重大损失或者有其他严重情节的，处二年以下有期徒刑或者拘役，并处或者单处罚金。

③ 《中华人民共和国刑法》（2023年修正）第二百二十二条：广告主、广告经营者、广告发布者违反国家规定，利用广告对商品或者服务作虚假宣传，情节严重的，处二年以下有期徒刑或者拘役，并处或者单处罚金。

④ 《中华人民共和国刑法》（2023年修正）第二百二十四条：有下列情形之一，以非法占有为目的，在签订、履行合同过程中，骗取对方当事人财物，数额较大的，处三年以下有期徒刑或者拘役，并处或者单处罚金；数额巨大或者有其他严重情节的，处三年以上十年以下有期徒刑，并处罚金；数额特别巨大或者有其他特别严重情节的，处十年以上有期徒刑或者无期徒刑，并处罚金或者没收财产：（一）以虚构的单位或者冒用他人名义签订合同的；（二）以伪造、变造、作废的票据或者其他虚假的产权证明作担保的；（三）没有实际履行能力，以先履行小额合同或者部分履行合同的方法，诱骗对方当事人继续签订和履行合同的；（四）收受对方当事人给付的货物、货款、预付款或者担保财产后逃匿的；（五）以其他方法骗取对方当事人财物的。

（续表）

序号	罪名	公司行为 公司引发企业主承担刑责的犯罪行为	主刑刑罚 企业主最高可被判处的刑罚	附加刑刑罚 对企业主附加的财产刑
29	非法经营罪①	公司犯有非法经营罪	对企业主最高可处5年以上有期徒刑	并处违法所得1倍以上5倍以下罚金或者没收财产
30	非法转让、倒卖土地使用权罪②	公司犯有非法转让、倒卖土地使用权罪，情节特别严重的	对企业主可处3年以上7年以下有期徒刑	并处非法转让、倒卖土地使用权价额5%以上20%以下罚金
31	拒不支付劳动报酬罪③	公司犯有拒不支付劳动报酬罪，造成严重后果的	对企业主可处3年以上7年以下有期徒刑	并处罚金

---

① 《中华人民共和国刑法》（2023年修正）第二百二十五条：违反国家规定，有下列非法经营行为之一，扰乱市场秩序，情节严重的，处五年以下有期徒刑或者拘役，并处或者单处违法所得一倍以上五倍以下罚金；情节特别严重的，处五年以上有期徒刑，并处违法所得一倍以上五倍以下罚金或者没收财产：（一）未经许可经营法律、行政法规规定的专营、专卖物品或其他限制买卖的物品的；（二）买卖进出口许可证、进出口原产地证明以及其他法律、行政法规规定的经营许可证或者批准文件的；（三）未经国家有关主管部门批准非法经营证券、期货、保险业务的，或者非法从事资金支付结算业务的；（四）其他严重扰乱市场秩序的非法经营行为。

② 《中华人民共和国刑法》（2023年修正）第二百二十八条：以牟利为目的，违反土地管理法规，非法转让、倒卖土地使用权，情节严重的，处三年以下有期徒刑或者拘役，并处或者单处非法转让、倒卖土地使用权价额百分之五以上百分之二十以下罚金；情节特别严重的，处三年以上七年以下有期徒刑，并处非法转让、倒卖土地使用权价额百分之五以上百分之二十以下罚金。

③ 《中华人民共和国刑法》（2023年修正）第二百七十六条之一：（第一款）以转移财产、逃匿等方法逃避支付劳动者的劳动报酬或者有能力支付而不支付劳动者的劳动报酬，数额较大，经政府有关部门责令支付仍不支付的，处三年以下有期徒刑或者拘役，并处或者单处罚金；造成严重后果的，处三年以上七年以下有期徒刑，并处罚金。（第二款）单位犯前款罪的，对单位判处罚金，并对其直接负责的主管人员和其他直接责任人员，依照前款的规定处罚。

（续表）

序号	罪名	公司行为 公司引发企业主承担刑责的犯罪行为	主刑刑罚 企业主最高可被判处的刑罚	附加刑刑罚 对企业主附加的财产刑
32	虚假诉讼罪①	公司以捏造的事实提起民事诉讼，妨害司法秩序或者严重侵害他人合法权益，构成犯罪情节严重的	企业主可被处3年以上7年以下有期徒刑	并处罚金
33	拒不执行判决、裁定罪②	公司犯有拒不执行判决、裁定罪，情节特别严重的	对企业主可处3年以上7年以下有期徒刑	并处罚金
34	对有影响力的人行贿罪③	公司犯有对有影响力的人行贿罪	对企业主可处3年以下有期徒刑或者拘役	并处罚金

---

① 《中华人民共和国刑法》（2023年修正）第三百零七条之一：（第一款）以捏造的事实提起民事诉讼，妨害司法秩序或者严重侵害他人合法权益的，处三年以下有期徒刑、拘役或者管制，并处或者单处罚金；情节严重的，处三年以上七年以下有期徒刑，并处罚金。（第二款）单位犯前款罪的，对单位判处罚金，并对其直接负责的主管人员和其他直接责任人员，依照前款的规定处罚。

② 《中华人民共和国刑法》（2023年修正）第三百一十三条：（第一款）对人民法院的判决、裁定有能力执行而拒不执行，情节严重的，处三年以下有期徒刑、拘役或者罚金；情节特别严重的，处三年以上七年以下有期徒刑，并处罚金。（第二款）单位犯前款罪的，对单位判处罚金，并对其直接负责的主管人员和其他直接责任人员，依照前款的规定处罚。

③ 《中华人民共和国刑法》（2023年修正）第三百九十条之一：（第一款）为谋取不正当利益，向国家工作人员的近亲属或者其他与该国家工作人员关系密切的人，或者向离职的国家工作人员或者其近亲属以及其他与其关系密切的人行贿，处三年以下有期徒刑或者拘役，并处罚金；情节严重的，或者使国家利益遭受重大损失的，处三年以上七年以下有期徒刑，并处罚金；情节特别严重的，或者使国家利益遭受特别重大损失的，处七年以上十年以下有期徒刑，并处罚金。（第二款）单位犯前款罪的，对单位判处罚金，并对其直接负责的主管人员和其他直接责任人员，处三年以下有期徒刑或者拘役，并处罚金。

(续表)

序号	罪名	公司行为	主刑刑罚	附加刑刑罚
		公司引发企业主承担刑责的犯罪行为	企业主最高可被判处的刑罚	对企业主附加的财产刑
35	对单位行贿罪[①]	公司犯有对单位行贿罪	对企业主可被处3年以上7年以下有期徒刑	并处罚金
36	单位行贿罪[②]	公司犯有单位行贿罪	对企业主可处3年以上10年以下有期徒刑	并处罚金,没收违法所得

总结

1. 企业主因公司被执行而受影响,会受到被限制消费、限制出境、罚款、拘留等处罚。

2. 企业主因公司犯法而承担个人刑事责任,包括有期徒刑甚至无期徒刑,以及罚金、没收非法所得、没收财产。

建议

第一,拒绝违法。

[①] 《中华人民共和国刑法》(2023年修正)第三百九十一条:(第一款)为谋取不正当利益,给予国家机关、国有公司、企业、事业单位、人民团体以财物的,或者在经济往来中,违反国家规定,给予各种名义的回扣、手续费的,处三年以下有期徒刑或者拘役,并处罚金;情节严重的,处三年以上七年以下有期徒刑,并处罚金。(第二款)单位犯前款罪的,对单位判处罚金,并对其直接负责的主管人员和其他直接责任人员,依照前款的规定处罚。

[②] 《中华人民共和国刑法》(2023年修正)第三百九十三条:单位为谋取不正当利益而行贿,或者违反国家规定,给予国家工作人员以回扣、手续费,情节严重的,对单位判处罚金,并对其直接负责的主管人员和其他直接责任人员,处三年以下有期徒刑或者拘役,并处罚金;情节特别严重的,处三年以上十年以下有期徒刑,并处罚金。因行贿取得的违法所得归个人所有的,依照本法第三百八十九条、第三百九十条的规定定罪处罚。

第二，远离犯罪。

> **超话**
>
> 风口浪尖处，必是惊涛拍岸。失身沉没者有之，守身抵岸者有之。无他，唯认知与选择而已。
>
> 治业不易，远离罪罚，应有敬畏与守真。

企业主刑事责任的七大风险环节及成因分析

企业主的刑事责任风险，存在七个风险易发环节和三大方面成因。对此进行分析和探讨，有利于帮助企业主远离风险，避免刑责。

企业主常发刑责的七大风险环节

显然，并不是所有的犯罪都是企业主明知而故犯，恰恰是那些习以为常、不以为然的习惯性操作，给企业主带来了不可挽回的刑事责任。这里整理和总结了容易造成企业主犯罪的七大关键风险环节，供企业主参考。

第一，融资环节。一方面，民营企业融资困难，急用现金流常常成为老板的救命稻草。另一方面，民间资本也急需寻找投资出口。于是，在融资过程中，就可能会引发非法吸收公众存款、集资诈骗以及骗取贷款等犯罪行为。

第二，投资环节。常发风险是出资的违法操作，比如虚报注册资本、抽逃出资。在二级市场层面，企业主还可能会涉及内幕交易、操纵市场等犯罪行为。

第三，经营环节。因为营商环境、恶性竞争等因素，企业主可能会剑走偏锋，在"另辟蹊径"中发生刑事责任风险，比如行贿受贿、商业贿赂、损害他人商业信誉商品声誉、虚假宣传、合同诈骗、非法经营等,甚至拒不支付劳动报酬,都会构成刑事责任。

第四,财务环节。财务管理环节的漏洞都是高危刑事风险点。比如企业主随意支取动用企业资金和资产,就可能涉嫌挪用资金、职务侵占等犯罪。

第五,税务环节。有些企业主习惯于偷逃税而未曾被追究,以至于总是心存侥幸,被惯性和幸存者偏差所害。于是偷逃税现象普遍存在,甚至抗税、逃避追缴欠税也时有发生。

第六,诉讼环节。企业诉讼是难免的,企业主的风险也是难免的。其一,常常有企业主通过虚假诉讼获得不法利益,严重损害他人合法权益,妨害司法秩序,此将构成虚假诉讼罪。其二,有企业主无视法院生效判决、裁定,甚至恶意逃避法院的执行,以为可以一躲了之。这将构成拒执罪。无论是虚假诉讼还是拒不执行,这种挑战司法的行为都是危险的。

第七,清算环节。企业清算,是终结企业法律主体生命的必经阶段。无论是主动终结,还是被动破产,都必须严格遵守法律规定。有些企业主认为终结企业,企业历史上的问题就归零了,于是想尽办法进行破产清算。还有的因为企业存在种种问题,在清算过程中设置种种障碍。无论是妨害清算还是虚假破产,都会面临刑事责任和风险。终结企业并不是终结问题,当终结程序本身成为问题,面临的风险就会"祸不单行"。

梳理企业主刑事责任环节,提醒企业主关注和防范具体行为风险是必要的。而在问题的另一面,透视企业主犯罪的成因,则更有利于企业主从另一个维度提升风险认知能力,加强风险防范意识。

企业主犯罪成因分析

企业主犯罪的原因是多方面的,既包括生态环境因素,也包括个体因素。就犯罪规律而言,决定其存在状况和变化趋势的最基本和最重要因素，始终是企业主置身于其中的社会生态环境。

(一) 外部生态环境

就外部生态而言，企业主不得不面对的现实就是融资环境。民营企业资金需求量加大，但是通过上市、发债以及商业银行贷款等方式取得融资的渠道较为有限，于是，往往采取民间借贷的方式融资。而民间借贷常常从熟人之间的直接融资模式，发展到易于积累风险的间接融资模式，当资金链断裂时，极易引发金融风险，一些企业主因此入罪。在融资类犯罪中，非法吸收公众存款罪和集资诈骗罪居多，绝大多数都是民营企业主。

外部环境的另外一个重要影响，就是人们对运用刑事手段解决经济纠纷依然迷恋，并因此导致刑事手段介入经济纠纷的泛化倾向。原因是多方面的。第一，不少"受害人"苦于诉讼周期长，不确定因素多，寄希望于通过刑事手段迫使对方"就范"，以期高效解决经济纠纷，甚至不排除获得更多不当利益的奢望，于是存在将一般法律纠纷作为刑事案件报案的现象。第二，利用刑事手段插手经济纠纷的现象在一定程度上存在，利用公权力侵害私有产权、违法查封扣押冻结民营企业财产等现象时有发生。[①] 这都直接影响到企业主对人身、财产及财富的安全感，关系到企业主能否真正做到安心经营、放心投资、专心创业。第三，在司法实践中，还存在罪与非罪的争论和界限把握的问题，比如，是犯罪还是合法融资行为，是正当经营行为还是违法犯罪行为，这就为刑事泛化造就了空间。第四，一旦涉嫌或者被认定为犯罪，企业主的维权之路道阻且长，申诉、再审程序都是漫漫长路，未知终期。总之，刑事手段介入经济纠纷的泛化倾向，将使企业与企业主人身安全和财产安全始终处于风险当中。这无疑会严重影响企业的生产经营和长远发展，也会严重影响企业主的积极性，不利于社会

---

① 参见《中共中央 国务院关于完善产权保护制度依法保护产权的意见》（2016年）。

经济的发展。

（二）内部生态环境

企业内部管理制度混乱，流程节点风控的缺陷，是导致企业主犯罪的重要原因。特别是财务管理制度，本应成为企业管理的生命线，却因为严重的制度缺失和管理混乱，最终成为犯罪高发区。主要表现在三个方面：其一，公司治理结构虚化。尽管民营企业大多有股东会、董事、监事以及经理制度，但现实中这种治理结构对企业主的约束十分有限。徒有虚名的法人治理结构难以实现对企业主的制约和平衡，给企业主犯罪提供了制度空间。比如，很多家族企业机构形同虚设，"我的企业我做主"，没有制度流程，财产任性使用，职务侵占、挪用资金等腐败行为几乎没有任何障碍。其二，广泛存在"当家人"监督失控的现象。处于企业核心地位的企业主，拥有绝对的控制权，对企业重大决策、人事安排、财务调配有不容置疑的决定和处置力。重点是，企业主犯罪的表现形式上往往是上下级相互配合的"窝案"。这从一个侧面说明了民营企业中上级意志的不受监督性。其三，企业对盈利的过度追求导致对风险控制机制的放松，这也是一个非常重要的内部因素。

（三）个体因素

企业主自身法律意识淡漠是其犯罪的重要个体性原因。追求利益是企业经营的目标所在，但是，无节制追求利益的非理性倾向和法律意识淡漠，常常把企业主推向犯罪的泥潭。对于企业主而言，不专业属于正常，但是，不能缺乏基本的法律意识，尤其是最基本的刑事法律意识。

企业主的法律意识淡漠具有一定的普遍性。在经营活动中，对于刑事责任风险毫无认知，既不清楚自己行为的性质，又习惯于按照潜规则寻找商机或获得竞争优势，对于可能招致的法律风险毫无警惕和防范；而且，在企业内部，家长式一言堂，决策程序不规范，财务管理混乱，混淆个人财产和公司财产性质等现象的存在，加之企业主为追求利润而在获利的策略和手段上更为讲究灵活性和有效性，而忽视其正当性的自然心理驱使，一些企业主长期游走于违法犯罪的边缘。

总结

1. 企业主犯罪，要防范最敏感的七大环节：融资、投资、经营、财务、税务、诉讼、清算。
2. 导致企业主犯罪的，环境因素固然是一个方面，但更多的还是企业主法律意识淡漠，习惯于潜规则而无视法律红线。
3. 法律是边界，价值观和原则才是护城河。

建议

第一，树立底线思维，敬畏法律，远离刑责。
第二，建设个人刑事风险防范机制和企业刑事合规制度。

超话

刑事法律以惩戒具有社会危害性的行为为要旨，无危害不刑责；刑事法律更要闪耀人性的光辉，无人文不正义。

刑责之下的企业主保护和风险防范

企业主的刑事责任，是重大的法律责任。对于经济犯罪，轻则拘役，重则无期徒刑，有些犯罪还要附加罚金和没收非法所得甚至没收财产。然而，企业主的刑事责任，其结果不仅仅是个人失去自由和财产，更会对企业和家族财富造成深远的不利影响。因此，如何防范企业主刑事风险以及如何保护企业主的人身安全和财产安全，是企业主在事业之外更为重要的功课。

刑事责任对企业主的影响

企业主的刑事责任，不仅仅是个人的责任，更会对企业、家庭和家族造成多方面的影响和伤害。

（一）在企业经营发展方面的影响

第一，影响企业的声誉和信誉。企业主是企业的灵魂人物，一旦承担刑事责任，不仅直接影响个人声誉和形象，更影响企业的信誉和声誉，将对企业的生存和发展生态造成破坏。

第二，对企业经营造成长期不利影响，引发企业衰败。企业主被追究刑事责任，常常迅速引发一系列危机：企业主失去人身自由，群龙无首；财产被查封、扣押、冻结，价值贬损；投资人撤出，银行收紧资金，现金流危机频发；高管危机，人才流失，管理陷入混乱；客户流失，经营亏损；等等。此情此景，企业难免陷入困境，甚至可能破产清算。

第三，对商业版图产生连锁反应。这包括企业可能会受到监管机构的调查，引发关联企业的系统法律风险，被其他企业收购等。

（二）在个人家族财富方面的影响

企业主一旦"沾"上刑事责任，在人身方面将失去自由，在财产方面会直接影响个人、家庭和家族财富的安全。

第一，受到财产罚没的处罚。高额的刑事罚金以及没收财产，都将直接减少企业主的个人财富，甚至全部丧失。由于大多数企业主的家庭财产属于共有，这必然会伤及家庭财富甚至是家族财富。

第二，被禁止从事商业活动。对某些商业活动的禁入，比如禁止证券交易，将影响其个人以及家庭的经济来源，从而影响高品质生活。

第三，对家族声誉造成伤害。企业主会留有犯罪记录，对家庭成员，尤其是子女的教育、就业产生深远影响。

早年，江苏有一位企业主颇有名气，公司经营很成功。彼时，共享单车刚刚起步，企业主与妻子开始涉足投资共享单车事业。后因旗下公司涉嫌非法集资，夫妻二人被采取刑事措施。儿子也因在这些公司中挂名为股东和任职而受到牵连，在看守所内度过了一段人生。儿子出来后，女友离去，自家别墅也被查封，除了近200万元负债和一条宠物狗外，别无所有，从富二代变成了"负二代"。[①]

我们很为这样的企业主惋惜，一旦面临刑事责任，不仅企业主无助，家人也很无辜。

企业主的保护和刑责风险防范

在各种法律风险中，最能够导致企业和企业主获得败局的，无疑是刑责风险。这一风险贯穿于公司的设立、经营乃至清算的全过程，对于企业主而言并不遥远。理想的状态是，企业主洁身自好不犯法，有智慧识别风险且不为不法所构陷。然而，企业主并非法律专家，如果没有专业的私人顾问以及清晰健全的架构制度作为保障，经济问题就可能转变为法律问题。如何保护好企业主，防范和避免企业主的刑事责任对个人财富、家庭财富和家族财富的伤害与影响，是维护家业长青的大事。总结过往服务经验以及与企业主推心置腹的交流，我有以下感悟，分享给企业主，是探讨，也是提醒。

第一，对法律心怀敬畏，增强法律意识。不心存侥幸，不触碰法律红线，商业向光，走人间正道。遵循商业道德和职业道德，注重履行企业社会责任，建立良好的企业形象和声誉。

第二，建立现代企业制度，完善公司治理结构，规范控股股东、法定代表人、实控人法律的行为。

---

① 侯婧婧. 共享单车"最惨创始人"：从富二代到负二代 负债130万［EB/OL］. 新浪网，2018-09-16. http://finance.sina.com.cn/chanjing/gsnews/2018-09-16/doc-ihkahyhx6812008.shtml.

第三，遵守法律法规，深化家族企业合规建设，合规守法经营，避免违法违规行为的发生。

第四，建立企业风险防控体系。加强风险防范管理，建立健全的企业管理制度，建立严格的审计监督体系和财会制度，建立完善的投资风险管控和金融风险评估及防范制度，强化内部监督，避免利用职权进行犯罪活动，警惕刑事风险的高发环节，建立刑事风险防控机制，实现治理规范、有效制衡、合规经营，防范和避免企业主刑责风险。

第五，实现企业法人财产与出资人个人和家族财产分离，明晰企业产权结构。

第六，保持良好声誉，维护企业形象和品牌价值，建立品牌保护机制，避免因刑事犯罪而受到牵连。

第七，重视家族家庭教育和家庭和谐，避免因家庭矛盾而影响企业稳定和发展。

第八，从人、家、业的角度，营造安全、可控并能预测的治理生态，完善家族企业及企业主安全、持续发展生态的顶层设计。

总之，企业主应该时刻丰富认知，保持法律风险意识，遵守法律法规，尊重他人权利，加强自我约束和自我控制，一方面推动企业健康、稳定、可持续发展，另一方面保护好自己的人身安全以及个人、家庭和家族的财产安全。

总结

1. 企业主承担刑事责任，影响企业的声誉和信誉以及经营与发展，导致企业陷入困境甚至破产。

2. 企业主承担刑事责任，除了失去自由，还将减少甚至全部丧失个人财富，损伤家庭及家族财富积累。

3. 企业主的犯罪记录，将严重影响家族声誉以及后代的成长和发展。

建议

第一，对法律心怀敬畏。

第二，建立现代企业制度，完善公司治理结构。

第三，深化企业合规建设，建立刑事合规审查制度。

第四，明晰企业产权结构，实现企业法人财产与企业主个人和家族财产分离。

超话

企业家，是一种信念的存在。

有安全，才有恒久的创造；有自由，才有安心的积累；有健康，才有快意的奔赴；有尊严，才有美满的归宿。

有恒产者有恒心。人安财安，心安神安。

第四部分
传承不失控

企业传承是个永恒话题，也是一个涉及多维关系的复杂工程，其中最核心的就是股权传承。股权传承之难，因其一方面涉及股东家庭家族成员之间的和睦幸福，另一方面也涉及股权继承人与其他股东之间的和合共处。近年来，一些知名企业家的离世造成家族内讧、股东纷争的案例，警醒了很多企业主做深远思考，引发了股权传承的迫切需求。如何实现企业的长治久安和家族财富的落袋为安，成为企业主在企业传承中最为关注的问题。

本部分，我们将多年的持续探索经验和独到的解决方案分享给企业家，以期协力企业家家和业兴，圆融共好。

第十二章　急需被唤醒的财富传承逻辑

中国的民营企业走过了波澜壮阔的几十年，老一代企业家纷纷面临着企业接班与传承的考验。民营企业、家族企业新老接替、承上启下的传承周期密集到来，让很多企业家措手不及。在传承的大势所趋里，企业主如何顺势而为，实现家业长青？首先需要唤醒和理顺企业主的股权财富逻辑。

企业主必知的财富传承逻辑

企业主的财富传承是有逻辑的。前面我们提到，股权才是真财富。但是，企业主的股权传承面临着种种障碍和考验。如何实现富过三代，家业长青？需要揭底股权的财富逻辑。

一如贯穿全书的财富逻辑，股权财富逻辑需要完成"人、家、业"三维生态的和合共好（见图12-1）。

第一个维度，"业"的财富目标

企业要长治久安，这是企业主最为关注的维度，也是企业主的第一战场，用以创造财富。在这个维度里，最为重要的就是股东之间的关系，股东和合是企业长治久安的基础。而一旦发生股东"下车"，这个基础就会遭到破坏。所谓股东"下车"，分两种情形，一种是常见常发的情形，比如股东之间发生矛盾，股东选择离开公司，自动

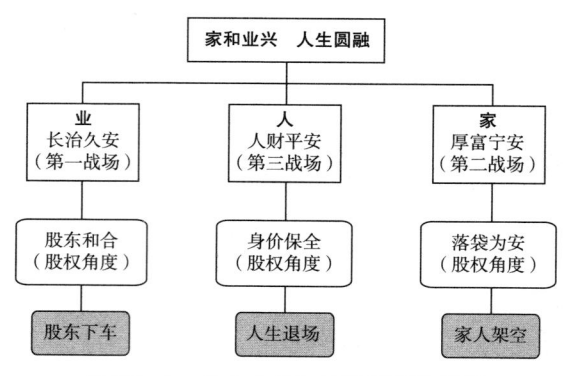

```
                    ┌─────────────────┐
                    │ 家和业兴 人生圆融 │
                    └────────┬────────┘
          ┌──────────────────┼──────────────────┐
          │                  │                  │
       ┌──┴──┐            ┌──┴──┐            ┌──┴──┐
       │  业  │            │  人  │            │  家  │
       │长治久安│          │人财平安│          │厚富宁安│
       │(第一战场)│        │(第三战场)│        │(第二战场)│
       └──┬──┘            └──┬──┘            └──┬──┘
       ┌──┴──┐            ┌──┴──┐            ┌──┴──┐
       │股东和合│          │身价保全│          │落袋为安│
       │(股权角度)│        │(股权角度)│        │(股权角度)│
       └──┬──┘            └──┬──┘            └──┬──┘
       ┌──┴──┐            ┌──┴──┐            ┌──┴──┐
       │股东下车│          │人生退场│          │家人架空│
       └─────┘            └─────┘            └─────┘
```

图 12-1 企业主必知的股权财富逻辑

"下车";另一种是偶发的情形,但影响最为深远,又常常被企业主所忽视,这就是股东一旦发生意外,生命没了,就会发生自然"下车",此时发生股权继承,就会引发继承人之间以及继承人与企业之间的一系列问题。比如某"网游大佬"被合伙人毒死之后,公司发生股权继承,未成年的子女成为公司控股股东,而最终孩子的母亲作为监护人行使实控权,成为影子股东和实控人,令公司一度遭遇动荡,市值缩水,债主盈门。[①]

第二个维度,"家"的财富目标

家庭家族要厚富宁安,这是企业主常常忽略的维度,但也是企业主终将回归的维度。这是企业主的第二战场,用以传承财富。在这个维度里,最为重要的就是股权财富的变现,落袋为安。让家人家族和睦,人人平安,财富平安,这才是家这个维度所追求的财富目标。然而,如果股权传承规划不当,也会发生家人被架空的风险。

---

① 佚名. 三体预告上热搜,背后版权方又出事了!未成年子女被券商起诉要债 [EB/OL]. 网易号,深蓝财经,2021-11-04. https://www.163.com/dy/article/GO02AAU90519QQUP.html.

第三个维度，"人"的财富目标

企业主作为家和业之间的核心，人和财的平安最为重要，不得不说，这是企业主最需要关注也是最不关注的维度。我们认为这是企业主的第三战场，用以锁定财富。在这个维度里，核心就是企业主自己的身价，人在、股权在、企业在，财富才可以持续创造。而一旦人不在，身价还在，就需要有预案锁定企业主的身价，这才是根本的财富保全。人生退场是生命规律的必然，但是，股东的退场必然发生股权继承，难免引发家人家族与企业甚至元老之间的矛盾和冲突。一方面，影响公司的长治久安，"业安"受到挑战；另一方面，也影响到股权财富能否让家人落袋为安，家人能否因为企业主的退场而继续享有企业主所创造的财富，"家安"受到挑战。

股权传承非小事，只有解决了这三个维度的问题，企业主才能实现"家和业兴，圆融共好"的财富使命和愿景。

总结

1. "业"的财富目标：企业要长治久安。
2. "家"的财富目标：家庭家族要厚富宁安。
3. "人"的财富目标：企业主要人财平安。

超话

持股是尚好的道场，见贪婪，也见恐惧；见美好，也见丑陋。持股，不是股东一个人的独步，而是所有股东的同行，互为生态，互相赋能，彼此抵达，方得始终。

股权传承的三大核心

谈到股权传承,企业主应当知晓股权的底层架构。

从法律的角度而言,与不动产、现金等资产不同,股权是一种双重法律关系。一方面是股东资格,股东依此享有作为股东身份的权利,重点是表决权。公司里的控制权争夺,核心就是表决权的争夺。另一方面是财产权利,是基于股权所享有的分红权、股权变现的权利以及清算后剩余财产分配权等。这两重权利同时存在,企业主必须同时关注、同时管理,使股权能实现价值和意义。①

股东关系是复杂的,尤其在家族企业中,股东可能是商业伙伴、同学、朋友、家人、亲属。如何处理好这些复杂身份在公司中的股权匹配,如何处理好家族成员这种特殊身份股东带来的冲突与利益平衡,如何解决好股权顺畅传承或者高效变现留给家人等,这些都是股权传承必须思考和解决的问题。

解决这些问题的关键,就是要处理好股权的所有权、控制权和获益权这三大核心问题(见图12-2)。

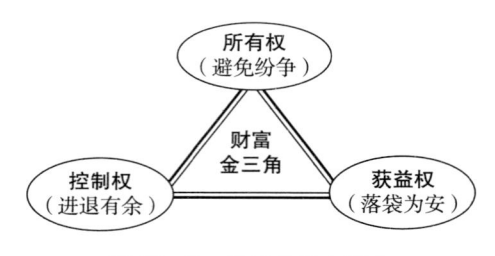

图12-2 股权的三大核心

股权在法律上有三大核心。第一大核心是所有权。所有权要权利所属明晰,避免权属争议。第二大核心是控制权。控制权要平衡友好,

---

① 关于股权的底层逻辑,参见第四章。

股东之间平和共进,股东进退顺畅,公司长治久安。第三大核心是获益权。获益权就是实现股权变现,落袋为安,让纸上富贵成为真正的私人财富。因此,在股权管理的三大核心中,所有权解决规避纷争的问题,控制权解决股东平衡和进退自由的问题,获益权解决财产落袋为安的问题。这三项权利的平衡,是股权成功传承的必备基础。

总结

1. 确定所有权,避免权属争议。
2. 掌握控制权,和合平衡,公司长治久安。
3. 安享获益权,财富落袋为安。

超话

股权是有情绪的。

持之以向利,保值增值,心安则利所当然;持之以享权,行止有序,守规则和气生财;持之以和合,股东互保,滋养则生死相安。

股权的气质,是股东的默契,是比例的唯美,是权属的平衡,更是归处的喜悦。

第十三章　股权传承成为企业主最大的忧患

股权是人与财两个维度的复合体。股权传承既要解决财产维度的传递与分配，也要解决人的维度的和谐与顺意。而最为困难的就是人的维度的关系处理，既包括继承人之间的关系，也包括继承人与公司股东之间的关系。而所有这些关系的博弈与纠缠，又都与财产息息相关。这些关系一方面直接影响着企业能否稳定且持续创造财富，另一方面也影响着继承人以及家族家人能否足额获得股权财富的落袋为安。

内外交困，左右为难

当股权利益成为财富诉求的焦点，股东在公司生态中的角色便成为家和业兴的最大变量。股东是投资人、是合伙人、是家人、是企业主、是高管，更是自然人，于是角色之间的爱恨情仇、富贵贫贱、利益道义、生老病死便是股东自带的财富基因，相生相克，相爱相杀，从而在股权传承中造成内外交困、左右为难的困境。

超乎想象的继承风险

为了系统拆解其中的底层逻辑，发现其玄机和奥秘，我们精选了一个典型案例作为样例，从房产继承开始，逐步解构股权传承中的困境与障碍。

有一个独生女叫小莉，父母想给她留一套房产。房产登记在小莉爸爸的名下。小莉的父母朴素地认为这套房产终归是小莉的。正如很多企业主对企业传承的认知，认为自己持有的企业也罢、股权也好，将来都是子女的。愿望固然是好的，可只有如愿才是真的好。

接下来，看一看小莉家的房产是如何继承的。

本案中，小莉的父亲过世，没有留下遗嘱，父亲名下的房产进入法定继承程序。

首先，遗产是什么？

尽管房产在父亲名下，但并不是这套房产的全部都发生法定继承。由于房产是父母婚后购买所得，属于父母的共有财产，因此，这套房产父母各有一半。其中，只有属于父亲的一半才是遗产，进入法定继承。

其次，小莉能否得到全部房产？

在小莉的家庭当中，小莉是独生女，妈妈健在，奶奶健在，爷爷已经过世。按照《民法典》的规定，① 小莉爸爸的法定继承人就是小莉、妈妈和奶奶三人。小莉爸爸1/2的房产，就由这三个法定继承人继承，平均分配，各继承房产的1/6。② 至此，这套房产最终归小莉的愿望也不难实现，只要妈妈和奶奶放弃继承，妈妈再把自己享有的1/2房产份额赠给小莉，小莉就可以获得房产的完整产权。

最后，房产最终是如何分配的？

现实的残酷就在于变化来得太突然。尚未来得及办理放弃继承的手续，奶奶也不幸去世了。于是，奶奶继承过来的1/6的房产，再一次发生法定继承。这一次继承，彻底粉碎了这套房产的权属。（1）奶

---

① 《中华人民共和国民法典》第一千一百二十七条：（第一款）遗产按照下列顺序继承：（一）第一顺序：配偶、子女、父母；（二）第二顺序：兄弟姐妹、祖父母、外祖父母。（第二款）继承开始后，由第一顺序继承人继承，第二顺序继承人不继承；没有第一顺序继承人继承的，由第二顺序继承人继承。
② 《中华人民共和国民法典》第一千一百三十条：（第一款）同一顺序继承人继承遗产的份额，一般应当均等。

奶有四个子女，除小莉爸爸外，还有大伯、二叔和姑姑。这样，奶奶的 1/6 房产就要在四个子女中继承分配，每人继承 1/24 房产。（2）由于大伯比奶奶去世早，大伯继承的这份 1/24 房产就由大伯的三个子女代位继承，① 每人继承 1/72 房产。这样，小莉的三个堂兄妹就分得了小莉家的房产。（3）由于奶奶过世时，二叔与二婶夫妻关系存续，二叔继承的财产为夫妻共有财产。② 奶奶过世后二叔与二婶离婚，二婶主张分割二叔所继承房产的 1/2，从而获得了 1/48。于是，二婶离婚后也分得了小莉家的财产。（4）姑姑继承的 1/24 房产，则属于姑姑与姑父的共有财产。这样一来，原本是小莉独家的房产，却成了与三个堂兄妹、二叔、二婶、姑姑、姑夫这一群人共有的房产。可见，一个法定继承，带来的是何等复杂的财产分配（见图 13-1）。

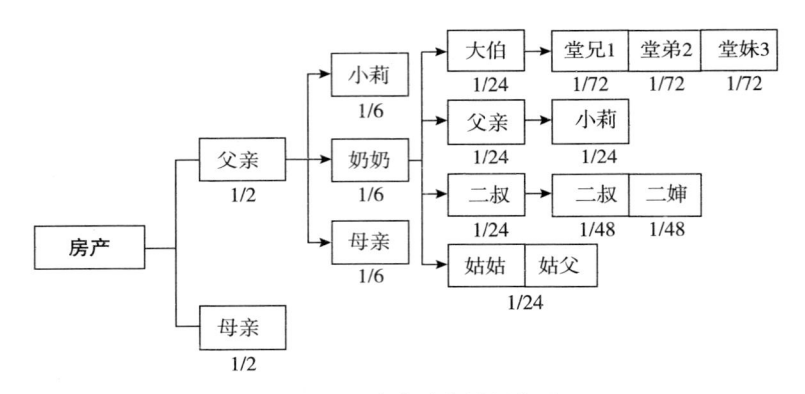

图 13-1 房产法定继承分配

通过这个案例的拆解不难发现，在财富管理当中，如果没有预先

---

① 《中华人民共和国民法典》第一千一百二十八条：（第一款）被继承人的子女先于被继承人死亡的，由被继承人的子女的直系晚辈血亲代位继承。
② 《中华人民共和国民法典》第一千零六十二条：（第一款）夫妻在婚姻关系存续期间所得的下列财产，为夫妻的共同财产，归夫妻共同所有：（四）继承或者受赠的财产，但是本法第一千零六十三条第三项规定的除外。第一千零六十三条：下列财产为夫妻一方的个人财产：（三）遗嘱或者赠与合同中确定只归一方的财产。

的传承规划，那么法定继承就会一层层地剥离和分割财富。

当然，我们并不认为法定继承的分割结果就必然不好。比如，财产分割如小莉家族，如果这个结果是小莉爸爸得偿所愿并且大家都乐得接受，皆大欢喜，那固然是最好的，因为传承的如愿和无争才是最重要的。但如果传者不如所愿，承者不能接受，这就是一个失败的传承。

每个企业主都要面对的股权传承忧患

前面的样例以房产为标的，演示了法定继承带来的风险和复杂性。作为企业主，主要财产形式是股权。如果小莉继承的不是房产，而是家族企业的股权，那么，小莉继承的最终结果就不是产生一群"新房东"，而是产生一群"新股东"（见图13-2）。①

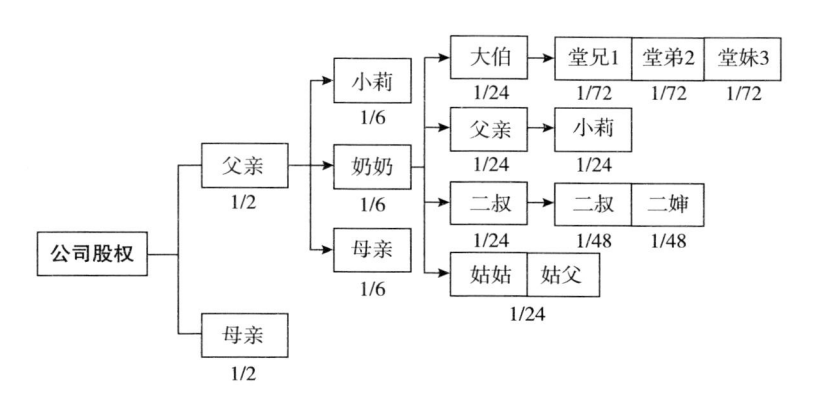

图13-2　公司股权继承分配

股权传承之困，不止于图示所列。为明晰其中的逻辑并便于企业

---

① 在司法实践中，继承股东资格与继承股权份额是不同的法律关系，但对于继承人而言，二者又互为存在条件。为便于理解股权传承中的逻辑和风险，本书所谈及的"股权传承"均指股东资格与股权份额二者的统一，不再分别解读。

主理解，我们以上述股权继承样例演示为基础，由内向外、由家向业逐层拆解股权传承中的风险和困难。

第一，直观可见：从家族内部而言，股权碎片化。所有有继承权的人都会成为公司股东，一如样例所示，这些新股东将与小莉共同经营打理他们的家族企业。

第二，深层影响：从股东权利而言，控制权受到限制。股权碎片化之后，继承人之间很难集中统一行使权利，容易丧失原有的控制权，妨碍高效治理和运营。

第三，不可避免：从股东关系而言，新老股东易生冲突。企业主都清楚，民营企业的股东身份非常复杂，有朋友、同学、家族成员，甚至纯粹的外部人，之所以能够走在一起，有的因为资本，有的因为资源，有的因为人脉，有的因为能力，总之是不一而足的缘分，千丝万缕的关系。股东如此复杂，本身就特别容易产生分歧甚至冲突。但不管怎样，总归是股东之间相互选择的结果。可因股权继承而来的新股东，几乎就是从天而降，一旦发生矛盾和冲突，注定会影响公司的稳定。

曾经有一位企业主向我讲述自己的创业遭遇，不胜感慨。这位企业主A和合伙人B系大学同学，二人共同出资创业。A负责公司全面运营，B只负责出资，不参与公司事务。B结婚多年，没有子女，父母早年去世。后来B因病医治无效过世，唯一的法定继承人就是B太太。但是，由于B太太是公务员，且身居领导岗位，继承并持有股权遭遇障碍。于是，B太太安排80岁高龄的老父亲代自己持有股权。从此，A开始面临种种困境。（1）关系由简单到复杂。过去是老同学合伙创业，关系简单；现在要面对陌生的父女两人，还要兼顾人去情在的同学关系，复杂而尴尬。（2）运营由高效到步入僵局。过去有老同学信任，决策高效且顺畅；现在的情况是，老父亲无力参与公司决策和运营，而B太太作为影子股东，参与决策的意识很强，于是A的经营决策常常遭遇质疑和否定，矛盾时有发生。（3）在利益分配上，A

主张留存部分利润用于公司持续发展，B 太太坚持利润全部分红。（4）在异议处理上，B 太太在不断质疑公司经营管理和财务的过程中，更进一步怀疑 A 在过往多年经营中谋取私利，甚至以举报侵占公司资产和投诉查税相要挟。如此一来，造成 A 无力也无心继续经营公司。A 主张解散公司，B 太太又不肯放弃这个一度生金蛋的鸡，经过 5 年痛苦的煎熬，最终公司没落，以清算告终。

不难看出，股权传承有太多隐忧未被发现。在与众多优秀的企业家的深度交流里，我们听到一个共同的声音："我不想股东的继承人消耗我，我不想我的继承人被欺负。"这是企业主最朴素的想法。其实，越是更多的与企业主交流，越是倾听企业主内心的声音，就越会发现，股权传承已经成为企业主的最大忧患。

这忧患的焦点在于两个方面：一方面是对内要关注股权继承后的碎片化，此时，继承人能不能紧密团结成为一致行动人，将决定家族是否能够继续保持控制权；另一方面是对外要关注继承人股东与老股东相互之间所面临的种种考验。

一般而言，老股东和继承人之间难以建立充分的信任。（1）老股东向左。老股东更希望公司持续稳定，持续发展，持续创造财富。于是股东凝心聚力、股东结构保持原状，就成为老股东的关键诉求。又由于老股东对继承人不了解，继承人对公司不了解，老股东担心继承人进入公司后会引发诸多麻烦甚至风险，因此老股东并不欢迎甚至拒绝继承人进入公司。（2）继承人向右。继承人希望参与公司的决策和运营。而且，继承人一旦继承获得股权，谋取控制权、实现获益权便是情理之中的事，况且这本身就是法律赋予其的权利。于是，继承人既要行使话语权，更要确保利益，还有股权价值及时落袋为安的现实诉求。如此一来，老股东与继承人之间的摩擦、矛盾与冲突便不可避免（见图 13-3）。股权传承始终是挑战企业主以及各个相关方的智慧和能力的艰难课题。

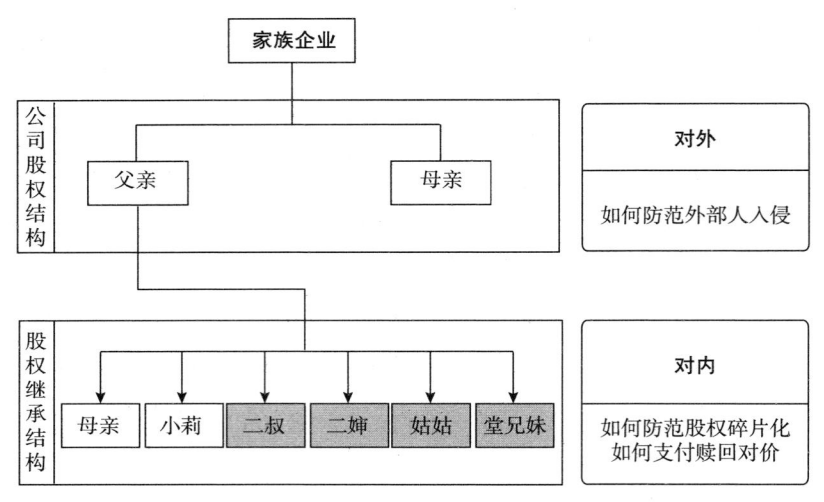

```
                    ┌──────────┐
                    │ 家族企业 │
                    └────┬─────┘
公司     ┌───────────┴───────────┐        ┌─────────────────┐
股权     │                       │        │      对外        │
结构   ┌─┴──┐                 ┌──┴─┐      │                 │
       │父亲│                 │母亲│      │ 如何防范外部人入侵│
       └─┬──┘                 └────┘      └─────────────────┘
         │
         ├──────┬──────┬──────┬──────┬──────┐
股权    ┌┴─┐  ┌┴─┐  ┌┴─┐  ┌┴─┐  ┌┴─┐  ┌┴──┐    ┌──────────────────┐
继承    │母│  │小│  │二│  │二│  │姑│  │堂 │    │       对内        │
结构    │亲│  │莉│  │叔│  │婶│  │姑│  │兄妹│    │ 如何防范股权碎片化│
        └──┘  └──┘  └──┘  └──┘  └──┘  └───┘    │ 如何支付赎回对价  │
                                                └──────────────────┘
```

图 13-3　股权传承风险示意

总结

1. 股东在，股权是财富；股东不在，股权就是江湖。
2. 对内，股权碎片化，容易引起家人纷争，在公司失去控制权。
3. 对外，老股东向左，继承人向右，容易发生矛盾，互有伤害。

超话

　　基于现实的残酷与常识的警醒，继承不易已经成为通识。家有股权者，一方面，由于股权共有通道与风险通道的天然属性，加之继承人血缘、身份复杂的现实困境，股权传承可谓山重水复，难见柳暗花明。另一方面，健在股东排斥身故股东的继承人进入公司，极易造成经营停滞甚至公司瘫痪，可谓树欲静而风不止，雪未霁而霜又至。股权传承，自有难解之谜，亦有通达之道。

死亡，是一件极其奢侈的事情

此标题毫无夸张之意，太多人缺乏对死亡的认知，更缺乏对传承成本的认知。尤其是家有企业者，股权的传承，反而是对现金资产的一大考验。

必须澄清的关键

一直以来，很多企业主朴素地认为，股权传承的核心就是股权在继承人之间的分配，以及继承人如何接班的问题。然而，这只是股权传承中在财产层面的单向思考，并不是股权传承的全部。股权传承既要关注财产关系，也要关注身份关系，尤其需要关注股东之间的关系。因此，一旦发生股东过世，除了要处理好过世股东的继承问题，还要处理好继承人与老股东之间的关系问题。家有企业的人一定要清楚，一个企业能够长治久安、持续创造财富，股权的持有、传承才有意义，否则股权就是纸上富贵。鉴于"老股东向左，继承人向右"这样一个永恒矛盾的存在，股权传承的关键就是如何解锁这个令企业主头痛的症结。

必须面对的问题

面对这样的困境，怎样才是最好的出路呢？我们曾经与很多企业主探讨这个问题，企业主基本的共识就是，让股权回到老股东身上，让继承人拿到妥适的对价退出。这就叫作"尘归尘土归土""上帝的归上帝，凯撒的归凯撒"。如前述案例，不管是小莉还是企业主A，只要他们把继承人的股权赎买回来，由自己持有，让继承人退出，不再参与公司事务，就解决了这个困境。这显然是理想的情况。

那么，问题来了。第一，股权对价问题。交易双方各有立场，在股权对价上难以达成一致，这是常见的困境。第二，对价支付问题。

即便双方达成一致，赎买方有没有现金、足不足额、能不能及时支付，都是必须面对的现实问题。这包括：（1）资金要合法。显然，所有支付的款项都必须是合法所得，股权赎买对价的支付也不例外。（2）资金要大额。股权对价一般都不会是小数字，因此，大额资金储备是必要的。（3）给付要足额。继承人接受对价是因为让渡了股权，如果让渡股权还要等待零散支付，恐怕难以达成共识。（4）给付要及时。落袋为安一定是继承人的核心诉求。分期付款难以达成合意，延迟付款必将造成纷争。因此，股权继承中如果需要进行赎买，就一定要有一笔合法的、可以及时支付的、大额足额的现金储备，或者可以随时灵活变现的资产储备。如此，才有备无患。

如果现金问题得不到解决，尴尬如小莉，一方面，不能全部获得父辈留下的股权，无法持续持有家族企业；另一方面，甚至不能顺利行使股东权利，或将造成公司僵局。结局如此，相当于留下了百宝箱，却没有留下金钥匙，使遗产继承受阻，不能流转，不能使用，不能获益，最终将成为休眠资产。这样的传承后果，不知企业主是否有所预知、有所预案？

必须考虑的代价

其实，前述股权赎买方案并不是都能实现。毕竟，对公司未来抱有乐观并坚持继承股权的，也会大有人在。于是，股权继承就是必由之路。

即便普法至今，仍有很多人对财产继承存在着常识性认知错误，认为财产继承是自然完成，财产零成本自然过渡给继承人。然而，继承本身不仅仅是财产的再一次分配与重组，更是一场躲不过的"财务清算"。要知道，没有规划的继承就是他人的"提款机"。大凡继承财产，没有想象中那么顺利，少有不被"磨损"的。任性的传承，总有擦伤，继承的成本，正在悄然发生。无成本，不继承。死亡，确实是一件极其奢侈的事情。

接下来,我们一一拆解在继承过程中那些被企业主忽视的成本与支出。

第一,债务承担。《民法典》中规定,分割遗产,应当清偿被继承人的债务。① 债务,成为企业主财产继承中一个格外引人关注的问题。我们在前面的章节中全面系统地阐述了企业主负债的种种情形和风险。在继承过程中,依法这些负债是要优先偿还的。曾有国内知名服装品牌创始人过世,银行起诉其继承人,主张在继承遗产范围内承担债务的连带清偿责任。其继承人集体宣布放弃继承所有遗产,原因就是创始人个人对外所负债务超过了遗产,一时舆论哗然。先偿债,后继承,这是一个最基本的继承原则。

第二,税款缴纳。先缴清所欠税款,再继承遗产,这同样是一个最基本的原则。过往,大多数情况下不曾发生逝者欠缴税款由继承人清偿的情形。但是,大数据、云计算、AI时代,网络有记忆,数据可以推演,历史的"不曾发生"早已不可参照。数据透明、财产"裸奔",欠缴税款着实是一本再清晰不过的账。细数一下财富日常,投资理财所得、出售房屋所得、转让股权所得,是否已经全面依法纳税?不要对不见阳光的阴阳合同心存侥幸,智慧税务之下没有死角。尤为重要的是,企业主的所有私人用款,都须确保是税后所得,如果不是,继承发生时,这些都将先进行税款清缴,而后才成为可以继承的财产。

说到税,就不得不关注遗产税。上面提到的欠缴税款,是指逝者所欠的个人税款,需要继承人先缴清再继承。而遗产税则是在继承人清偿前述税款和债务之外,按照遗产的数额缴纳的税款,国际上可参

---

① 《中华人民共和国民法典》第一千一百五十九条:分割遗产,应当清偿被继承人依法应当缴纳的税款和债务;但是,应当为缺乏劳动能力又没有生活来源的继承人保留必要的遗产。

考的税率一般要高达30%甚至50%。至于我国的遗产税离我们有多远，这个尚未可知。但"不确定"就是一种确定的存在，财富传承需要的就是未雨绸缪，这一点不可忽视。

第三，继承权公证。如果说清偿了债务和应缴税款，财产可以直接过户，落袋为安，自是再好不过。然而，遗产的过户没有那么简单。现实中，无论是金融账户、房产还是公司股权，都不能直接过户。对于股权继承而言，要么需要继承公证，要么通过诉讼判决。如果通过继承公证，企业主需要关注如下两大要点。其一，需要严格的公证程序：（1）需要所有的法定继承人同时出现在公证员面前，缺少任何一人都无法公证，所以因为距离、健康、意愿、通信等原因不能出现或到达的，公证无法进行；（2）需要所有的法定继承人都具有依法表达真实意思的行为能力，如果继承人的身体、健康、心理、精神方面有缺陷，属于限制行为能力人或者无民事行为能力人，那么公证就无法进行；（3）需要所有法定继承人明确表示对于继承财产的分配意见一致，否则但凡有异议或者拒绝表示，公证都无法进行。其二，需要支付公证费：（1）公证费一般按照公证的遗产标的的一定比例收取，由于股权的价值往往不菲，因此公证费用也是一笔不可小觑的支出；（2）由于公司股权存在价值认定和估值空间差异的问题，还存在着无法公证的风险和困难。

第四，继承诉讼。继承之诉，让金钱以法律的名义粉碎了亲情。继承人之间的遗产分割诉讼，虽说是一种亲情的无奈，但从立场、情感、权利的角度而言，也是可以理解的。然而，常常不为人所理解的是，即便遗产分割没有争议，产权过户也免不了通过一场诉讼来解决。比如，继承公证因为种种障碍而无法完成，继承人就不得不通过诉讼方式，取得法院的生效判决或者裁定，这样才能实现财产的过户。甚至有的公司登记机关还明确规定，必须持有法院判决才可以办理股权继承过户。如果诉讼成为必须，那么诉讼过程中就会发生诉讼费、评估费、保全费、担保费、律师费等一系列财务支出。股权财产本就不同于其他财产，因为公司历史、投资关系、股权结构等，会存在错综复杂的法律关系，股权继承又加重了这些关系的复杂程度，所以，股权传承需要更加专业、更加有经验的专业人士来处理。专业有专业的价值，相应地，股权继承的成本也会加大。股权继承复杂且周期长，相应的支出累计下来数额不菲。

如前所述，如果没有现金的储备或者灵活变现的资产，无论是债务偿还、税款缴纳、继承公证还是诉讼，都无法顺畅进行，也就无法实现股权财产的过户落袋。无法过户的股权，权利虽在，但无法流通变现，终究是个休眠资产。"给了百宝箱，却没有给金钥匙"，再好的财产也只能"放"在那里，而且，时间越久风险越大。遭遇股东内讧，公司僵局，股权贬值，公司败落清算，股权财富最终归零，现实中这些案例并不鲜见。

第五，身价归零。前面所述种种，都只是股权继承过程中的成本支出以及价值贬损风险。其实，身故造成的身价归零，才是最大的代价。企业主的财富，是人格魅力、思想智慧、人脉生态、社会资源、经营能力等多方面元素融合转化而来，并通过公司及其股权得以实现。这些元素汇聚于企业主一身，具有个体独有性，大多不可复制不可传承。而一旦发生意外，这些财富元素瞬间脱离个体，企业主之于企业和股权的价值也就随之消散。有多少知名的企业当家人不幸离世后，公司市值纷纷跳水，相应地，股权所对应的家庭财富也随之缩水。这让人们一再体会到企业主身价保全的重要性。

本杰明·富兰克林曾说："在这世界上，只有死亡和税不可避免。"当死亡与税费结伴来临，那是怎样一种奢侈？企业的没落，身价的归零，股权的贬值，都直接影响股权的财富价值。所有继承所得的财产，都只是表面的数字，只有挤出了税费及风险水分后的资产，才是真正的财富。

必须走心的思考

股权继承有其特殊性。(1) 价值随人去而缩水。不动产、金融资产等其他财产的继承，不会因为权利人的去世而发生价值贬损，而股权继承却会因为股东的去世，尤其是控股股东、公司实控人的去世而大大缩水。(2) 成本随虚值而高估。股权是一种"看上去很美"的财产，在继承过程中，相关成本费用一般都将按虚值计算，而不是按净值计算，这将产生高额的成本费用。(3) 损失随放任而放大。股权继承不仅是一件耗钱的事情，还是一种具有"自我破坏性"的事情。大凡遗产继承遭遇债务追偿、成本叠加、缩水灭失不得顺利传承的情形，往往皆因没有建立财富安全防火墙所致。无规划不财富，放弃财富主动规划的权利，被动任由法定规划，任性的是自己，认命的是后人。"不如早为之所，无使滋蔓，蔓，难图也。"[①]

因此，企业家有股权，首先要做好股权的保值增值，锁定股权价值，不因持股人的离世而造成股权财产的贬损；其次要做好做足合法安全的现金积累和储备，以应对股权继承中必将发生的种种负担、成本和费用。

必须认知的紧迫

传承固然是必要的，对此企业主都有朴素的认知，但谈及都做了哪些安排，却是行者寥寥，可见，常识也未必常知常用。其实，传承的必要性是一方面，紧迫性则是更为重要的一方面。

经常听到企业主这样说："不着急，到时候再说。"这真是让人哭笑不得。我们过往的服务经验和无数鲜活的案例都不断地警示企业主：传承，时时都迫在眉睫！这话一点儿都不过分，理由有二。其一，死

---

① 引自：《左传·隐公元年》。

亡来敲门，从来不预约。那一句"明天和意外不知道哪个先到"警醒了不少人，也被不少人一笑而过。显见的常识是，世事无常，不确定才是世间的常态。现实的困境就在于，我们不知道"那个时候"什么时候来，我们也无法选择一个最接近"那个时候"的绝佳时刻去做一个踏实的传承规划。不确定，就是最现实的风险，当下，就是最好的时点。其二，传承并不是从死亡开始才发生的。死亡一旦发生就已经由不得事主，死亡的发生只是触发了继承。有能力之下的传承才是有效的传承。然而，现实的残酷就是，无力是每个人终将有的结局。身体失能、大脑失智、财富失控，都是无法预知，随机发生的。财富传承最大的风险就是措手不及，一地鸡毛。来不及是最大的遗憾。我们多年服务于企业家家族，不止一次经历过当家人突发重疾，无力安排家业而造成家企败落的案例。有一位企业主就是因为突发脑出血，卧床昏迷两年，没有提前为控制权真空安排备案、没有为股权继承安排方案，造成股东内讧、家人无权介入。而与前妻所生的儿子远在海外，归来后又与现任妻子和女儿发生冲突。尽管通过诉讼认定了企业主为无民事行为能力人，并指定儿子为监护人，但这个周期也错过了最好的财富介入时间，公司和私人财富被身边人纷纷掏空。最后企业主过世，不仅儿子与企业主现任妻子和女儿发生纷争，而且这一家人在继承股权过程中又屡屡遭遇老股东的阻拦。结果是，儿子回国5年，没能让公司振兴，反而是常年奔赴在诉讼中，而公司辉煌不再，家人纷争，财富也没有落袋，令人惋惜。

一个显而易见的事实是，财富传承都有一个最佳窗口期，比如年龄、健康、能力、财富实力等。人生是一趟单程列车，窗口期一旦错过，就再也无法挽回。财富传承，从来没有等待期。必要且紧急，是财富传承最基本的特征。因此，对于企业主而言，要有强烈的紧迫感，趁着身体健康头脑清醒，提前和主动在窗口期内做好安排，将来能够如愿，这才叫传承。那些认为传承是死亡之后的事情，日子还长着呢，是完完全全的常识性错误。来日并不方长，当下的行动决定财富传承的安稳久远。

> **总结**

1. 股权传承是一件复杂而且昂贵的事情。
2. 来日并不方长，财富传承都有窗口期。

> **超话**

没有永世不变的财富。躺平的传承，永远无法做到富过三代。

内卷于生，躺平于死，是最大的奢侈。死亡带来的财富浪费，让人们越来越多地认识到，没有成本就没有财富。不是只有创造才有成本，财富的持有和传承，是更高的成本。财富，早已无法躺赢。

股权传承的五大法律风险

创业不易，传承更难。遗憾的是，企业主在股权传承上正在为简单的认知付出代价。我们从众多企业主的失败案例和司法判例中，总结和提炼了企业主应知必知的股权传承五大风险，希望能启发和帮助企业主对股权传承有深度的思考和认知，避免重蹈他人覆辙，付出无谓的代价。

股权碎片化

法定继承的直接结果，就是股权碎片化。导致这个结果的因素有三个。（1）继承人的人数。在一般人的认知中，继承人就是配偶、子女和父母。其实不然，这只是法定继承中第一顺序的继承人。当被继承人没有第一顺序继承人时，其兄弟姐妹、祖父母、外祖父母就有权继承财产。况且，这里的子女既包括婚生子女，也包括非婚生子女，还包括养子女和有扶养关系的继子女；这里的父母既包括生父母，也包括养父母和有扶养关系的继父母；这里的兄弟姐妹既包括同父母的兄弟姐妹，也包括同父异母或者同母异父的兄弟姐妹，还包括养兄弟姐妹以及有扶养关系的继兄弟姐妹。① 至此可见继承人的多样与复杂。（2）财产被继承的次数。由于在继承的过程中，存在着孙子女代位继承的情形，以及侄子侄女、外甥外甥女代位继承的情形，② 还有转继承的情形，③ 一份遗产可能发生多重继承，每一重的继承都会改变或增加继承人，遗产分割不断被细分。（3）分配的份额。法律规定，遗产一般按继承人的人数均等分割。④ 如此一来，在继承人多而复杂的家庭，股权继承的结果就是不可避免地碎片化。可见，没有规划的继承就是股权的"粉碎机"。

如果法定继承这种碎片化的结果是心之所愿，那便是最好的归宿；如果不是，股权的碎片化就是一种损失，股权的易主变姓就是一种流失，最终都是逝者心愿的破碎。

复杂家庭争产

法定继承的结果，绝不仅仅是财产在法定继承人之间的平均分割，

---

① 《中华人民共和国民法典》第一千一百二十七条：（第一款）遗产按照下列顺序继承：（一）第一顺序：配偶、子女、父母；（二）第二顺序：兄弟姐妹、祖父母、外祖父母。（第二款）继承开始后，由第一顺序继承人继承，第二顺序继承人不继承；没有第一顺序继承人继承的，由第二顺序继承人继承。（第三款）本编所称子女，包括婚生子女、非婚生子女、养子女和有扶养关系的继子女。（第四款）本编所称父母，包括生父母、养父母和有扶养关系的继父母。（第五款）本编所称兄弟姐妹，包括同父母的兄弟姐妹、同父异母或者同母异父的兄弟姐妹、养兄弟姐妹、有扶养关系的继兄弟姐妹。
② 《中华人民共和国民法典》第一千一百二十八条：（第一款）被继承人的子女先于被继承人死亡的，由被继承人的子女的直系晚辈血亲代位继承。（第二款）被继承人的兄弟姐妹先于被继承人死亡的，由被继承人的兄弟姐妹的子女代位继承。（第三款）代位继承人一般只能继承被代位继承人有权继承的遗产份额。
③ 《中华人民共和国民法典》第一千一百五十二条：继承开始后，继承人于遗产分割前死亡，并没有放弃继承的，该继承人应当继承的遗产转给其继承人，但是遗嘱另有安排的除外。
④ 《中华人民共和国民法典》第一千一百三十条：（第一款）同一顺序继承人继承遗产的份额，一般应当均等。

更是在家族与外族之间的流转。家庭关系的复杂导致股权继承的复杂。而家庭关系复杂，则源于婚姻、血亲姻亲以及收养扶养关系的复杂。因此，婚姻重组家庭，婚生子女、非婚生子女、代孕子女等多子女家庭，有收养关系的父母、兄弟姐妹家庭，以及形成扶养关系的继父母兄弟姐妹，同父异母或者同母异父的兄弟姐妹家庭，这些复杂家庭在股权继承当中，各有各的权利，各有各的立场，一旦因继承股权而进入公司，将使公司的决策、运营和发展面临太多的风险与障碍，企业很难长治久安。

以下案例，可以一见复杂家庭在股权继承中的风险与困难。家族企业的企业主马总，父母健在，与前妻李女士育有长子大马，大马已有未婚妻，马总有意培养大马承接家族企业。马总离婚后又与简女士组成新的家庭，家庭中还有简女士与前夫所生的女儿小简，时年6岁。婚后，二人又生有次子小马。马总与婚外女友林女士意外生有一女小林。另外，马总有一弟一妹，弟弟家有一女，妹妹家有一子（见图13-4）。

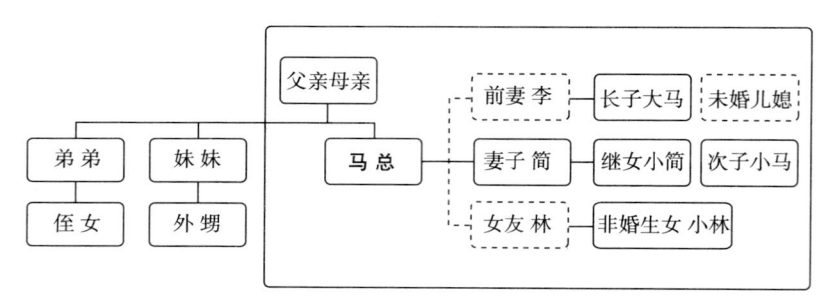

图13-4 复杂家庭示意

在这样一个家庭中，马总并未进行任何继承规划，包括股权继承，如此，马总面临如下考验：（1）马总的父母、妻子简女士、大马、小马享有第一顺位继承权；（2）小林属于非婚生子女，小简属于形成扶养关系的继子女，也享有继承权；（3）弟弟、妹妹属于第二顺序继承人，虽然不能直接从马总那里继承股权，但是，在马总先于父母过世的情形下,弟弟、妹妹有机会通过父母获得马总的财产,从而弟妹、妹夫、侄女和外甥也会间接获得马总财产;(4)林女士虽然不能从马总那里继承财产,但小林为未成年继承人,林女士作为小林的监护人,就有权管理小林继承的这份遗产;(5)前妻李女士同样不能从马总那里继承财产,但也有可能从大马那里获得马总的财产;(6)大马一旦登记结婚,儿媳也将成为家族财产的享有者。于是,在这样一个家庭中,由于身份的不同,立场和诉求也将大为不同。

考验还是来了。马总过世,股权通过法定继承分割给了父母、妻子、大马、小马、小简、小林,公司股东身份复杂了起来,而马总想让大马独自承接家业的愿望最终也未能实现。从此,妻子简女士与林女士的冲突也浮出水面,公司内外危机重重。

后来,马总父亲又过世。此时,妹妹提出分割父亲名下的股权,遭到母亲和弟弟的反对。然而,在法律上,妹妹作为父亲的法定继承人,自然有权主张继承。而事实上,妹妹也有纠结。如果自己一人,倒也不会贪恋哥哥的财产,关键是自己生活并不宽裕,马上面临儿子求学的昂贵支出,这份股权财产价值确实是一辈子都赚不来的财富。妹妹的主张,在情理之中,也是依法有权应得。继承并无善恶,只有立场。客观而言,即便妹妹不主张,弟弟和妹妹都是父亲的法定继承人,二人从父亲那里继承股权进入公司,也是必然的事情。于是,马总创下的这家公司,又多了两家人。

从上述案例可见,复杂家庭的股权遗产何去何从,注定考验企业主的智慧。

老股东排斥

老股东排斥继承人,是基于老股东对公司稳定的担忧。继承人是老股东无法选择的"空降兵",不管是年龄、智力、健康状况,还是智识、品德、能力、资源,抑或与老股东之间是否默契、互补、共好,依照法律规定，老股东都要无条件接受。① 然而，继承人直接参与公司重大决策，必将影响公司的原有秩序与稳定，甚至深刻影响公司的长治久安。于是，老股东维持原有关系的稳定以及对公司控制权的诉求，都决定了其立场为不甚欢迎继承人进入公司。曾经有一位影视界的知名导演，生前创设了影视公司，股东有三人。导演过世后，太太和儿子主张继承股权并进入公司，却遇到阻碍，并引发了一场诉讼。之所以继承受阻，就是因为这位遗孀已经年届古稀，而儿子患有先天疾病，行为能力受限，二人实在无法参与公司的决策和经营。但现实中，继承人无法参与决策经营只是继承人遭遇排斥的众多因素中的一种，要知道，无持股不权利，一旦持有股权，就会基于所有权而谋求稳定持久的控制权和获益权。外来力量能否与老股东同舟共济，能否彼此默契，能否让公司高效运营，能否持续创造财富等，都是未知数。现实案例和诸多司法判例显示，继承人继承股权后造成公司败落的屡见不鲜，因此，老股东对继承人的排斥是自然的。

继承人变局

继承人变局是基于继承人的担忧。继承人能否获得真实、充分、足额的股东利益，股权财富如何落袋为安，始终是继承人最为关心的核心问题。继承人一旦继承股权，自然就会谋求话语权和财产权益。显然，并无任何铺垫地进入公司，对于公司的经营、财务及资产能不能知情，对于公司的利润能不能享受，同样是未知数。而有的继承人继承了股权，却发现原来如日中天的公司一落千丈，不仅没有创造财富，还出现亏损甚至面临清算破产。这种情况，有的是股东过世的影响，也有的是老股东做亏公司，甚至另立竞品公司转移业务或资产，

---

① 《中华人民共和国公司法》（2023年修订）第九十条：自然人股东死亡后，其合法继承人可以继承股东资格；但是，公司章程另有规定的除外。

从而造成公司败落。案例研究显示，股东过世后继承人无法获得财产的大有人在。这对于继承人而言，继承持有的股权实际上只是纸上富贵。基于这些担忧，继承人的各种应对行动便相应而生。

（一）依法维权

继承人依法行使权利，保护股权利益。其一，是行使知情权。继承人有权依法查阅公司的决策、经营、财务资料和信息，也有权委托律师事务所行使上述权利，还可以向法院提起诉讼主张权利。[1] 无疑，这些权利的行使，都将对老股东和公司产生影响。其二，行使话语权。比如召集临时股东会，[2] 比如对实控人、董监高提起诉讼，[3] 比如解散公司，[4] 等等。其三，最有杀伤力的，就是当合法合情合理的手段都

---

[1] 《中华人民共和国公司法》（2023年修订）第五十七条：（第一款）股东有权查阅、复制公司章程、股东名册、股东会会议记录、董事会会议决议、监事会会议决议和财务会计报告。（第二款）股东可以要求查阅公司会计账簿、会计凭证。……公司拒绝提供查阅的，股东可以向人民法院提起诉讼。（第三款）股东查阅前款规定的材料，可以委托会计师事务所、律师事务所等中介机构进行。

[2] 《中华人民共和国公司法》（2023年修订）第一百一十三条：股东会应当每年召开一次年会。有下列情形之一的，应当在两个月内召开临时股东会会议：（三）单独或者合计持有公司百分之十以上股份的股东请求时。

[3] 《中华人民共和国公司法》（2023年修订）第一百八十九条：（第一款）董事、高级管理人员有前条规定的情形的，有限责任公司的股东、股份有限公司连续一百八十日以上单独或者合计持有公司百分之一以上股份的股东，可以书面请求监事会向人民法院提起诉讼；监事有前条规定的情形的，前述股东可以书面请求董事会向人民法院提起诉讼。（第二款）监事会或者董事会收到前款规定的股东书面请求后拒绝提起诉讼，或者自收到请求之日起三十日内未提起诉讼，或者情况紧急、不立即提起诉讼将会使公司利益受到难以弥补的损害的，前款规定的股东有权为公司利益以自己的名义直接向人民法院提起诉讼。（第三款）他人侵犯公司合法权益，给公司造成损失的，本条第一款规定的股东可以依照前两款的规定向人民法院提起诉讼。（第四款）公司全资子公司的董事、监事、高级管理人员有前条规定情形，或者他人侵犯公司全资子公司合法权益造成损失的，有限责任公司的股东、股份有限公司连续一百八十日以上单独或者合计持有公司百分之一以上股份的股东，可以依照前三款规定书面请求全资子公司的监事会、董事会向人民法院提起诉讼或者以自己的名义直接向人民法院提起诉讼。第一百九十条：董事、高级管理人员违反法律、行政法规或者公司章程的规定，损害股东利益的，股东可以向人民法院提起诉讼。

[4] 《中华人民共和国公司法》（2023年修订）第二百三十一条：公司经营管理发生严重困难，继续存续会使股东利益受到重大损失，通过其他途径不能解决的，持有公司百分之十以上表决权的股东，可以请求人民法院解散公司。

不能达到目的，不排除向有关部门举报，尤其是关于偷逃税、社保违法违规和非法经营特许行业的举报。这往往使得公司和老股东陷于风险与困境，甚至发生过公司因此败落、实控人承担刑责的案例。

（二）恶意搅局

现实中，也有人为恶意搅局的情形。比如，有的要求公司不得留存发展基金，历史沉淀的利润全部分配；有的要求全部改组董事会，获得公司实控权；有的强行要求安排家人进入公司；有的对股东、管理团队、经营、财务有种种不满，甚至只是因为不放心，便动辄查账、投诉、举报，无端起事，干扰公司的正常经营，以逼迫公司和老股东满足其过分要求。

（三）消极搅局

并不是所有的搅局都是积极而为，也有消极搅局的。有一家公司，大股东去世，儿子继承股权，成为公司新的大股东。但继承股权后，儿子从不参与公司任何决策，并且拒绝参加任何股东会会议，导致公司重大决策无法通过，公司经营难以展开，公司发展严重受阻，最终渐渐失去市场优势和行业机会，从此败落，并欠下大笔债务。大股东儿子未能承接父辈的事业财富，而小股东无力，也一并被拖入泥潭。

（四）蚂蚁也能绊倒大象

也许有人会说："我是公司绝对大股东和实控人，小股东能兴起多大风浪？"千万不要小瞧小股东。小股东只是在表决权上无法抗衡大股东，但是再小的股东也享有平等的股东权利，比如查账权、起诉权等，尤其是投诉举报权，是人人都享有的权利。值得特别关注的是，小股东也可以联合其他股东形成一致行动人来抗衡大股东。曾有这样的案例，只有2%股权的小股东联合其他股东组成15%表决权的股东团队，连续采取诉讼查账、举报逃税、起诉实控人、请求公司解散等一系列行动，致使公司和实控人陷入被动，损失巨大。因此，股权继承并非简单的财产继承；继承人进入公司，也并非只是股东的增加；小股东继承，也并非可以忽视或者无视。股权继承是大事，一定要避免"蚂蚁绊倒大象"的风险。

股权价值缩水

股权是一种特殊资产，对于控股股东、实控人或者公司的要员而言，股权价值与持有人的生命息息相关。由于股权继承会造成股权碎片化，分属于不同的主体，股权价值会因此而贬损；由于复杂家庭争产，不仅公司股权结构发生变化，而且因为人合的生态遭到破坏，股权价值也会受到伤害；由于老股东排斥，继承人股东难以被接纳，新老股东难以形成合力，公司原有的凝聚力不再，股权价值必定受到影响；由于继承人变局，公司动荡，甚至从内部被摧毁，伤害的将是整个公司；由于旷日持久的纷争，不仅消耗了企业的生产力和财力，而且包括继承人在内的所有股东也将一损俱损。可见，没有规划的股权继承就是财富的蒸发机，股权价值缩水是一种必然。公开新闻报道公司实控人过世造成公司市值缩水的案例比比皆是。鲜活的现实不断地见证，没有安放财产的死亡，留给后人的财富就是纸上富贵。

> **总结**

1. 股权碎片化、复杂家庭争产，伤害的是家族财富。
2. 老股东排斥继承人、继承人变局，伤害的是公司的发展和财富创造。
3. 股权价值缩水，对任何人都没有好处。

> **超话**

股权继承，牵一发而动全身。继承诉讼耗财耗时耗神，伤财伤企伤情。一朝诉讼纷争起，多少股权风雨中。家有股权，且持且珍惜！

股权传承的五大障碍

股权传承除了存在五大风险,还存在五大障碍,不管是从继承人的角度,还是从老股东的角度,都将给传承带来诸多困扰。

关键人物缺乏替代性

在公司当中,尤其是家族公司当中,重要股东一般都具有多元身份和多元价值,是公司中不可或缺的关键人物,具有不可替代性。

(一)股东身份叠加,不可替代

公司股东可能是企业主也可能是核心股东,是亲朋好友也可能是家族家庭成员,是公司高管也可能是关键岗位的要员,身份关系相当复杂。仅以家族公司为例,有的既是股东又是高管,有的既是股东又是家族成员,有的既是家族成员又是高管,有的既是股东又是高管又是家族成员,当然最核心的就是企业主本人。无论哪种身份叠加,都是与各个股东个人的身份息息相关,并且由于身份的不同而代表不同的利益,具有不同的立场。这种叠加的身份,不可替代(见图13-5)。

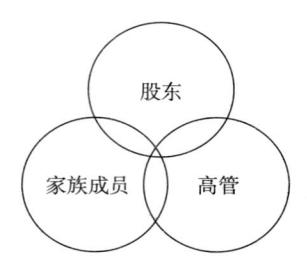

图 13-5 关键人物复杂身份叠加

(二)身居要职,不可替代

在这种情形中,最为典型的就是公司的实控人,可能是公司的董事长,也可能是总经理,甚至可能是公司的影子企业主;还有公司的董事、监事,特别是公司的财务负责人、技术负责人、市场营销负责人等。这些持有股权的关键人物，对公司的决策、运营、发展具有相当大的影响力，甚至在关键环节具有决定作用，因此具有一定的不可替代性。

（三）具有特殊的能力禀赋，不可替代

有限责任公司的人合性质，决定了股东身份不仅仅是出资，更重要的是股东特殊的能力禀赋，各个股东之间形成默契，甚至是不可或缺的互补。比如，除了出资这个最基本的要素，有的股东具有号召力，能够凝聚资本和人才，有的股东有管理专长，有的股东有独到技术，有的股东有社会资源，有的股东有人脉市场，各个股东之间相互信任、认可、尊重，从而形成合力的人格禀赋等，都是不可替代的。

总之，由于作为公司关键人物的股东身份多元，关系复杂，地位关键，每个人的身份价值都非常丰富。这种身份和价值的复杂性及价值叠加，也决定了关键股东风险的倍增，决定了关键股东的不可替代性，一旦发生意外，将无法替补。

家族人力资本缺乏

继承人继承股权成为公司股东，除了享有财产权利外，还享有对公司重大事项的表决权、选择管理者权等人格权利。而人格权的行使，需要股东具有相应的行为能力以及主观上的意愿。因此，并不是所有的继承人都适合继承家业，家族人力资本缺乏，成为股权传承不可忽视的一大障碍。

（一）年龄

法律对于股东的年龄并无限制，但年龄确实影响着股东权利的行使，特别是家里的"一老一小"。显然，未成年人不具有完全的行为能力，无法在股东会中表达意志，也无法独立行使股东权利，比如知情权、选择管理者权利等。国内某知名网络企业家英年早逝，由于离异，前妻无权继承，公司股权由两个未成年的子女继承，相当于两个孩子成为公司的实控人。然而，孩子无法独立行使股东权利，最终还是孩子的母亲、企业家的前妻回归公司，作为孩子的监护人行使股东权利，从而成为影子股东。同样的，高龄老人也存在着行为能力受限的情形。

（二）健康

一个人长期与病痛作斗争，多少都会影响股东权利的行使，但这并不是最重要的。根本问题在于，有些健康问题会直接影响行为能力，比如心理精神类疾病、先天性智力障碍、阿尔茨海默病等。现实中，有很多企业困顿于承二代的孤独症、抑郁症等心理问题，以及各种原因造成的行为能力障碍，使得继承人无法自主行使股东权利以及参与公司事务，企业传承陷于困境。

（三）能力

在企业传承中，对于继承人的要求是全方位的。仅仅从股权继承的角度看，就需要有四个渐进的能力。首先是参与的能力，其次是管理的能力，再次是决策的能力，最后是引领的能力。（1）参与的能力，要求继承人有作为公司股东的法律认知，对公司的重大决策和经营管理有所关注并表达自己的意见，这是最基础的能力，也就是能够对公司的经营发展有所关注、有所思考、有所建议。（2）管理的能力，就是能够对公司的经营管理提出建设性意见，并参与公司的经营管理，包括但不限于董事层面、监事层面、经理层面的管理，以及公司市场营销、技术研发、财务人力行政等部门管理。（3）决策的能力，包括召集和参加股东会、董事会，行使提案权、表决权、质询权，从而对公司决策起到主导、平衡或者制衡的作用。（4）引领的能力，就是具备掌控公司发展、维护长治久安、引领公司迭代升级的领导能力。在这些能力中，参与的能力是最为基础的能力。然而，由于法定继承根本没有选择，遗嘱继承的选择范围有限，又不可以对继承人有刚性的能力要求，于是在能力维度上，也会造成股权继承的障碍。

（四）意愿

家族企业的传承困难，很大一个原因就是二代不愿意回归家族企业，这是很多家族企业难以解决的传承障碍。原因固然有很多，比如，对传统行业不看好、不感兴趣，对父辈有压力、有隔阂甚至有冲突，对公司元老有成见、有担忧。

特别是企业家族培养的二代出国留学，选择的专业要么是金融，要么是高科技，要么是哲学、艺术。这确实说明传统家族企业成长起来后，对于二代培养更加关注新方向、新领域，也正是因为有了财富基础，所以在美学、哲学、艺术等方面也日益关注并注重培养。然而，家族企业的发展和转型与二代的培养难以步调契合。那些被强摁着脖子接手企业的二代，也许就是毁掉企业的"牛娃"。比如，有富豪不幸殒命后，家族将二代从海外紧急召回，在祖辈的授意之下，临危领命，掌管企业，结果没几年，企业破产，自己沦为失信被执行人，上了黑名单，被全网公布。再比如，即便是将股权给了二代，二代也要全力摆脱干系。有一个企业主，在儿子大学毕业后，将股权过户到儿子名下，满怀期待地以为儿子会特别高兴，却不想被儿子告上法庭，拒绝接受股权，要求恢复原状。最终法院判决父母的行为无效，股权又从儿子身上回到父母身上。这些类似情况，让很多企业主既纠结又无奈。无意愿，不事业，对于家有二代无意接班，甚至无意接受股权的企业主而言，股权传承阻力确实不小。

（五）少子

这类情形有些复杂，有的家庭没有孩子，有的是丁克家庭，还有的是独身主义者，当然更多的是独生子女家庭。仅就独生子女家庭而言，股权传承就面临着种种障碍。（1）子女不愿意接受股权，不愿意参与企业决策和运营。（2）子女很愿意接受股权进入公司，但能力不具备。有一个企业主，家有独子，儿子心不在企业，能力也有限，迟迟未能进入公司。企业主年届60，实在不能再等，匆匆让位。不成想，儿子一上位就大刀阔斧改革公司，排挤元老，裁撤管理团队，建立自己的新力量，令企业出现混乱，危机重重。企业主不得不再次出山，挽救危机。现在年届 70，儿子仍无力接棒。（3）即便二代能力具备，但元老股东排斥，尤其是在关系复杂的家族企业，传承困难重重。（4）对于独生子女家庭来说，孩子是唯一候选人，企业主无法优中选优承继自己的产业，而没有选择的选择，就不是选择，而是障碍。

继承人身份受限

相关法律规定禁止公务员、党政机关干部职员、离退休干部、法官、检察官、现役军人从事营利性活动，[1] 这就限制了具有这些身份的人成为公司股东。也就是说，过世股东的继承人中，如果有公务员、现役军人、党政机关干部的，他们继承股东资格成为公司股东是有一定限制的。但是，这些人本身是合法继承人，继承合法财产是受到法律保护的。[2] 于是问题又来了，如果家有公务员、现役军人这些持股受限的继承人，怎么办？在股权继承的司法实践中，股东资格与股权财产权利是分开处理的，对于不能继承股东资格的人，也享有财产继承的份额，只是这部分财产需要继承股东资格的人支付其相应的对价。然而，这里面有两个问题：其一，如何确认股权的对价；其二，如何获得对价。毕竟，继承股东资格的人未必有足额的现金及时支付，这

---

[1] 《中华人民共和国公务员法》（2018 年修订）第五十九条：公务员应当遵纪守法，不得有下列行为：（十六）违反有关规定从事或者参与营利性活动，在企业或者其他营利性组织中兼任职务。《中国人民解放军内务条令（试行）》（2018 年）第一百零五条：军人不得经商，不得从事本职以外的其他职业和网络营销、传销、有偿中介活动，不得参与以营利为目的的文艺演出、商业广告、企业形象代言和教学活动，不得利用工作时间和办公设备从事证券期货交易、购买彩票，不得擅自提供军人肖像用于制作商品。《中共中央 国务院关于进一步制止党政机关和党政干部经商、办企业的规定》（1986 年）、《国有企业领导人员廉洁从业若干规定》（2009 年）。

[2] 《中华人民共和国民法典》第一千一百二十二条：（第一款）遗产是自然人死亡时遗留的个人合法财产。（第二款）依照法律规定或者根据其性质不得继承的遗产，不得继承。

一障碍处理不好势必造成纷争，甚至影响公司的稳定和长远发展。

公司章程限制

很多企业主或许不知道，公司章程才是股权传承的大门。根据《公司法》的规定，在公司章程没有另行规定的情况下，公司股东一旦过世，其继承人就可以继承股东资格从而成为公司股东。[①] 在与企业主交流的过程中我们发现，大多数公司的章程都是使用制式化的模板，对于股东资格继承的事项，都没有特别规定。如此一来，就无法阻拦继承人继承股东资格，继承人进入公司就是一种必然。如前所述，这将打破原有股东的和谐，给公司和老股东带来决策、运营以及发展方面的种种困境。

另外，如果公司章程规定了继承人不得继承股东资格，那么就构成对继承人的障碍。然而，这样也并不是解放了公司和老股东。因为，排除了继承人获得股权，就要向继承人支付股权的对价，还要解决股权在老股东之间的分配。这无疑都是公司和老股东必须面对与解决的问题。

有这样一个公司，公司章程规定"股东资格允许继承"，后来股东会修改公司章程，删除了这个条款，并在新的公司章程中规定，"股东不得向股东以外的人转让股权。对于死亡的股东，应及时办理股权转让手续。股东退股时，公司累计有盈余的，持股期间按本人持股额每年享受8%以内的回报"。后来公司实控人去世，继承人以实控人的遗嘱主张继承股东资格，遭到老股东的拒绝。最终通过一审二审和再审诉讼，法院认定公司章程的规定是排除了继承人继承股东资格。如此漫长而复杂的诉讼，最终只解决了一个"不能继承股东资格"的问

---

① 《中华人民共和国公司法》（2023年修订）第九十条：自然人股东死亡后，其合法继承人可以继承股东资格；但是，公司章程另有规定的除外。

题，而后续继承人能否获得股权的对价，老股东是否有足额的现金支付这个对价，都是悬而未决。

如此看来，公司章程决定着继承人能否迈进公司的门槛。但如果没有配套的解决方案，把继承人拦在公司门外之日，就是把危机引入公司之时。

缺乏专项现金储备

前面我们谈到，死亡是一件极其奢侈的事情。债务的承担，税款的缴纳，继承公证以及诉讼费用的支出，都需要现金，而这又是未来一定要面临的问题。如果没有充足的现金储备，继承将无法顺畅进行，股权将难以过户。时间久，风险大，股权贬值甚至价值归零也是难免的。

同时，股权继承又不仅仅是过世股东一方的事情，而是涉及全体股东的事情。毕竟，股东合和才是公司长治久安的基础。在股权继承中，如果选择由老股东赎回继承人股权，或者由一个继承人赎回其他继承人的股权，这都需要专项的现金储备。

没有专项的现金储备用以支付股权对价，就难以避免继承人与继承人之间以及继承人与老股东之间的矛盾和冲突。

总结

1. 关键人物不可替代，继承人缺位，股权传承面临人的危机。
2. 继承人身份限制、公司章程限制，都需要提前解困。
3. 专项现金是股权传承中必不可少的储备。

超话

对于企业家而言，股权不是财富的载体，身价才是。健康与生命承载的，不仅仅是人生与家庭，还有企业的兴衰沉浮。

股权从来都是纸上富贵，身价锁定才有家和业兴。

第十四章　股权传承全新策略

股权传承不是简单的过户或者指定，而是在法律框架下进行安全的流转和锁定。

古希腊有谚语："法律不保护躺在权利上睡觉的人。"尽管有种种继承规则上的"法定"，但是，法律也始终敞开着权利自治的大门，让人们最大限度地行使权利，实现自由。遗嘱、家族信托、人寿保险、股东互保等，都是法律赋予的"自治"方法和制度。这些方法和制度以权利的主动行使改变着法定的分配，实现个人的心愿，并将刚性税费进行合法转化，以智慧安放财富，赋予财富以温度、价值和力量，留下平安与和睦，让遗产不再成为负担，让财富继承不再奢侈，让死亡成为生命完美的告别。

关于股权传承，首先，需要同时解决三个核心问题：一是所有权问题，避免纷争；二是控制权问题，股东之间要和平，进退自如；三是获益权问题，重点就是人与钱的问题，让股权真正变现，让财富能够落袋为安。其次，要同时解决三大财富目标，第一是安全合法，第二是保值增值，第三是传承如愿。最后，要从"人、家、业"这三个维度实施股权传承的全新策略，实现家和业兴，圆融共好。这需要一套系统的解决方案。

认知决定财富的距离。股权今天的存放方式，决定了未来的价值和心愿能否实现。

股权传承的家族信托模式

家族信托,逐渐成为一种广为适用的财富管理架构。与常规的财产转让、赠与等处置方式不同,信托是财产所有人与受托人约定,将财产权委托给受托人,从此财产脱离了委托人,由受托人持有并以受托人的名义进行管理和处分,但必须遵从委托人的意愿,并以受益人的利益或者特殊目的为宗旨,最终由受托人按照委托人的意愿向受益人分配信托财产,这就建立了信托法律关系(见图14-1)。所谓家族信托,通俗言之,就是以家族财富为标的,以家族成员为受益群体,以家族财富的安全与传承为目标的信托。

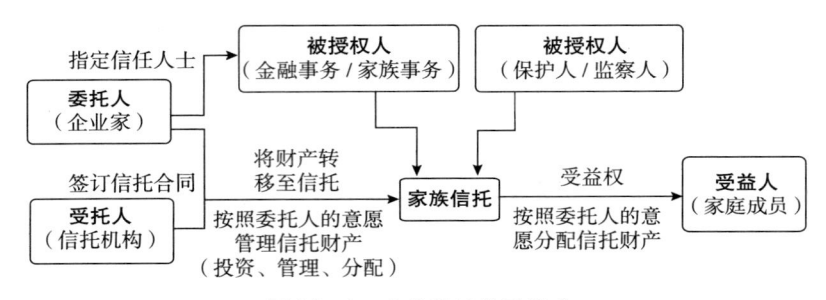

图 14-1 家族信托传承模式

家族信托的受托人并不限于信托机构,[①] 但基于自然人受托人的行为能力、专业能力、信用以及生命周期考虑,以及机构受托人的资本实力、信用、监管等因素的影响,目前在国内优选的受托人仍是持牌的信托机构。

家族信托并不神秘,其核心法律功能就是两个方面:一方面是财产的独立性,解决财富安全问题;另一方面是完成委托人意愿,实现

---

① 《中华人民共和国信托法》(2001年)第十九条:委托人应当是具有完全民事行为能力的自然人、法人或者依法成立的其他组织。

财富的如愿传承。关于财产的独立性，我们在本书第十章中有详细阐述，故不再赘言。关于如愿传承，通过家族信托，可以实现八大财富目标。

1. 在家族财富隔离方面，基于信托财产独立性的法律属性，可以隔离家族企业债务穿透，隔离企业主以及家族成员的债务风险，避免家企财富混同。

2. 在婚姻财产保护方面，既避免个人财产混同共有，也避免任何一方的债务追及家庭财产，同时家族信托对受益人财产分配的安排，也可以避免离婚对家庭财富的分割。

3. 在传承规划方面，避免财产继承的家人争产、财产碎片化，避免财产变姓和挥霍，能够如愿地把财产传承给想给的人，没有后顾之忧。

4. 在私属保密方面，通过家族信托规划的财产不属于遗产，不需要继承程序，免受继承公证以及继承诉讼的困扰，具有很好的私密性。

5. 在受益分配方面，不仅可以规定财产分配给谁，还可以规定受益人获得财产的条件，比如年龄、健康、教育、养老、事业、婚姻、子女等，还可以规定分配的数额、时间和节奏，非常灵活，能够很好地实现财富分配的收放自如、张弛有度。

6. 在家风观念引导方面，实现弘扬家族精神，树立良好家风，引领后代积德行善，传承富贵之家。

7. 在特殊心愿关爱方面，对鳏寡孤独人群、失能失智人群，包括阿尔茨海默病等老年群体、孤独症儿童、先天性身体心智残障人士等，通过家族信托为他们规划资金储备、生理生活管理、医养照护、生命关怀，让生命得以尊重，让尊严得以守护。

8. 在税务规划方面，通过专业合法的架构设计，实现税务优化。家族信托之美，就在于阻隔风险之后坐看云卷云舒，心安所愿，一切尽在掌握。

就股权传承而言，通过股权信托的安排，可以很好地避免股权传承中的风险和障碍，实现上述八大财富目标，友好地实现企业主的心愿。

一般理解下的股权信托，是委托人将股权作为信托财产置入信托架构，由受托人持有公司股权。然而，在当下选择由信托机构作为受托人的场景下，却存在诸多困难和障碍。

1. 履职困难。由信托机构持有股权，信托架构就成为公司的股东，要按照《公司法》和公司章程的规定行使股东权利并履行股东义务，参与股东会的议程，发表股东意见，行使表决权，甚至参与相关的诉讼等，这些纷繁复杂的工作对于信托机构而言是难以承担的。

2. 债务风险。一旦信托机构持有股权，在形式上就成为公司的记名股东，这样，老股东的债务风险就可能延伸到信托机构。

3. 变更障碍。有的地方登记机关不接受信托机构持有股权的变更，这就彻底关上了信托机构持有股权的大门。因此，股权信托需要另辟蹊径。

实践中的股权信托，大多是通过有限合伙来实现的。仍以小莉家为例。小莉父亲先设立一个家族信托，然后在家族信托与家族企业之间建立一个有限合伙作为持股平台，由小莉父亲作为普通合伙人（GP），由家族信托作为有限合伙人（LP）。[①] 普通合伙人管事不分钱，全面控制有限合伙，并通过有限合伙控制家族企业，但不参与分配；有限合伙人分钱不管事儿，不参与决策管理，只参与利润分配。这样，家族信托通过有限合伙获得收益，并将收益分配给受益人，企业主通过有限合伙掌控家族企业。有限合伙承上启下，家族信托如愿分配，完美地实现了股权的掌控与财富传承（见图14-2）。

---

① 《中华人民共和国合伙企业法》（2006年修订）第二条：（第三款）有限合伙企业由普通合伙人和有限合伙人组成，普通合伙人对合伙企业债务承担无限连带责任，有限合伙人以其认缴的出资额为限对合伙企业债务承担责任。

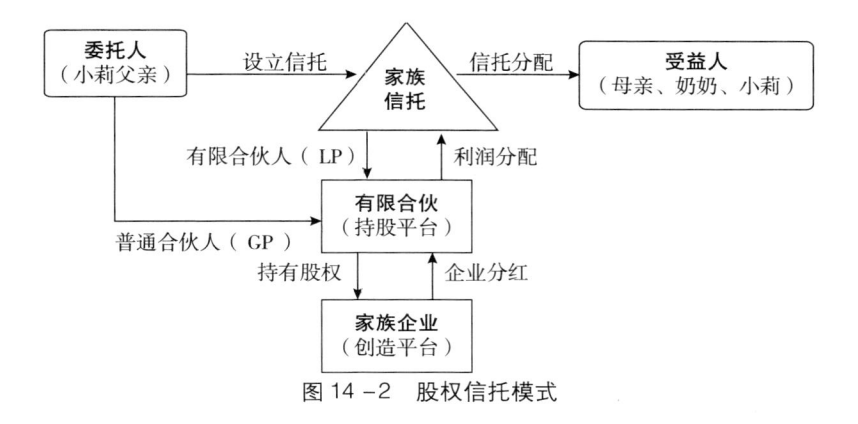

```
委托人                      家族              信托分配      受益人
(小莉父亲)   设立信托      信托                          (母亲、奶奶、小莉)

           有限合伙(LP)          利润分配
                         有限合伙
           普通合伙(GP)   (持股平台)
                         持有股权    企业分红
                         家族企业
                         (创造平台)
```

图 14-2　股权信托模式

第一，隔离风险。由于委托人不再是家族企业的股东，委托人与家族企业之间的债务风险得到隔离，又由于家族信托也不直接持有股权，因此股权风险也不会延及家族信托。

第二，机构抽身。由于家族信托不直接持有股权，因此受托人无须代表家族信托参与公司事务，也就解决了信托机构的困境。

第三，主动可控。尽管委托人不持有股权，但是委托人通过持股平台行使 GP 的职权，具有绝对的话语权。掌控了持股平台也就掌控了家族企业，稳稳地把握住了控制权。

第四，安全传承。家族企业的利润分红不再分配给委托人，而是分配到有限合伙持股平台，然后通过持股平台分配到家族信托（LP），成为信托财产，再通过家族信托分配给受益人，于是就实现了财富的安全隔离和代际传承。

第五，税负优化。如果委托人个人持股，从家族分红，要缴纳 20% 的个人所得税。[①] 如果以上述股权信托架构持股，按照目前的税收制度，有限合伙从家族企业中的分红收入、家族信托（LP）从有限

---

① 《中华人民共和国个人所得税法》（2018 年修正）第二条：下列各项个人所得，应当缴纳个人所得税：（六）利息、股息、红利所得。第三条：个人所得税的税率：（三）利息、股息、红利所得，财产租赁所得，财产转让所得和偶然所得，适用比例税率，税率为百分之二十。

合伙中的分配,以及家族信托向受益人的分配,依法依规都有相应的优化空间。①

综上所述,股权信托架构成功解决了股权传承的三个核心问题:(1)在所有权方面,股权脱离了委托人而由持股平台持有,保护了股权的安全;(2)在控制权方面,由 GP 所代表的委托人意志,通过持股平台控制家族企业,掌握了控制权;(3)在获益权方面,通过持股平台将家族企业的利润分配到家族信托,再通过家族信托分配给家族成员。同时,股权信托架构也解决了前面探讨的股权传承中的五大风险和五大障碍。比如,股权由持股平台持有,不会发生碎片化;股权收益进入家族信托进行分配,家族争产不再有机会;股权不再是遗产,继承人无法进入公司,不用担心继承人搅局;股权通过架构持有,不需要继承人继承,人力资本缺乏也不影响公司的持续运营。于是,股权继承的风险与障碍一一迎刃而解。

总结

1. 股权权属由持股平台持有,避免股权碎片化和家族争产。
2. 实控人仍继续掌控公司,不失控制权。
3. 公司创造的财富通过家族信托管理和分配,实现财产安全和如愿传承。

---

① 《中华人民共和国企业所得税法》(2018 年修正)第二十六条:企业的下列收入为免税收入:(二)符合条件的居民企业之间的股息、红利等权益性投资收益。《中华人民共和国企业所得税法实施条例》(2024 年修订)第八十三条:企业所得税法第二十六条第(二)项所称符合条件的居民企业之间的股息、红利等权益性投资收益,是指居民企业直接投资于其他居民企业取得的投资收益。企业所得税法第二十六条第(二)项和第(三)项所称股息、红利等权益性投资收益,不包括连续持有居民企业公开发行并上市流通的股票不足 12 个月取得的投资收益。

> 超话
>
> 信托从来铺坦途，铸就家企长青路。财富有安放，基业有力量，家族有方向，生命有荣光。家族信托，护佑家和业兴，圆融共好。

股权传承的股东互保模式

对于并非纯粹家族企业的民营企业而言，由于股东身份多元，相互之间缺乏家族关联性和紧密度，因此，股权信托并非最佳选择，即便在家族企业中，也存在着大量不适宜股权信托的情形。

从股权继承的角度而言，一如本书前面不惜笔墨所拆解的结果，继承人进入公司也会面临和带来多重风险与障碍，最终并不利于企业的稳定和长久发展。在这种情形下，股权传承的最佳途径，就是让股东资格回归老股东，让股权财富回归继承人，从而解决股权传承"尘归尘土归土"的问题。

现金困境

在股权继承过程中，如果采取"股权资格回归老股东，股权财富回归继承人"的策略，那么，对于老股东而言，最为重要的就是如何顺畅稳妥地收回股东资格，对于继承人而言，最为重要的就是如何踏踏实实地让股权财产的对价落袋为安，其核心问题就是股权对价的支付，现金就成为必不可少的要素。

然而，必不可少的现金也有其必不可少的尴尬。由于这笔现金的发生是以死亡为条件，于是就出现以下5个困境。（1）时间不确定。毕竟意外和死亡不可预约，死亡发生时间不确定，这笔现金的使用时间就不确定。（2）是谁不确定。无常是平常，死亡是归途。然而，除非极端事件发生，否则股东的意外和死亡总有先后，但也无法确定首先是谁。于是，这笔现金谁用以及何时用就成为不确定。（3）多少不确定。由于存在着由谁用、何时给的不确定性，于是到底储备多少也就不确定。（4）存款不现实。由于存在时间不确定、主体不确定，如果用存款储备这笔现金，就不免有些"浪费"。毕竟，没有人会在银行锁定一大笔钱，不为别的，只为不确定的某一人在不确定的某一天死亡而用于这个人所持股权的对价。况且，在一定的时期内，死亡又不是必然发生，作为一个专项储蓄，又显得没那么必要。（5）变现不容易。如果银行存款不可选，是不是可以用其他资产变现支付？比如不动产、股票、基金等，这样既可以有投资收益，又可以变现用于支付股权赎回。其实不然。首先，这些资产无法确定保值增值，甚至存在本利皆无的风险；其次，这些资产无法做到及时灵活变现。

这一切都决定了这笔现金的特殊性，"突然发生，及时支付"。显然，对于继承人而言，大额、足额、及时的现金到账，才能确保继承人安心。也只有这样，继承人才能顺畅高效地让渡股权。可见，支付股权对价的现金要求相当苛刻，正因为如此，股东互保策略才应运而生。

股东互保的基本逻辑

股东互保的基本逻辑，就是通过为每一个股东配置大额保险的方式，用身故赔偿金支付股权的对价。保险的身故赔偿金所具备的法律属性，完全符合股权对价现金的合法性、安全性、大额足额、及时落袋的特殊要求，从而解决了现金储备的尴尬和困境。

具体而言，就是在股东之间建立这样一套机制：一旦发生股东过世的情形，一方面，通过系统的制度规约，保证过世股东的股权在老股东之间进行分配，从而保障股东的纯洁性，使得老股东能够共同、持续、排他地持有公司股权，维持股东的人合关系以及公司的稳定持续经营；另一方面，继承人不继承股权，但通过大额保单配置，保证过世股东的继承人及时获得足额的现金对价，将股权价值转化为无瑕疵、无负担的安心受益。这样，老股东得以维持原股东关系，公司稳定长治久安；继承人获得足额补偿，落袋为安。如此，双方各取所需，家企双安，人财两顺。

股东互保，日益成为股权传承不可错失的智慧之选。

人寿保险在股权传承中的独特功能

那么，为什么一定要用大额人寿保险来解决现金的问题呢？这就是人寿保险的法律功能所带来的独特价值。

（一）解决了现金困境

第一，规避了死亡股东不确定、死亡时间不确定的风险。无论是哪个股东、无论什么时候死亡，这笔钱总是及时产生，不用担心人和时间的不确定的问题。第二，保单赔付前，这笔钱在保险公司里，安全、确定且保值，既避免了存在其他金融账户的贬损灭失风险，或者资本闲置和浪费的风险，也避免了以不动产、股票、基金等形式存在下变现困难的窘境。

（二）保险法律架构，具有不可替代的法律功能

人寿保险不是存款，不是理财，更不是投资。人寿保险的核心是一个法律架构。因为是法律架构，所以才有了法律的功能（见图14-3）。

1. 锁定企业主身价。毫无疑问，企业主的生命与企业的价值息息相关。可以说，企业主的生命就是身价，身价决定企业价值。一份与股权价值相匹配的寿险保单，锁定的是企业主的身价。

2. 锁定股权价值。在股东互保中，每个股东的保额都尽可能地与其持有的股权价值相匹配，还可以对未来的股权价值进行预期和约定，使得在规划保单时将保额与预期的股权价值相匹配。这样就锁定了一个明确的股权价值。要知道，今天的股权价值，在未来可能升也可能降。当某一股东在未来几年甚至几十年过世时，股权价值并不确定。尤其是重要股东过世，会引发公司动荡、市值缩水、公司清算等情形，

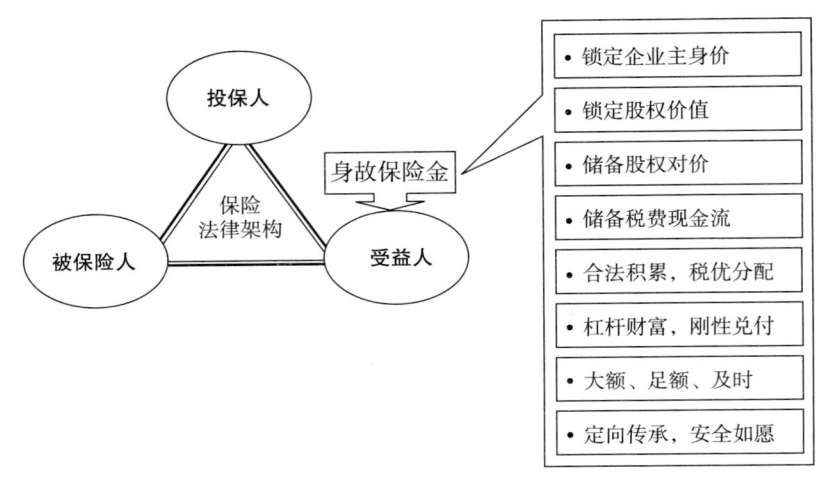

图 14-3 保险的传承法律功能

这时继承的股权价值会大打折扣，甚至分文不值也是有可能的。因此，股东互保实际上是在公司健康安全的时期锁定了股权的价值，只有好处，没有坏处。

3. 储备股权对价。没有现金支付对价，要么造成继承迟滞，遗产休眠；要么造成老股东股权赎回失败，公司陷入僵局；要么造成股权碎片化，表决权集中困难，失去控制权。通过人寿保险的规划，股东一旦过世，保险公司就会给受益人一笔约定的赔偿金。受益人或者让渡股权给其他股东，或者收购零散股权，这无论是对家族股权的掌控保护，还是对公司的长治久安，抑或是家族财富落袋为安，都具有不可替代的价值。

4. 储备税费现金流。无论是继承公证还是继承诉讼，无论是程序费用还是忽冷忽热的遗产税赠与税，在继承流转的管道中总有摩擦成本。一份股权的传承，往往标的不小，程序复杂，税费也会不菲。人寿保险的规划，就是解决随时发生的税费支出，这对于股权继承尤为重要。一方面可以高效完成股权的继承程序，另一方面避免久拖不决造成股权缩水，最为重要的是，避免公司被拖入股权纷争的泥潭，确保公司持续高效地创造财富。

5. 合法积累，税优分配。通过保险法律架构，对资金保值增值的积累，属于合法的积累；通过保险公司的赔偿分配，是合法的分配。这样的积累和分配，都是受法律保护的。保险赔偿金不征收个人所得税，而且在遗产税的法理上也存在着税收优化的空间，这就是一笔现金通过保险架构变成保险赔偿金的法律属性所带来的特别结果。

6. 杠杆财富，刚性兑付。寿险的基本特点就是杠杆功能。一般而言，根据被保险人的年龄、健康等条件的不同，一张终身寿保单可以获得保费总额2~5倍的赔偿，而且保费可以分期支付。以3倍杠杆为例，500万元的保费可能撬动1 500万元的赔偿，而且保费可以分10年缴付，每年只需缴付50万元。也就是说，如果第一年缴费50万元即出险，保险公司就赔偿1500万元。此时，杠杆就是30倍。即便500万元缴付完成后出险，保险公司赔付1500万元，那3倍的杠杆也是刚性保证的。而且，保险合同一旦签署、保单生效，除了法律规定和保险合同约定的除外条款，保险公司必须全面履行赔偿义务。这个刚性责任，是保险所独具的功能。

7. 大额、足额、及时。人寿保险是以死亡为给付条件的现金规划。一旦死亡事件发生，即产生现金赔偿。只要符合法律规定和保险合同约定，保险公司的赔偿程序就会高效快捷，现金及时到账。在合法合规的前提下，保额足够大，赔偿就足够多。人寿保险的资金价值就在于，人在，这笔钱安全且保值；人不在，这笔钱会增值且有杠杆。

9. 定向传承，安全如愿。这是保险法律架构在传承中最为重要的法律功能。简言之，就是通过保险架构改变了资金的法律性质并锁定了财产归属。具体而言，就是在保单中明确指定身故受益人，当被保险人身故，保险公司就会按照事先指定的受益人以及分配好的数额进行分配。比如，在小莉家的案例中，如果父亲为自己投保了一份终身寿保险，指定小莉为唯一的身故受益人，那么身故赔偿金就属于小莉个人所有，即便小莉在婚内，也不会成为夫妻共有财产。这样，既解决了财产集中给小莉，又避免了争产，同时还解决了私密、高效、无成本的问题，很好地实现了如愿传承。

他山之石：股东互保的境外模式

股东互保在欧美发达国家、新加坡以及我国香港地区已经较为普及，有很多公司运用股东互保的法律架构，解决公司股东去世而可能引发的股权传承风险和公司运营风险，这甚至成为企业和股东风险管理的一项当然事项。股东互保制度在这些地区被视为一种有效的公司风险管理机制。境外股东互保基本上有两种模式。一种模式是股东之间相互投保，受益人为投保人股东。当被保险人股东过世，保险公司将赔偿金赔付给投保人股东，由投保人股东向过世股东的继承人赎买股权（见图14-4）。另一种模式是，由公司作为投保人，股东为被保险人。当股东过世，保险公司将赔偿金赔付给公司，由公司向股东继承人赎买股权，并将赎回的股权在股东之间进行分配（见图14-5）。正是基于这样的逻辑，股东互保计划在境外被称为"Buy-Sell Agreements and Succession Planning"，即"买卖协议和继任计划"。

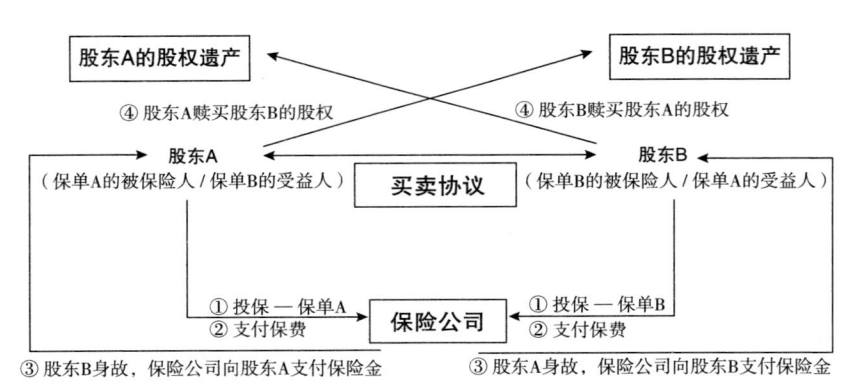

图14-4 境外股东互保（股东相互保模式）

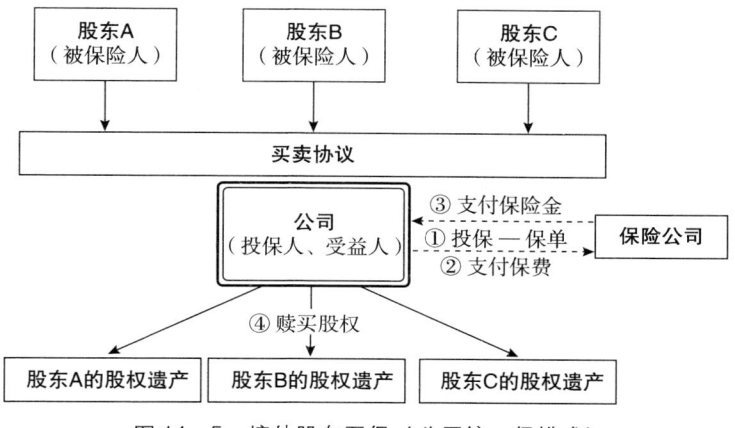

```
┌─────────┐   ┌─────────┐   ┌─────────┐
│ 股东A   │   │ 股东B   │   │ 股东C   │
│(被保险人)│   │(被保险人)│   │(被保险人)│
└────┬────┘   └────┬────┘   └────┬────┘
     │             │             │
     ▼             ▼             ▼
┌─────────────────────────────────────┐
│            买卖协议                 │
└─────────────────────────────────────┘
              │
              ▼
      ┌──────────────┐  ③支付保险金   ┌──────────┐
      │    公司      │ ◄───────────── │          │
      │(投保人、受益人)│  ①投保—保单   │ 保险公司 │
      │              │ ─────────────► │          │
      └──────┬───────┘  ②支付保费     └──────────┘
             │
         ④赎买股权
    ┌────────┼────────┐
    ▼        ▼        ▼
┌────────┐┌────────┐┌────────┐
│股东A的 ││股东B的 ││股东C的 │
│股权遗产││股权遗产││股权遗产│
└────────┘└────────┘└────────┘
```

图14-5　境外股东互保（公司统一保模式）

为了更好地理解股东互保的功能，我们还是以案示例。A、B、C三人共同设立并经营一家公司，公司估值3000万元，相当于每人1000万元，关于股权继承都没有任何规划。A因车祸不幸身故，A太太要继承股权进入公司。此时，由于A的去世，公司缩水，估值只有1500万元，于是每人持股价值只剩下500万元，矛盾就此开始。一方面，B和C不想A太太进入公司；另一方面，B和C也没有500万元现金支付给A太太。A太太陷于被动，因为价值1000万元的股权只剩下500万元，而且B和C既不让A太太进入公司，也没有钱偿付A太太。由于无钱支付A太太，B决定离开公司，C也无力支撑，最后公司以破产清算告终。那么，如何避免这种困境呢？股东互保就是最好的方案之一。首先，根据公司价值3000万元的评估结果，每人占1/3的持股比例，即各自持有价值1000万元的股权资产。其次，各方共同签署一份股东互保协议，以1000万元为固定价格，作为赎买的价格。最后，当A过世，股东互保条款被触发，B和C必须购买A的份额，购买的现金就来自保险公司对A的赔偿金。这样，A太太可以高效获得先前评估的股权价值，B和C面临的储备不足和现金困难也可以迎刃而解。

这个方案的好处就是：（1）用互保协议保护了股权；（2）确保公司股权对价用保险储备；（3）A 太太获得了现金价值，B 和 C 完全拥有了公司。在境外，很多企业都使用股东互保的法律架构，用人寿保险储备基金，用互保协议辅助实现股权的传承。

我们的成功上路："中国式股东互保"模式

然而，由于法域和制度的不同，一直以来，股东互保在国内难以突破，主要有三个方面的原因。

其一，貌似合理的理由。有观点认为，无论是股东之间相互投保，还是公司为股东投保，都缺乏法律基础，因为相互之间缺乏保险利益，[1] 容易引发道德风险，比如被保险人会面临人身风险。结论就是，因为没有保险利益，无法规划保险，也就无法实现股东互保。

其二，貌似难以逾越的障碍。国内绝大多数的人寿保险都不允许公司作为投保人投保，也不接受公司支付保费的投保，于是得出结论，以公司作为投保人的股东互保模式无法实现。

其三，确实难以逾越的税负负担。股东互保的保费到底由谁支付，这是个关键问题。由股东出资投保的，保费应是个人合法所得，缴税是当然的义务；由公司出资投保，毕竟股东享受权益有所得，似乎也难以免除税负义务。于是，很多人认为要缴税就不规划保险了，似乎买保险就是为了不缴税，这个逻辑着实荒唐。

我们长期以来的探索和研究认为，这些认知本身有着巨大的误区。其一，法律从未禁止股东之间相互投保，也未禁止公司为股东购买保险。关于保险利益的规定，法律上的规定是开放的，事实上给股东相

---

[1] 《中华人民共和国保险法》（2015 年修正）第十二条：（第一款）人身保险的投保人在保险合同订立时，对被保险人应当具有保险利益。（第六款）保险利益是指投保人或者被保险人对保险标的具有的法律上承认的利益。

互投保以及公司投保留有可行的空间。① 其二，解决问题是终点，路径未必循规蹈矩。在企业家有强烈需求而主流市场上没有相应的产品的情况下，没有必要苛求，而是需要另辟蹊径。其三，"公司付款就可以免税""不免税就没必要做股东互保"，以"税"为障碍，放弃对"企业长治久安、家庭落袋为安"的规划，实在是偏缴了。

在与企业主交流和调研的过程中，我们惊奇地发现，股东互保存在着广泛的刚性需求。有的股东英年早逝，家族争产造成公司瘫痪；有的实控人去世，公司失控，老股东躺枪，无力回天；有的合伙人过世，因为继承程序的复杂和困难，多年纠缠，久拖不决，造成公司僵局等。不管哪种情形发生，结果都是：好公司没落了，该赚的钱再也赚不到；好家庭破裂了，该到手的钱也没到手。股东和继承人疲于应对各种法律程序和执念情绪，耗费精力，耗费时间，最后伤的是财，伤的是神，伤的是亲朋好友之间的信任和感情，非常不值得。

尤其是以下类型的企业，更具有代表性。（1）创业合伙型企业，股权相互关系默契，他人不可替代。股东健在，公司稳定。然而，一旦发生继承，由于股东婚姻、子女、家庭关系复杂，继承人进入公司就很容易引发原有关系失衡，对公司持续稳定经营造成损害。这需要解决公司经营决策空位和公司僵局问题，以保证公司的长治久安。（2）家族股权均衡型企业，兄弟之间、亲属之间股权均衡，需要解决未来家族均分股权还是集中股权的问题。（3）家族控股型企业，需要解决未来小股东的继承人是否进入公司的问题。（4）民营控股型企业，需要解决小股东及其后代权益保护的问题。（5）子女接班型企

---

① 《中华人民共和国保险法》（2015年修正）第三十一条：（第一款）投保人对下列人员具有保险利益：（一）本人；（二）配偶、子女、父母；（三）前项以外与投保人有抚养、赡养或者扶养关系的家庭其他成员、近亲属；（四）与投保人有劳动关系的劳动者。（第二款）除前款规定外，被保险人同意投保人为其订立合同的，视为投保人对被保险人具有保险利益。（第三款）订立合同时，投保人对被保险人不具有保险利益的，合同无效。

业，需要解决元老股权去留问题。这些都是中国民营企业和家族企业不可逾越的传承大考。

基于上述风险和考量，一些聪明的股权投资机构，除了关心股东离婚造成公司僵局要求签署"土豆条款"外，① 更关注公司要员去世造成投资失败的风险，于是，对目标公司的股东进行股东互保的规划，也逐渐成为一种迫切需求。

需求如此强烈，这是民营企业、家族企业发展的需要，也是传承时代的需要。早在2016年，我就关注和研究这一项目，通过对境外制度的研究，并大量走进民营企业和家族企业，与企业家、公司实控人以及股东进行调研交流，与保险业专家、税务专家进行探讨，形成了一套独有的模式，并落地生花，完全实现了股东互保的功能。由于不同于境外法律架构，同时跨越了国内股东不能互保、公司不能投保的现实困境，实现了不拘泥于某一家保险公司、不拘泥于专门的保险产品的独有解决方案，我们称之为"中国式股东互保"。经过多年的实践，已经形成了一套完整系统的学习体系和服务体系，深得业界同人以及企业家的青睐。通过股东互保展业课程培训，提升对企业家的真切理解和认知，拓宽财富管理的多维跨界思维，从而更加高效、高品质地服务于企业家；通过股东互保一站式服务，为企业主量身打造全方位的股权规划，隔离股权风险，铺就股权如愿传承的幸福之路。

随着我们团队在国内第一单股东互保的落地，不断地总结具有普遍意义的成功经验，我们的服务体系精准应用于民营企业、家族企业、投资机构等股权投资、股权架构设计、股权传承等领域，有效地协力企业家实现家和业兴、圆融共好的家企生态。

---

① "土豆条款"是指投资人在投资协议中设置的，要求目标公司创始股东结婚或者离婚必须经过董事会或者股东会同意，或者离婚只能分现金给配偶、不能分股权给配偶，从而确保目标公司股权稳定性的条款。但如果该条款设定不当，可能因违背法律而无效。实践中常常通过公司章程、婚姻财产协议以及股权信托等方式进行综合规划管理。

中国式股东互保，股权传承的新利器

中国式股东互保，简单而言，就是参与股东互保计划的股东各自配置一张保单，股东之间通过合同约定相互保的关系，并匹配系列法律文件（见图14-6）。

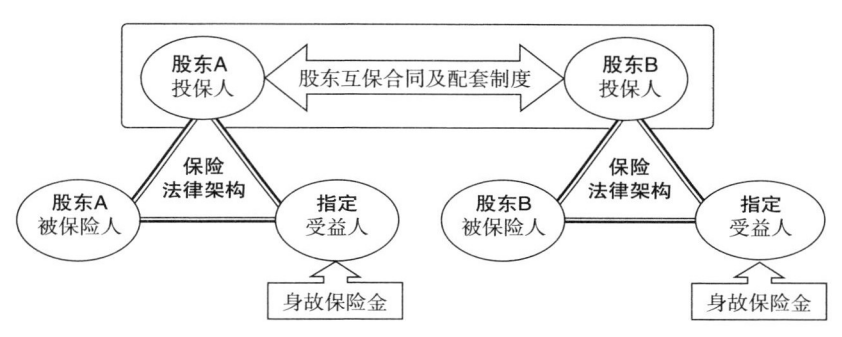

图14-6 中国式股东互保模式

仍以小莉家为例。① 假设小莉的父亲持有一家公司股权，并与公司其他股东一起规划了股东互保方案，当小莉父亲去世，保险公司赔偿的一笔现金就给了指定的受益人，比如小莉、小莉母亲和奶奶，从而使其获得了股权的对价。同时，小莉父亲的股权就按照约定分配到其他股东手里，由其他股东继续持有，公司继续经营，小莉家人从此就退出公司。这样，老股东继续通过公司创造财富，小莉家也拿到了对等的钱。特别在"中国式股东互保"的设计中，这笔钱是一笔旱涝保收的钱。因为，这是一笔预先锁定的股权价值，所以，如果赔偿金额与股权价值相匹配，自是公平合理；如果赔付的款项超出彼时公司的价值，那么小莉家仍可以获得超额款项而无须退还其他股东；如果这时公司没落了，其他股东的股权价值都缩水和贬损了，但小莉家获

---

① 案例详情见第十三章第一节。

得的赔付仍然是当年锁定的价值，这是一种稳妥的保值。

当然，如果考虑到小莉的父亲是控股股东，小莉家更愿意持有公司的控股权而不愿意放弃股权，那么，在中国式股东互保的策略里，还可以实现小莉向其他继承人赎回股权的功能，以便股权集中于小莉一人，而其他继承人让渡股权获得对价，从而退出公司，也是皆大欢喜。

中国式股东互保模式很好地解决了股权传承的三大核心问题：（1）就所有权而言，股权回到老股东，解决了股权归属问题；（2）就控制权而言，基于股东互保制度的预先安排，股权由老股东分配，仍可保证控制权的稳定；（3）就收益权而言，股权在老股东之间分配，收益也会在原有的生态中流转，而对于继承人而言，足额对等甚至超额的对价资金的及时支付，解决了继承人被动的局面，免除担忧，落袋为安，所以股权不再是纸上富贵，而是真金白银。股东互保方案，两全其美，美美与共。

中国式股东互保对民营企业的股权传承是一个有益的探索，既能保证公司安稳长久，又能保护继承人财富落袋为安。与境外股东互保模式中的"公司投保"或者"股东相互投保"不同，我们突破了国内投保的限制，整合了股权传承的多维方法，实现了所有保险公司都可以操作的最佳路径，是现阶段股权传承中值得期待的优解方案。

从来不晚的突破：保司新模式

8年的探索，与业内的交流，与客户的互动，虽然我们始终得到的是肯定、期待，然而囿于保险公司和保险产品的限制，在实现公司投保的路上进展缓慢。令人欣喜的是，有保险公司在股东互保方面已经取得突破，逐步实现了通过公司支付保费的功能。保险公司的启动，进一步说明了企业客户需求的强劲与迫切。这是保险行业的喜讯，也是企业主们的喜讯。我们期待更多的保险公司开展和推进这一法律架构的实施，使其逐渐成熟，赋能更多企业家家和业兴，圆融共好。

股东互保的功能与价值

通过前面的分析，我们可以发现股东互保能够很好地解决股权传承的五大风险和五大障碍问题，值得创业者、投资者以及企业主借鉴和思考。具体而言，股东互保具有以下功能。

第一，防止股权碎片化。通过股东互保，既可以让股权回归老股东，也可以在继承人之间将股权集中到一人，有效防止股权被分散，保障控制权的稳定。

第二，防止家族争产。股东互保一方面保障股权归属老股东，另一方面通过保单解决财富定向传承的问题。权属去向确定无争，财产指定分配清晰无争，不留争议空间。

第三，避免老股东排斥继承人。股东互保的最优解就是继承人不进入公司，因此也就有效隔离了老股东与继承人之间的矛盾与冲突。

第四，防止股权价值缩水。在设立股东互保制度时就可以确定股权未来的价值，通过股东的人寿保险和相关制度来锁定这个价值。这样，即便将来股权缩水，保险所赔付的额度不减，继承人所获得的对价就是保值的对价。而如果将来股权价值增长，超过了保额，那么继承人除了获得保险赔付，还将获得其他股东偿付的差价。从这一角度而言，既锁定了公司的优质市值，也锁定了股东的身价。

第五，避免家族人力资本缺乏以及继承人身份限制障碍。因为作为继承人的家族成员直接获得了足额的股权对价，不需要获得股权参与公司的治理运营，所以股权继承中存在的人力资本缺乏以及继承人身份限制造成的持股困难问题便迎刃而解。

第六，避免股权赎买现金障碍。通过人寿保单的规划，以早期的小成本投入，实现杠杆效应下的大额足额产出，解决了股东赎买现金的种种不确定以及障碍，同时让股东的家人踏踏实实获得现金，不用担心另行主张的种种困难。

第七，避免公司章程冲突障碍。如前所述，公司章程没有特别规定，股东继承人可以不受阻碍地进入公司成为股东；公司章程有规定限制继承人进入公司，却没有配套的股权赎回机制，注定遗留隐患，造成纷争；公司章程有限制性规定，但股东立下遗嘱要求继承人继承公司股权，造成的麻烦会更加复杂和深远。因此，公司章程的规定、股东的一致同意以及股东死亡后的相关问题解决，都需要系统的方案，股东互保正是这一症结最好的解药。

总之，股东互保的价值是多方面的。（1）对于企业主和关键人物而言，为生命健康保存和储备身价，妥适安排家企利益，后顾无忧。（2）对于继承人而言，解决身份缺位的困境，避免家族股权纷争，迅速获得对价退出公司。（3）对于老股东而言，维持原有的人合状态，储备股权对价款，免除或降低财务负担，预防生命健康风险及家企风险。（4）对于公司而言，维持公司持续稳定运营，避免外人入主公司，降低股权继承纠纷对公司的冲击。（5）对于股权财富而言，持续保值增值，收益稳健，而且具有杠杆效应，放大财富价值。

股东互保作为股权传承的新策略，于人，是格局与道场；于家，是责任与亲情；于业，是事业与久长。股东互保，家和业兴。

总结

1. 股东互保架构完美解决了老股东与继承人之间的矛盾和冲突。
2. "中国式股东互保"是个具有普适性的全新解决方案，不受保险公司和保险产品的限制。

超话

股权与现金流是企业家的两大经济命脉。以股权为核心的股东生态，需要和合与共，共担企业风险；以现金流为核心的资产生态，需要匹配相宜，分散身家风险。以现金锁定股权价值，于家落袋为安；以股权保养现金价值，于企长治久安。

天下无讼，家和业兴，股东互保是个完美的传承制度。

股权传承的全案模式

前面我们聚焦于个人和家庭的角度，探讨了股权传承的模式和方案。但随着中国企业家家族时代的到来，股权传承仅仅在家庭维度思考，已经不能满足现实需求。因此，从家族维度的全案规划，才是未来股权传承的大势所趋。

股东互保＋保险金信托模式

股东互保模式固然好，如果再匹配保险金信托架构，则又为企业主的股权传承锦上添花。

我们仍以小莉为例，在小莉父亲设立的股东互保架构中指定小莉为受益人。如果小莉尚未成年，一笔大额现金给了小莉，可能面临无法打理、投资损失、被挥霍、被诈骗、被监护人挪用等风险；如果小莉已婚，尽管身故受益金一般为小莉婚内个人财产，但现金资产管理的最大风险就是可能混同为夫妻共有财产，如何避免受益人的风险，就显得尤为必要。一个更加理想的模式，就是在股东互保架构中的保单架构部分，设立一个保险金信托。这样，当作为股东的小莉爸爸过世时，这笔赔偿金并不直接给小莉，而是进入信托，然后通过信托的逻辑和架构打理这笔钱。一旦建立保险金信托架构，就会拓展更为广阔和自由的规划空间，尤其是可以规划照护更多受益人，比如小莉的配偶、母亲、奶奶、子女，以及其他家庭成员；可以设定财产分配的节奏、使用的范围以及限制，比如保障品质生活的支出，成长教育支出（如海外求学奖励），创业基金储备，组建家庭的婚嫁金，未来养老支出以及照护老人的奖励等；还有，通过信托架构的资产管理，继续保持这笔财产保值增值。股东互保+保险金信托模式的架构详见图14-7。

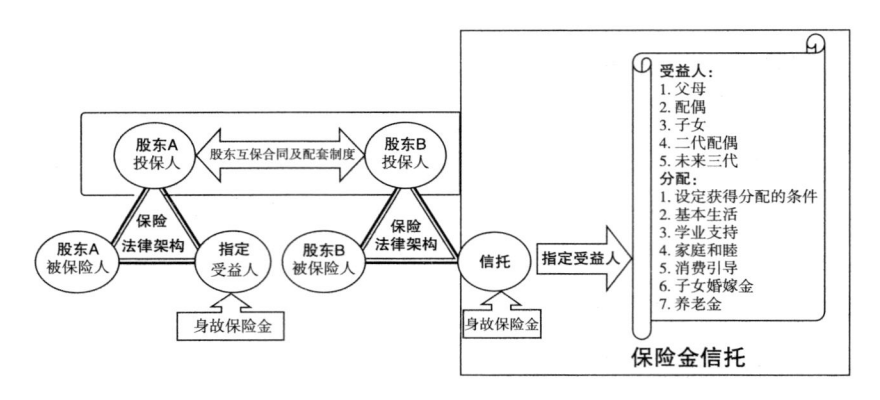

图 14-7 股东互保+保险金信托模式

这样，通过股东互保匹配保险金信托的形式，一方面解决了股权的所有权归属、控制权掌控以及收益权稳定的问题，另一方面解决了继承人落袋为安、财富锁定、传承如愿的问题。相较于股东互保，股东互保匹配保险金信托这一模式，在以下四个方面更具有优势：第一，突破受益人的限制，传承灵活性高，可以照护更多的家庭成员，特别是对特殊家庭成员的长期关怀；第二，突破财产无法设定条件、一次性给付的弊端，可以设定财产分配的标准、节奏、使用的范围以及限制，分配方案更加自由灵活、个性化；第三，避免家族财产分散流失，可以对资产进行长期集中管理，抵御周期风险，实现安全保值增值；第四，有效实施家风观念引领，激励学业有成，支持创业创新，保护子女婚嫁，引导人生规划，呵护血脉延续，涵养孝悌家道，实现终生庇护。

股权信托+保险金信托模式

随着长寿和多子女时代的到来，从家庭走向家族是必然趋势。在家族关系中，就不仅仅是配偶、父母和子女，还有自己的兄弟姐妹，配偶的父母、兄弟姐妹，以及子女的配偶和他们的父母、兄弟姐妹。随着家族的壮大和企业的发展，企业家需要关注和协调的家族关系与财富关系越来越丰富，也越来越复杂。

这种复杂源于两个方面。其一，创业上受人助力。有的企业家创业之初难以靠一己之力独立起家，很多都是家人亲戚出资、出人、出力相助，是大家共同的付出才有了今天的事业。有的是兄弟姐妹放弃读书，一边供养家庭一边支持企业家读书，才有了企业家今天的功成名就。有的企业家本身就有强烈的家族责任，家族上下都由其支持关照。我们遇到很多成功的企业家，尽心尽力地对兄弟姐妹甚至甥侄进行资助照顾。企业家心怀感念，只因今天的耀人成就缘于当初有人负重而行。

其二，财富上股权集中。正是前述种种原因，以及创业之初考虑公司的高效管理和低成本的需要，公司中存在着大量家族成员，有的持股，有的任要职，有的做工，当然也有企业家纯粹供养的人。然而，多数情况下，公司股权都集中于企业家一人之手，客观而言，也正是有企业家的控股才保证了公司的发展和家族的稳定。但这股权又不可能传承分配给每一位家族成员。于是问题来了，如何让股权传承既安全又长久持续，既有控制权又能如愿地落袋为安，既能给予想给的人又能保证富过三代，特别是在家族成员之间的分配上，能够做到没有争议，没有冲突，没有诉讼，没有不必要的税费，这着实困扰着许多面临企业传承的企业家。

为此，股权传承可以采用股权信托匹配保险金信托的模式（见图14-8）。在这个模式当中，一方面，通过家族信托持有家族企业的股权，让家族公司创造的财富归集于家族信托；另一方面，通过保险金信托，为企业家和其他家族核心人物匹配人寿保险，未来这份保险的赔偿金进入家族信托，再通过家族信托进行财富规划。如此一来，在股权这边,通过股权信托方式掌握了股权的所属权、控制权和股权价值的回流;在保险这边,通过人寿保险将家族核心人物的身价与股权进行匹配,并以小成本保费锁定一笔杠杆倍增的财富。

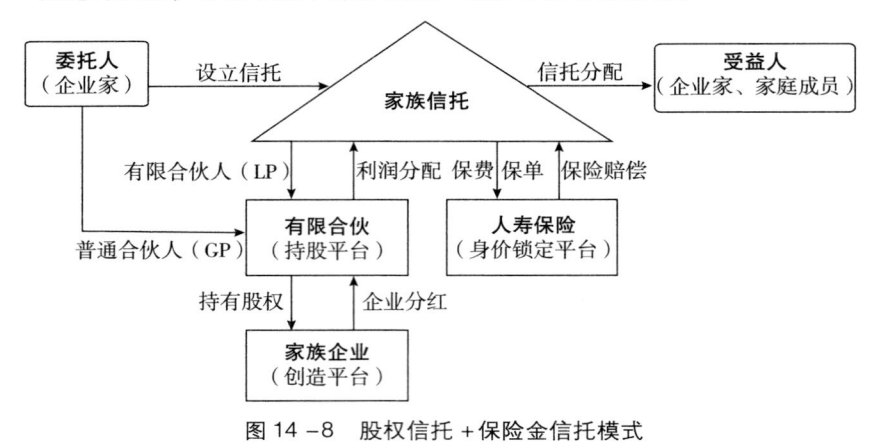

图 14-8 股权信托+保险金信托模式

在这个传承模式之下,家族企业不变,控制权不变,家族企业创造的财富也不会外流。同时,企业家和家族核心人物身故所获得的保险金,实际上就是身价的一次变现。股权信托+保险金信托的传承模式,势必放大家族财富的数量,为家族高品质生活、高素质人才、高赋能慈善提供源源不断的资金,也将促进家族和谐,实现家族使命。

总结

1. 从家族视角规划股权传承,是实现家业长青的必由之路。
2. 股东互保+保险金信托模式与股权信托+保险金信托模式,能够满足家族企业股权传承更多维度的需求。

超话

股东互保,初心合和利他,始终成人达己。家族信托,纵然一去不返,只为来日方长。年金保险,忍度岁月漫长,未来值得等待。终身寿险，无问爱恨情仇，终究使命必达。

家族财富传承系统策略：家和业兴，圆融共好

前面，我们从全案与家族的视角，探讨了股权传承中的股东互保与家族信托以及保险金信托的综合模式，以期为企业家的股权传承策略提供多维思路和方法。

总结前述关于股权传承的方法，我们认为：第一，人寿保险是股权传承的标准配置。因为通过人寿保险，可以解决传承中不可缺少的现金流的问题，比如储备对价、公证费、诉讼费、律师费以及相应的税负等；第二，股东互保是家和业兴的优选方案，因为通过股东互保，解决了股东资格与股权财产的归属，老股东与继承人之间各得其所，公司长治久安，继承人财富落袋为安；第三，保险金信托是如愿传承的保障架构，因为通过保险金信托，将身故赔偿的财产作为信托财产，进行综合规划，并按照委托人的意愿进行分配，满足了家族财富更长远、更丰富、更多维度的需求，最终实现股权财富回归家族，安稳如愿；第四，家族信托是家业长青的长效策略，通过家族信托，将股权的控制权、收益权进行法律架构下的掌控和分配，既实现了风险隔离，又实现了家族掌控，还做到了如愿无憾。

纵观企业家的传承经验，策略和方案千差万别，不一而足。显然，企业家的家族财富传承，注定不是单一的股权传承，也不是简单的财富传递。如我们在全书中一以贯之的脉络和逻辑，企业家是"人、家、业"三位一体的存在，财富传承的核心就是这三个维度的平衡与和谐。但真正的传承，不是单一的静态的传承，而是贯穿于财富创造、守成和传承的整个过程。想要家业长青，企业家需要务实有效、逻辑贯通的系统策略和方案。

接下来，我们将多年沉淀的思考和服务家族企业的逻辑进行浓缩，

从最基本的法律风险提示入手，为企业家提供简要明晰的财富风险点，以利于企业家发现风险和做针对性防范。然后，梳理企业家财富流转的底层逻辑，打造一条安全清洁、有保障、有归宿的财富闭环。为了使企业家能够全面打通人、家、业三维财富逻辑，我们还将对企业家的财富生态圈进行拆解，分析财富安全永续的底层逻辑和脉络，并从企业治理、家族治理和私人治理三个维度，检查重点风险障碍及其根源，为企业家提供财富治理的范式指引。最后，我们将对财富传承进行闭环收官，以建设互利共生的家族财富生态为核心，实现"家和业兴，圆融共好"的美好财富目标。

企业家必知的五大财富风险

家有企业和财富就必有风险，正因为如此，企业家容易陷入迷茫，似乎处处是风险，又无从下手。其实，清楚了风险边界，也就清楚了行为边界和应对策略，就可以有效地进行风险评估和预案规划，避免眉毛胡子一把抓，头痛医头脚痛医脚。为此，我们将企业家必知的五大财富风险明确罗列如下。

（一）产权关系风险

公司体系、股权关系及股东关系是极为复杂的风险关系。

民营企业、家族企业的发展，大都存在母子公司、关联公司，甚至不乏相互持股、海外架构持股、家族信托持股等模式，再加之多元发展、跨界投资，形成盘根错节的资本关系和业务关系。关系复杂容易造成体系运转的混乱，一旦某个节点出现问题，链条断裂，就会影响整个公司体系，甚至导致整个商业帝国的坍塌。特别是，《公司法》关于关联公司之间债务横向穿透的规定，给这一风险增加了新的变数。

股权关系决定股东的控制权与收益权，股东关系决定公司的稳定与长久。然而，基于资本的规律、伦理的立场以及人性的弱点，股东之间总是难免有不和谐，甚至矛盾和冲突，比如出资多少与是否足额到位、比如控制权的争夺、比如股东之间的恩怨等。甚至蚂蚁伸出一条腿，都可能绊倒一头大象，就像小股东对于知情权的行使。股权关系与股东关系是最基本的法律关系，也是最复杂的法律关系，更是容易断送公司的法律关系。

解决产权关系风险，就解决了家企稳定的问题。

（二）财富持有风险

家企不分、代持和财产混同成为最为常发的风险。

家企财富并不天然隔离，企业债务穿透并吞噬家族财富的情形是一种普遍现象。关于这一点，我们在本书已经有过系统的阐述。关键的问题是，企业家常常忽视或者无视这些风险的存在，而恰恰是这些风险，无时无刻不在觊觎财富。这才是财富创造容易而守成难的症结所在。

解决财富持有风险，就解决了财富安全问题。

（三）现金流风险

现金流危机是家企财富中的致命风险。

无论企业还是家庭，现金流都是财富最基本的要素，然而，缺钱又是永恒的话题。究其根本，企业家并不是真正缺钱，而是存在两方面问题。其一，现金存放的方式，决定了现金的价值和功能；其二，没有救急的现金流，容易被最后一根稻草压死。因此，现金流管理是家业财富管理的核心。

解决现金流风险，就解决了后顾之忧。

（四）婚姻家族风险

亲情、亲子、家庭、家族，最是考验企业家的财富智慧。

情感、婚姻、家庭、家族，烟火人间，人情世故，爱恨情仇，最是复杂难以处理。又及结婚、离婚、再婚、重婚，子女的婚生、非婚生、收养、扶养身份关系的变化，以及财富权属、分配、分割、继承等财产关系的变化，再加之企业家一手托企业、一手撑家族这样一体两翼身份的特殊性,使得家族、企业、财富之间的关系微妙而纠结。如何妥善安放,令家族和睦兴旺,是企业家的必修课。

解决婚姻家族风险,就解决了家族和气生财的问题。

(五)财富传承风险

家和业兴、如愿无讼、无怨无憾成为一种奢侈的需求。

财富传承,始终是企业家的大考。听到很多企业家如是说:"我的财富不用传承,给孩子们再多也没用。每个人给个千百万,我就完成任务了。"说这话貌似超脱,其实是严重缺乏常识。要知道,财产不做规划,最终都是法定继承,前面对此有详细解读,此处不再赘述。此为其一。其二,传承都有窗口期。传承是重要且紧急的事情,当下永远是最好的时刻。其三,总以为自己做好了安排,其实无论是赠与、遗嘱、信托、保险,每一个安排都不错,但每一个安排又难以周全,搞不好还可能相互冲突。企业家的财富传承,如愿无讼、无怨无憾逐渐成为一种奢望。最好的财富传承,就是多维视角检视风险,全周期理顺逻辑,全维度进行规划。

解决了财富传承风险,就解决了财富跨世代的问题。

企业家财富流转逻辑

了解了企业家必知的五大财富风险,还需要知道,怎样的财富才是健康的财富,怎样的管理才能做到安全永续。

我们在财富管理实践中,探索出财富流转的逻辑和一套行之有效的闭环路径(见图14-9),在企业家防范财富风险、提升财富品质方面,可提供有价值的助力。通过财富闭环流转规划,协力企业家健康财富的良性循环,从而实现财富的安全永续。

(一)产权保护,企业财产合法化

合法清洁的财产,才是品质财富。源头的清洁,才是真正的清洁。产权保护,就是从源头开始,确保企业创造的财产合法合规,也只有

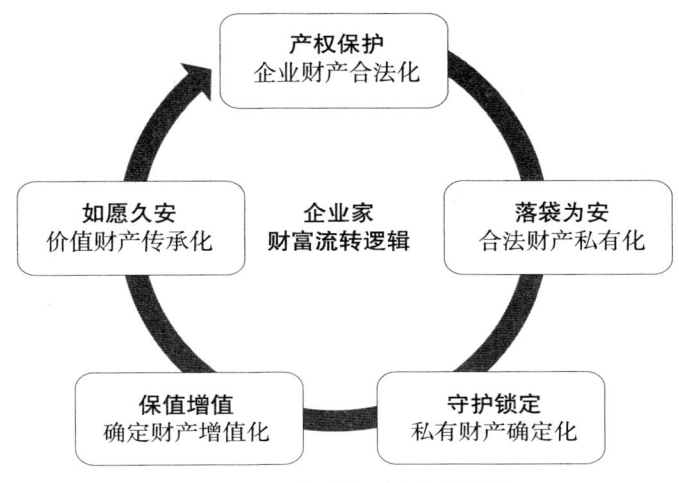

图 14-9　企业家财富流转逻辑

合法合规的财产，才应当得到保护。很多企业家对财产安全心有余悸，其实背后是对财产的合法清洁没有信心。企业财产合法化，是企业家品质财富的第一粒纽扣。

（二）落袋为安，合法财产私有化

我们反复提示，企业创造的利润再多也是企业财产，企业财产与私人财产之间，有着严格的法律界限。因此，企业家要非常清楚，财富流转的第二步就是落袋为安，完成企业财产的合法私有化。在这里，企业家需要放下一个执念，那就是税不可逃，要依法纳税，要知道，依法纳税就是给私人财产标上了合法私有的标签。

（三）守护锁定，私有财产确定化

财富世界充满诱惑，人性自带贪婪和恐惧的基因。有多少财富持有者，今日起高楼，明日楼塌了，财来不知何来，财去不知所终。其根本原因就是无规划，没锁定。因此，严格来说，财富落袋并不为安，一个最基本的动作是锁定，锁定的才是赚到的。只有锁定的财富，才真正做到了财产确定化。

(四) 保值增值，确定财产增值化

财富如水。一方面，逆水行舟，不进则退，确定的财富如果不做规划，在大时代大趋势之下，也可能缩水流失；另一方面，流水不争先，争的是滔滔不绝，确定的财富需要保值增值，只有持续扩大的财富，才是有前景的财富，也才能更好地发挥作用和价值。确定财产增值化，是企业主财富的追求。需要特别说明的是，财产的增值，须是健康地成长，而不是短期快速地暴利式成长。

(五) 如愿久安，价值财产传承化

从企业家的视角看，创造财富的使命是多维的，最终总要有人接手。从家族的视角看，创造财富的归宿之一就是传承。从法律的视角看，财富的继承是一个必经之路，是绕不开的法律必考题。通俗而言，企业主身份所负载的企业财富和家族财富，最终都要经历传承的洗礼。然而，传承的终点不是财产分配，而是传者能不能如愿，承者能不能无讼无怨。传承有道，如愿久安，才是财富的闭环。

企业家财富生态圈拆解及传承规划

从财富管理的角度看，企业家不是一个单独的企业人那么简单，每一个企业家都连接着一个生态圈。以企业家为核心，以企业为财富源头，以家族为财富归宿，这是一个企业家应有的基本财富闭环。

(一) 企业主财富生态圈的全维度自我检视

厘清企业家财富生态圈中每一个环节的逻辑，认清相互之间的法律关系和财产关系，才能准确发现和诊断这中间的风险和症结所在，也才能够对症下药，准确高效地排除障碍，打通各个关键节点，理顺法律关系和财产关系，营造相互赋能、互利互生、和合共好的财富生态关系（见图14-10）。

1. 在"人、家、业"三维主体关系上。企业家是一体两翼的核心，企业家的人身安全、财产安全、生命健康安全以及心理的健康，

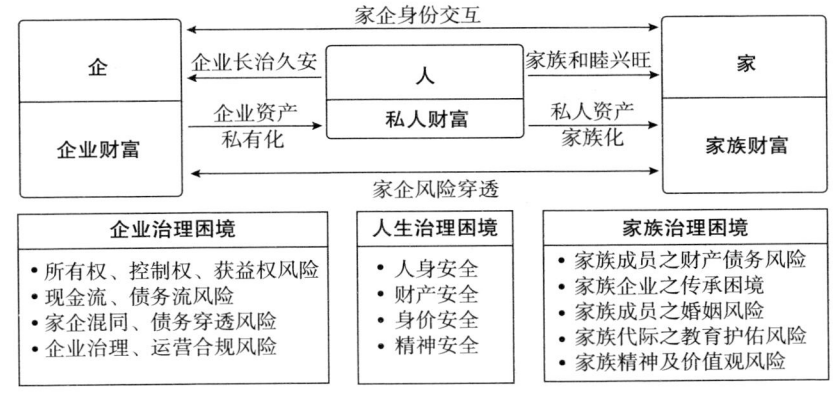

```
         ←――――――― 家企身份交互 ―――――――→
┌─────────┐  企业长治久安  ┌─────────┐  家族和睦兴旺  ┌─────────┐
│   企   │←――――――――――→│   人   │←――――――――――→│   家   │
│         │  企业资产      │         │  私人资产      │         │
│ 企业财富 │  私有化       │ 私人财富 │  家族化       │ 家族财富 │
└─────────┘←――――――――――――――――――――――――――――――――――――→└─────────┘
                          家企风险穿透

┌──────────────────┐ ┌──────────┐ ┌──────────────────────┐
│   企业治理困境   │ │ 人生治理困境│ │     家族治理困境     │
├──────────────────┤ ├──────────┤ ├──────────────────────┤
│•所有权、控制权、 │ │•人身安全 │ │•家族成员之财产债务风险│
│ 获益权风险       │ │•财产安全 │ │•家族企业之传承困境   │
│•现金流、债务流风险│ │•身价安全 │ │•家族成员之婚姻风险   │
│•家企混同、债务穿 │ │•精神安全 │ │•家族代际之教育护佑风险│
│ 透风险           │ │          │ │•家族精神及价值观风险 │
│•企业治理、运营合 │ │          │ │                      │
│ 规风险           │ │          │ │                      │
└──────────────────┘ └──────────┘ └──────────────────────┘
```

图 14-10　企业家财富生态逻辑关系

影响甚至决定着企业的长治久安，也决定着家族的和睦兴旺。同时，由于企业与家族之间人员身份的交互，比如家族成员进入企业成为股东、高管甚至职员，或者企业中的人员与家族成员之间建立婚姻关系等，也会在企业和家族之间形成复杂的法律关系。而家族成员之间的情感婚姻、亲子代际以及继承传承关系，也会影响家族的稳定，从而影响企业家的身心状态以及对企业的治理。这些关系处理得好，则家企相互促进，处理得不好，就会相互消耗。

2. 在"人、家、业"财富关系上。企业财产私有化为企业家私人财产，企业家私人财产家族化为家族财富，这是必然趋势。然而，在企业财富与家族财富的关系上，普遍存在着家企穿透的风险。企业风险消耗吞噬家族财富的问题，是企业家必须高度重视并彻底解决的重大问题。

3. 在家族财富生态治理上。企业家需要做好三维治理，即企业家的人生治理、企业治理和家族治理，这样才能营造良好的财富生态，让财富安全永续，家和业兴。举其要者，比如，在企业治理方面，控制权失衡，隐藏内部危机，这属于产权安全问题，就需要进行股权架构调整；家企财产混同，潜藏债务穿透危机，这属于财富持有风险，就需要进行隔离制度规划。又比如，在家族治理方面，财富传承中接班与财富分配存在障碍，往往会诱发所有权与控制权失衡，使定向传承失败，这属于传承制度缺失所致，于是需要企业家从企业和家族两个维度进行平衡规划，包括股权的归属和分配、公司元老和要员的稳定、家族成员的财富平衡、财富继受者的辅佐和保护、特殊人员的照护等。上述三维治理的完成，都需要进行全面规划，股东互保、股权信托、家族信托以及保险金信托，都是财富生态中常用的法律架构和解决方案。

家业长青，传承有道。我们建议企业家从人、家、业三个维度出发，按照五大财富风险的脉络，在每一个维度里梳理最为重要的风险障碍，检查底层原因，以财富流转的基本逻辑为导向，聚焦真需求，有针对性地进行规划，从使命、战略、策略、方案、架构、工具方面，有节奏地推进。时不我待，立即行动，我们始终乐见并助力企业家的财富生态美美与共，和谐幸福。

（二）财富跨世代的闭环策略

财富生态圈的有效运转，不止于财富从创造到传承这个单一闭环，还要打通从企业到家族以及从家族到企业的升维循环，这样才能实现财富跨世代。为此，企业家在构建财富传承体系和架构时，仍要为家企财富升维再造以及世代传承构建模型（见图14-11）。

1. 在家企维度。一方面，企业财产的合法安全与持续创造，要成为持续的家族财富源泉，而家族财富就要实现落袋为安、守护锁定、保值增值和如愿传承的使命。另一方面，家族成员的培养、成长和选拔，要为企业准备和输送人才；家族财富的沉淀积累，也可以再次成为代际投资创业的新动力。

2. 在家族维度。一方面，通过家族投资账户完成家族财富的积累，为家族传承提供源源不断的现金流入，沉淀老钱池子；而老钱池子作为家族传承账户，就要通过家族信托、股权信托、股东互保、保

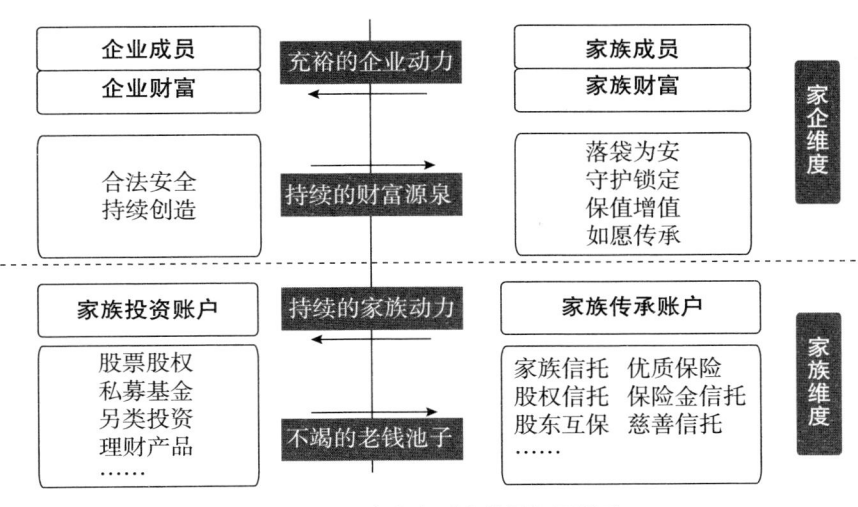

```
┌──────────────┐  充裕的企业动力  ┌──────────────┐
│ 企业成员     │  ←──────────    │ 家族成员     │  ┌──┐
│ 企业财富     │                  │ 家族财富     │  │家│
├──────────────┤                  ├──────────────┤  │企│
│ 合法安全     │  持续的财富源泉  │ 落袋为安     │  │维│
│ 持续创造     │  ←──────────    │ 守护锁定     │  │度│
│              │                  │ 保值增值     │  │  │
│              │                  │ 如愿传承     │  └──┘
└──────────────┘                  └──────────────┘
- - - - - - - - - - - - - - - - - - - - - - - - - -
┌──────────────┐  持续的家族动力  ┌──────────────────┐
│ 家族投资账户 │  ←──────────    │ 家族传承账户     │  ┌──┐
├──────────────┤                  ├──────────────────┤  │家│
│ 股票股权     │                  │ 家族信托 优质保险│  │族│
│ 私募基金     │  不竭的老钱池子  │ 股权信托 保险金信托│ │维│
│ 另类投资     │  ←──────────    │ 股东互保 慈善信托│  │度│
│ 理财产品     │                  │ ……              │  │  │
│ ……          │                  │                  │  └──┘
└──────────────┘                  └──────────────────┘
```

图 14–11　企业家财富传承闭环策略

险金信托等架构实现财富传承如愿久安的使命。另一方面，家族传承账户也是家族投资账户的动力源泉。

这样，通过家族企业完成财富创造，通过家族账户完成财富的锁定积累、持续增长和永续传承。同时，通过家族账户升维投入企业，形成新的财富周期，如此，实现家和业兴，圆融共好。

家和业兴，圆融共好

开篇之初，我们开明宗义，构建和维持家和业兴、圆融共好的财富生态，让财富回归家庭、回归人生、回归幸福、回归社会，应当是企业家的使命所在。正是基于此，我们在家族传承服务的案例中，萃取和浓缩了成功家族的智慧，沉淀并生成家族财富生态圈，以此为框架，协力企业家和家族实现财富保护与传承，享受财富的福流。

家业长青，就需要构建"人、家、业"三位一体、家和业兴、圆融共好的财富生态（见图 14–12）。

在业的维度，需要一套制度，实现公司的长治久安，这样才能保

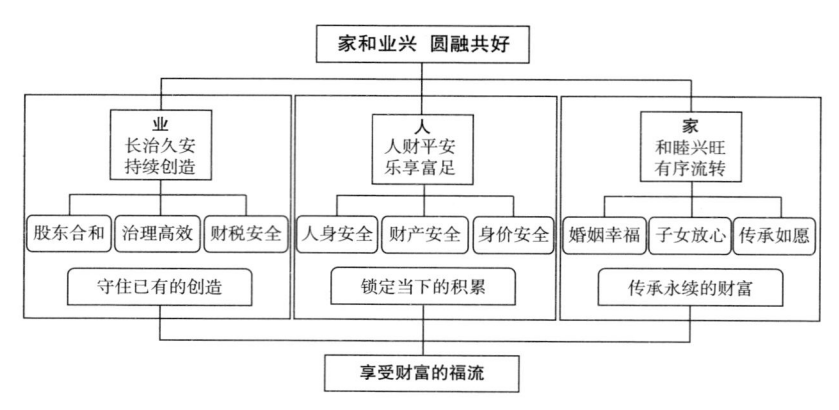

```
                        家和业兴  圆融共好
          ┌──────────────────┼──────────────────┐
         业                  人                  家
       长治久安            人财平安            和睦兴旺
       持续创造            乐享富足            有序流转
    ┌────┼────┐       ┌────┼────┐       ┌────┼────┐
  股东  治理  财税    人身  财产  身价    婚姻  子女  传承
  合和  高效  安全    安全  安全  安全    幸福  放心  如愿
    └─────────┘       └─────────┘       └─────────┘
    守住已有的创造    锁定当下的积累    传承永续的财富
          └──────────────────┼──────────────────┘
                        享受财富的福流
```

图 14-12　企业家财富生态

证公司持续创造财富，也才能保证企业家和家族的财富源源不断。在这一维度中，需要三大基础建设。第一，股东和合建设。股东之间的团结最为基础，也最为重要。公司章程、股权架构、股东互保就成为最基础的制度建设。第二，高效治理建设。公司治理结构中，要"私人定制"适合本公司的股东会制度、董监高制度，避免内部人倒戈、反水、内讧，共同维护和推进公司高效运转。第三，财税安全建设。财产安全和税务安全，是保持公司财富品质的基础。债务风险和税务风险都会直接影响企业财富的质量，这也是企业主最为关注的重点。因此，建设风险防火墙也是公司的基础建设之一，企业家照此规划，能最大限度地实现"守住已有的创造"。

在人的维度，人财平安是基础，乐享富足才是根本。确实，人性不可把握，无论他人还是自己都一样。跑得太远容易忘记为什么出发，因此，有必要为行为划定边界，为财富规划盔甲，为灵魂设定闹钟。聚焦到财富上，就是为人身安全、财产安全和身价安全构建法律架构，锁定当下的积累，夯实安稳的基础。生命有尊严，当呵护与守望财富品质；身家配身价，宜锁定不可复制的无价财源。看得透，锁得定，放得下，这才是一种企业家智慧。

在家的维度，和睦兴旺是所有人追求的财富目标，是最基本的，也是最难的。这里涉及婚姻情感、子女代际、家族成员等复杂关系，有情绪、有立场、有利益甚至有爱恨情仇，因此才最是考验企业家的智慧。无论如何，婚姻幸福、子女放心、传承如愿是所有人的心之所向，也是财富管理的发心所在。这些关系处理好了，才有财富的如愿永续传承。

通过"人、家、业"三个维度的架构和制度建设，企业家可以守住已有的创造，锁定当下的积累，传承永续的财富。在财富生态逻辑之下，创造、积累和传承，都只是过程而不是终点，财富的终点应该是幸福。本书一以贯之地崇尚和提倡"家和业兴、圆融共好"的财富生态，就是要让财富回归，让企业家们享受幸福。这幸福不是一时一刻，不是某人某处，而是萦绕和流动于"人、家、业"三个维度里，贯穿企业周期和家族周期，通透于身心的福流。

文至最后，我们诚挚寄语智慧的企业家们：家和业兴，财富跨世代。基业长青，当需观势，洞见未来；取法，探底逻辑；布术，运筹帷幄；择器，精准有效；生道，厚德载物。

总结

1. 企业家必知的五大财富风险，需要常常梳理，时时关注。

2. 企业家实现财富闭环，要做到：企业财产合法化，合法财产私有化，私有财产确定化，确定财产增值化，价值财产传承化。

3. 家业长青，就需要构建"人、家、业"三位一体、家和业兴、圆融共好的财富生态。

超话

家族财富，始于遮风挡雨，不止于传富世代。更重要的是，沉淀和储备财富品质：持续增长的学费和养分，摔倒再爬起来的资本和底气，播种光荣与梦想的使命，成就敬天爱人的悲悯与高贵。

后记

我于 1991 年获得北京大学法学学士学位，于 1998 年获得北京大学法学硕士学位，于 1994 年入律师行，笃志从业至今 30 年，始终满怀敬畏，寄望天下无讼，赋能家和业兴，凡心所向，素履以往。

本书创意肇始于 2019 年。当时，有幸得到中信出版集团墨菲分社的许志老师以及王晓春老师的启发和邀请，一起探讨中国民营企业和家族企业的创业、守护与传承，从而开启了本书的撰写之旅。

写书，我是认真的。潜心五年，总结萃取多年从业沉淀的经典案例和实操经验，分析研判，审慎落墨，不疾不徐，持续打磨至今，字字走心。幸逢《公司法》修订实施，相关内容得以及时融入书稿，形成新《公司法》下系统的、实操性的、切实走进企业主和企业家需求的随身伴手顾问，希望能够成为令企业主、企业家睡得更安稳的案头书。

我始终专注于财富保护与财富传承的探索和实践，长期服务于企业主、企业家、家族企业，并为家族办公室、私人银行、信托机构、保险机构以及 EMBA（高级管理人员工商管理硕士）商学院等提供专属法律服务和行业精英跃迁成长培训。其中，"股东互保（股权传承）计划"以及"家企财富私塾计划"一直精准服务于企业主、企业家的财富安全与传承，赋能于业界同人的高品质事业跃迁。

尤其值得一提的是，我有幸长期持续走进企业、走进家族、走进企业主和企业家，从而得以发现和见证企业主和企业家大多潜藏着惯常性的隐形风险，一直被忽视，很少被警醒。成书本意，就是希望将我的所见所历、所思所想分享给企业主和企业家，提炼企业主、企业家常见常发的法律风险误区与盲区，予以警示并提出安全规划方向和解决方案，以法明理，以理见性，以慧成全，赋能企业主和企业家家和业兴、人生圆融。

本书的完成，得益于众多企业家敞开胸怀的分享与反馈，他们的财富智慧和人生智慧是本书不可或缺的养分，弥足珍贵。

在本书付梓之际，我向所有为本书付出辛勤努力的中信出版人以及默默支持我的业界人士致以最诚挚的谢意，感谢各界朋友的热诚支持与建议。

在这里，我要特别感谢责任编辑丰虹老师对本书的专业严谨雕琢和智慧付出，特别感谢许志老师和王晓春老师的悉心指导、精心规划和全面帮助，特别是对本书长达五年的耐心守望和积极支持，使得本书得以不断精炼和丰盈。

感谢我的大学同学徐智明、高志宏夫妇（家庭阅读教育专家"真心爸妈"），蒋晞亮（北京开卷信息技术有限公司创始人、董事长）和学弟刘贵（书萌合伙人）对本书从内容到出版各个环节所提出的宝贵意见和建议。

同时，还要感谢吴星翰律师、翟晶律师和张佳佳律师在股东互保项目上的卓越贡献，感谢祖佑家族办公室、卓峰智博家族办公室和解药家族办公室在家族企业与家族财富规划方面的无私分享，以及对本书不可或缺的重要支持和贡献，感谢赵虹女士在本书编辑过程中的鼎力支持。

最后，我要特别感谢我的太太，是她承担了所有的重大家庭事务，让我得以潜心创作，从容成书，是她的呵护和守望，圆融全家共好，这是我莫大的福分。感谢我的母亲，一贯向善，每每叮嘱我要好好写书、好好做事、好好做人，她的豁达与健康，给了我莫大的力量。还要感谢我的女儿，她的善良、率真和积极向上，还有与我的探讨及论辩，引发了我成书的诸多思考，是我思想和动力的源泉。

我深知自己所见和能力皆有限，因此更希望本书能开启一场彼此奔赴之旅，将我思我想倾诉与您，也愿意随时倾听您的反馈与批评指正。无论是孤独寂寞，还是富足欢喜，能够彼此抵达，人生快意莫过于此。

于永超

2025 年 2 月